高等学校教材

质量控制与管理基础

FUNDAMENTALS OF QUALITY CONTROL AND MANAGEMENT

董春芳 主编

内 容 简 介

本书立足于现代质量管理基本理论和最新发展趋势,以全面质量管理和统计过程质量控制为主线,系统地介绍了质量控制与管理的基本概念、基本原理、ISO9000 族标准、质量管理体系、统计过程控制的基本理念和原理、质量检验、质量功能展开、试验设计和可靠性工程的相关内容。

本书既可作为高等院校管理工程、工业工程、质量工程等专业本科生和研究生的教材与学习参考书,也可供企业质量管理人员和从事相关工作的人员学习参考。

图书在版编目(CIP)数据

质量控制与管理基础/董春芳主编. —哈尔滨:
哈尔滨工业大学出版社,2017.7
ISBN 978-7-5603-6587-9

Ⅰ.①质… Ⅱ.①董… Ⅲ.①质量控制－高等学校－教材 ②质量管理－高等学校－教材 Ⅳ.①F273.2

中国版本图书馆 CIP 数据核字(2017)第 088379 号

策划编辑　刘培杰　张永芹
责任编辑　李广鑫
封面设计　孙茵艾
出版发行　哈尔滨工业大学出版社
社　　址　哈尔滨市南岗区复华四道街 10 号　邮编 150006
传　　真　0451－86414749
网　　址　http://hitpress.hit.edu.cn
印　　刷　哈尔滨市工大节能印刷厂
开　　本　787mm×960mm　1/16　印张 21.5　字数 384 千字
版　　次　2017 年 7 月第 1 版　2017 年 7 月第 1 次印刷
书　　号　ISBN 978－7－5603－6587－9
定　　价　48.00 元

(如因印装质量问题影响阅读,我社负责调换)

前　言

质量控制与管理是企业最重要的管理活动之一。质量水平的高低,反映了一个国家的综合经济实力,质量问题是影响国民经济和社会发展的重要因素。目前我国经济发展到了一个新阶段,无论经济运行的总体质量,还是产品质量、工程质量和服务质量,都比以往任何时候更需要人们的关注和重视。但是"质量是什么?""什么是质量控制?""质量管理者到底做什么?"是许多学生甚至一些管理者感到困惑的问题,甚至一些从事质量管理工作的人对质量的基本概念也不清楚,导致工作中走入这样或那样的误区。自质量管理体系的国际标准发布以来,质量管理进入了概念统一化、内容规范化、活动国际化时期,因此质量教育要从基本理论、基本方法入手,了解产品质量的形成过程,熟悉质量管理的原则和质量管理的基本原理,借助相关统计学方法,综合采用各种方法分析和揭示生产过程中存在的影响产品质量的异常因素,预先将质量问题消除在萌芽状态并不断地进行质量改进,这也是工业工程专业毕业生乃至从事专门质量管理人员的重要工作内容。

本书在内容上按照质量控制与管理基础理论、质量管理体系、统计质量控制、质量改进、质量管理效益等质量控制与管理的核心知识体系进行编排,在质量管理体系标准上介绍了最新的 ISO9000 族国际标准,综合了国内外现代质量控制与管理发展的经典理论,也涉及近几年发展的新技术和新理念,便于读者由浅入深地学习。

本书由东北林业大学董春芳副教授担任主编,并编写了第 1～5 章,东北林业大学陆娟讲师编写了第 6,7 章,东北林业大学王存照、李翠霞等协助进行了部分图表的绘制。全书由东北林业大学朱玉杰教授任主审。

在编写过程中,作者参考了众多教材、专著和研究论文,但难免会有疏漏,可能存在部分参考资料没有列入参考文献的情况,在此向所有参考资料的作者表示感谢。

质量控制技术与质量管理理论发展非常快,由于编者水平有限,疏漏之处在所难免,希望广大读者对本书提出宝贵意见,以利于本书质量的不断提高。

作者
2017.5

目 录

第 1 章 质量控制与管理概论 ·················· 1
1.1 质量控制与管理概述 ·················· 3
1.1.1 质量的重要性 ·················· 4
1.1.2 质量控制与管理的研究对象 ·················· 6
1.2 质量及质量管理的基本概念 ·················· 7
1.2.1 质量概念的发展 ·················· 7
1.2.2 质量相关概念 ·················· 9
1.2.3 质量管理相关概念 ·················· 14
1.3 质量管理发展历史 ·················· 16
1.4 质量管理的基本原理 ·················· 20
1.4.1 产品质量的形成过程 ·················· 20
1.4.2 质量管理的过程方法 ·················· 22
1.4.3 质量管理的基本原则 ·················· 26
1.4.4 质量目标管理 ·················· 31
1.4.5 全面质量管理 ·················· 32
习题 ·················· 36

第 2 章 质量管理体系及认证 ·················· 38
2.1 ISO9000 族标准概述 ·················· 39
2.1.1 ISO9000 族标准的概念 ·················· 39
2.1.2 ISO9000 族标准的形成和发展 ·················· 40
2.1.3 贯彻 ISO9000 族标准的意义 ·················· 47
2.1.4 2015 版 ISO9000 族标准的构成 ·················· 48
2.1.5 ISO9000 族标准与全面质量管理的关系 ·················· 49
2.2 质量管理体系概述 ·················· 51
2.2.1 质量管理体系定义 ·················· 51
2.2.2 质量管理体系要素 ·················· 52
2.2.3 质量管理体系文件 ·················· 55

2.3 质量管理体系的建立和实施 ·················· 57
2.3.1 质量管理体系前期准备阶段 ·················· 57
2.3.2 质量管理体系策划阶段 ·················· 58
2.3.3 质量管理体系建立阶段 ·················· 59
2.3.4 质量管理体系运行阶段 ·················· 60
2.4 质量管理体系认证 ·················· 62
2.4.1 质量认证的概念 ·················· 63
2.4.2 质量认证的意义 ·················· 63
2.4.3 质量认证分类 ·················· 64
2.4.4 质量管理体系认证的概念 ·················· 64
2.4.5 质量管理体系认证的实施程序 ·················· 65
习题 ·················· 67

第3章 质量控制及其常用技术 ·················· 69
3.1 质量控制的数理统计学基础 ·················· 71
3.1.1 质量数据 ·················· 71
3.1.2 产品质量的统计观点 ·················· 72
3.1.3 产品质量变异的统计规律 ·················· 77
3.2 工序质量控制 ·················· 80
3.2.1 工序质量的两种状态 ·················· 80
3.2.2 工序质量分析 ·················· 80
3.2.3 工序质量控制 ·················· 82
3.2.4 工序质量控制的方式 ·················· 83
3.3 工序能力分析 ·················· 84
3.3.1 工序能力的概念 ·················· 84
3.3.2 影响工序能力的因素 ·················· 85
3.3.3 工序能力分析的目的 ·················· 86
3.3.4 工序能力指数 ·················· 86
3.3.5 过程不合格品率的计算 ·················· 92
3.3.6 工序能力的评价 ·················· 92
3.4 控制图的基本原理 ·················· 95
3.4.1 控制图的基本概念 ·················· 95
3.4.2 控制图的原理 ·················· 97

        3.4.3 控制图的用途 …………………………………… 99
    3.5 控制图的分类及其应用程序 …………………………………… 100
        3.5.1 控制图的分类 …………………………………… 100
        3.5.2 绘制控制图的准备工作 …………………………………… 101
        3.5.3 控制图的应用程序 …………………………………… 102
    3.6 常规控制图的应用 …………………………………… 103
        3.6.1 计量值控制图 …………………………………… 103
        3.6.2 计数值控制图 …………………………………… 109
    3.7 常规控制图的观察分析与判断 …………………………………… 112
        3.7.1 受控状态的判断 …………………………………… 113
        3.7.2 失控状态的判断 …………………………………… 114
        3.7.3 控制图上点非随机分布的判异准则 …………………………………… 114
    3.8 质量控制与管理常用工具 …………………………………… 117
        3.8.1 排列图 …………………………………… 118
        3.8.2 因果图 …………………………………… 121
        3.8.3 调查表 …………………………………… 124
        3.8.4 分层法 …………………………………… 127
        3.8.5 直方图 …………………………………… 129
        3.8.6 散布图 …………………………………… 134
    习题 …………………………………… 141

第4章 质量检验理论与方法 …………………………………… 143
    4.1 质量检验概述 …………………………………… 145
        4.1.1 质量检验的定义 …………………………………… 145
        4.1.2 质量检验的主要职能 …………………………………… 145
        4.1.3 质量检验的分类 …………………………………… 147
    4.2 抽样检验原理 …………………………………… 149
        4.2.1 抽样检验的概念 …………………………………… 149
        4.2.2 抽样检验的分类 …………………………………… 149
        4.2.3 抽样检验常用术语 …………………………………… 150
        4.2.4 抽样方法 …………………………………… 152
        4.2.5 批产品质量的判断 …………………………………… 153
        4.2.6 常用抽样检验标准 …………………………………… 155

  4.3 抽样方案的抽检特性 …………………………………………… 157
    4.3.1 接收概率的概念 …………………………………………… 157
    4.3.2 接收概率的计算 …………………………………………… 157
    4.3.3 抽样检验特性曲线（OC 曲线） …………………………… 160
  4.4 抽样检验应用 ……………………………………………………… 167
    4.4.1 计数标准型抽样检验概述 ………………………………… 167
    4.4.2 计数调整型抽样检验概述 ………………………………… 171
 习题 ………………………………………………………………………… 182

第 5 章 设计过程质量管理 ……………………………………………… 183
  5.1 设计质量管理概述 ………………………………………………… 184
  5.2 质量功能展开 ……………………………………………………… 185
    5.2.1 质量功能展开的起源与发展 ……………………………… 185
    5.2.2 质量功能展开的基本概念 ………………………………… 187
    5.2.3 质量功能展开的体系结构 ………………………………… 189
    5.2.4 质量功能展开实施的方法 ………………………………… 203
    5.2.5 质量功能展开的模式与组织实施 ………………………… 204
  5.3 试验设计基础 ……………………………………………………… 205
    5.3.1 试验设计的概念 …………………………………………… 206
    5.3.2 正交试验设计的概念 ……………………………………… 207
    5.3.3 正交表及其用法 …………………………………………… 209
    5.3.4 正交试验结果分析 ………………………………………… 214
    5.3.5 正交试验设计的基本程序 ………………………………… 224
  5.4 可靠性工程 ………………………………………………………… 225
    5.4.1 可靠性工程发展 …………………………………………… 225
    5.4.2 可靠性的基本概念 ………………………………………… 227
    5.4.3 可靠性的特征量 …………………………………………… 228
    5.4.4 系统的失效规律 …………………………………………… 232
    5.4.5 常用的失效分布函数 ……………………………………… 233
    5.4.6 系统的可靠性模型及可靠度计算 ………………………… 235
    5.4.7 可靠性管理与质量管理的关系 …………………………… 242
 习题 ………………………………………………………………………… 245

第6章 质量经济性 ... 249
6.1 质量成本管理概述 ... 250
6.1.1 质量成本概述 ... 250
6.1.2 质量成本的发展历史 ... 252
6.1.3 质量成本管理的现实意义 ... 253
6.1.4 质量成本的构成比例 ... 254
6.2 质量成本核算 ... 260
6.2.1 质量成本核算的任务与要求 ... 260
6.2.2 质量成本核算的方法 ... 262
6.2.3 质量成本核算数据的主要来源 ... 264
6.3 质量成本的分析和报告 ... 264
6.3.1 成本分析 ... 264
6.3.2 质量成本报告 ... 268
6.4 质量经济分析 ... 269
6.4.1 质量经济分析的原则 ... 269
6.4.2 产品质量经济分析的一般方法 ... 270
6.4.3 产品质量经济分析的步骤 ... 271
6.4.4 设计过程的质量经济分析 ... 272
6.4.5 制造过程的质量经济分析 ... 277
6.4.6 销售使用过程的质量经济分析 ... 282
习题 ... 284

第7章 六西格玛管理 ... 286
7.1 六西格玛管理概述 ... 287
7.1.1 六西格玛管理的起源 ... 287
7.1.2 六西格玛管理的含义 ... 288
7.1.3 六西格玛管理的关注点 ... 291
7.1.4 六西格玛管理与传统质量管理方法的关系 ... 291
7.1.5 六西格玛管理原则 ... 293
7.1.6 衡量六西格玛质量水平的指标 ... 296
7.2 六西格玛管理实施过程 ... 301
7.2.1 六西格玛管理的组织 ... 301
7.2.2 六西格玛管理的策划 ... 305

  7.2.3 六西格玛管理的过程 …………………………………… 308
  7.2.4 测量阶段 ……………………………………………… 310
  7.2.5 分析阶段 ……………………………………………… 312
  7.2.6 改进阶段 ……………………………………………… 315
  7.2.7 控制阶段 ……………………………………………… 316
 7.3 六西格玛管理与精益生产 ……………………………………… 317
  7.3.1 精益生产的基本概念 …………………………………… 317
  7.3.2 六西格玛管理与精益生产的关系 ……………………… 318
 习题 …………………………………………………………………… 319
附 录 ……………………………………………………………………… 320
参考文献 ………………………………………………………………… 333

第1章 质量控制与管理概论

☞ **学习目标**

◇ 掌握质量及质量管理的概念、产品质量的形成过程,树立"大质量"的概念;
◇ 理解质量管理的基本原则,了解质量管理发展历史;
◇ 明确质量方针与质量目标的关系及制定原则;
◇ 理解全面质量管理的思想和内涵,学会用过程方法解决工作和学习中的问题。

【开篇案例】福田汽车将质量管理作为企业可持续发展的战略基础

北汽福田汽车股份有限公司(以下简称福田公司)成立于1996年,是中国品种最全、规模最大的商用车企业,现有资产570多亿元,员工近4万人,是一家国有相对控股的混合所有制企业。作为中国商用车第一品牌,福田汽车2015年全年品牌价值达到1 005.65亿元,位居汽车行业第四位,连续12年领跑商用车领域。福田汽车的脱颖而出来自于其一贯高端的质量战略,严格的质量控制和先进的质量管理,构成了贯穿并伴随企业成长与持续发展的旺盛生命线。

为了提升质量管理能力,打造质量精品工程,福田汽车在质量文化、质量资源配备等方面开展了大量工作。

培育良好的质量文化

公司坚持重视质量是一切运营的基础,首先在用人制度、政策导向、资源支持、运营管控等诸多方面建立公司的质量文化,以奠定百年企业的基石。产品质量可以说与企业每位员工的工作都有关,要通过多种方式培养员工的质量意识,只有当每位员工都做好了自己的本职工作,最终的产品质量才有保证。从政策上、制度上向质量倾斜,褒奖重视质量、对产品质量有功的人员;贬惩忽视质量、对产品质量有过的人员。

配备优良的质量资源

资源是建立质量体系、保证产品质量的必要条件,包括人力资源、硬件设施和工作环境。福田公司建立了质量系统人员选拔及聘用制度,从各个系统中选拔优秀的人员补充到质量管理系统中。对采购、生产物流、制造及质量系统管理人员进行"大制造系统质量培训"，80%参与培训的人员提高了相应的管理水平及能力。为提高产品质量，对硬件设施资源进行了配备或改善，建立起国内一流的整车生产工厂，同时对工厂生产检测线进行了全面的改造，对总装及涂装生产设备进行了升级改造。

产品全周期质量管理

通过与IBM合作，福田汽车制定了节点与交付物控制的产品创造流程。针对整车、自制车身、采购零部件制定了先期质量策划、先行质量控制、质量培育、早期质量遏制四个方面的业务流程。在采购方面，制定了福田先期采购开发流程，有效地提升了零部件开发的质量保障能力。在制造质量管理方面，结合近几年的不断实践和积累沉淀，建立了福田商品质量控制系统。在生产过程中，操作工根据作业指导书进行100%自检，检验员按照检验指导书对各总成及零部件进行首件检验和过程巡检。每个事业部还配置了1~2条整车检测线，对整车性能进行100%检测，在确保所有项目合格后交货入库。在服务方面，福田公司建立了以客户为中心的全生命周期服务管理体系及服务管理评价标准，把服务打造成核心竞争力。在分销服务过程中，在国内率先启用了客户呼叫服务中心，确保24小时服务，及时将用户最新的需求传递到企业内部，建立了快速的质量响应和质量改进系统，服务网络3 000余家，服务半径约50千米，处于行业领先水平，满足并超越了顾客的期望。

产品质量的提升带动了福田公司销量的提升

2013年福田公司重点产品取得出口免验资格，成为"国家级出口产品质量安全示范区示范企业"。福田汽车在印度、俄罗斯设立了事业部，在全球20多个国家设有KD工厂，产品已出口到90多个国家和地区。在全球建立了240多家一级营销渠道，980多个二级经销网点，770多个销售服务站，拥有较为完整的分销服务体系。

(资料来源：黄长田，王明霞.将质量管理作为企业可持续发展的战略基础——福田汽车质量管理能力提升案例[J].上海质量，2013,1:18-21.)

【思考题】

1. 质量管理对于企业发展有何意义？
2. 对产品为何要进行全生命周期质量管理？

1.1 质量控制与管理概述

质量管理是企业最重要的管理活动之一。进入 21 世纪,质量管理越来越受到重视,其被视为企业发展的生命线且已经融入企业文化中,成为企业管理链条上不可或缺的重要一环。质量管理经过长期的发展已经成为一种完善的管理体系,并且质量管理理论一直受到学术界和企业界的高度重视。

产品质量、服务质量和工程质量是市场竞争力的基础,是消费者合法权益的保障,是一个国家综合国力的象征,也是社会可持续发展的关键因素。质量和质量管理已是当代最具社会影响的问题之一。

由于社会进步和经济发展的需要,质量管理的理论研究和实际应用已经取得了举世公认的丰硕成果,其发展势头也十分强劲。时至今日,质量管理涉及的内容已经十分丰富,从经典的 TQM(全面质量管理)到正在推行的 ISO9000 和 ISO14000 等管理体系,从传统的产品质量管理到方兴未艾的服务质量管理,从纯技术的符合性质量观到追求用户完全满意的质量经营战略,从微观的企业经营管理行为到宏观的社会经济可持续发展等,无一不是当今质量管理领域的热点问题。

当前,世界经济的发展已从数量型增长向质量型增长转变,市场竞争也由以价格竞争为主转向以质量竞争为主,产品和服务的质量已成为企业在日趋激烈的市场竞争中立于不败之地的关键。不论是发达国家还是发展中国家,甚至包括日本、美国在内的一些经济高度发展的工业化国家,都提出要高度重视产品质量和服务质量,千方百计、不遗余力地追求和创造高质量,并且正在努力寻找提高产品质量和服务质量的有效途径。所以,质量已成为全球经济发展战略的核心问题。质量不仅是财富的结晶,也同科学技术一样是创造财富的生产力。1994 年,90 多岁高龄的美国质量管理专家约瑟夫·朱兰(Joseph M. Juran)博士就预言:"如果 20 世纪将以生产率的世纪载入史册,那么,21 世纪将是质量的世纪。"质量已成为社会经济发展的必需,是国家振兴的动力,是企业成功的根本,因此,企业只有加强质量管理,提高产品和服务质量,以质量开拓市场,以质量巩固市场,才能取得丰厚的利润和更大的经济效益。我国已经加入了 WTO,正处于经济管理体制和经济增长方式的转变之中。要使我国尽快赶上世界经济发展的步伐,成为名副其实的社会主义强国,必须实行质量振兴的基本国策。因此,新世纪的每一个社会成员,尤其是企业管理人员,必须树立"质量第一,用户第一"的质量理念,了解市场经济条件下质量竞争的特点和方式,并且根据不同需要,掌握必要的质量控制与管理的理论和方法。

1.1.1 质量的重要性

对于生活在现代社会中的人们来说，质量是一个耳熟能详的词汇，每个人都不会感到陌生，我们每天所做的事、所处的环境无不与这个词紧密相联。现代社会无论从制造商、销售商还是普通消费者，对产品、服务乃至过程的质量都非常重视。对于大众消费者来说，既要买到价格低廉的商品，又不能因价格而放弃"物美"，可以看出当代社会人们的质量意识很浓。其实，这种质量意识并不是我们现代人所独有的，早在一万多年前的石器时代，人类就有了朴素的质量意识，开始对当时制作的石器进行简单的检验。我国早在2 400多年前就有了青铜制刀枪武器的质量检验。考古学家从秦始皇陵兵马俑陪葬品中发现了大量的青铜剑、戈、箭头、弩机部件等兵器，专家对这些兵器进行研究发现：尽管这些兵器制造年代不一，制造人员不同，但所有兵器的金属成分与比率都一样，所有兵器尺寸、外形都保持高度一致，甚至一个小小的箭头，其加工误差只有±0.83 mm。这些在今天看来实在是微不足道，但在两千多年前的战国时期，实在是一项不可思议的成就，在"一寸短，一寸险"的冷兵器时代，秦朝能统一六国，与其相对完备的军械质量管理制度密不可分。那么秦朝人是如何在当时极其有限的条件下做到这些的呢？除了非常注重兵器制造的经验知识总结与传承，并通过标准化的措施固定下来，关键的是"物勒工名"制度对兵器质量起到至关重要的作用。目前所见记载有关"物勒工名"制度的最早文献是《礼记·月令》，其中记载："是月也，命工师效功，陈祭器，按度程，毋或作为淫巧，以荡上心，必功致为上。物勒工名，以考其诚。功有不当，必行其罪，以穷其情。""物勒工名"制，现在我们称之为"质量追溯制"，通过三级监造制度，即每一件兵器上面刻上相邦（丞相）、工师（厂长）、丞（车间主任）和工匠的名字，秦国建立起兵器制造质量追溯体系，以做到刑罚有据，如图1.1所示。

除兵器外，春秋时期各国对农具、礼器、建筑材料等生产都有严格的质量要求，如秦至汉时，国力强盛，对建筑用砖的制作要求很高，由专门的官窑作坊烧制，砖瓦生产逐渐形成规范，"物勒工名"的法律约束成就了砖瓦的品质，因此有着"秦砖汉瓦"的说法。秦代砖瓦以其质地坚硬、制作规整、形制多样而著称于世，素有"铅砖"美喻。又如《周礼·考工记》开始就写道："审曲面势，以饬五材，以辨民器。""审曲面势"就是对手工业品类型和规格的设计；"以饬五材"就是在设计后确定所用原材料的成分比例；"以辨民器"就是对生产的手工业品，通过检查确定是否合格，能否为官方和民间使用。唐朝实行三贾均市制，"贾"指价格，"市"是城市商业活动集中

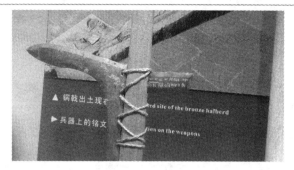

图 1.1 兵器上的铭文

的地方,市场上物价管理依产品质量高低优劣划分为三种价格,以均衡市场贸易价,对唐代商业繁荣起着不可估量的作用。此外,还对计量管理提出了严格要求,如《唐律疏议·杂律门》中记载,测量工具必须每年 8 月接受检验,只有经过检验并带有检验印记的方可使用。到了公元 1073 年北宋时期,为了加强对兵器的质量管理,专设了军器监,在军器监总管沈括著的《梦溪笔谈》中就谈到了当时兵器生产的质量管理情况。历代封建王朝,对产品都规定了一些成品验收制度和质量不合格后的处罚措施。官府监造的产品一般都由生产者自检后,再由官方派人验收,而且秦、汉、唐、宋、明、清都以法律形式颁布对产品质量不合格的处罚措施,如笞、没收、罚款和对官吏撤职、降职等。从历朝的质量管理制度可见古人已经充分地意识到了产品质量的重要性。

同样在西方,质量的历史也非常久远,如公元前 18 世纪的古代汉谟拉比法典中,有一条法律规定:营造商为某人建造一所房屋,如果由于他建造得不牢固,导致房屋倒塌,导致房主死亡,那么,这位营造商将被处死。由此可知,无论东方还是西方,古代人类已经懂得用法律和协约来制约生产者,从而达到使之重视质量的目的。当然这些原始的质量管理活动和今天我们学习的质量管理科学已经相去甚远了。但伴随着人类文明的进步和发展,质量问题越来越受到社会的重视。不论在发达国家还是在发展中国家,都能深刻地感受到提高质量的紧迫感和不提高质量就不能生存的危机感,质量的竞争已经成为贸易竞争的重要因素之一。质量已经不仅是企业竞争的策略,也是当今世界经济发展的驱动力,可见提高质量具有十分重要的意义。

1. 质量是人们生活的保障

产品质量与人们的工作和生活息息相关,一旦产品质量出现问题,不仅会造成经济损失,严重的还会导致人员伤亡,严重地侵害了消费者的利益。1986 年苏联的切尔诺贝利核电站,由于安装和密封件质量不好等原因,造成核泄漏,致使2 000多人丧生,严重影响着整个地区的安全和人们的生活,至今它的影响仍未消除。因此,质量是人们生活的保障,必须重视质量,在全社会形成关注质量的风气,促使企业不断提高质量。

2. 质量是企业生存和发展的保障

由于影响产品市场竞争力的要素均与质量有关,因此,现代企业都将"质量"作为企业的生命。日本的经济振兴就是从提高质量开始的。日本产品在20世纪30年代被认为是劣质品的代名词,二次大战后,日本从切身经验教训中认识到:没有高质量的产品就会失去生存条件。为了挽救濒临崩溃的经济,日本从美国引入了质量管理,把"质量关系到国家和企业的生死存亡"作为经营理念,以"以质量求生存,以品种求发展"作为经营指南,很快日本的产品成为世界一流产品,提高了其产品的全球占有率,取得了巨大的经济效益。

我国在从计划经济转入市场经济的过程中,也逐渐认识到质量的重要性,通过"3·15消费者权益日""全国质量万里行"等活动,以及建立质量奖惩制度等,引起全社会对质量的重视。

3. 质量是效益的基础

质量是唯一让企业维持竞争力,让顾客满意的东西。因为优良质量和不良质量的产品或服务,在投入的成本方面几乎是一样多;而优良质量的产品能为企业带来收益,不良质量的产品则只会浪费企业资源,甚至使企业名誉受损,最后往往只能丢弃。除非企业的质量及价格都有竞争力,否则企业将无法继续在市场上生存。从这个角度来看,高质量就是高效益的同义词。企业效益的提高,也就意味着社会总财富的增加,因此说质量是效益的基础。

4. 质量是一个国家民族素质、科技水平和经济水平的综合反映

产品质量的高低是一个国家科技水平和经济水平的体现。高质量的产品要靠严格、科学的管理,靠严肃认真的工作,靠高水平的工艺和技术装备来实现,但最根本的是靠劳动者的素质来实现,从这个角度来看,质量是一个国家民族素质的体现。在竞争激烈的全球经济中,是否有高质量的商品,直接影响这个国家的经济竞争力,进而影响这个国家的竞争实力。

1.1.2　质量控制与管理的研究对象

质量控制与管理是研究和揭示质量形成和实现过程的客观规律的科学。质量管理的研究范围包括微观质量管理与宏观质量管理,以及相关技术与管理知识。

微观质量管理着重从企业、服务机构的角度,研究如何保证和提高产品质量、服务质量;宏观质量管理则着重从国民经济和全社会的角度,研究如何对企业、服务机构的产品质量、服务质量进行有效的统筹管理和监督控制。

无论是微观质量管理还是宏观质量管理都注重"过程"。"过程"的内涵很广泛,所有工作都可以从过程入手进行分析,例如:宇宙、社会的变迁,自然现象,物理的、化学的、生物的现象都是在一定的过程中发生、发展的。人们一旦掌握了过程的规律,就能驾驭自然、改造社会,因此,"过程"是事物的共性。质量管理强调过程控制,结果是由过程导致的,什么样的过程导致什么样的结果,控制了过程就是控制了结果,因此质量控制是质量管理的重要组成部分,通过监视质量形成过程,消除过程所有阶段引起不合格或不满意效果的因素,以达到质量要求,获取经济效益。为达到质量要求所采取的作业技术和活动就是质量控制。质量控制技术包括两大类:抽样检验和过程质量控制。

由此看来,质量与技术和管理都有关系,质量管理必须是技术与管理的结合。如果只有技术没有管理,技术很难充分发挥作用;反之,如果只有管理没有技术,管理只能成为无米之炊。

1.2　质量及质量管理的基本概念

1.2.1　质量概念的发展

在生活、工作中人们会很轻易地使用"质量"一词,但很少有人会在专业领域之外去深入探究"质量"一词的含义。在一般意义上,质量就是指"产品或服务的好坏、优劣程度"。人们就是在这一般意义上广泛地使用"质量"一词,还往往在"质量"一词前面加上限定词,如:产品质量、工程质量、教育质量、服务质量等,或者还会更加具体地使用,如:空调质量、服装质量、住宅质量等。质量的好与坏既与客观的产品特性相关,又受到顾客主观感受的影响。那么质量到底是什么?这是一个又熟悉又难回答的问题。

质量概念是在历史发展中产生的,随着时代的变迁,质量概念也在不断地被补充、丰富和发展。大体上,近半个世纪以来,对质量概念的认识经历了以下三个阶段。

1. 符合性质量

符合性质量观认为质量就是对特定的规范或要求的符合程度。克劳士比认为,质量并不意味着好、卓越、优秀等,如果要管理质量或者谈论质量,只有相对于特定的规范或要求讲才是有意义的,也就是说合乎规范或要求即意味着具有质量。符合性质量以"符合"现行标准或要求的程度作为衡量依据,"符合标准"就是合格的产品质量,"符合"的程度反映了产品质量的一致性,符合性质量反映了产品在物理意义上的质量特性。在一定时期内,符合性质量观对于具体的质量控制与管理工作显然是很实用的。符合性质量观要求必须认真对待规定的要求,并坚持"标准"或"要求"能得到贯彻执行。基于这个观点,符合性质量管理就以检验为中心,建立专职的检验机构,由检验人员按产品质量标准对产品生产过程的符合性进行检验,符合标准就合格,不符合标准就不合格,因而也相应地产生了"质量是检验出来的"说法。

符合性质量是一种合格评定,由此决定必然有其局限性,其本质是以企业为中心来考虑质量问题,它只是从生产者的立场出发,静态地反映产品的质量水平,而忽视了最重要的一方面——顾客的需求。另外,"规格"和"标准"有先进和落后之分,过去认为是先进的,现在可能是落后的。落后的标准即使百分之百符合,也不能认为是质量好的产品。同时,"规格"和"标准"也不可能将顾客的各种需求和期望都规定出来,特别是隐含的需求与期望。因此在这种观念指导下,企业所提供的产品和服务显然难以满足顾客的要求。

2. 适用性质量

随着市场竞争日趋激烈和生活水平的提高,人们对产品质量的要求不断提高,生产者们发现很多产品即使符合了设计要求,达到了技术标准,却不一定能被顾客所接受。因此企业从关注产品是否符合标准,转向关注产品是否适应顾客的要求,这就产生了适用性质量的概念。在20世纪60年代,美国著名质量管理专家约瑟夫·朱兰给质量做出如下定义:"质量即适用性,所谓适用性是指使产品在使用期间能满足使用者的需要。"可以看出,朱兰对质量的理解侧重于用户需求,强调了产品或服务必须以满足顾客的需求为目的。适用性是由产品的特性决定的,适用性的评价也是由顾客做出的,而不是由产品制造者或者服务提供者做出的。对用户来说很少知道"规范"是什么,顾客对质量的评价总是以到手的产品是否适用且其适用性是否持久为基础,由此可见适用性质量是一种广义的质量观,是以"顾客感觉"为主体的质量观。这里"规范符合性"被淡化,是否产品质量的优劣都是以顾客的需要为衡量的依据,至于是否达到标准要求则无关紧要了呢?显然不是。人们使用产品,总是对产品质量提出一定的要求。而这些要求往往受到使用时间、使用地点、使用对象和社会环境等因素的影响,这些因素变化,会使人们对同一产品提出不同的质量要求。因此,质量不是一个固定不变的概念,它是动态变化的。用户对产品的使用要求的满足程度,反映在对产品的性能、经济特性、服务特性、环境特性和心理特性等方面。因此,质量是一个综合的概念,它并不要求技术特性越高越好,而是追求综合因素最佳,即所谓的最适当。对于适用性质量,其质量标准是由模糊集合来表示的,不是任何人主观决定的,也不是以个别顾客需要为依据的,而是根据大量顾客需求标准信息经过模糊统计处理后得到的,显然它是随着顾客群体变化而变化的。虽然评判标准不同,但这并不能割裂两者的联系,根据模糊集合论,适用性质量与符合性质量具有内在统一性。

适用性质量概念摒弃了合格与不合格的两值逻辑的质量观,其表述跳出了生产者的框框,把对质量的评判权交给了用户,具有动态意识,适应了时代发展的潮流,这是质量概念认识上的一次飞跃。

3. 全面质量

传统质量理论和方法往往侧重于结果,希望在终端处制造质量。20世纪90年代后,桑德霍姆、费根堡姆、克劳士比等一批著名专家不约而同地提出"全面质量"的新概念,并逐渐被人们认同。所谓全面质量,不仅指最终的产品,同时包括与产品相关的一切过程的质量,涵盖产品的整个寿命周期,具体包括了工作质量、服务质量、信息质量、过程质量、部门质量、人员质量、系统质量、公司质量及目标质量等。这时质量理论和方法转向更多地注重过程,把一切工作都看成是一个过程,管理是通过过程来实现,重视全过程的质量观有利于使每一过程都实现增值转换,从"以产品和服务为中心"发展到注重"企业经营管理一切过程的质量持续改进"。质量的概念向"顾客满意质量"演变,因此,"质量"不是一大堆技术标准参数,重要的是消费者评价好用不好用。

1.2.2 质量相关概念

1. 质量

由前所述我们可以看出,质量的定义在不同的角度有不同的表述形式。国际标准化组织(ISO)在其国际标准 ISO9000:2015 中将质量定义为"客体的一组固有特性满足要求的程度"。这一定义的含义是十分广泛的,既反映了要符合标准的要求,也反映了要满足顾客的需要,综合了符合性和适用性的含义。

对定义说明如下:

(1)客体是可感知或可想象到的任何事物(ISO9000:2015—3.6.1),包括产品、服务、过程、人员、组织、体系、资源。客体可能是物质的,如:一台发动机;可能是非物质的,如:转换率、一个项目计划等;也可能是想象的,如:组织未来的状态。因此,质量是一个广义的概念。

(2)特性是指可以区分的特征(ISO9000:2015—3.10.1),可以有各种类的特性。可以分为固有特性(物理、感官、时间、人体工效、功能特性)和赋予特性(价格、交货期、保修时间、运输方式、保质期)。特性可以是定性的或定量的。固有的意味着存在于客体内,指本来就有的,尤其是那种永久的特性,如:螺栓的直径、机器的生产率或接通电话的时间等技术特性。赋予特性不是固有的,不是某事物本来就有的,而是完成产品后因不同的要求而对产品所增加的特性,如:产品的价格、硬件产品的供货时间和运输要求(如:运输方式)、售后服务要求(如:保修时间)等特性。

注意:固有特性与赋予特性是相对的。某些产品的赋予特性可能是另一些产品的固有特性,如:交货期及运输方式。

(3)质量定义中的"要求"是指"明示的、通常隐含的或必须履行的需求或期望"(ISO9000:2015—3.6.4),其中明示的需求或期望是指在标准、规范、图样、技术要求和其他文件中已经做出明确规定的要求;而通常隐含的需求或期望是指用户和社会所期望的,或者那些人们公认的、不言而喻不再需要进行明确说明的要求。(前者如:公差、技术要求、工艺;后者如:一些国际通行惯例和通行做法。)

如:在合同或法规规定的情况下,要求是明确、直接规定在合同中或法规中;在非合同规定的情况下,要求是隐含的,应对隐含要求或期望加以分析、研究并予以识别和确定。

(4)质量具有动态性。在多数情况下,"要求"会随着时间和环境而变化,因此,要对质量要求进行定期评审。

(5)无论是产品、过程或体系,都是为满足顾客或其他相关方一定的"要求"而生产的。要满足这种要求,就要使产品、过程和体系具有一定的特性。"特性"作为产品、过程或体系等所特有的性质,反映了其满足"要求"的能力。

质量概念具有广义性、时效性、相对性和经济性的特征:

(1)广义性:质量不仅指产品质量,还包括过程、体系的质量。

(2)时效性:因顾客及相关方的需求动态变化,组织者也应不断地调整对质量的要求,设法满足他们的要求,并争取超越他们的期望。

(3)相对性:体现在顾客或相关方可能对同一产品的功能提出不同需求,也可能对产品的同一功能提出不同需求。如:手机。

(4)经济性:从顾客及相关方角度考虑,顾客希望物美价廉,而企业高管则希望低成本、高质量。

既然质量不仅针对产品,也针对过程和体系或它们的组合,那么质量就可以细化为产品质量、服务质量、过程质量和工作质量。

2. 产品质量

(1)产品。

产品是指在组织和顾客之间未发生任何交易的情况下,组织产生的输出(ISO9000:2015—3.7.6)。

在供方和顾客之间未发生任何必要交易的情况下,可以实现产品的生产,但当产品交付给顾客时,通常包含服务因素。产品包括硬件、流程性材料和软件。产品最主要的部分通常是有形的:硬件是有形的,其量具有计数的特性,如:轮胎;流程性材料是有形的,通常是固态,也可以是液态和气态,其量具有连续的特性,如:燃料。硬件和流程性材料经常被称为货物。软件由信息组成,无论采用何种介质传递,如:计算机程序、移动电话应用程序、操作手册、字典内容、音乐作品版权、驾驶执照等。

(2)产品质量。

产品质量是产品的固有特性满足要求的程度。

对于工业企业的硬件产品而言,质量特性可归纳为以下六点:性能、可信性、安全性、适应性、经济性、时间性。

性能是产品为满足使用目的而需要具备的技术特性。如:机床的转速和功率等。

可信性反映了产品可用的程度及其影响因素,包括可靠性、维修性和维修保障性。可靠性是指产品在规定的使用时间内和规定的使用条件下,完成规定任务的能力。维修性是指产品在规定的条件下和规定的时间内,按规定的程序和方法进行维修时,保持或恢复到规定状态的能力。可靠性和维修性决定了产品的可用性。维修保障性是指维修保障资源能满足维修过程需求的能力。

安全性反映了产品在贮存、流通和使用过程中不会由于质量不佳而导致人员伤亡、财产损失和环境污染的能力。如:电器产品的漏电保护性等。

适应性反映了产品适应外界环境变化的能力。这里的环境包括自然环境和社会环境。

经济性反映了产品合理的寿命周期费用,具体表现在设计费用、制造费用、使用费用、报废后的回收处理费用上。

时间性反映了产品供货商满足顾客对产品交货期和交货数量要求的能力,以及满足顾客需要随时间变化的能力。产品的寿命也在此范畴内。

软件类产品质量特性与硬件产品质量特性大体相同,不同的是加入了反映本类产品特点的性质,如软件类产品质量特性包括功能性、可靠性、安全性、保密性、专用性、可维护性和可移植性等。

3. 服务质量

(1)服务。

服务是在组织和顾客之间需要完成至少一项活动的组织的输出。

服务的主要特征通常是无形的。服务通常包含为确定顾客的要求与顾客在接触面的活动以及服务的提供,可能还包括建立持续的关系,如:银行、会计师事务所或公共组织(如:学校或医院)。服务的提供可能涉及:在顾客提供的有形产品(如:需要维修的汽车)上所完成的活动;在顾客提供的无形产品(如:为准备纳税申报所需的损益表)上所完成的活动;无形产品的交付(如:知识传授方面的信息提供);为顾客创造氛围(如:在宾馆和饭店)。

(2)服务质量。

服务质量是服务的固有特性满足要求的程度。

服务质量既是服务本身的特性总和,同时也是消费者感知的反映。服务质量特性包括功能性、经济性、安全性、时间、舒适性、文明性,不同的服务对各种特性要求的侧重点会有所不同。

4. 过程质量

(1)过程。

过程是利用输入产生预期结果的相互关联或相互作用的一组活动。可以说所有工作都是通过过程来完成的。过程本身作为一种增值转换要用到资源,资源包括:人员、资金、设备、设施、技术和方法。一个过程的输入通常是其他过程的输出,过程的"预期结果"是称为输出,还是称为产品或服务,需随相关语境而定。

(2)过程质量。

过程质量是指过程的固有特性满足要求的程度。过程质量特性存在于具体的开发、设计、制造和销售等活动中,过程质量的内容包括:

①规划过程质量是指从产品的市场调研到产品规划阶段所体现的质量。它最终要通过设计和投产指导文件来实现。

② 设计过程质量是指产品设计阶段所体现的质量,也就是设计方案符合设计指导书要求的程度。它最终通过图样和技术文件来体现。

③ 制造过程质量是指按设计要求,通过生产工序制造而实际达到的实物质量。制造过程质量是设计质量的具体体现,是制造过程中操作工人、机器设备、原材料、工艺方法、检测仪器和环境条件等因素的综合产物。

④使用过程质量是指产品在实际使用过程中所表现出的质量,它是产品质量的最终体现。

⑤报废处理过程质量是指产品便于回收、重用或无害化处理的程度。也就是说产品在设计过程中不仅要考虑它的使用,还要考虑报废后的回收、处理,它是产品设计质量的体现之一。

5. 工作质量

工作质量是指企业生产经营中各项工作对产品和服务质量的保证程度。工作质量涉及企业的各个部门和各级、各类人员,它决定了产品和服务质量。工作质量主要取决于人的素质,因此包括质量意识、责任心及业务水平等。

工作质量能反映企业的组织和管理工作的水平,因此,工作质量的显著特点之一是它不像产品和服务质量那样直观地表现在人们的面前,而是体现在生产、技术和经营活动中,并最终通过产品质量和经济效益表现出来。

6. 各种质量概念之间的关系

上面介绍的几种质量概念之间的相互关系非常紧密,可以用图表示它们之间的关系,如图1.2所示。对于用户的需求而言,质量主要是由产品和服务质量来体

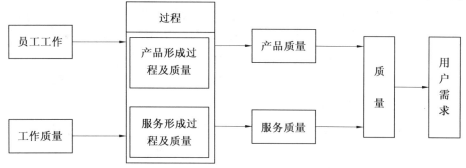

图1.2 各种质量概念之间的关系

现;产品和服务主要由过程来形成。因此,产品和服务质量由过程质量来保证;过程主要由员工的工作来完成,过程质量又是由工作质量来保证的。因此,工作质量是一切质量问题的根源。

1.2.3 质量管理相关概念

1. 质量管理的概念

为了保证和提高产品及服务质量,工业企业就必须在质量产生、形成和实现的全过程中组织和开展一系列的管理活动,用优良的工作质量来保证和提高产品及服务质量,因此质量管理是企业管理活动的重要方面。质量管理定义为"指导和控制组织与质量有关的协调的活动"。

质量管理可包括制定质量方针和质量目标,以及通过质量策划、质量保证、质量控制和质量改进实现这些质量目标的过程。对质量管理定义的解释如下:

①质量管理是一个组织全部管理活动的重要组成部分,它的管理职能是负责质量方针的制定和实施。质量管理是企业围绕使产品质量满足不断更新的质量要求而开展的策划、组织、计划、实施、检查和监督审核等所有管理活动的总和,是企业管理的一个中心环节。

②质量管理必须由组织的最高管理者领导,不能推卸给其他的领导者和质量职能部门。这是实施质量管理的一个基本条件。质量目标和职责逐级分解,各级管理者都对目标的实现负责。

③质量与组织内的每一个成员相关,他们的工作都直接或间接地影响着产品或服务的质量。质量管理的实施涉及企业的所有成员,每个成员都要参与到质量管理活动之中,这是现代质量管理—全面质量管理的一个重要特征,即全员参与。

④质量管理涉及面很广,横向来说,包括战略规划、资源分配和其他相关活动,如:质量计划、质量保证、质量控制和质量改进等活动;纵向来说,包括质量方针和质量目标的制定,以及实现质量方针和目标的质量体系的建立和维持。

⑤在质量管理中必须考虑经济因素,即要考虑质量系统的经济效益。

2. 质量方针和质量目标

一个企业没有发展战略就是没有发展思路,没有思路也就没有出路。每个组织为谋求在变化的环境中生存和发展都需要做好自己的战略策划,设定长期的战略目标并识别达到目标所需的活动。质量方针和目标的确定是组织战略策划的组成部分。向全体员工表明质量意味着什么,我们追求什么?质量方针和目标构成了组织决策的依据和原则,引导全体员工意识到本组织和其自身质量工作的重点,为员工提升质量绩效提供导向和评价的依据。

ISO9000中对质量方针做出以下定义:由组织最高管理者正式发布的组织的质量宗旨和方向。通常质量方针与组织的总方针相一致,可以与组织的愿景和使命相一致,并为制定质量目标提供框架。

(1)与组织的宗旨相适应。

质量方针是组织经营方针的重要组成部分,是为实现企业的总体战略服务的,应与企业的使命、价值观、愿景的追求相辅相成,协调一致。

(2)要有两个方面的承诺。

①要满足、适应顾客和适用法律法规的要求,体现企业的产品和过程的特性,使质量方针有针对性。

②要持续改进质量管理体系的有效性,其内容应体现组织满足顾客要求和持续改进质量管理体系的承诺,并在贯彻中不断评审其适应性。

(3)为质量目标提供框架。

质量方针是追求的方向,是建立质量目标的依据。

(4)质量方针的制定基础是质量管理原则。

质量管理原则是在吸收多位质量管理大师的质量管理思想和众多优秀企业实施全面质量管理成功经验的基础上提炼出来的,是当代质量管理的理论基础,是组织制定质量方针、质量目标和编制质量管理体系文件应贯彻的基本指导思想。

ISO9000中对质量目标做出以下定义:与质量有关的要实现的结果。

(1)质量目标通常依据组织的质量方针制定。

(2)质量方针相对稳定,且在组织中只有一个,而质量目标通常对组织的相关职能和层次分别制定。

(3)质量目标应是全方位的,不仅限于产品实现,管理过程也应建立目标,不仅要对企业总目标进行分解,对部门目标也要分解。

(4)相对于质量方针的总的指导思想来说,质量目标是比较具体的、定量的要求,一般是按年度提出的在产品质量方面要达到的具体目标。如:产品的质量特性、功能达到什么样的先进水平,产品的废品率比上一年度降低的比率等。而且质量目标要可测量。

(5)质量目标要有先进性和可实现性。

3. 质量策划

质量策划是质量管理的一部分,致力于制定质量目标,并规定必要的运行过程和相关资源,以实现质量目标的过程。

4. 质量控制

质量控制是质量管理的一部分,致力于提供的产品质量要满足顾客质量要求的过程。

5. 质量保证

质量保证是质量管理的一部分,致力于提供质量要求会得到满足的信任,包括内部质量保证和外部质量保证。提供保证能力的证明方式有:组织的自我声明,提供产品或体系的合格证据,外部的审核合格结论,认证证书等。

6. 质量改进

质量改进是质量管理的一部分,致力于增强满足质量要求的能力。质量要求可以是有关任何方面的,如:有效性、效率或可追溯性。

1.3 质量管理发展历史

质量管理的产生至今约1个世纪,质量管理是伴随着产业革命的兴起而发展起来的。从历史的观点来看,差不多每隔20年,在解决质量管理工作方面就会发生重大的变革。从20世纪初的质量检验到20世纪50年代的统计质量管理,再到20世纪60年代以后的全面质量管理,质量管理的观念和方法一直在更新。从质量管理的产生、形成、发展和日益完善的过程来看,国内外普遍认为质量管理大体经历了三个发展阶段:

1. 质量检验阶段(Quality Inspection, QI)

19世纪末资本主义的工厂逐步取代了分散经营的家庭手工业作坊,机器生产取代了手工劳动,劳动者集中到一个工厂内共同进行批量生产劳动,于是产生了质量检验管理。质量检验就是通过严格检验来控制和确保转入下道流程或出厂的产品质量。质量检验所使用的手段是各种各样的检测仪器和仪表,它的方式是严格把关,进行百分之百的检验。

19世纪70年代,人们根据生产和使用的需要,提出了零件互换的概念,同时人们还注意到,在保证零件互换的前提下,其尺寸的加工误差允许有一个波动范围,于是又提出了加工公差的概念。从而初步为质量检验的技术理论奠定了基础。直到20世纪初,在系统总结以往质量管理实践和经验的基础上,产生了科学管理的思想,同时还建立了一套科学管理的理论和方法。提出这种理论并付诸实践的代表人物是美国人泰勒(Taylor)。他主张管理人员与操作人员进行合理分工,将计划职能和执行职能分开,同时增加中间检验环节,从而形成了设计、操作、检验三方面各有专人负责的职能管理体制(泰勒制)。这在历史上是第一次将检验职能从操作职能中分离出来,也是第一次将检验人员从操作工人中分离出来,其结果是直接操作的工人减少了,但同时又产生了一支专职检验队伍。这种由现代化大生产而引起的在分工上的大变化,使劳动生产率、固定资产利用率、产品质量都得到迅速提高,从而取得了明显的经济效益。

质量检验阶段的主要特点是三权分立,即:有人专职制定标准;有人专职负责制造;有人专职按照标准检验产品。在这个发展阶段,质量管理只是强调事后把关。检验人员的职责,无非是对生产出来的产品进行筛选,把合格品和不合格品分开。作为把关性的质量检验,对于保证不合格品不出厂,是必要的,也是有效的。

但采用事后把关的办法来管理产品质量存在以下三个问题:

① 如何经济和科学地制定质量标准。如果所制定的质量标准在经济上不合理,使用上不能满足用户要求,那么即使已通过检验,也不能保证产品质量。

② 怎样防止在制造过程中产生不合格品。因为质量检验是对产品生产出来以后所做的检验,只能起把关作用,而不能预防在制造过程中产生不合格品。一旦产生了不合格品,就将造成人力、物力、财力的损失。

③ 对全部成品进行检验是否可行。显然,在小规模生产的情况下,对全部生产的产品进行检验或许可行,但在生产规模扩大或大批量生产的情况下,对全部产品进行检验是做不到的。尤其是对不破坏就无法进行检验的产品,更行不通。

2. 统计质量控制阶段(Statistical Quality Control, SQC)

统计质量控制是用数理统计的方法控制整个生产过程的质量。其实,早在质量检验阶段,一些著名的统计学家和质量管理专家就开始设法运用数理统计学的原理去解决问题。在质量管理中,最早运用数理统计原理解决问题的典型事例是第一次世界大战期间美国赴欧参战,遇到一个突出问题,就是300万参战大军的军装、军鞋应当按照什么规格,在短期内尽快加工出来,既快又准地满足需要。当时,贝尔(Bell)电话研究所的休哈特提出,运用数理统计方法能办到这点,并通过实践初步证明了数理统计方法在管理工作中的巨大作用。休哈特还提出了控制生产过程质量、预防废品产生的具体方案,给出了第一张质量控制图,首创质量控制的统计方法。1924年,他又针对怎样预防产生不合格品的问题,进一步运用数理统计原理和方法，提出了控制产生不合格品的方法，并且亲临生产现场指导使用由他创立的预防不合格品产生的控制图。1931年，他还总结出版了《工业产品质量的经济控制》一书，对统计质量控制做了系统的论述。与此同时，贝尔电话研究所成立了一个检验工程小组，研究成果之一就是提出了抽样检验的概念，它的两个成员道奇和罗米格联合创立了抽样检验表。从而为解决产品质量检验问题，尤其是产品的破坏性质量检验问题，提供了科学依据和手段。

第二次世界大战爆发后，由于对军用产品的需要激增，美国许多生产民用产品的企业转为生产军用产品。但是，无论是老的还是新的生产军用产品的企业，都无法事先防止产生不合格品。同时，军用产品不仅批量大，而且其检验多数属于破坏性检验，所以，要采用事后检验的办法来保证军用产品的质量，是既不可能也不允许的。由于军用产品的生产经常延误交货期，并且在战场上还不时发生质量事故，严重影响前线的物资供应，以及军队的士气和战斗力。美国国防部为了解决军用产品的供应和质量问题，组织了一批数理统计学家和高级工程师进行研究，运用数理统计原理和方法，制定了美国战时质量管理标准，即《质量控制指南》《数据分析用的控制图法》《生产中质量管理用的控制图法》，从而迫使各生产军用产品的企业普遍推行统计质量控制方法。由此，统计质量控制方法在美国得到了发展，并且在保证和提高军用产品质量方面取得了显著效果。

第二次世界大战结束以后，美国为了支援西欧各主要工业国家和日本，大规模组织物资出口，因而除了军用产品之外，民用产品的生产也获得大发展。由于统计质量控制方法已为生产军用产品的企业带来信誉和利润。因此，不仅生产军用产品的企业继续运用统计质量控制方法，而且生产民用产品的企业也积极推行统计质量控制方法。由此，统计质量控制在美国迅速普及，并且得到进一步发展和完善。与此同时，西欧各工业国、澳大利亚和日本为恢复和发展生产，以及增强本国产品在国际市场上的竞争能力，都相继从美国引进统计质量控制的理论和方法。从此，统计质量控制在世界各工业国风行一时，竞相推行。

统计质量控制是质量管理发展过程中的一个重要阶段。它的主要特点是：在指导思想上，它已由以前的事后把关，转变为事前预防；在控制方法上，它已广泛深入地应用数理统计的思考方法和检验方法；在管理方式上，已从专职检验人员把关转移到由专业质量工程师和技术员控制。因此，统计质量控制与单纯的质量检验相比，不论是指导思想，还是使用方法，都具有很大的进步。但由于统计质量管理过分强调统计方法的应用，而忽视了组织管理和生产者的能动性，加上数理统计方法本身又深奥难懂，使人们产生了一些错误认识，因而，它的普及和推广一度受到了影响。

3. 全面质量管理阶段(Total Quality Management,TQM)

进入20世纪50年代以后,随着社会生产力的迅速发展,科学技术日新月异,工业产品更新换代越来越频繁。特别是电子技术的进步,生产自动化、航天技术、军工和大型系统工程的需要,开始引进可靠性概念,对产品质量要求更高、更严格。因此,单靠统计方法控制生产过程是很不够的,还要对设计、准备、制造、销售和使用环节等都进行质量管理。这样,新的历史条件和经济形势对质量管理提出了新的要求,使质量管理向更高级的全面质量管理发展。

最早提出全面质量管理概念的是美国通用电气公司质量经理费根堡姆。1961年,他的著作《全面质量管理》出版。该书强调执行质量职能是公司全体人员的责任,应该使企业全体人员都具有质量意识和承担质量的责任。他指出:全面质量管理是能够在最经济的水平上及考虑到充分满足用户要求的条件下进行市场研究、设计、生产和服务,并把企业各部门研究质量、维持质量和提高质量的活动构成为一体的有效体系。这一思想经过进一步的完善和发展,形成了一门完整的学科。随着科学技术的进一步发展,全面质量管理在不断地发展变化,其思想和内容也在不断地充实。

表1.1 质量检验、统计质量控制和全面质量管理的比较

比较项目	质量检验	统计质量控制	全面质量管理
管理对象	产品和零件质量	工序质量	产品寿命循环全过程质量
管理范围	产品及零部件	工艺系统	全过程和全体人员
管理重点	制造结果	制造过程	一切过程要素
评价标准	产品技术标准	设计标准	用户满意程度
涉及技术	检验技术	数理统计技术及控制图	各种质量工程技术综合应用
管理方式	事后把关	制造过程预防废品	寿命循环全过程预防
管理职能	剔除不合格品	消除产生不良品的工艺原因	零缺陷
涉及人员	检验人员	质量控制人员	全体员工

进入20世纪80年代以来,随着计算机技术的飞速发展及其在企业管理和生产中的广泛应用,人们将计算机技术引入到质量管理和质量控制中,出现了许多新的管理模式和产品开发制造模式,如:计算机集成制造系统(CIMS)、并行工程(CE)、虚拟制造(VM)等。计算机进入质量管理领域,不仅加快了质量信息的处理

速度和质量,而且进一步丰富和促进了质量管理理论的发展。

在这3个阶段的发展过程中,质量管理的深度不断加深,由单纯检验发展到检验与预防相结合,再到控制与提高;质量管理的广度由前两个阶段局限在制造过程发展到第三阶段向前延伸到设计与试制过程,向后延伸到使用过程。

1.4 质量管理的基本原理

1.4.1 产品质量的形成过程

质量的本质是用户对一种产品或服务的某些方面所做出的评价。因此,也是用户通过把这些方面同他们感受到的产品所具有的品质联系起来以后所得出的结论。事实上,显而易见,在用户的眼里,质量不是一件产品或一项服务的某一方面的附属物,而是产品或服务各个方面的综合表现特征。

1. 质量螺旋

产品的质量有个产生、形成和实现的过程。美国质量管理学家朱兰率先用一条螺旋式上升的曲线来表示产品质量的形成规律。因此,该曲线又称为朱兰螺旋曲线,如图1.3所示。

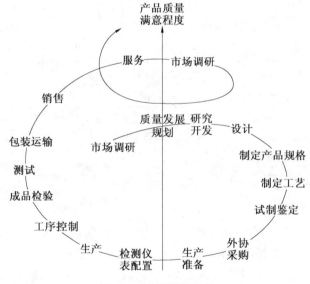

图1.3 质量螺旋曲线

该曲线所描述的产品质量产生、形成和实现的螺旋式上升过程中,包括了一系列循序渐进的活动:市场研究、产品开发、设计、制定产品规格、工艺、采购、仪器仪表及设备装置、生产、工序控制、产品检验、测试、销售,以及服务共13个环节。各个环节之间相互依存,相互联系,相互促进,不断循环,周而复始。每经过一次循环,就意味着产品质量的一次上升,不断上升,永无止境。螺旋形上升过程从动态角度描述质量形成和实现的过程,为了满足人们不断发展的需要,产品质量要不断改进,不断提高。

同时朱兰强调,质量管理是以人为主体的管理。质量环所揭示的各个环节的质量活动,都要依靠人去完成。人的因素在产品质量形成过程中起着决定性作用。要使"循环"顺着螺旋曲线上升,必须依靠人力的推动,其中领导是关键。质量和管理密不可分,要依靠企业领导者做好计划、组织、控制、协调等工作,形成强大的合力去推动质量循环不断前进,不断上升,不断提高。

2. 质量环

与朱兰的质量螺旋相似的另一种描述质量形成过程的方法就是质量环。瑞典质量管理专家雷纳特·桑德霍姆从企业内部管理角度出发,从朱兰螺旋曲线的13个环节中选择了8个主要的环节进行构图,形成了质量循环图,如图1.4所示。这8个环节称八大质量职能,按照质量循环图进行管理,也就是全过程的质量管理。

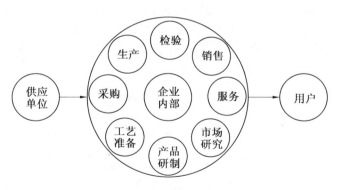

图1.4 质量循环图

ISO9000标准采用了质量环的表达方式,在ISO质量标准中,质量环是一个分为12个阶段,首尾相接、带箭头的圆环,来表示质量产生和形成的过程,如图1.5所示。质量环表明质量的改进和提高是一个无限循环的过程,每经过一个循环,质量就应得到一定的提高。

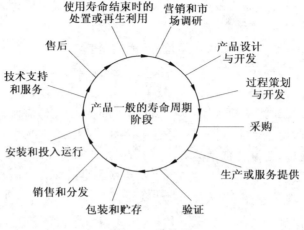

图 1.5 质量环

质量螺旋和质量环都是产品质量形成过程的一种理论模式,质量环从寿命周期的角度论述质量活动的不间断性,与质量螺旋有相同的意义。

1.4.2 质量管理的过程方法

1. 朱兰三部曲

20 世纪 70 年代中后期日本制造业迅速崛起,美国企业受到了日本企业的严峻挑战,美国迫切需要一种新的管理思想和方法,这时对日本崛起有着重大贡献的戴明和朱兰得到了美国人的重新关注。

朱兰认为,要想解决质量危机就需要破除传统,制定新的行动路线。制定新的行动路线首先必须要确立一种普遍适用的质量方法,也就是一种适用于公司集团中各个层次和各种职能,从行政领导、办公室人员到普通工人的方法,这就是被世界各国广为推崇的"朱兰三部曲",即质量计划、质量控制和质量改进 3 个过程组成的质量管理,每个过程都由一套固定的执行程序来实现。

从产品的质量形成过程来看,质量管理要贯穿于设计、制造、销售、服务等环节,而从管理角度来看,要搞好质量管理必须抓住 3 个环节,即策划、控制、改进。这三部曲是 3 个依次进行的过程,适用于组织的各层次的质量管理。

(1)质量策划。

质量策划从认知质量差距开始。看不到差距,就无法确定目标,而这种差距的定位,要从顾客的满意入手,追溯生产设计和制造过程,就能使存在的问题清晰化。现实中存在的质量差距,主要有以下几方面:第一类差距是理解差距和感知差距,主要来源于企业对顾客需求理解的偏差以及顾客对产品质量感知的偏差；第二类差距是设计差距，即使完全了解顾客的需要和感知，很多组织还是不能设计出与这种了解完全一致的产品或服务；第三类差距是过程差距，由于创造有形产品或提供服务的过程不能始终与设计相符，使许多优秀的设计遭遇失败，这种过程能力的缺乏是各种质量差距中最持久、最难缠的问题之一；第四类差距是运作差距，也就是用来运作和控制过程的各种手段在最终产品或服务的提供中会产生进一步的不良后果。

为了消除上述各种类型的质量差距，并确保最终的总质量差距最小，作为质量计划的解决方案，这是一个为实现质量目标做准备的过程，最终结果是能在经营条件下实现质量目标。它的具体内容包括6个方面：①从外部和内部认识用户；②确定用户要求（调查、访问、估计）；③开发出满足用户要求的产品（包括服务）；④制定能满足用户要求的产品质量目标，并以最低的综合成本来实现；⑤制定出能生产所需产品的生产程序；⑥验证这个程序的能力，证明它在实施中能达到质量标准。

管理学的研究一直十分重视计划，那么，朱兰强调的质量策划与传统计划有什么不同？这是关键所在。朱兰认为，传统计划类似于"隔墙投掷"，也就是某个人在不了解全局情况的条件下制订自己的计划，然后丢给下一个部门的另一个人，这个人再丢给下一个部门的下一个人……这种计划往往会与顾客的需求脱节。与之相反，现代质量计划是由多部门同时进行的计划过程，包括所有最终与生产和服务相关的人员，这样他们就能在计划过程中提供相应的成本信息，还能对可能出现的问题提出早期警告。另外，传统的计划工作是由某个特定领域的专家完成的，但是通常他们缺少进行质量计划的方法、技巧和工具，尽管有公司尝试将质量专家配备给计划人员做顾问以弥补缺陷，但往往收效甚微。而现代质量计划是训练计划人员自己运用质量原则——教会他们使用所需的方法和工具，使之成为质量计划的专家。因此，朱兰提出的质量计划，实际上立足于整个公司各层组织领导的整体"适应性"能力。

（2）质量控制。

朱兰将质量控制定义为：制定和运用一定的操作方法，以确保各项工作过程按原设计方案进行并最终达到目标。朱兰强调，质量控制并不是优化一个过程（优化表现在质量计划和质量改进之中，如果控制中需要优化，就必须回过头去调整计划，或者转入质量改进），而是对计划的执行。

内容包括7个方面：①选择控制对象；②选择测量单位；③规定测量方法；④确

定质量控制目标;⑤测定实际质量特性;⑥通过实践与标准的比较找出差异;⑦根据差异采取措施。

(3)质量改进。

质量改进是指管理者通过打破旧的平稳状态而达到新的管理水平。质量改进同质量控制性质完全不一样。质量控制是要严格实施计划,而质量改进是要突破计划。通过质量改进,达到前所未有的质量性能水平,最终结果是以明显优于计划的质量水平进行经营活动。

主要包括:①证明改进的需要;②确定改进对象;③实施改进,并对这些改进项目加以指导;④组织诊断,确定原因;⑤提出改进方案;⑥证明这些改进方法有效;⑦提供控制手段,以保持其有效性。

质量改进有助于发现更好的管理工作方式。

三部曲中质量计划是质量管理的基础,质量控制是实现计划的需要,质量改进是质量计划的一种飞跃。

2. PDCA 循环

(1)PDCA 循环含义。

PDCA 循环是由美国质量管理统计学专家戴明在 20 世纪 60 年代初提出的,也称为戴明环。它是质量管理活动所应遵循的科学的工作程序,是全面质量管理的基本工作方法。PDCA 循环中四个英文字母分别是 P——plan(计划),D——do(执行),C——check(检查),A——action(处理)的缩写,示意图如图 1.6 所示。它反映了进行质量管理工作必须经过的 4 个阶段:

①计划阶段——P 阶段。

这一阶段的总体任务是以满足用户需求、取得最大经济效益为目的,确定质量目标,制订质量计划,拟订实施措施。具体来讲,分为以下 4 个步骤:

图 1.6 PDCA 循环

第一步:分析质量现状,找出存在的质量问题。在分析质量现状时要强调用数据说话,运用数理统计分析工具来分析和发现质量问题。

第二步:分析造成产品质量问题的各种原因和影响因素。如:人员、设备、材料、工艺方法、检测方法和环境等。

第三步:从各种原因中找出影响质量问题的主要原因。这时就要运用一些质量控制工具,如排列图、相关图、因果图等对这些杂乱无章的影响因素进行分析。

第四步:针对影响质量的主要原因,拟订管理、技术和组织等方面的措施,提出质量改进活动的计划和预期要达到的效果。

② 执行阶段——D 阶段。

就是按照所制订的计划、目标和措施去具体实施。

③ 检查阶段——C 阶段。

根据计划和目标,对实际执行情况进行检查,并寻找和发现计划执行过程中的问题。

④ 处理阶段——A 阶段。

就是根据检查的结果进行总结,巩固成绩,吸取教训。这一阶段分为两个具体的步骤:

第一步:总结经验教训,并根据经验和教训对原有的制度和标准进行修正,以巩固取得的成绩,防止再度出现同样的问题。

第二步:将本次 PDCA 循环没有解决的问题作为遗留问题转入下一次 PDCA 循环,同时为下一次循环的计划阶段提供资料和依据。

(2) PDCA 循环的特点。

① 大环套小环,小环保大环,相互促进。

PDCA 循环作为企业管理的一种科学方法,适用于企业各个环节、各个方面的质量管理工作。整个企业构成一个大的 PDCA 循环,而各级部门、各级管理层又有各自的 PDCA 小循环,依次又有更小的 PDCA 循环,直至落实到个人。这时大环套小环的关系,主要是通过质量计划指标连接起来的,上一级循环是下一级循环的根据,下一级循环又是上一级循环的组成部分和具体保证。通过各个小循环的不断转动,推动上一级循环,以至整个企业不停地循环转动,从而把企业各方面质量工作有机地结合起来,纳入统一的全面质量管理体系,实现总的质量目标。

② 不断转动,逐步提高。

PDCA 的 4 个阶段周而复始不停地转动,而每一次的转动都有新的内容与目标。每循环一次,质量就提高一步,如同爬楼梯式的螺旋上升的过程。

③ A 阶段是关键。

A 阶段是 PDCA 循环中的最后一个阶段,就是总结经验,肯定成绩,纠正错误的阶段,没有 A 阶段的作用就不能巩固成绩,吸取教训,也不能防止同类问题的再度发生,PDCA 循环就失去了意义。因此,推动 PDCA 循环,一定要始终如一地抓好总结这个阶段。

1.4.3　质量管理的基本原则

为实现质量目标,一个组织的质量管理工作应遵循一定的质量管理原则。在 2000 年版 ISO9000 标准制定中,ISO/TC176 在总结各国质量管理实践经验和广泛的顾客调查的基础上用高度概括的语言表述了质量管理最基本、最通用的一般规律,提出了质量管理的 8 项原则,并将其作为标准制定的基础,可以指导一个组织在长期内通过关注顾客及其他相关方的需求和期望而改进其总体业绩的目的,可作为质量方针的基础。它是质量文化的一个重要组成部分。

质量管理 8 项原则最初以 ISO/TC176/SC2/WG/N125 号文件《质量管理原则及其应用指南》发布,在 ISO/TC176 召开的特拉维夫会议前以绝对多数的赞同票得到通过。为了能对质量管理原则的定义取得高度的一致,又编制了仅包含质量管理 7 项原则的新文件 ISO/TC176/SC2/WG15/N130《质量管理原则》。在 2015 年 9 月召开的哥本哈根会议上通过了该文件,并由 ISO/TC176/SC2/N376 号文件予以发布。新版 ISO9001 标准将质量管理 8 项原则减少到 7 个:将"过程方法"和"管理的系统方法"合并成"过程方法","全员参与"由"involvement"修改成"engagement","持续改进"修改为"改进","基于事实的决策"修改为"循证决策","与供方的互利关系"修改为"关系管理"。

1. 以顾客为关注焦点

组织只有赢得和保持顾客和其他有关的相关方的信任才能获得持续成功。与顾客互动的每个方面都提供了为顾客创造更多价值的机会。理解顾客和其他相关方当前和未来的需求有助于组织的持续成功。

(1)在市场经济中,组织的存在和发展完全取决于其顾客的满意和信任,组织失去了顾客,也就是丧失了市场占有份额,组织不能生存,更谈不上发展。

(2)为了获得信任,组织的首要任务是识别、理解顾客要求,包括当前的和未来的,并将识别的顾客需求转化为产品(服务)特性,体现在向顾客交付的产品(或服务)中。

(3)要对顾客满意程度进行监视和控制,发现不满意,要及时采取改进措施,以满足顾客要求,并争取超过顾客期望。

(4)重点做好顾客要求的识别和顾客满意程度的监视、测量,并以此带动组织质量管理各个过程的活动,也是提高组织满足顾客要求能力的循环活动。

实施本原则,对于方针和战略的制定,能使整个组织都能理解顾客及其他受益者的需求;对于目标的设定,能够保证将目标直接与顾客的需求或期望相关联;对于运作管理,能够改进业绩以使得组织能更好地满足顾客的需求;对于人力资源管理,能保证员工具有满足顾客所需的知识和技能。

组织只有赢得和保持顾客和其他有关的相关方的信任才能获得持续成功。与顾客互动的每个方面都提供了为顾客创造更多价值的机会。理解顾客和其他相关方当前和未来的需求有助于组织的持续成功。

实施该原则,组织可能的获益是:增加顾客价值,增强顾客满意度,增进顾客忠诚度,增加重复性业务,提高组织声誉,扩展顾客群,增加收入和市场份额。

2. 领导作用

领导作用的原则就是各级领导建立统一的宗旨和方向,并且创造全员积极参与的环境,以实现组织的质量目标。统一的宗旨和方向的建立以及全员的积极参与,能够使组织将战略、方针、过程和资源保持一致,以实现其目标。

对于ISO9000族标准中所提及的"领导"和"最高管理者",不能单单理解为决策领导层中的"领导"和"最高管理者",而是应该从广义上去理解:每一位肩负责任的"第一责任人"都是所负责范围的"领导"和"最高管理者"。获证组织的各级领导应确保组织针对自身内外部环境以及利益相关方制定和实施的各个过程处于有效管控状态。

在美国"波多里奇国家质量奖"11项核心价值指标中,第一为"远见的领导"。"领导"对组织创造卓越绩效产生的核心作用,体现在组织的战略、学习与发展、自律、绩效、伙伴关系和社会责任等方面的能力与影响力上,即确定企业的使命、愿景和核心价值观,形成最终的强大竞争力。只要管理者参与并发挥作用,80%的问题都可以通过改进来解决。

(1)领导处于组织的最高层,对组织实施指挥和控制,这种作用是员工不可能做到的。

(2)领导者的首要任务是要为组织制定统一的宗旨和方向。"领导作用"是实现有效质量管理的关键,领导应该先找出什么是"正确的事情",提供正确的方向,避免"走弯路""走冤枉路"甚至"走回头路",确保实现有效的质量管理。制定统一的宗旨和方向,对质量管理活动来说就是制定质量方针和质量目标,为全体员工提供关注的焦点和努力的方向。

(3)领导作用还表现在要创造并保持能充分参与实现组织目标的环境,调动全体员工的积极性,达到实现组织目标的结果,包括相互信任、提供员工进修机会、激励员工等。我国古代思想家老子认为领导者应当有"守柔"且"善下"的若谷胸襟,才能做到"上下同欲"。另外,领导者应确保质量管理体系职责和权限分配清晰对应,这对于营造员工积极性和创造性的氛围也很重要,对员工授权限的同时,应授予相应职责,确保所授职责与所授权限对等。

对于组织而言,加强领导作用可能的获益包括:提高实现组织质量目标的有效性和效率;组织的过程更加协调;改善组织各层级和职能间的沟通;开发和提高组织及其人员的能力,以获得期望的结果。

3. 全员参与

在 2015 版 ISO9000 族标准中,"全员参与"由"involvement"修改成"engagement"。ISO9000 3.1.3 对"involvement"的解释是参与,3.1.4 对"engagement"的解释除了参与,还要求有贡献,为达成目标付诸行动。

在整个组织内,各级人员的胜任、被授权和积极参与是提高组织创造和提供价值能力的必要条件。为了有效和高效地管理组织,尊重并使各级人员参与是重要的。认可、授权和能力提升会促进人员积极参与实现组织的质量目标。

(1)员工是组织得以实现其功能的必要资源,人力资源又是最具活力、最有潜力的特殊资源,只有激励、调动员工参与组织活动的积极性,充分发挥员工聪明才干,组织才能获得收益。

(2)以人为本,就要通过培训、改进、奖惩和加强意识教育,增强员工工作责任感和不断提高员工的能力、知识和经验。

全员参与会使组织获得可能的收益包括:增进组织内人员对质量目标的理解并提高实现目标的积极性;提高人员改进活动参与度;促进个人发展、主动性和创造力;提高人员的满意度;增强整个组织内的相互信任和协作;促进整个组织对共同价值观和文化的关注。

4. 过程方法

新版的 ISO9000 族标准将 8 项原则中的管理的系统方法并入过程方法中。过程方法是指只有将活动作为相互关联的连贯系统当作运行的过程来理解和管理时,才能更加有效和高效地得到一致的、可预知的结果。质量管理体系是由相互关联的过程所组成,理解体系是如何产生结果的,能够使组织优化其体系和绩效。

ISO9000 族标准将"过程"定义为利用输入实现预期结果的相互关联或相互作用的一组活动。系统地识别和管理组织所应用的过程,特别是这些过程之间的相互作用,称为"过程方法"。识别和策划过程时应考虑过程绩效目标、输入、输出、活动和资源,过程的职责和权限,及风险和机遇,过程的接口与沟通,以及过程的监视和改进。通常一个过程的输出将直接成为下一个过程的输入。为使组织有效地运行,必须识别和管理许多相互关联和相互作用的过程。

(1)ISO9000族标准认为,一切工作都是通过过程来完成的,质量管理就要对与产品质量有关的过程都实施控制,过程控制也体现了以预防为主的思想。

(2)过程方法就是将活动和相关资源作为过程进行管理,包括识别过程、确定过程(输入、活动、输出、资源、程序、过程责任者)、控制过程。过程方法体现了策划、实施、检查、处置,即PDCA的运用,可以更高效地得到期望的结果。

组织通常是以纵向的职能部门分层次管理,将实现预期输出的职责分配给各个职能部门。对所有参与过程的各职能部门来说,并不都清楚了解最终顾客或其他相关方。因此,对接口发生的问题的重视程度往往不如直接的职能部门。在传统管理中,由于对过程之间的接口和各项活动之间的关系没有引起充分重视,出现管理中的职责不清或"打乱仗"的现象。由于通常将解决措施集中在职责方面,而非组织的整体利益上,纵然组织实施了改进,但往往从相关方角度,看不出、感受不到改进成效。过程方法引入了跨越不同职能部门界限的横向管理,将注意力统一到组织的主要目标上,从而改善了过程接口的管理。所以过程方法是将组织的纵向管理变为以组织目标为导向的横向管理。过程的衔接是过程管理的重要内容。在过程实施中,特别应注意按策划结果进行操作,并注意过程中的协调和过程之间的相互配合,防止出现职责分配的管理盲点。按过程方法对过程的实施控制,应注意过程的顺序和过程之间的相互作用。每个过程都有输入和输出,前一个过程的输出可以是下一个过程的输入,并对下一个过程产生影响,如设计时未充分考虑客户的要求,则最终导致交付客户的产品不合格。因此,在对过程转换进行控制时,应关注输入的充分性,输出与输入的符合性。

组织应识别过程的风险,防范、规避、承担或化解风险,把握机会。通过对过程结果的测量分析,寻找改进机遇,不断改进优化过程,实现管理系统水平的不断提升。

运用过程方法可以为组织:增强关键过程的能力,寻求改进机会;通过相互关联、功能连贯、协调一致的过程构成的体系达成预期的结果;通过有效的过程管理、资源的高效利用,减少各职能的障碍,优化组织绩效;使组织与相关方在一致性、效率、效益方面增进信任。

5. 改进

成功的组织持续关注改进。改进对于组织保持当前的绩效水平,对其内、外部条件的变化做出反应并创造新的机会都是极其重要的。新版标准要求改进考虑因素融入新的或变更的产品、服务和过程开发之中,并认可和奖赏改进。通过改进,组织可能的获益是改进过程绩效、组织能力和顾客满意度;增强对调查和确定根本原因及后续的预防和纠正措施的关注;提高对内、外部的风险和机遇的预测与反应的能力;增加对渐进性和突破性改进的考虑;加强利用学习实现改进;增强创新的驱动力。

6. 循证决策

循证决策的思想来源于20世纪80年代兴起的循证医学和循证理论,是循证理论在管理决策领域的应用和推广。循证决策有3个基本特征:第一,决策的依据必须是真正的事实或真理;第二,循证决策意味着一种承诺,即致力于获取真实情况,收集事实数据,并以此指导决策;第三,循证决策并不代表一成不变或一劳永逸,它意味着将不断地更新与学习。这表明循证决策是在对事实、证据的高度承诺的基础上做出的,这些可靠的数据和信息可能促进决策团队对决策本身的承诺。在新版ISO9000中将基于事实的决策方法原则改为循证决策原则,更加谨慎。

基于数据和信息的分析与评价的决策更有可能产生期望的结果。决策是一个复杂的过程,并且总是包含一些不确定性。它经常涉及多种类型和来源的输入及其解释,而这些解释可能是主观的。重要的是理解因果关系和可能的非预期后果。对事实、证据和数据的分析可导致决策更加客观和可信。

(1)决策就是针对预期目标寻求并实行最佳方案的活动。质量管理过程存在着大量有待决策的问题,诸如组织是否采用质量管理体系,如何确定质量方针、质量目标,资源的投向是什么,以及如何选择质量改进的项目等。决策是一项主要管理职能。

(2)数据是事实,特别是数据化事实,收集到一起作为参照信息。

(3)决策具有预见性、选择性、客观性。决策是面对未来的事情,是预见性问题;决策有选择性,面对错综复杂的情况做出一种选择;决策的客观性是指决策要建立在客观事实的基础上,即建立在数据和信息分析的基础上,当然也包括做出决策的领导层的决断,这种决断还包括领导者的知识、经验和观察能力等主观因素,这种因素应该是长期积累的信息反映,也就是说,领导的主观意识符合客观实际,才能做出有效决策。

(4)在收集数据和对信息进行分析时,统计技术是采用的方法之一,要确保数据和信息准确可信,并易于理解。

组织实施循证决策原则可以:改进决策过程;改进对过程绩效和实现目标的能力的评估;改进运行的有效性和效率;提高评审、挑战,以及改变意见和决定的能力;提高证实以往决定有效性的能力。

7. 关系管理

关系管理是指为了持续成功,组织需要管理与供方等相关方的关系。相关方影响组织的绩效,当组织管理所有相关方的关系以使相关方对组织的绩效影响最佳时,才更有可能实现持续成功。对供方及合作伙伴的关系网的管理是尤为重要的。该原则更加注重组织利益相关方的互利互惠,是一种系统性思维的体现,也符合当前趋势。

组织通过实施这一原则可能的收益是:通过对每一个与相关方有关的机会和制约因素的响应,提高组织及其相关方的绩效;在相关方中对目标和价值观有共同的理解;通过共享资源和能力,以及管理与质量有关的风险,提高为相关方创造价值的能力;具有管理良好、可稳定提供产品和服务流的供应链。

上述质量管理原则是主导质量管理体系要求的科学思想,包含了质量管理的全部精华,构成了质量管理知识体系的理论基础。

1.4.4 质量目标管理

由于目标管理产生的初期主要用于对主管人员的管理,所以也被称为"管理中的管理"。后来,目标管理逐渐推广到所有人员及各项工作上。经过40多年的发展和完善,特别是在汲取了系统工程理论的精华后,目标管理已经成为世界上比较流行的一种现代企业管理技术。将目标管理原理应用于质量管理工作中,就是所谓的质量目标管理。

根据组织所面临的形势和需要,最高领导层制定出一定时期内组织质量活动所要达到的总目标,然后层层分解和落实,下属各部门和每位员工根据上级的质量目标制定出自己的工作目标和相应的保证措施,形成一个完整的质量目标体系,并把目标完成情况作为各部门或个人工作绩效评定的依据。

1. 质量目标管理的特点

① 以人为中心的管理,强调自我控制;企业各级人员都应当围绕自己职责范围内所涉及的各项目标开展质量控制工作,最后通过企业每个部门和每个成员都实现各自的具体目标,来确保企业总质量目标的实现。

② 注重授权,促使权力下放,将授权作为顺利实现质量目标管理的关键。

③ 加强考核,注重实际效果。
④ 通过对目标的层层分解,促进了质量管理的定量化和系统化。

2. 质量目标管理的内容

质量目标管理的内容可概括为：

1个中心,4个环节,8项主要工作。

1个中心是以企业的总质量目标为中心,统筹安排企业的全部质量活动。

4个环节是对质量目标实施的 PDCA 循环。

8项主要工作是：企业质量目标的制定；质量目标的展开；措施的制定；目标的实施；实施过程的控制和诊断；目标实施情况的考核与评价；激励措施的制定、实施及评价；目标管理的总结和提高。

1.4.5 全面质量管理

20世纪60年代,美国通用电气公司的质量经理费根堡姆发表了《全面质量管理》一书,较系统地提出了全面质量管理的概念。他指出:"全面质量管理是为了能够在最经济的水平上并考虑到充分满足用户要求的条件下进行市场研究、设计、生产和服务,并把企业各部门的研制质量、维护质量和提高质量的活动构成为一体的一种有效体系。"这一新的质量管理理论,很快地被各国企业、公司所接受,其中日本运用得最为成功且最为突出。

1. 全面质量管理的定义

全面质量管理,是从质量管理的共性出发,对质量管理工作的实质内容进行科学地分析、综合、抽象和概括,从中探索质量管理的客观规律性,以指导人们在开展质量管理工作时按客观规律办事。它是现代企业管理的中心环节,是进行质量管理的有效方法。

全面质量管理的定义是一个组织以质量为中心,以全员参与为基础的一种管理途径,目的是通过顾客满意和本组织所有成员及社会受益而达到长期成功。

全面质量管理的全面性具体表现在管理内容的全面性、管理范围的全面性、参加管理人员的全面性,以及管理方法的全面性等。它是全方位的质量管理,全员参与的质量管理,全过程的质量管理,管理的方法多种多样。因此,全面质量管理简称"三全一多样"。

2. 全面质量管理的特点

全面质量管理的一个重要特征就是管理的全面性,主要表现在：

(1) 全员参加的质量管理。

产品质量是许多工作、生产环节和各项管理工作的综合反映,因此,它涉及企业的所有部门和所有人员,跟企业员工素质、技术素质、管理素质和领导素质密切相关。要提高产品质量,需要企业全体员工的共同努力,每个人都要参加到质量管理活动中来,做到质量管理,人人有责。

(2) 全过程的质量管理。

全面质量管理的范围是全面的,就是对产品质量形成全过程的各个环节加以管理,形成一个综合性的质量管理工作体系。从这个方面来看,全面质量管理在工作范围和职能上都比以往的质量管理扩大了,在质量管理的深度和广度上都有了新的发展。

优质产品是设计、制造出来的,而不是检验出来的。基于这一观点,产品的质量取决于设计质量、制造质量和使用质量(如:合理的使用和维护等)的全过程,要生产出优质的产品就必须严格控制质量"产生、形成和实现"的每个环节。按"朱兰质量螺旋",在市场调查、产品的开发研制、设计、制定产品规格和工艺、采购、生产、检验、运输、储存、销售、安装、使用和维护等各个环节都把好质量关,消除产生不合格品的种种隐患。为此,要求企业应逐渐建立并完善一个包括市场调查、设计、生产到销售使用全过程的、能稳定地产出合格品的质量保证体系。实行全过程的质量管理就要做到:以防为主,防检结合。也就是把质量管理工作的重点从事后检验转移到事前控制上来,消除产生不合格品的种种隐患。

(3) 管理对象的全面性。

全面质量管理的对象是广义的质量,不仅包括产品质量和服务质量,还包括工作质量,此外,还对影响产品和服务质量的因素进行全面控制,这些因素包括人员、材料、机器设备、工艺、检测手段及环境等。

(4) 管理方法的全面性。

全面质量管理是集管理科学和多种技术为一体的一门科学,因此,全面、综合地运用多种方法进行质量管理,也是科学质量管理的客观要求。另外,由于影响产品质量的因素非常复杂,既有物质因素又有人的因素;既有生产技术因素,又有管理因素,要把这么多的因素控制起来,单靠数理统计方法是不可能实现的,必须根据不同情况,灵活地运用各种现代化管理方法。

(5) 经济效益的全面性。

就是除了保证制造企业能取得最大经济效益外,还要从用户和社会及产品寿命循环全过程的角度综合考虑经济效益,使他们均能获得最大效益。

3. 全面质量管理的核心观点

(1)用户至上。

在全面质量管理中,这是一个十分重要的观点。从全面质量管理的定义可以看出,它的核心是满足用户的需求。"用户至上"就是要树立以用户为中心,为用户服务的思想,要使产品质量与服务质量尽可能地满足用户的要求。这里所说的用户是广义的,不仅指产品出厂后的直接用户,也指企业内部"下一道工序""下一工段"等企业内用户。

(2)一切凭数据说话。

因为数据是对客观事物的一种量化,用数据来判断问题最真实可信,一切凭数据说话,就是强调用数理统计的方法将反映事实的数据和改善活动联系起来,及时发现、分析和解决问题。这也是8项原则中"基于事实的决策方法原则"的体现。

(3)预防为主。

好的产品不是检验出来的,而是设计和制造出来的。因此,"预防为主",将一切质量问题消灭在萌芽状态是非常重要的。

(4)以质量求效益。

以质量求效益就是贯彻质量第一的观点。市场竞争归根结底是质量的竞争。因此,企业要生存发展下去,要提高经济效益及社会效益,就必须提高质量。

(5)以零缺陷为目标。

有缺陷就意味着必须通过测试、检验、返修、退货等来挽回为用户带来的损失,同时,带给自己的也是巨大的损失,质量管理的目的就是要在企业的各个环节建立一个防止缺陷发生的机制。

4. 全面质量管理的基本内容

(1)设计过程质量管理。

设计过程质量管理是全面质量管理的首要环节,这里所指设计过程包括市场调查、产品设计、工艺准备、试制和鉴定等过程,即产品正式投产前的全部技术准备过程。主要包括:通过市场调查研究,根据用户要求、科技情报与企业的经营目标,制定产品质量目标;组织有销售、使用、科研、设计、工艺、制度和质量管理等多部门参加的审查和验证,确定适合的设计方案;保证技术文件的质量;做好标准化的审查工作;督促遵守设计试制的工作程序等。

(2)制造过程质量管理。

制造过程,是指对产品直接进行加工的过程。它是产品质量形成的基础,是企业质量管理的基本环节。它的基本任务是保证产品的制造质量,建立一个能够稳定生产合格品和优质品的生产系统。制造过程质量管理的任务是使生产系统始终处于受控状态,使之能够稳定、持续地生产出符合设计质量的产品。主要内容有:

①加强工艺管理:认真贯彻各项工业标准,严格执行工艺规程,进行工序能力分析和管理等。

②抓好现场文明生产管理:企业的文明生产水平代表了企业经营管理的基本素质,良好的生产秩序、整洁的工作场所是保证产品质量的必要条件,是消除质量隐患的重要途径。

③注重员工的岗位培训:在影响产品质量的各个因素中,人是最重要的因素,因此,培训是一项长期、重要的工作。

④做好质量检验工作:尽管事后检查是一种传统的管理方式,但沿用至今,就说明了它的必要性和可行性。通过质量检验,严格把好各工序质量关,防止不合格品转入下道工序或出厂。

⑤认真进行质量分析工作:进行质量分析的目的是全面掌握质量动态,包括进行成品分析和不良品分析。

⑥进行工序质量控制:它不同于一般的质量检验,而是定期连续地从零件中抽取一定量的样本进行检验,把样本作为工序加工状态的反馈信号,以便进行生产过程状态的控制与分析。

(3) 辅助过程质量管理。

辅助过程,是指为保证制造过程正常进行而提供各种物资技术条件的过程。它包括物资采购供应、动力生产、设备维修、工具制造、仓库保管、运输服务等。它的主要内容有:①物料供应质量管理,做好物料采购供应(包括外协物料)的质量管理,保证采购质量,严格入库物料的检查验收,按质、按量、按期地提供生产所需要的各种物资(包括原材料、辅助材料、燃料等);②设备维修质理管理,组织好设备维修工作,保持设备良好的技术状态;③工具制造和供应的质量管理。

(4) 使用及用后处理质量管理。

使用过程是考验产品实际质量的过程,它是企业内部质量管理的继续,也是全面质量管理的出发点和落脚点。这一过程质量管理的基本任务是提高服务质量(包括售前服务和售后服务),保证产品的实际使用效果,不断促使企业研究和改进产品质量。主要的工作内容有:开展技术服务工作,处理出厂产品质量问题,调查产品使用效果和用户要求。

产品质量高还表现在对产品进行用后处理时对环境的污染少,以实现对资源的充分和有效利用。主要内容包括：销毁处理，在设计时就应考虑并注明销毁方式，选择易于销毁的材料；回收处理，要充分考虑资源的充分利用问题，尽量设计便于回收利用的结构；重新利用，包括直接利用和修复利用，都应保证零部件达到规定的质量要求。

5. 全面质量管理的基础工作

搞好全面质量管理必须做好一系列的基础工作，它是企业建立质量体系、开展质量管理的立足点和依据，是质量体系有效运转的前提和保证。基础工作的好坏，决定了企业全面质量管理工作的水平。它包括：

(1) 标准化工作。

凡是正式生产的工业品、各类工程建设、环境条件、安全卫生等都必须制定标准，并在工作中贯彻执行。实现标准化，有利于保证和提高产品质量，保障用户的利益并便于产品的使用与维护。这里的标准除了技术标准外，还有各项管理标准。

(2) 统计计量工作。

大多数质量特征都可以定量化，因此，计量工作就成为全面质量管理的重要基础之一。统计计量工作是保证计量的量值准确和统一，确保各种质量标准的贯彻执行，保证零部件互换和产品质量的重要方法和手段。

(3) 质量信息工作。

质量信息是指有关产品质量、原料供应、市场供求、售后服务等方面的信息、数据、原始记录等技术经济资料。及时、正确的质量情报是企业制定质量政策、目标和措施的依据。

(3) 质量教育工作。

质量管理活动既是一个工作过程，也是一个教育过程，特别是当前质量管理面临新的挑战，为适应新的经济环境，加强质量教育至关重要。

(4) 质量责任制。

建立质量责任制就是明确规定企业中每一部门、每一职工的具体任务、职责和权限，做到人人有专责，办事有标准，工作有检查。

习　题

1. 简述质量的定义及其特性。
2. 产品质量形成包括哪些环节？

3. 朱兰如何定义质量的？并请说明朱兰是从何种角度来定义质量的？

4. PDCA 循环的基本工作内容和特点有哪些？举例说明其应用价值。

5. "如果价格不比人家低,质量就得超过人家",你对这句话如何理解？

6. 如何理解"朱兰三部曲"？

7. 如何理解"高质量的低代价和低质量的高代价"这句话的含义？

8. 比较质量螺旋和质量环,各有哪些特点？

9. 产品质量与工作质量的关系是什么？

10. 质量目标管理的内容是什么？

11. 全面质量管理概念的提出,是否意味着统计质量控制的方法没用了,应该用全面质量管理来取代统计控制方法？为什么？

12. 某餐饮企业计划按照 ISO9001 建立其质量管理体系,并制定了如下的质量方针和质量目标,有专家认为制定得不合理。请你根据所学,帮助其分析不足并修改其质量方针和质量目标。

质量方针:鲜香味美的菜肴,周到细致的服务。

质量目标:顾客全面满意。

第 2 章　质量管理体系及认证

☞ **学习目标**

◇ 了解 ISO9000 族标准的形成背景；
◇ 了解不同版本 ISO9000 族标准的主要思想；
◇ 掌握 ISO9000 族标准的构成及适用范围及我国应用国际标准的情况；
◇ 了解质量管理体系审核的内容和质量管理体系认证的一般程序。

【开篇案例】泰达图书馆以 ISO9001 认证提升服务质量

国际图书情报学界于 20 世纪 90 年代初开始积极致力于 ISO9000 在图书馆和信息机构的应用研究。最早将 ISO9000 质量管理体系引入图书馆管理的是英美等发达国家，截止到 1994 年，北欧四国大约有 15% 的学术图书馆及信息机构进行了 ISO9000 认证；1993 年英国有 14% 的学术图书馆和 20% 的公共图书馆开始了 ISO9000 认证工作。

我国的图书馆学界及管理者自 20 世纪 90 年代中后期开始研究并把 ISO9000 质量管理体系认证引入国内。2005 年 7 月 9 日，海南大学图书馆获得了认证合格证书，成为我国第一家以图书馆为独立单位通过 ISO9001 质量管理体系认证的学术机构，随后，越来越多的国内图书馆获得了 ISO9001 认证。

天津市滨海新区泰达图书馆、档案馆于 2013 年 12 月 11 日顺利通过 ISO9001:2008 质量管理体系认证，实现了图书、档案、情报工作的国际化、规范化、标准化质量控制，在全国地级公共图书馆首开质量管理先河。

自 2010 年启动 ISO9001 认证工作以来，泰达图书馆、档案馆共开展培训 57 次。为结合并突出图书、档案、情报一体化管理的特点，共设计了 23 个业务流程，编印了《质量管理手册》和《文件运行手册》等内部文件，形成了 98 个业务管理文件，并自行开发了 ISO9000 质量管理体系的文件管理软件。各业务部门形成了各自完整、系统、科学、实用的部门工作手册。其质量管理文件体系包括设定的质量目标与方针、22 个业务过程、29 个过程目标、质量管理手册、92 个程序文件、120 个附件，以及大量相关作业指导书；质量管理运行体系包括文件执行过程记录、自检自查管理、内部培训管理、用户投诉管理、用户满意度调查管理、内部审核管理和纠正预防措施等。期间,泰达图书馆、档案馆严格按照 ISO9000 规范,结合读者和用户满意度调查,对查找到的问题进行了全面纠正。

通过实施 ISO9000 认证工作,泰达图书馆、档案馆实现了内部管理质的飞跃,做到了服务有目标、工作有根据、结果有记录、问题有反馈、改进有措施,大幅度提升和最大限度满足读者和用户需求的服务意识。

(资料来源:http://www.tedala.gov.cn/data/filede4731.html)

【思考题】

1. 什么是 ISO9000 标准?
2. 服务业如何推行 ISO9000 标准?

2.1　ISO9000 族标准概述

2.1.1　ISO9000 族标准的概念

ISO9000 族标准是由国际标准化组织质量管理和质量保证技术委员会(ISO/TC176)制定的所有国际标准。

国际标准化组织 ISO(International Organization for Standardization)于 1947 年 2 月 23 日成立,总部设在瑞士日内瓦,是世界上最大的非政府性的国际标准化组织,其宗旨是在全世界范围内促进标准化工作的开展,以便于产品和服务的国际交往,并扩大在知识、科学、技术和经济方面的合作。主要活动包括:制定国际标准,协调世界范围内的标准化工作,组织各成员国和技术委员会进行情报交流,以及与其他国际机构进行合作,共同研究有关标准化问题,ISO 技术成果是正式出版的国际标准。TC176,即 ISO 中第 176 个技术委员会,成立于 1980 年,全称是"质量保证技术委员会",1987 年更名为"质量管理和质量保证技术委员会"。TC176 专门负责制定质量管理和质量保证技术的标准。

ISO9000 族标准并不是产品的技术标准,而是针对组织的管理结构、人员、技术能力、各项规章制度、技术文件和内部监督机制等一系列体现组织保证产品及服务质量的管理措施的通用性标准。

2.1.2　ISO9000 族标准的形成和发展

1. ISO9000 族标准的形成背景

世界上最早的质量保证标准是从美国的军用标准发展起来的。20 世纪 50 年代,随着军事工业的迅速发展,武器装备的复杂程度大大增加,美国军方在采购武器装备时发现,虽然对生产厂家提出了技术要求,同时也经过了验收,但在使用中却出现实际的产品质量并没有达到预期要求的情况。产品质量仅仅靠着检验把关已经无法实现,一些大的质量问题在使用过程中逐渐暴露出来,这主要是由于现代技术的发展,产品复杂程度的提高,使众多产品的性能指标仅仅靠最终检验是反映不出来的。那么要真正保证产品的质量,除提出技术要求外,还需对产品的全过程进行过程控制,要对设计、生产特别是比较关键的工序进行现场监督检查,用户现场监督并参与设计评审、技术设计的模拟试验等。出于这种认识,美国政府在采购军用产品时,不仅对产品的技术特性提出了要求,而且对生产厂家还提出了质量保证的要求。1959 年,美国军方制定了质量保证标准及相应的说明性文件,形成美国军用标准 MIL－Q－9858A－1963《质量大纲要求》和 MIL－I－45208A－1963《检验系统要求》。

美国军方在产品质量保证方面的控制经验很快被涉及人身安全的核电站和压力容器部门所采用。美国机械工程师协会于 1968 年将质量保证要求列入 ASME－Ⅲ(锅炉与压力容器规范)的附录中;美国国家标准协会于 1971 年借鉴军标制定了国家标准 ANSIN45.2《核电站质量保证大纲要求》。美国在质量管理和质量保证规范化方面取得的成功经验很快被其他工业发达国家所借鉴。1979 年英国发布了一套质量保证标准:BS5750:Part1——1979《质量体系——设计、制造和安装规范》,BS5750:Part2——1979《质量体系——制造和安装规范》和 BS5750:Part3——1979《质量体系——最终检验和试验规范》,这 3 个标准可以说是 ISO9001,ISO9002 和 ISO9003 标准的原型。加拿大也于 1979 年制定,并于 1985 年修订了一套质量保证标准:CSACAN3－Z299.0《质量大纲标准的选用指南》(法国于 1980 年与 1986 年先后发布了法国国家标准 NFX－110－80《企业质量管理体系指南》和 NFX－110－86《质量手册的编制指南》)。

在世界范围内,质量管理的发展先后经历了质量检验、统计质量控制和全面质量管理 3 个阶段。尤其是 20 世纪 60 年代初美国的质量管理专家费根堡姆博士提出的全面质量管理的概念逐步被世界各国接受,并不断完善、提高,为各国质量管理和质量保证标准的相继产生提供了坚实的理论依据和实践基础。随着质量管理活动发展到全面质量管理阶段,质量保证活动也逐渐受到重视并开展起来,并逐步向普通的民用工业推广。

20世纪70年代以后,国际经济交流蓬勃发展,贸易交往日趋增加,有关国际产品质量保证和产品责任的问题引起了世界各国的普遍关注,世界各工业发达国家都在质量保证领域制定了各种国家标准。这些不同的标准尽管在传统上有某些历史性的共同点,但在细节上还存在许多不一致和差异,形成了国际的贸易壁垒,因此不能广泛用于国际贸易。一方面,随着世界经济一体化的进程加快,为了保护和发展本民族工业,保护消费者的合法权益,世界上许多国家都制定了比较高的市场准入制度,有的是以法律的形式规定:商品只有符合某种标准要求才能进入市场。因此要求各国质量保证和质量管理标准能够协调一致,以便成为对合格厂商评定的共同依据。另一方面,随着经济一体化的发展,被动的关税壁垒已经逐渐削弱,而一些发达国家利用自身技术方面的优势,为保护自身利益提出了一些非关税壁垒,特别是"技术壁垒"和"绿色壁垒"日益显著。例如,欧盟在立法中规定,供应商必须取得ISO9000注册才能进入欧盟市场。世界各国、组织和消费者都要求有一套国际上通用的、具有灵活性的国际质量保证模式,这就是导致质量管理和质量保证国际标准产生的根本条件。

1980年,ISO/TC176成立。国际标准化组织经过努力于1987年制定并颁布了面向质量管理和质量保证的ISO9000系列国际标准。综上所述,企业的生存和发展需要是ISO9000系列国际标准产生的重要原因,而各国质量政策为其产生提供了条件,各国开展的质量管理和质量保证活动的成功经验导致了ISO9000族标准的诞生,各国保护本国消费者权益及其社会公共利益的活动促进了ISO9000族标准的发展,激烈的国际贸易竞争加速了ISO9000族标准的形成。

对一个组织而言,按ISO9000族标准所建立和实施的质量体系应能满足该组织规定的质量目标,确保影响产品质量的技术、管理和人的因素处于受控状态,无论是硬件、软件、流程性材料还是服务,所有的控制应针对减少和消除不合格,尤其是预防不合格,这是ISO9000族标准的基本思想,它的产生使质量管理的规范化有了依据。

2. ISO9000族标准的发展

自1986~1987年,国际标准化组织首次发布ISO9000标准以来,至今经历了5次修订,其演化历程如图2.1所示。

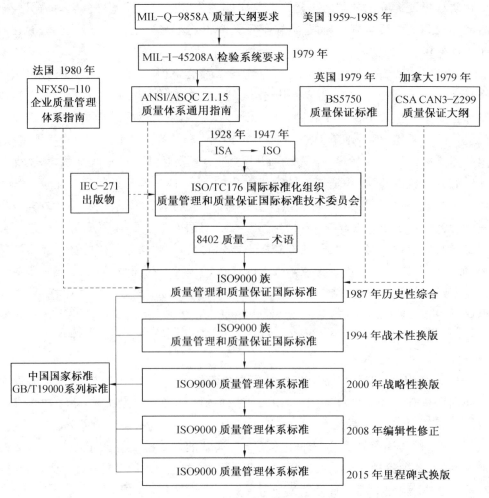

图 2.1　ISO9000 族标准演化历程

(1)1987 版的 ISO9000 系列标准。

国际标准化组织于 1979 年成立了质量管理和质量保证技术委员会(TC176)，负责制定质量管理和质量保证标准。1986 年发布了 ISO8402《质量——术语》标准；1987 年发布了 ISO9001《质量体系——设计开发、生产、安装和服务的质量保证模式》、ISO9002《质量体系——生产和安装的质量保证模式》等 6 项标准，统称为 ISO9000 系列标准。这套标准对规范质量管理活动，促进国际的贸易发展起到积极的作用。

(2)1994 版的 ISO9000 族标准。

第2章　质量管理体系及认证

为了使1987版的ISO9000系列标准更加协调和完善,质量管理和质量保证技术委员会于1990年决定对标准进行修订。由于ISO9000系列标准主要适用于制造业,为此,在维持ISO9000标准总体结构和思路不变的前提下,对ISO9000系列标准进行了局部修改,并补充制定了ISO10000系列标准,对质量体系的一些要素活动做出具体的规定,形成了1994版的ISO9000族标准。这套标准在推出以后,得到了世界上的普遍关注,越来越多的企业将其作为质量管理的标准之一,ISO9000的系列认证已经成为国际商贸交流和市场的通行证之一。1994版ISO9000族标准一共有22个标准和2个技术报告,可以划分为5类:

第一类:术语标准。ISO8402:1994《质量管理和质量保证——术语》。

第二类:使用指南标准。ISO9000-1:1994《质量管理和质量保证标准——第1部分:选择和使用指南》;ISO9000-2:1993《质量管理和质量保证标准——第2部分:ISO9001,9002,9003的实施通用指南》;ISO9000-3:1991《质量管理和质量保证标准——第3部分:ISO9001在软件开发、供应和维护中的使用指南》;ISO9000-4:1993《质量管理和质量保证标准——第4部分:可信性大纲管理指南》。

第三类:质量保证标准。ISO9001:1994《质量体系——设计、开发、生产、安装和服务的质量保证模式》;ISO9002:1994《质量体系——生产、安装和服务的质量保证模式》;ISO9003:1994《质量体系——最终检验和试验的质量保证模式》。

第四类:质量管理标准。ISO9004-1:1994《质量管理和质量体系要素——第1部分:指南》;ISO9004-2:1991《质量管理和质量体系要素——第2部分:服务指南》;ISO9004-3:1993《质量管理和质量体系要素——第3部分:流程性材料指南》;ISO9004-4:1993《质量管理和质量体系要素——第4部分:质量改进指南》。

第五类:支持性标准。ISO10011-1:1990《质量体系审核指南——第1部分:审核》;ISO10011-2:1991《质量体系审核指南——第2部分:质量体系审核员的评定准则》;ISO10011-3:1991《质量体系审核指南——第3部分:审核工作管理》;ISO10012-1:1992《测量设备的质量保证要求——第1部分:测量设备的计量确认体系》;ISO10012-2:1997《测量设备的质量保证要求——第2部分:测量过程控制指南》;ISO10005:1995《质量管理——质量计划指南》;ISO10006:1997《质量管理——项目管理指南》;ISO10007:1995《质量管理——技术状态管理指南》;ISO10013:1995《质量手册编制指南》;ISO10015:1999《质量管理——培训指南》;ISO/TR10014:1998《质量经济管理指南》;ISO/TR10017:1999《ISO9001:1994统计技术指南》。

(3)2000版的ISO9000族标准。

随着1994版ISO9000族标准在国际上广泛应用,也出现了一些不足,如:适用范围太小,对于服务业等不太适合等。国际标准化组织在调查研究和充分总结了前两个版本标准的长处和不足的基础上,对这套标准进行了总体结构及技术内容两个方面的彻底修改,并于2000年12月正式颁布了2000版的ISO9000族标准。

2000版标准采用过程方法的模式结构,取代了1994版20个质量管理体系要素的结构,减少了过多的文件化要求,更具有实用性;突出推动组织通过标准的应用来持续改进其质量管理体系;将ISO9001标准和ISO9004标准设计成一对结构相同、协调一致的质量管理体系标准,以使组织可以一起采用,也可以单独使用。2000版ISO9000族标准只有5项标准,对原有的其他标准,除进行合并、转出外,或以技术报告(TR)、技术规范(TS)的形式发布,或以小册子的形式出版发行。因此,2000版ISO9000族标准的结构是由5项标准、技术报告和小册子组成的。技术报告和小册子属于对质量管理体系建立和运行的指导性文件,也是ISO9000族标准的支持性文件。

ISO9000族标准的修订和发展突出表现了质量管理思想的发展:ISO9000:1987版标准体现了系统化的管理思想。ISO9000:1987版标准认为:为了保证产品质量,不仅需要明确产品技术要求,还需要建立质量管理体系,进行系统化管理;通过实施质量管理体系,使产品质量稳定地得到保证。ISO9000:1994版标准体现了市场竞争的思想,它认为:ISO9000质量管理和质量保证体系标准有助于企业加强管理,导致持续的质量改进,提高顾客和其他相关方的满意程度。它是企业增强竞争力的一种有效手段。ISO9000:2000版标准体现了使顾客满意的思想。在ISO9000:2000版标准中第2.1条款指出:"质量管理体系能够帮助组织增强顾客满意……"。

ISO:9000 2000版的标准有以下几个特点:

①适用于各种类型的组织。无论组织的规模是大还是小,或者是不同的行业,都可以。

②可以进行删减。在2000版中,取消了原来1994版中ISO9001,9002,9003共3个标准,统一形成了ISO9000:2000一个统一的标准,组织在选用时,可以根据具体的情况进行删减。

③突出了以顾客满意作为衡量组织业绩的手段。

④采用了过程方法。过程就是将输入转化为输出的活动,将资源和活动按照过程进行管理的方法就是过程方法。过程应该是增值的,就是输出应该大于输入。

⑤更加强调了管理者的作用。

⑥标准更加突出了持续改进。

⑦对文件化的程序要求降低,强化了组织的自主权。

⑧充分体现了现代8项质量管理原则。8项质量管理原则是2000版ISO9000族标准设计的基础。

⑨标准明确了以顾客为中心。

⑩明显改善了与ISO14000系列标准的兼容性。

为了使我国质量管理和质量保证工作更好地与国际接轨,经国家标准化管理部门研究决定,我国质量管理和质量保证标准,都是等同采用ISO相应标准的(等同的国家标准是GB/T19000－ISO9000系列标准,是ISO9000系列的中文标准,被列入ISO发布的名录中)。因此随着ISO质量管理和质量保证标准不断发布,我国的质量管理和质量保证标准也不断地完善起来。

总之,2000版ISO9000族标准吸收了全球范围内质量管理和质量体系认证实践的新进展和新成果,更好地满足了使用者的需要和期望,达到了修订的目的。与1994版ISO9000族标准相比,更科学,更合理,更适用,更通用。

(4) 2008版的ISO9000族标准。

2004年,ISO9001:2000在各成员国中进行了系统评审,以确定是否撤销、保持原状、修正或修订。评审结果表明,需要修正ISO9001:2000。所谓"修正"是指"对规范性文件内容的特定部分的修改、增加或删除"。在2004年ISO/TC176年会上,ISO/TC176认可了有关修正ISO9001:2000的论证报告,并决定成立项目组(ISO/TC176/SC2/WG18/TG1.19),对ISO9001:2000进行有限修正。本次修订ISO9000族标准的主要原因是:ISO的所有标准都需定期(通常规定每六年一次)修订,以确保它们的内容是最新的,而且能够满足全球范围的需要;使标准内容表述更加精确、完整和清晰;增加部分技术性内容,满足使用者对更通俗易懂的标准文件的需求;确保质量管理体系的需求与标准指南之间的一致性。在ISO9000族标准的基本原则和思想上,2008版与2000版标准相比基本不变。2008年12月15日,ISO/TC176正式发布了新版的ISO9000族标准。ISO9000:2008标准的核心标准包括:ISO9000《基础和术语》、ISO9001《质量管理体系——要求》、ISO9004《质量管理体系——业绩改进指南》、ISO9011《质量和环境管理体系审核指南》。

2008版ISO9000标准具有以下特点:

①能适用于各种组织的管理和运作;

②能够满足各个行业对标准的需求;

③易于使用,语言明确,易于翻译和理解;
④减少了强制性的"形成文件的程序"的要求;
⑤将质量管理与组织管理过程联系起来;
⑥强调对质量业绩的持续改进;
⑦强调持续的顾客满意是推进质量管理体系的动力;
⑧与 ISO14000 系列标准具有更好的兼容性;
⑨强调 ISO9001 和 ISO9004 标准的协调一致;
⑩考虑了所有相关方利益的需求。

(5)2015 版的 ISO9000 族标准。

2012 年 ISO 组织开始启动下一代质量管理标准新框架的研究工作,继续强化质量管理体系标准对经济可持续增长的基础作用。为确保 ISO 标准与时俱进,跟上时代发展的潮流,ISO 标准每 6~8 年修订一次,ISO9001:2008 标准正到修订期。2014 年,国际标准化组织(ISO)和国际电工委(IEC)联合发布管理体系标准的高阶架构,为所有的管理体系标准明确了共同的架构,就好比房子,房型都是一样的,内部装修不一样。这样就为组织整合所有管理体系、建立简单有效的一体化管理体系提供了极大的便利。

作为应用最广泛的国际标准之一的 ISO9001,ISO9001:2015 标准已于 2015 年 9 月 23 日正式发布。ISO9001:2015 不仅采用了统一的管理体系高阶结构,而且在内容方面也很具有前瞻性,引入了很多当前先进的管理理念和方法,如风险管理、知识管理、变更管理等。ISO9001:2015 为未来 10~15 年的质量管理指明了方向,本次的修改又是 ISO9001 发展史上一个重要里程碑。与 ISO9001:2008 相比,ISO9001:2015 最大的变化可以概括为"一变""二改""三减""六加"。

"一变"是指 ISO9001:2015 在结构上发生了重大变化,采用了统一的管理体系高阶结构,仍然采用 PDCA 的管理思想。

"二改"是指 ISO9001:2008 的"文件"和"记录"统一改成"文件化的信息",在 ISO9001:2015 没有了"文件"和"记录"的说法;ISO9001:2008 的"文件化程序"的要求被修改,在 ISO9001:2015 中没有强制的"文件化程序"要求,但对"过程"提出了新要求。

"三减"是指删减"质量手册"的强制要求。质量手册不是必须要有,可有可无,但质量管理体系的范围、组织架构、部门职责及职能分配等还是要明确规定,规定的形式和方法不限;删减"管理者代表"的强制要求,管理者代表不是必须要有,可有可无,只要标准中规定的领导职责和承诺全部落实即可;删减"预防措施"的要求,预防措施的要求不再以某个条款单独列出来,"预防"思想和原则分布在所有条款中,尤其是在标准的"策划"部分;质量管理体系原则由八项减为七项。

"六加"是指增加组织背景分析要求,对组织背景进行分析,确保体系符合组织实际。最显著的变化是新增了风险管理要求。2008 版标准对风险管理的要求是隐含的,而新版标准中,风险管理思想和原则贯穿整个标准,极具前瞻性,增加知识管理要求。知识管理是个很前沿的管理理念,这次纳入 ISO9001 标准,非同凡响。增加变更管理要求。变更管理是一些特殊行业(如:汽车、铁路等)标准要求,这次也纳入 ISO9001 标准,可见其重要性。增加应急措施要求、增加绩效评估要求。

从 2008 版到 2015 版的修改,是 ISO9001 标准从 1987 年第一版发布以来的4 次技术修订中影响最大的一次修订,此次修订为质量管理体系标准的长期发展规划了蓝图。新版标准更加适用于所有类型的组织,更加适合于企业建立整合管理体系,更加关注质量管理体系的有效性和效率。

ISO9000 标准经过了多次修订,其中 1987 版做了开创性和奠基性工作;1994 版是过渡产物,承上启下,修订内容较小,基本结构不变;2000 版是战略性改版,从总体结构、原则及技术内容方面全部进行了修订;2008 版是对 2000 版的有限修订;2015 版则"为未来 25 年的质量管理标准做好了准备",将更加适用于所有类型的组织,特别是服务行业的应用,更加适合于企业建立整合管理体系,更加关注质量管理体系的有效性和效率。

2.1.3 贯彻 ISO9000 族标准的意义

1. 有利于提高企业质量管理水平

ISO9000 族标准从系统的角度对产品的质量形成全过程的各种因素提出全面控制,使企业的质量管理体系更加科学和完善,保证了企业的各项质量活动有序进行,减少了质量管理中的盲目性,标准要求定期对质量体系进行严格的审核,可以及时发现质量系统运行中存在的问题,保持质量体系的适用性和有效性。

2. 有利于质量管理与国际规范接轨

按 ISO9000 族标准进行第三方认证,已被许多国家、地区作为国际贸易中不可缺少的重要手段,在许多重大工程的招标和贸易洽谈中,已把获得 ISO9000 认证证书作为投标和签约的前提条件;涉及人身安全和健康的产品,更是把是否按国际惯例通过质量认证作为先决条件。ISO9000 族标准已经成为企业开展国际贸易的通用语言,在 WTO 内,各成员国之间相互排除了关税壁垒,只能设置技术壁垒,在我国"入世"以后，失去了区分国内贸易和国际贸易的严格界限，所有贸易都有可能遭遇上述技术壁垒，所以，获得认证是消除贸易壁垒的主要途径。因此，企业贯彻ISO9000系列标准，对于打破国际的非关税壁垒，获得国际市场的准入证，具有极其重要的战略意义。

3. 建立现代企业制度，适应市场经济需要的不可缺少的组成部分

现代企业制度主要指适应市场经济需要的公司法人制度，由公司的财产制度、责任制度、组织制度和管理制度组成。其中管理制度虽然因企业、产品而异，但均应遵循"企业行为在很大程度上是市场行为"这一准则，强调与国际惯例接轨，以开拓市场并获得顾客的信任。因此不能把企业内部管理制度的建设仅看作是企业自身的事，还必须考虑到市场和顾客的反应，即不能单纯"以我为主"，而必须强调"以国际惯例为主"。从企业的管理制度来说，首先要重视质量和财务方面与国际惯例接轨，贯彻ISO9000族标准就是当前质量方面最主要的"国际惯例"，特别是推行的ISO9000族标准为基准的质量体系认证制度，必须在质量管理工作中切实按ISO9000族标准建立质量体系，规范企业管理行为，以适宜的质量、有效的质量体系和有竞争力的价格向顾客提供满意的产品。

4. 有利于保护消费者的利益

ISO9000族标准将质量管理要求和产品要求区分开，它不是取代产品要求而是把质量管理要求作为产品要求的补充。这样就有利于组织的持续改进和满足顾客的需求和期望。质量管理体系标准的8项质量管理原则的首要原则明确提出：组织要以顾客为关注焦点，组织依存于顾客，组织应当理解顾客当前和未来的需求，满足顾客要求并超越顾客期望。以顾客为关注焦点，可以增强顾客的满意度和改进顾客的忠诚度，并为组织带来更大的效益。所有这一切无疑是对消费者利益的一种最有效的保护。

总之，贯彻ISO9000族标准，进行质量认证，这对于提高供方的质量信誉，促进供方完善质量体系，减少社会评定费用，以及保护消费者的利益等方面均有实际意义。

2.1.4 2015版ISO9000族标准的构成

2015版新标准与2008版标准一样包括4个核心标准。

ISO9000:2015《质量管理体系——基础和术语》标准。该标准代替ISO9000:2005标准，该标准为质量管理体系提供基本概念、原则和术语，并为质量管理体系的其他标准奠定了基础。

ISO9001:2015《质量管理体系——要求》标准。该标准代替ISO9001:2008标准,用于审核(包括第一方、第二方、第三方)的唯一标准;某些条款的适用可考虑删减,但仅限于第七章;此标准除了质量保证之外,还旨在增强顾客满意度。

ISO9004:2009《可持续性管理——质量管理方法》。该标准关注将质量管理原则应用于整个组织长期可持续的成功,而不仅是某些部分的业绩改进。此标准为补充ISO9001标准和其他管理体系标准的应用提供指南,不能用于认证、法规或合同目的。目的是帮助ISO9001标准的使用者,通过实施有更广泛基础和深度的质量管理体系获取可持续的利益。

ISO19011:2011《管理体系审核指南》标准。该标准是将质量管理体系审核和环境管理体系审核相结合的审核指导性标准。它不仅是对ISO9000,ISO9001和ISO9004等ISO9000族核心标准的补充,也是ISO14000系列标准的组成部分。同时,ISO19011标准还有可能为制定更多的管理体系通用方法、标准提供借鉴。

我国质量管理和质量保证标准,都是等同采用(idt)ISO相应标准的,等同的国家标准是GB/T19000系列标准,是ISO9000系列的中文标准,被列入ISO发布的名录中。

2.1.5　ISO9000族标准与全面质量管理的关系

全面质量管理作为以质量为中心的现代管理方式,是指企业为了保证和提高产品质量综合运用的一整套质量管理思想、体系、手段和方法,它已发展成为指导企业质量管理的学科。而ISO9000系列标准则是在总结各国质量管理经验的基础上,经过广泛研究协商,由国际标准化组织所制定的一系列质量管理和质量保证标准,它在技术合作、贸易往来上作为国际认可的标准规范。两者的形式和作用虽不同,但ISO9000系列标准实质上是全面质量管理思想的延续,两者存在一致性,表现在以下几个方面:

(1)两者遵循的原理是相同的。在全面质量管理理论中,描述产品质量的产生、形成和实现运动的规律是朱兰博士提出的"质量进展螺旋"曲线,这是开展全面质量管理的基本原理。而ISO9000系列标准中明确提出"质量体系建立所依据的原理是质量环",因此两者依据的原理是相同的。

(2)两者的基本要求是一致的。全面质量管理的基本特征包括质量、全过程管理、全面参与、全面地综合利用各种科学方法;而ISO9000系列标准中也同样贯彻了这些要求。

（3）指导思想及管理原则相同。全面质量管理与ISO9000系列标准都同样贯彻以下思想：系统管理，为用户服务，预防为主，过程控制，全面参与，全面地综合利用各种科学方法；而ISO9000系列标准中也同样贯彻了这些要求。

（4）两者都强调了领导作用。全面质量管理强调必须从领导开始；系列标准首先规定了企业领导的职责，都要求企业领导必须亲自组织实施。

（5）全面质量管理重视考核与评价；系列标准重视质量体系的审核、评审和评价。

（6）两者都强调任何一个过程都可以不断改进，并不断完善。因此，可以不断改进产品的服务质量。

由以上分析可以看出，全面质量管理与ISO9000系列标准是可以互相结合，互相促进的。全面质量管理把建立质量体系作为自己的基本要求，而系列标准则把建立质量体系作为达到全面质量管理的必经之路。推行系列标准可以促进全面质量管理的发展并使之规范化，还可以实现与国际合作伙伴间的双边或多边认可；系列标准也可以从全面质量管理中吸取先进的管理思想和技术，不断得到完善。

全面质量管理与ISO9000系列标准之间也存在以下几个细致的差别：

（1）ISO9000与全面质量管理虽然都讲全面质量，但ISO9000的质量含义比全面质量管理所讲的质量含义更广。ISO9000族标准中"质量"所指向的实体可以是活动或过程、产品、组织、体系、人或它们的任何组合。可见ISO9000所指的质量的对象非常广泛。而全面质量管理所指的全面质量是产品的质量、服务质量和工作质量等，其对象不如ISO9000族标准的对象领域宽。

（2）ISO9000与全面质量管理都指全过程控制，但ISO9000强调文件化，而全面质量管理更重视方法和工具。

（3）ISO9000是通用的标准，可比较、可检查、可操作，而全面质量管理没有规范化。

（4）ISO9000能够进行国际通用的认证，而全面质量管理则不能。

上述这些差别都不是什么关键问题，不影响二者之间的相容、相通和相近的主流。纵观质量管理的发展历史，后一阶段从来都是在前一阶段的基础上继承和发展的，而不是对前一阶段的取代和否定。就像全面质量管理不能取代检验和统计质量管理一样，系列标准也不可能取代全面质量管理。因此，要正确处理两者关系，既要防止以实施系列标准来否定全面质量管理，也不能借口推行全面质量管理而不贯彻系列标准，而是以贯彻系列标准来促进全面质量管理的规范化，以全面质量管理的思想做指导来学习、贯彻系列标准，并结合实际充实和完善企业质量体系,这样才能取得更好的效果。

2.2 质量管理体系概述

2.2.1 质量管理体系定义

组织的质量管理体系是组织管理体系的一种,组织的质量管理必须通过制定质量方针和目标,建立、健全质量管理体系,并使之有效地运行来实现。因此ISO9000标准将质量管理体系定义为建立质量方针和质量目标,并实现这些目标的体系。

质量管理体系是企业内部建立的、为保证产品质量或质量目标所必需的、系统的质量活动,它根据企业特点选用若干体系要素加以组合,加强从设计、生产、检验、销售、使用全过程的质量管理活动,并予以制度化和标准化,成为企业内部质量工作的要求和活动程序。

1. 推进全面质量管理,必须首先建立质量方针,并以此制定质量目标

对于任何一个组织,要推进全面质量管理,必须首先建立质量方针,在此基础上制定质量目标,并且在质量方针的指导下,为实现所制定的目标,对组织中所有与质量有关的活动和工作内容进行有效管理。

2. 产品形成全过程的管理

质量管理体系通常紧紧围绕产品质量形成的全过程,设计产品生命周期的全部阶段,从最初的识别市场需要到最终满足要求的所有过程,忽视或遗漏任一环节的质量活动都会影响质量目标的实现。因此质量管理体系要对影响质量的各个环节(包括直接因素和间接因素)都进行考虑,从组织结构、管理职责、产品形成过程和资源等方面,对如何确保产品质量做出规定,并形成文件,即质量管理体系文件,以规范企业的质量管理工作。

3. 一个组织通常只有一个质量管理体系

一个企业往往要生产多个品种和规格的产品,这些产品的生产过程大致相同。质量管理体系的基本组成,即组织结构和管理职责、资源,以及通用性管理和技术程序,对各种产品来说基本一致,各种产品不同的只是专用技术、管理文件和相应的作业活动。因此,质量管理体系是为实施质量管理而建立的有机整体,它应覆盖企业所生产的各种产品,而不是按产品建立质量管理体系,因此,原则上一个组织只有一个质量管理体系。

4. 质量管理体系的目标和任务

通过建立和运行质量管理体系,开展企业内部质量管理活动,确保产品质量,使顾客满意;通过质量管理体系的第三方认证和注册,向用户和社会展示企业具有保证产品质量的能力。因此,企业建立健全质量管理体系的最终目标是确保产品质量,使顾客满意。

为了实现体系的目标,企业必须确立质量方针,提出具体的质量目标,并对影响产品质量和实现企业质量目标的主导因素——技术、管理和人员,以及质量环各阶段的工作过程进行有效控制。

2.2.2 质量管理体系要素

针对产品的形成,从保证产品质量及在此基础上持续改进产品质量的角度出发,要求必须对产品形成的三要素,即资源、管理及过程进行有效的运作,使它们都处于受控状态。

组织的质量管理是通过建立健全质量管理体系并使之有效运作实现,质量管理体系是组织管理体系的一部分,它致力于使组织的产品质量满足要求。为达到保证产品质量并在此基础上持续改进产品质量的目的,在组织内部必须从质量管理角度出发,对组织存在的三要素,即组织机构、管理工作、资源及产品形成的过程进行有效的运作,使它们都处于受控状态。

产品形成的三要素和组织存在的三要素相互对应、相互依存,只有站在质量管理的角度,实现了对它们的有效运作,才能达到组织质量管理的目的,才能实现组织的质量目标。因此,作为建立质量方针和质量目标并实现这些目标的相互关联、相互作用的一组要素,质量管理体系整体上应分为四大部分,即管理职责、资源管理、产品实现,以及为实施质量改进所需的测量、分析和改进,它们构成了质量管理体系的四大整体要素。

1. 管理职责

管理职责作为质量管理体系的一大整体要素,从一个组织的组织机构的设置、领导者的职责和权限、质量方针和质量目标的制定,以及如何有效地在一个组织内实施质量管理进行了规定。目的是通过组织机构的合理设置,领导者职责和权限的有效分配和控制,制定切实可行的质量方针和目标,并且在方针和目标的指导下开展各项质量管理活动,以及通过促使质量管理更加科学化、规范化,来使组织的质量管理达到要求,并获得持续改进。

制定质量方针,确定质量目标,并积极进行质量的策划是管理职责的基本内容。管理职责还涉及文件和质量记录的有效控制。对质量管理体系进行评审,以确保质量管理体系的适宜性、充分性和有效性是管理职责的另一项必不可少的内容。通常,管理职责的实施和运作通过组织机构的设置和运作来实现。

2. 资源管理

资源是质量管理体系的物质基础,ISO9001 要求组织应识别为实现质量目标所需的资源并能及时地提供所需的资源。基于质量管理体系的基本要求,资源至少应包括人力资源、基础设施和工作环境三方面。此外,资源还应包括(但不是要求)信息、合作伙伴、自然资源和财务资源。

人力资源是质量管理体系的主要资源。组织应首先确定从事影响产品质量工作的人员所必须具备的能力;其次是提供教育和培训以满足上述要求,并对教育培训的有效性进行评价,特别是要确保所有员工都能认识到所从事活动的重要性,以及如何为实现质量目标做出贡献;最后是要保持教育、培训、技能和经验的适当记录。

基础设施也是质量管理体系的重要资源。最高管理者在考虑相关方需求和期望的同时,应确定、提供和维护为实现产品符合性所需的基础设施。基础设施包括建筑物、工作场所和相关的设施;过程设备,包括硬件和软件;支持性服务,如运输和通信等。

工作环境也是组织质量管理体系的重要资源。最高管理者应确保组织的工作环境对人员的能动性、满意程度和业绩产生积极的影响,以提高组织的业绩。工作环境包括物质环境、社会环境、心理环境和环境因素,如温度、湿度、光照、噪声、振动、空气成分、物件存放、工作场所位置等。

3. 产品实现

产品实现过程是组织获得增值的重要过程,是组织将顾客的需求转换成满足顾客要求的产品的过程。组织应确保产品实现过程以及相关的过程网络有效和高效地运行,从而最终实现产品增值的目标。产品实现包括产品实现的策划、与顾客或相关方有关的过程、设计和开发、采购、生产和服务的提供等几个子要素。

(1)产品实现的策划。

组织应策划和开发产品实现所需的过程。产品实现过程的质量策划应与组织质量管理体系的其他要求相一致,并以适于组织运作的方式形成文件。

在对产品实现过程进行质量策划时,组织应在适当时确定以下方面的内容:
①产品的质量目标和要求;
②针对产品确定过程、文件和资源的需求;
③产品所要求的验证、确认、监视、检验和试验活动,以及产品接收准则;
④为实现过程及其产品满足要求提供证据所需的记录。

(2)与顾客或相关方有关的过程。

为满足顾客对产品的需求和期望,组织应通过与顾客的积极沟通,来识别和评审与产品有关的信息。与产品有关的信息包括:
①顾客规定的要求,包括对交付和交付后活动的要求;
②顾客虽然没有明示,但已知的规定要求或预期用途所必须的要求;
③与产品有关的法律法规要求;
④组织确定的任何附加要求。

(3)设计和开发。

设计和开发是指"将要求转换为产品、过程或体系规定的特性或规范的一组过程",是产品实现过程中的关键过程。组织应对产品的设计和开发过程进行策划和控制,确定与产品要求有关的输入,并保持记录;设计和开发的输出应以能够针对设计和开发的输入进行验证的方式提出,并在放行前得到批准;在适宜的阶段,应依据策划的安排,对设计和开发进行系统的评审,以便评价设计和开发的结果满足要求的程度,识别存在的问题并提出必要的措施;为确保设计和开发输出能否满足输入的要求,组织应依据策划的安排对设计和开发进行验证;为确保产品能够满足规定的或已知预期使用的要求,应根据策划的安排对设计和开发进行确认。此外,组织还应识别设计和开发的更改。

(4)采购。

组织应确保采购的产品符合规定的采购要求。为此,组织应对供方按组织的要求提供产品的能力进行评价和选择;应与供方共同制定对供方过程的要求和产品规范,以利用供方的知识使组织获益;应明确规定采购的要求,确保提供充分的采购信息;应建立并实施检验或其他必要的活动,以确保采购的产品满足规定的采购要求。

(5)生产和服务的提供。

生产和服务提供过程直接影响向顾客提供的产品的符合性质量,因此,组织必须根据产品的特点对生产和服务提供进行策划,使生产和服务提供过程处于受控条件下;当生产和服务提供过程的输出不能有后续的监视或测量加以验证时,以及

第2章 质量管理体系及认证

只有在产品使用或服务已交付之后缺陷才会变得明显时,组织应对任何这样的过程实施确认,以证实这些过程实现所策划的结果的能力;组织应在产品实现的全过程中使用适宜的方法标识产品,在有追溯性要求的场合,应控制并记录产品的唯一性标识;组织应爱护在组织控制下或组织使用的顾客财产,应识别、验证、保护和维护其使用或构成产品一部分的顾客财产,若发现顾客财产发生丢失、损坏或不适用时,应报告顾客并保持记录;产品在内部流转和交付到预定的地点期间,组织应针对产品的符合性提供防护;组织还应确定需实施的监视和测量,以及所需的监视和测量装置,为产品符合确定的要求提供证据。

4. 为实施质量改进所需的测量、分析和改进

质量改进是全面质量管理的精髓,为做好质量改进工作,首先应对产品质量、过程能力、质量管理体系及顾客满意度进行测量和评价,并依据测量结果分析产品质量、过程能力、组织的质量管理水平等的演变趋势和变化情况,同时对原因进行识别和确定。

数据分析有助于帮助组织确定现有的或潜在的问题的根本原因,为确定质量管理体系的适宜性和有效性提供信息,为质量决策提供依据,以确定改进方向,采取有效的纠正措施和预防措施。因此,组织应确定、收集和分析适当的数据,以证实质量管理体系的适宜性和有效性,并评价可以进行质量管理体系持续改进的领域。

组织应利用质量方针、质量目标审核结果、数据分析、纠正和预防措施,以及管理评审,持续改进质量管理体系的有效性和效率。采取纠正措施是实施质量控制和质量改进的一项重要活动。组织应根据所遇到不合格的影响程度采取相应的纠正措施,消除不合格原因,防止不合格再发生;质量管理体系的主要功能之一是预防不合格品的发生,组织应确定措施,消除潜在不合格品的原因,防止其发生。

2.2.3 质量管理体系文件

质量管理体系文件是组织进行质量管理,衡量和考察组织质量保证能力的重要依据之一,使得组织的各项质量活动都有章可循。质量管理体系文件是质量管理体系的软件部分,是质量管理体系的文字描述。质量管理体系的各个方面,例如,组织机构、质量责任、技术规程、工艺规程和检验规程等都要形成文件,作为人们活动的依据。因此,可以说制定体系文件就是质量立法,通过这些文件把质量管理手段和方法加以制度化和法规化。

ISO9001要求的是一个"文件化的质量管理体系",而不是一个"文件体系",这一点对建立、实施、保持和改进组织的质量管理体系至关重要。ISO9001:2015允许组织以其选择的适应的方式来文件化其质量管理体系。这使得每个独立组织可以根据完成有效的策划、自身运行与控制,以及其质量管理体系有效性的实施和持续提升的需求来决定形成文件的信息的数量。

与2008版标准相比,2015版ISO9001的一个重要变化就是采用"文件化的信息"代替了文件和记录,文件和记录也不再做区分。取消了质量手册、程序文件等标准中明确要求的文件,统一用"文件信息"来表述,内涵更加丰富,外延更加宽泛。取消了对记录控制的强制性形式要求,统一用"保留形成文件的信息"来表述,更加突出记录的证据性、灵活性和多样性。整个标准中要求只要能提供出让人相信的证据就行,不用刻意去"做"记录。证据要求相对比较宽泛,不光是文字、影像、声音可以作为记录,很多之前不能成为记录的证据,如痕迹、外部信息、数据分析等都能作为证据提供。

ISO9001:2015标准中"形成文件的信息"总则中指出,组织的质量管理体系应包括:本标准要求的形成文件的信息;组织确定的为确保质量管理体系有效性所需的形成文件的信息。对于不同组织,质量管理体系形成文件的信息的多少与详略程度可以不同,取决于组织的规模、活动、过程、产品和服务的类型,过程的复杂程度及其相互作用,以及人员的能力。

文件化信息可以指:

(1)组织为支持建立质量管理体系需要保持的文件化信息(高层次的横向文件)。这些包括:质量管理体系的范围;必要的文件化信息,以支持过程的运行;质量方针;质量目标等。

(2)组织为用于运行沟通所需的保持文件化信息(低层次、具体文件)。虽然ISO9001:2015不做任何特定的要求,但可以对质量管理体系实现增值的一些文件示例,可以包括:组织结构图;流程图,工艺流程图和(或)过程的描述——程序;工作和(或)测试指令——说明书;包含内部沟通的文件——生产计划;批准的供应商清单——试验和检验计划;质量计划;质量手册;战略规划——表格。

(3)组织为提供实现结果的证据而保留的文件化信息。组织可以自行开发其他形式的记录,作为需要证明其过程、产品和服务,以及质量管理体系符合性的证据。

2.3 质量管理体系的建立和实施

按照ISO9001标准要求建立质量管理体系,是国际标准化组织在传统管理经验的基础上,提炼出的一种带有普遍意义的管理模式,是一种科学化、规范化、标准化、国际化的管理方法。建立质量管理体系是一项复杂的工件,特别是建立一种以过程为基础的质量管理体系,要涉及许多工作,既要考虑标准的要求,又要考虑组织自身的情况。质量管理体系的建立和实施可分前期准备、体系策划、体系建立、体系运行4个阶段。

2.3.1 质量管理体系前期准备阶段

1. 思想准备

组织的各级领导在贯彻《质量管理体系标准》(简称贯标)上要统一思想认识。贯标是实行科学管理、完善管理结构、提高管理能力的需要,只有充分统一认识,做好思想准备,才能自觉而积极地推动贯标工作,严格依据《标准》逐步建立和强化质量管理的监督制约机制、自我完善机制,完善和规范本组织管理制度,保证组织活动或过程科学、规范地运作,从而提高产品(或服务)质量,更好地满足顾客需求。

2. 组织培训

选择培训对象:组织活动(过程)中全部有关部门的负责人,他们是贯标的骨干力量,贯标达到什么样的效果,取决于最高管理者和各部门负责人对《标准》的理解。

培训内容:① GB/T19000族标准基础知识;②《标准》的理解和实施;③建立质量管理体系的方法和步骤。

3. 建立贯标运行机构

(1)建立贯标工作机构。

一般由最高管理者担任贯标工作机构负责人,管理者代表担任副职,贯标工作涉及的职能部门负责人担任机构成员。

贯标工作机关的任务是策划和领导贯标工作,包括制定质量方针和质量目标,依据《标准》要素分配部门的质量职责,审核体系文件,协调处理体系运行中的问题。

(2)任命管理者代表和确定质量管理工作主管部门。

管理者代表由最高管理者以正式文件任命并明确其职责权限,代表最高管理者承担质量管理方面的职责,行使质量管理方面的权利。

管理者代表应是本组织最高管理层成员,具有领导能力和协调能力,有履行管理者代表职责和权力的条件和渠道;熟悉本组织的业务;能较好地理解GB/T19000族标准及其要求,并且切实能够实际履行职责。

质量管理工作主管部门协助管理者代表根据贯标工作机构决策,具体组织落实质量管理体系的建立和运行。

(3)成立质量管理体系文件编写小组。

选择经过文件编写培训、有一定管理经验和较好的文字能力的,来自质量管理体系责任部门的代表组成《标准》文件编写小组。

(4)分析评价现有质量管理体系。

贯标的目的是改造、整合、完善现有的体系,使之更加规范和符合《标准》要求。这要求贯标者依据《标准》对现有的管理体系进行分析评价以便决定取舍。

2.3.2 质量管理体系策划阶段

1. 质量方针

质量方针是组织的质量宗旨和质量方向,是质量管理体系的纲领,它要体现出本组织的目标及顾客的期望和需要。制定和实施质量方针是质量管理的主要职能,在制定质量方针时要满足以下要求:

(1)质量方针要与其质量管理体系相匹配,即要与本组织的质量水平、管理能力、服务和管理水平一致。方针内容要与本组织所提供的服务的职能类型和特点相关。

(2)质量方针要对质量做出承诺,不能提些空洞的口号,要反映出顾客的期望。

(3)质量方针可以集思广益,经过反复讨论修改,然后以文件的形式由最高管理者批准、发布,并注明发布日期。

(4)质量方针要言简意明,先进可行,既不冗长又不落俗套。

(5)质量方针要易懂、易记、便于宣传,要使全体员工都知道、理解并遵照执行。

2. 质量目标

质量目标是质量方针的具体化,是"在质量方面所追求的目的"。质量目标应符合以下要求:

(1)需要量化,是可测量评价和可达到的指标。

(2)要先进合理,起到质量管理水平的定位作用。

(3)可定期评价、调整,以适应内外部环境的变化。

(4)为保证目标的实现,质量目标要层层分解,落实到每一个部门及员工。

3. 组织机构及职责设计

质量管理体系是依托组织机构来协调和运行的。质量管理体系的运行涉及内部质量管理体系所覆盖的所有部门的各项活动,这些活动的分工、顺序、途径和接口都是通过本组织机构和职责分工来实现的,所以,必须建立一个与质量管理体系相适应的组织结构。为此,需要完成以下工作:

(1)分析现有组织结构,绘制本组织"行政组织机构图"。

(2)分析组织的质量管理层次、职责及相互关系,绘制"质量管理体系组织机构图",说明本组织的质量管理系统。

(3)将质量管理体系的各要素分别分配给相关职能部门,编制"质量职责分配表"。

(4)规定部门质量职责;管理、执行、验证人员质量职责。

(5)明确对质量管理体系和过程的全部要素负有决策权的责任人员的职责和权限。

4. 资源配置

资源是质量管理体系有效实施的保证,包括依据标准要求配置各类人员和基础设施,在对所有质量活动策划的基础上规定其程序和方法,以及规定工作信息获得、传递和管理的程序和方法等。

2.3.3 质量管理体系建立阶段

1. 编制质量管理体系文件

质量管理体系的实施和运行是通过建立贯彻质量管理体系的文件来实现的。通过质量管理体系文件贯彻质量方针;当情况改变时,保持质量管理体系及其要求的一致性和连续性;作为组织开展质量活动的依据,质量管理体系文件为内部审核和外部审核提供证据;质量管理体系文件可用以展示质量管理体系,证明其与顾客及第三方要求相符合。

质量管理体系文件由专门编写小组编写,首先应对文件编写组成员进行培训,接着制订编写计划,收集有关资料,编写组讨论文件间的接口,其次将文件初稿交咨询专家审核;咨询专家向编写组反馈,并共同讨论修改意见之后,由编写组修改文件直至文件符合要求。

2. 质量管理体系文件的审核、批准、发布

质量管理体系文件应分级审批。质量手册应由最高管理者审批；程序文件应由管理者代表批准，作业指导书一般由该文件业务主管部门负责人审批，跨部门/多专业的文件由管理者代表审批。文件审批后，需正式发布，并规定实施日期。以宣传和培训的形式，使组织中所有人员理解质量方针和质量管理体系文件中规定的有关内容，在质量管理体系运行前，可以通过考试检察员工对有关内容的理解情况。

2.3.4 质量管理体系运行阶段

1. 体系试运行

完成质量管理体系文件后，要经过一段试运行，检验这些质量管理体系文件的适用性和有效性。在开始运行前，要在组织内再进行一次大范围的宣传动员，以使全体员工树立按文件规定执行的观念，必要时，可以采取一种行政措施以保证按文件规定运行，对于在实际运行中发现的文件方面的不符处可以按规定进行更改。组织通过不断协调、质量监控、信息管理、质量管理体系审核和管理评审，实现质量管理体系的有效运行。

2. 体系的调整和完善

在认证制度发展之前，组织的质量管理活动成绩好坏，必须根据用户在购买和使用该组织的产品后"满意程度"来评价。但是这种信息反馈的时间往往比较缓慢和滞后，等到"顾客投诉"不断反馈回来时，企业已经生产和销售了许多这类有缺陷的产品，给用户乃至社会都造成了一定的损失。为了及时发现企业自身的质量活动所存在的问题，了解质量管理活动效果如何，于是产生了质量审核。

质量审核就是确定质量活动和有关结果是否符合计划的安排，以及这些安排是否有效地实施，并是否适合于达到预定目标的、有系统的、独立的检查。质量管理体系审核是质量审核的一种形式，是由具备一定资格且与被审核部门的工作无直接责任的人员，为确认质量管理体系各要素的实施效果，是否达到了规定的质量目标所做的系统而独立的检查和评定，它是质量管理体系建立、运行和完善中非常重要的工作，也是质量管理体系认证的主要环节。

为搞好质量管理体系的审核工作，应制定严格的审核大纲并贯彻实施，明确审核范围，确定重点审核范围和区域；应制订审核计划并按计划实施审核。审核完成

第2章 质量管理体系及认证

后,还应按规定的格式撰写审核报告并跟踪受审方的纠正和预防措施。

(1)审核大纲。

审核大纲是对审核活动的总体规划,是明确审核活动如何开展和如何进行有效控制的文件。在编制审核大纲时,要根据每一项质量活动的实际情况及重要性,对审核内容、顺序、时间、进度和频次等做出合理的统筹安排,对薄弱环节重点审核。审核大纲应规定:

①具体受审核活动和范围的策划和进度安排。

②指定具有适当资格的人员实施审核,以确保审核的工作质量。

③实施审核时应执行的书面程序,包括应做的记录和报告审核结果,以及对审核中发现的不合格或缺陷采取及时的纠正措施的有关规定。

(2)审核范围。

质量管理体系的审核范围覆盖质量管理体系的全部要素。下面的一些具体的范围和区域在审核中常得到更多的重视:组织机构;管理、运作和质量管理体系程序;人员素质、设备和材料;工作区域、作业和过程;在制品和成品(确定其符合标准和规定的程度);文件、报告和记录。

(3)审核计划。

审核计划是指导审核工作有效进行的关键文件,一切审核活动均应按事先安排好的计划进行。审核计划应对审核的目的和范围、依据、审核组成人员、适用文件、计划安排、审核程序等做出详细说明。

(4)审核报告。

审核报告是将审核结果正式通知受审方和委托方的文件。审核报告应如实反映审核内容和实际情况。在编制审核报告时,应注意审核报告的准确性和完善性。

(5)跟踪措施。

针对审核报告中提出的不合格或缺陷项,受审方应及时提出纠正和预防措施,质量管理体系审核的跟踪措施是指对受审方的纠正和预防措施进行评审、验证和判断,并对验证情况进行记录的有关规定,通过跟踪可促使受审方针对实际或潜在的不合格或缺陷采取有效的纠正和预防措施。同时,通过对受审方的纠正和预防措施的评审,可验证纠正和预防措施的有效性,使受审方建立起防止不合格品再发生的有效机制。

(6)纠正措施。

任何组织所产生的任何产品,在质量形成过程中,难免会出现不合格品问题,这是正常的。一个比较健全的质量管理体系应能从审核、过程不合格品报告、管理评审、市场反馈和顾客投诉中发现质量问题,找出原因,采取纠正措施,纠正措施始于质量问题的识别,并包括为了排除问题再发生的可能性,或把问题再发生的可能性减小到最低限度,消除产生不合格品的原因而采取的措施。

企业在经过了若干次的内审及逐步纠正后,若认为所建立的质量管理体系已符合所选标准的要求,便可申请外部认证。

2.4 质量管理体系认证

质量管理体系认证是随着现代工业的发展作为一种外部质量保证的手段逐渐发展起来的。在认证制度产生之前,供方(第一方)为了推销其产品,通常采用"产品合格声明"的方式,来博取顾客(第二方)的信任。这种方式,在当时产品简单,不需要专门的检测手段就可以直观判别产品质量优劣的情况下是可行的。随着科学技术的发展,产品品种日益增多,产品的结构和性能日趋复杂,仅凭买方的知识和经验很难判断产品是否符合要求,这种方式的信誉和作用就逐渐下降。但是,不少顾客虽然不信任供方的自我合格声明,又缺少必要的检验手段和技术经验,无法进行第二方合格评定。同时,作为供方又苦于接待大量的第二方评定,这种多次重复的接待工作要花费大量的人力、物力和时间。在这种情况下,第三方来证实产品质量的现代质量认证制度也就应运而生。

产品质量认证始于英国。1903年英国创立了世界上第一个认证标志,即使用BS字母组成的"风筝标志",标示在钢轨上,表明钢轨符合质量标准。1922年,该标志按英国商标法注册,成为受法律保护的认证标志,至今仍在使用。1920年起,德国、奥地利、捷克等国纷纷仿效英国,建立起以本国标准为依据的认证制度。到了20世纪50年代,认证制度基本上在所有工业发达国家得到普及。发展中国家,除印度较早实行质量认证外,其他大多数国家是从20世纪70年代起推行质量认证制度的。

随着认证制度在许多国家的普及,质量认证制度本身也有了较大的发展。刚开始时,各认证机构仅对产品本身进行检验和试验,认证只能证明供方的产品符合规范的要求,并不能担保供方以后继续遵守技术规范。之后,认证机构增加了对供方质量管理体系的检查和评定,以及获证后的定期监督,从而证明供方生产的产品能持续符合标准。至20世纪70年代,质量认证制度又有了新的发展,出现了单独对供方的质量管理体系进行评定的认证形式。这种质量体系认证,在很大程度上使需方相信供方已建立能够始终保证按需方提出的要求进行生产的质量体系。

第 2 章 质量管理体系及认证

鉴于质量认证开始跨越国界这一情况,ISO 于 1970 年正式成立了"认证委员会"(ERTICO),1985 年 ISO 又将其更名为"合格评定委员会"(CASCO),开始从技术角度协调各国的认证制度,促进各国认证机构和检验结果的相互认可,以消除各国由于标准、检验和认证过程中存在的差异所带来的贸易困难,并进一步制定出国际质量认证制度。

2.4.1 质量认证的概念

"认证"(certification)一词的英文原意是一种出具证明文件的活动。在 ISO/IEC 指南 2《标准化与有关活动的一般术语及其定义》中对认证的定义是第三方依据程序对产品或服务符合规定的要求给予的书面保证(合格证书)。

从认证的定义我们可以知道:认证的对象是产品、过程和服务;认证的依据是标准规定的要求;认证是第三方依据一定的程序进行的活动。第三方是指独立于第一方(供方)和第二方(需方)之外的一方,与第一方和第二方既无行政上的隶属关系,又无经济上的利害关系。强调质量认证由第三方实施,是为了确保认证活动的公正性。认证的证明方式有认证证书和认证标志。认证证书和认证标志通常由第三方认证机构颁发和确定。

2.4.2 质量认证的意义

1. 提高供方的质量信誉

在产品的销售中,赢得用户和消费者信誉是至关重要的。毫无疑问,广大用户和消费者熟悉的名牌产品已经建立了良好的信誉,但这需要相当长的时间,而且数量毕竟很少。对大多数厂家生产的产品质量,许多用户和消费者并不了解。而实行质量认证后,通过认证标志能明显地将认证产品与非认证产品区分开来。显然,同样的商品,带有认证标志的比没有认证标志的在市场上具有更强的竞争力,会受到消费者普遍的信任。

2. 促进企业完善质量管理体系

企业要获得第三方认证机构的质量管理体系认证或按典型的产品认证制度实施的产品认证,都需要对其质量管理体系进行检查和完善,以提高其对产品质量的保证能力。同时,在认证机构对其质量管理体系实施检查和评定中发现的问题,均需及时地加以纠正。这些都会对企业完善其质量管理体系起到促进作用。

3. 增强国际市场的竞争力

企业如果获得国际上有权威的认证机构的产品质量认证或质量体系认证,便会得到各国的承认,并享受一定的优惠待遇,如:免检、提价等。

4. 减少社会重复检验和检查费用

一个生产厂的用户往往是很多的,每个用户在采购产品时都需要进行检验。如果所供产品的供方取得了权威第三方的产品质量认证,具有较高的质量信誉,则各用户购进检验均可大大地减少,可节省大量的检验费用和时间。

同样的,不同用户或机构对一个企业质量管理体系评定,其中有80%以上的工作是重复的,如果一个供方的质量管理体系按国际公认的标准评定并通过注册,则第二方只需评定余下的20%特殊部分工作,这样既省时又省钱。

5. 有利于保护消费者的利益

实施质量认证,对通过产品质量认证或质量管理体系认证的企业准予使用认证标志或予以注册公布,使消费者了解哪些企业的产品质量是有保证的,从而可以帮助消费者防止误购不符合质量的产品,起到保护消费者利益的作用。

2.4.3 质量认证分类

按认证对象不同,质量认证分为产品质量认证和质量管理体系认证。

产品质量认证的证明方式是产品认证证书及产品认证标志。证书和标志证明产品质量符合产品标准,获得的产品质量认证证书不能用于产品,标志可以用于获准认证的产品上。

质量管理体系认证的证明方式是质量管理体系认证证书和体系认证标志。证书和标记只证明该企业的质量管理体系符合质量管理体系标准,不证明该企业生产的任何产品都符合产品标准。因此,质量管理体系认证证书和标记都不能在直接交付给消费者的产品包装上使用。

2.4.4 质量管理体系认证的概念

质量管理体系认证,亦称质量管理体系注册,是指由公正的第三方体系认证机构,依据正式发布的质量管理体系标准,对组织的质量管理体系实施评定,并颁发体系认证证书和发布注册名录,向公众证明组织的质量管理体系符合质量管理体系标准,有能力按规定的质量要求提供产品。

质量管理体系认证的目的是要让公众(消费者、用户、政府管理部门等)相信组织具有一定的质量保证能力,其表现形式是由体系认证机构出具体系认证证书的注册名录。

质量管理体系认证中使用的基本标准不是产品技术标准,因为体系认证中并不对认证组织的产品实物进行检测,颁发的证书也不能证明产品实物符合某一特定产品标准。而仅是证明组织有能力按政府法规、用户合同、组织内部规定等技术要求生产和提供产品。目前,世界上体系认证的通用的质量管理体系标准是ISO9000系列国际标准。

组织的管理机构、人员、技术能力、各项规章制度、技术文件、内部监督机制等是体现其质量管理能力的内容,它们既是质量体系认证机构要评定的内容,也是质量管理体系标准所规定的内容。

2.4.5 质量管理体系认证的实施程序

质量管理体系认证一般要经过认证申请,审核准备,实施审核,编写审核报告,审核报告的分发和存档注册和注册后的管理等过程。

1. 认证申请

(1)提出认证申请。组织向其自愿选择的某个体系认证机构提出申请,并按机构要求提交申请文件,包括组织质量手册等。

(2)认证申请的审查与批准。认证机构收到申请方的正式申请后,将对其申请的文件进行审查。包括各项内容是否完整和正确等,经审查符合规定的要求后,决定接受申请,并向申请方发出"接受申请通知书",通知申请方做好下一步与认证有关的工作安排,并预示认证费用。若经审查不符合规定的要求,认证机构将及时与申请方联系,要求申请方做必要的补充或修改,符合规定后,再发出"接受申请通知书"。若确实不符合规定的要求,决定不接受申请,认证机构要向申请方发出"不接受申请通知书",说明不接受的理由,并退回有关文件。按惯例,机构不能无故拒绝组织的申请。

(3)非正式访问。如果有必要,认证机构可以派工作人员去申请单位进行非正式访问。其目的在于了解申请方的规模、产品和生产特点,认证准备情况,是否需要聘请专家等。

2. 审核准备

(1)组织审核组。审核组一般由1～4个人组成,必要时可以邀请熟悉申请方特点的技术专家协助审核。若申请方认为审核组的某个成员可能与本单位存在利害冲突,可要求认证机构进行更换。

(2)编制审核计划。审核计划包括确定审核计划的内容、审核的路线设计、准备工作文件等。审核计划是对审核活动的具体安排,由审核组长负责编制,由审核机构批准确认,一般在审核前10~30天左右通知受审核方,使其有充分时间按审核计划要求做好安排。

3. 实施审核

体系认证机构指派数名国家注册审核人员实施审核工作。

(1)首次会议。首次会议的作用和内容是重申审核的目的和范围;介绍审核的程序和方法;明确双方的联络人员;确认所需资源和设施;确定各次会议的时间;澄清审核计划中不明确的内容。

(2)现场检查。现场检查的主要目的是验证受审核单位质量体系的有效性,在现场检查时也可以对质量体系文件进一步进行审查。

(3)对现场检查情况及其证据进行分析,确定哪些是严重不符合项,哪些有待于进一步证实或合并,哪些是偶然的、孤立的不符合项,哪些是审核过程中已经纠正的不符合项等。

(4)编写不符合项报告。不符合项分为一般不符合项和严重不符合项两类。

(5)审核组内部会议。在全部检查后召开审核组内部会议,会议的内容是审核不符合项报告,判定质量体系的有效性,为末次会议做准备。

(6)末次会议。在审核报告编写之前,审核组应与受审方领导会谈。会议由审核组长主持,主要内容包括报告不符合项,审核组对质量管理体系审核的结论,编制审核报告的原则和思路,征求对审核组的意见等。

4. 编写审核报告

(1)审核报告的内容包括报告编号、受审方的名称和地点、审核日期、目的与范围、依据性文件、审核计划、对不符合项的说明、总结和建议等。

(2)对不符合项的说明。

(3)综合分析。

(4)总结。在总结中应明确给出下述结论:提出主要问题以及薄弱环节的部门和环节,未发现问题的部门和好的方面;针对审核目的,明确给出是否同意推荐注册的结论意见。

5. 审核报告的分发和存档

审核报告应由审核组长提交审核机构,并附以观察结果记录、凭证材料表及与审核有关的文件,被委托方负责向被审方领导提供报告副本。向委托方递交审核报告后,审核即告结束。

6. 注册和注册后的管理

(1)审批与注册。

认证机构对审核组提出的审核报告进行全面检查,审查结果有3种:

①批准通过认证,认证机构予以注册并颁发证书。

②需改进后方可批准通过认证。由认证机构书面通知申请方需要纠正的问题及完成纠正的期限,到期再做必要的复查和评价。证明确实达到了规定的条件后,方可批准认证,并注册发证。

③决定不予批准认证。由认证机构书面通知申请方,说明未予通过认证的理由。

(2)注册后的监督管理。

注册有效期一般为3年,在有效期内,认证机构对注册单位实施监督管理,内容包括供方通报、监督检查、认证暂停、认证撤销、认证有效期的延长等。

供方通报:认证合格的供方质量管理体系在运行中出现较大变化情况时,供方应及时向认证机构通报。

监督检查:认证机构对认证合格供方质量管理体系的运行情况进行的监督性现场检查,包括定期和不定期的检查。

认证暂停:认证机构对认证合格供方的质量管理体系发生不符合认证要求的情况时采取的警告措施。

认证撤销:认证机构撤销对供方质量管理体系符合相应标准的合格证明。

认证有效期的延长:在认证合格有效期满前,如果供方愿意继续延长时,可向认证机构提出延长认证有效期的申请。

习　　题

1. 2015版ISO9000族标准由哪些核心标准组成?简述这些核心标准的主要内容。
2. ISO9000族标准的理论基础是什么?
3. 质量管理的原则是什么?
4. 试述质量管理体系认证的主要步骤。

5. 简述质量管理体系与质量管理体系文件有何关系。

6. 质量管理体系的结构指的是什么？针对某一组织,建立其质量管理体系的结构。

7. 在质量管理体系中,管理职责主要涉及哪些方面的质量管理活动或过程？

8. 在新版ISO9000标准中对质量管理体系文件是怎样规定的？

9. 建立质量管理体系对于保证和提高产品质量有何意义？

10. 与2008版质量管理体系标准相对比,2015版质量管理体系标准有何变化？

11. 什么是质量认证？它有哪几种主要形式？

12. 试述产品质量认证与质量体系认证的区别。

第3章　质量控制及其常用技术

☞ 学习目标

◇ 理解并掌握质量统计观点,熟悉质量变异统计规律;
◇ 了解影响工序质量的"5M1E"因素;
◇ 掌握工序质量分析与控制的定量方法;
◇ 掌握控制图的基本原理,会用控制图对工序质量状态进行分析;
◇ 熟悉质量控制常用的工具。

【开篇案例】红珠实验

红珠实验是著名质量学家戴明设计的两个实验之一(另一个是漏斗实验),此实验说明了尽管生产程序是一样地严格,但是还是会无可避免地出现各种变异,即质量缺陷问题。

实验器材:①4 000粒木珠,直径约3 mm,其中800粒为红色,3 200粒为白色;②一个有50个凹洞的勺子,每5个凹洞1排,共10排,凹洞大小与木珠相当,一次可盛起50粒木珠(代表工作量);③一个长方形容器,大小恰好能够让一把勺子在里面捞珠子。

实验的目的是要证实一个事实:经理为员工所设下的标准,常常超出员工所能控制的范围。通过这项实验也可看出,如何用统计方法找出问题根源。

戴明在实验中扮演主管,另外需要操作员6名、检验员2名、检验负责人1名、记录员1名。操作员的工作是在红白珠相混的容器中用勺子"铲出"白珠,因为顾客只接收白珠;检验员要能区分红珠和白珠,计数至20即可。

在某次实验中,戴明一共选了6名操作员:帕特、鲍勃、狄克、史蒂夫、霍斯特、戴夫。工作程序是每天取50颗珠子,红珠白珠都算,但记入工作量的只有白珠。

狄克第一个先来。他把勺子挖进大容器内,尽力地捞取白珠。与此同时,戴明要求检验员记住他是怎么做的,以免后来的人重蹈覆辙。狄克捞完后,送到检验员处,检验员保罗宣布红珠的数字是14颗。按照这个程序,后来的5位操作员帕特、鲍勃、史蒂夫、霍斯特、戴夫的红珠数量依次是17,11,8,12,9颗。在此过程中,戴明一直强调持续改善,并且认为相同严格的程序,不应该存在变异才对。身为主管的戴明,对操作员们的表现表示失望。

第二轮实验开始了。这一次狄克捞到10颗红珠,比前一天的14颗有所进步。帕特只捞到5颗红珠,这个好成绩引来一阵欢呼。戴明以帕特为例,激励其他操作员:"假如帕特只捞到5颗,谁都能够只捞到5颗。超过5颗的叫人无法理解。我们的程序严格,只是周而复始,不应该发生变异才对。"鲍勃6颗红珠,霍斯特11颗红珠,戴夫却不如第一轮,捞到11颗红珠。身为主管的戴明斥骂了戴夫,并且认定他要负一部分责任。

第三轮实验开始了。当看到帕特的成绩是8颗红珠时,戴明表现得非常失望。在第四轮的实验中,最后一名操作员戴夫捞到了10颗红珠,戴明大叹:"要在这里看到改善,真是太难了!我不了解为什么做不到零缺点。"其他人的数字,分别是5,9,6,8,10颗红珠。始终记录每位操作员红珠数字的记录员,在第四轮实验结尾加和算出了数字,并计算每人平均日产量,以及全体的平均日产量。实验做到现在,学员们开始了解到,用一模一样的工具、完成一模一样的任务、才智也一模一样,生产的结果仍会时时变化。所以,管理者不该针对员工无法自己掌控的结果而责备他们。

接下来,戴明说明如何运用一个简单的统计公式得出变异上下限。首先,他将所生产的红珠总数220除以捞取珠子的总次数(6个操作员做4天工作所捞取的总数)。结果我们得出每人每日平均数是9.17。其次,他计算每人每天捞到红珠的平均比例——就是捞到的全部珠子里,红珠所占的比例为0.18。根据这些,再用公式算出"管制上限"和"管制下限"。戴明认为,没有人超过上限。6个人共试了24次,每次都在管理范围之内。戴明指出:如果在这套"生产线"的操作系统中,禁止改变,红珠的数字将会在管制上限与下限之间波动,但不会超出界限。

戴明要求学员们想想假如他们未曾看过这场实验,会对结果做出什么预测?假设共有4 000颗珠子,其中3 200(80%)是白珠,800颗(20%)是红珠,则每天平均数会不会落在某个特定的数字上,部分人大胆地推论:假如日产量是50颗,一段时间下来,红珠的数字应该为平均日产量的20%,也就是10颗。所以有人喊出了"10颗"。戴明说:"你们错了。"戴明解释道,你们为什么说它会落在10呢,数据出现的是11.8,8.5,8.3,8.0的下滑趋势。说10只是一厢情愿的想法。因为你们学习统计理论时,没有学到它的精髓,不知道如何利用。因为我们看到的平均数不是10,而是好像还要低些。既然如此,一定有某些变数影响整个过程。戴明要求大家换个角度思考。戴明说:"红珠和白珠当然不同。你们知道红珠是怎样制造出来的吗？你先把它们都制成白珠。铺在桌上让它们自然晾干。将其中一部分浸在红色颜料中，然后再铺在桌上晾干。这样就有红珠也有白珠。红珠由于颜料而较重。但是，你们却告诉我，会落在10，因为盒子里有20%是红珠。"戴明接着说："勺子十分重要。我已经使用1号勺子30年了；我当年教日本工程师时就是用它。这支勺子每次平均可捞到11.3颗红珠，这是实验100次以上获得的数值。2号勺子平均可捞得9.6颗。今天用的3号勺子，平均可捞到9.4颗或9.2颗。"

最后戴明指出，假如我们所用的统计管制水准还算过得去，就会固定在"某个位置"。我们会建立起一套可信度。假如我们现在就应该计划未来的数值大约可以说是9.2，但不能确定到底离这有多远。一定有相当大的弹性空间才行。

（资料来源：王庚.现代工业统计与质量管理.北京：中国人民大学出版社，2011）

【思考题】

1. 红珠实验给我们带来怎样的启示？
2. 质量控制的目的是什么？

3.1 质量控制的数理统计学基础

3.1.1 质量数据

数据是反映事物性质的一种度量。"一切凭数据说话"是全面质量管理的核心观点之一，数据是质量管理的基础，一个具体的产品是需要一系列的数据来反映它的质量，如尺寸、重量、强度等，它是描述企业经营管理状况、设备、工装使用状况及产品质量特征的语言，产品质量的提高，要用数量来表示；不合格品率的降低，也要用数量来表示。一个具体产品常需用多个指标来反映它的质量，产品这些特定指标称为质量特性，测量或测定质量特性所得的数值称为质量特性值。在质量管理过程中，通过有目的地收集数据，运用数理统计的方法处理所得的原始数据，提炼出有关产品质量、生产过程的信息，从而发现产品或生产过程存在的质量问题以及产生问题的原因，以便对产品的设计、工艺过程进行改进，以保证和提高产品质量。

在生产实践以及科学研究中，我们都会遇到各种各样的数据，有的是可以测量出来的，如：直径、温度、重量等；有的是可以直接数出来，如：铸件的气孔数、砂眼数、喷漆件的色斑数、废品数等；还有的既不能测量也不能直接数出来，如：机械产品的外观质量,轻工产品的色、香味等,这些特征数据虽然不能通过测量和数的方法来获取,但可以通过评分的办法来评定。虽然质量数据形形色色,多种多样,但按其性质和使用目的不同,可以分为两大类:

(1)计量值数据。当质量特性值可以取给定范围内的任何一个可能的数值时,这样的特性值称为计量值。如用各种计量工具测量的数据(长度、重量、时间、温度等),就是计量值。计量值在给定的范围内可以取任何值。

(2)计数值数据。当质量特性值只能取一组特定的数值,而不能取这些数值之间的数值时,这样的特性值称为计数值,计数值具有离散性。计数值可进一步区分为计件值和计点值:对产品进行按件检查时所产生的属性数据称为计件值,如合格品件数、废品率等。每件产品中质量缺陷的个数称为计点值,如棉布上的疵点数、铸件上的砂眼数等。

计量值数据与计数值数据的划分并非绝对,如轴的直径,用量仪检查时所得到的质量特性值的数据就是计量值数据;而用通止量规检查时,得到的就是以件数表示产品质量的计数值数据。

不同类的质量特性值所形成的统计规律是不同的,从而形成了不同的控制方法。由于工业产品数量很大,我们把所要了解和控制的对象产品全体或表示产品性质的质量特性值的全体,称为总体,常用 N 表示。通常是从总体中随机抽取部分单位产品即样本,样本中每个个体叫样品,样本中所包含样品数目称为样本大小,又叫样本量,常用 n 表示。通过测定组成样本的样品的质量特性值,以此来估计和判断总体的性质。当样本个数越多时,分析结果越接近总体的值,样本对总体的代表性就越好。质量管理统计方法的基本思想,就是用样本的质量特性值来对总体做出科学的推断或预测。

3.1.2 产品质量的统计观点

现代质量管理不再把产品质量仅仅看成是产品与规格的对比,而是辩证地把产品质量看成是受一系列因素影响并遵循一定统计规律在不停地变化着的,这种观点就称为产品质量的统计观点。产品质量的统计观点是现代质量管理的一个基本观点,传统质量管理与现代质量管理的一个重要差别就在于后者引入了产品质量的统计观点,它包括以下内容:

1. 产品质量具有变异性

工业革命以后,人们一开始误认为:现在由机器来进行生产,生产的产品应该

第3章 质量控制及其常用技术

是一样的。经过一百多年的实践,随着测量理论与测量工具的进步,人类才终于认识到:尽管是机器生产,但产品质量的特性值参差不齐的现象仍存在,即质量具有波动性或变异性。产品质量是操作人员在一定的环境中,运用机器设备,按照规定的操作方法,对原材料加工制造出来的。换言之,产品质量是在一定的人、设备、材料、方法、检测技术、环境的条件下制造出来的,由于这些质量因素在生产过程中不可能保持不变,故产品质量由于受到一系列客观存在的因素的影响而在生产过程中不停地变化着。任何一道过程,无论其设备和工艺装备的精度多么高,操作者的技术多么好,材料、加工、测量方法、测试手段的变化多么小,它所加工出来的一批零件的质量特性值总是存在着差别,产品质量特性值的这种客观存在的差别,称之为产品质量的波动性。公差制度的建立就是对这一事实的客观承认。

质量波动在任何生产过程中都是客观存在的,不以人的意志为转移。因此,波动性是工序质量的固有特性,是客观存在的,想消除它也是不可能的,我们只能想办法控制它,使它处于合理范围内。考核工序质量的好坏,主要看其波动性的大小。波动小,工序质量就稳定;波动大,工序保证加工质量的能力就差。

影响产品质量波动的因素主要有 6 个,即人(Man)、设备(Machine)、材料(Material)、方法(Method)、检测技术(Measurement)和环境(Environment),通常称为5M1E。

(1)人。主要是操作者对质量的认识、技术熟练程度,以及身体和情绪状况等。如果操作者对质量的认识不足,技术不熟练势必会造成产品质量低下。另外如果身体状况和情绪状况不佳,也会影响操作,进而影响产品质量。

(2)设备。主要是机器设备、工具等精度和维护保养状况等。这个因素也是影响产品质量的最常见因素。因此,机器设备、工具等状况良好也是提高产品质量的一个重要因素。

(3)材料。材料主要指材料的成分,物理、化学性能等。人、设备等都是外在的影响产品质量的因素,而原材料性能的好坏则从根本上决定了产品的性能,这是外部条件无法弥补的。

(4)方法。包括加工工艺、工艺装备选择、操作规程等。

(5)检测技术。包括检测仪器的精度、稳定性,以及测量方法等。

(6)环境。工作场地的温度、湿度、照明、噪声条件等。

这 6 个因素都对产品的质量产生影响,因此将它们称为质量因素,也是影响工序能力的主要因素,但从对产品质量的影响程度及作用的性质来区分,可以把它们分为两大类:

(1)偶然因素。偶然因素是对产品质量经常起作用的因素。如：原材料性能、成分的微小差异，机床的微小振动，刀具的正常磨损，夹具的微小松动，人员思想集中程度的差异，情绪的小波动，操作中的微小差异，测试手段的微小变化，环境的微小变化等。

由于在实际产品的制造过程中存在着大量的偶然性因素，各种偶然因素的微小变化是不可避免的，也是正常的，所以偶然因素也称为正常原因，由偶然因素产生的质量波动比较小，我们认为这时的生产过程处于受控状态或稳态。生产过程质量管理的重要任务就是要查明和消除这种异常原因，不断提高整个生产过程的质量。

(2)系统因素。系统因素是可以避免的因素。在生产过程中，如果受到系统因素的影响，工序质量会产生较大的波动，出现较多的不合格品，这时的工序实际上处于失控状态，也即非稳定状态。例如，混入了不合格成分的原材料，工作上违反操作规程或操作规程有重大缺陷，工人过度疲劳，机床振动过大，刀具过度磨损或损坏，夹具松动，刀具的安装和调整不当，使用未经过检定的测量工具，测试错误，测量读值带一种偏向，以及环境的巨大变化等。系统因素危害性大，因此也被称为异常原因，但它往往表现出一定的趋势或规律，容易被发现，采取措施后可以加以消除，使生产过程恢复为稳态。

需要注意的是，偶然因素和系统因素是相对的，它们可以互相转化。比如，随着科技的进步，如果能够识别和测定某些偶然因素带来的影响，那么这些测定值如果超过一定限度，就可以认为是系统因素；同样，如果对系统因素采取某些措施加以控制，也可以转化为偶然因素。

由于存在着这两种不同的引起质量波动的因素，质量波动就分为两种：正常波动和异常波动，两种波动的比较见表3.1。

(1)正常波动，又称为随机波动。它是由一些偶然因素引起的，使产品质量发生微小变化，其原因难于查明和消除。由于正常波动的客观性，在质量控制中是允许它存在的，例如，设计制造中的公差就是承认这种波动的产物。通常把仅有正常波动的生产过程称为统计控制状态，简称受控状态。

(2)异常波动，又称为系统波动，由系统因素引起的，通常会使产品质量发生周期性或倾向性的变化，相对而言，其原因易于查明和消除。异常波动对产品质量影响较大，因此必须消除这种波动。通常把有异常波动的生产过程称为非统计控制状态，简称失控状态。

第3章 质量控制及其常用技术

表 3.1 质量波动比较

波动类型	正常波动/偶然波动/随机波动	异常波动/系统波动
影响因素	一般原因/偶然因素/随机因素	系统因素/异常因素/特殊原因
识别性	不易识别	可识别或不难识别
属性	过程所固有的	非过程所固有的
影响因素的多少	影响因素多	影响因素相对较少
波动范围大小	造成的波动范围小	造成的波动范围大
方向性/周期性	无方向性（逐件不同）	往往具有单向性/周期性
作用时间长短	一直起作用（时间长）	在一定时间内对生产过程起作用
对产品质量影响	对产品质量的影响微小	对产品质量的影响较大
能否消除	完全消除偶然因素的影响，在技术上有困难或在经济上不允许	异常因素易于消除或减弱，在技术上不难识别、测量，且采取措施不难消除，在经济上往往也是允许的，是必须消除的
解决途径	需要管理决策配置资源，以改进过程和系统（如更换高精度的加工设备、模具，改变现有的加工工艺）	对5M1E进行调整，现场班组长甚至操作者都有权力和能力，故称为局部措施
可否允许存在	由随机因素引起的产品质量的随机波动是不可避免的	由异常因素造成的产品质量波动在生产过程中是不允许存在的，只要发现产品质量有异常波动，就应尽快找出其异常因素，加以消除，并采取措施使之不再出现
质量特性值分布状态	由偶然因素造成的质量特性值分布状态不随时间的变化而变化	由异常因素造成的质量特性值分布状态随时间的变化可能发生各种变化

通过以上的分析可以得出这样的结论：造成产品不合格的根本原因就是质量波动。质量控制的一项重要工作就是找出产品质量的波动规律，把正常波动控制在合理范围内，消除异常因素引起的系统波动。因此，就要运用一些数理统计的方法找出这些规律。

2. 可以掌握产品质量变异的统计规律性

产品质量的变异是具有统计规律性的。在生产正常的情况下,对产品质量的变异经过大量调查分析后,可以应用概率论与数理统计方法,来精确地找出质量变异的幅度,以及不同大小的变异幅度出现的可能性,即找出产品质量的统计分布。这就是产品质量变异的统计规律。质量数据的波动一般表现为分散性和集中性两种基本特征:

分散性表现在质量数据的参差不齐,例如,同一批材料的机械性能各有差异,同一根金属管各段的疲劳寿命也不相同等。这是由于生产过程中各种因素造成的,不可避免的。

集中性表现在当我们收集数据的方法恰当,数据足够多时,就会发现它们都在一定范围内围绕一个中心值分散,越靠近中心值,数据出现的机会越多;而离中心值越远,出现的机会就越少。如果在同样的生产条件下,抽取几批数据,它们的分散情况是十分相似的。

在质量控制与管理中,质量波动分散性和集中性可以用数据的统计特征数表示:

(1)表示数据集中性的特征数。

① 频数。通常要把杂乱的数据按照一定方式(如从大到小的顺序)进行整理,计算各个值反复出现的次数,称为频数。

② 平均值。如果产品质量有 n 个测量数据 $x_i(i=1,2,\cdots,n)$,那么它们的平均值(用 $\bar{x}$ 表示)为

$$\bar{x}=\frac{1}{n}\sum_{i=1}^{n}x_i$$

③ 中位数。将一组数据按大小顺序排列,排在中间的那个数称为中位数,用 $\tilde{x}$ 表示。当一组数据总数为偶数时,中位数就是中间两个数据的平均值。

在质量管理中,平均值和中位数表示质量分布中心,即表明产品的平均质量水平,它代表大部分数据所取得的数值的大小。当质量发生波动时,大部分质量密集在平均值或中位数的上下附近。因此,平均值和中位数是反映质量稳定程度的一个参数。

(2)表示数据分散程度的特征数。

① 极差。极差是一组测量数据中的最大值与最小值的差值。$R=x_{\max}-x_{\min}$,极差由于计算只用了一组数据中的两个极端值,当样本较大时,它损失的质量信息

较多,不能精确地反映出数据的离散程度,因此只适用于小样本的条件下。

② 标准方差。对于总体来讲,从理论上来说,可以求出描述全部产品测量数据的一个离散程度值,我们称之为总体的标准方差 σ^2,$\sigma^2 = \frac{1}{N}\sum_{i=1}^{N}(x_i - \bar{x})^2$,为了与数据本身的量纲一致,通常使用的是标准偏差 $\sigma = \sqrt{\frac{1}{N}\sum_{i=1}^{N}(x_i - \bar{x})^2}$。

但在质量管理中,对于大量生产的产品来说,不可能对全部产品进行检验,通常只对其中一部分产品(即样本)进行检验。因此,常用的是样本的标准偏差来近似估计总体的标准偏差。

③ 样本标准偏差。样本标准方差是 $S^2 = \frac{1}{n-1}\sum_{i=1}^{n}(x_i - \bar{x})^2$,将样本标准方差开方后,得到样本标准偏差 $S = \sqrt{\frac{1}{n-1}\sum_{i=1}^{n}(x_i - \bar{x})^2}$,从上式可以看出,标准偏差反映了数据的离散程度,由于它的计算涉及了每个数据的值,所以它比极差更能精确地反映数据离散程度的实际情况。S 值反映了一组数据以什么样的密集程度集中在平均值的周围,S 值越大,数据越分散,密集程度越低;S 值越小,数据越集中,密集程度越高。

3.1.3 产品质量变异的统计规律

产品质量的变异也是有规律性的,但它不是通常的确定性现象的确定性规律,而是随机现象的统计规律。所谓确定性现象就是在一定条件下,必然发生或不可能发生的事件,如在一个大气压力(760 mmHg)及常温(0 ℃ < t < 100 ℃)下,H_2O 事实上处于液体状态(必然事件),而不处于气体或固体状态(不可能事件)。但在质量方面我们经常遇到的却是随机现象,即在一定条件下事件可能发生也可能不发生的现象;如我们无法预知灯泡的寿命一定是 1 000 小时以上,但在大量统计的基础上我们可以说灯泡的寿命有 80% 的可能大于 1 000 小时,这是对随机现象的一种科学的描述。了解数据的统计规律性,有助于我们分析产品质量,进行质量控制。

对于随机现象通常应用分布来描述,分布可以告诉我们:变异的幅度有多大,出现这么大幅度的可能性(概率)有多大,这就是统计规律。质量控制中常见下列概率分布:计件特性值最常见的是二项分布,计点特性值最常见的是泊松(Poisson)分布,计件值和计点值又统称计数值;计量特性值最常见的是正态分布。

1. 二项分布

在 n 次独立试验(即 n 重伯努利(Bernoulli)试验)中,假定每次试验中事件 A 出现的概率为 p,不出现的概率为 $1-p$,记 x 为 n 次试验中事件 A 出现的次数,则在 n 次试验中,事件 A 出现 k 次的概率

$$P\{x=k\}=C_n^k p^k (1-p)^{n-k}=\frac{n!}{k!(n-k)!}p^k(1-p)^{n-k}$$

$$(0<p<1, k=0,1,\cdots,n)$$

称 x 服从参数 n,p 的二项分布,记为 $x \sim B(n,p)$。

二项分布是离散型分布,它被用来描述计件值的概率分布规律,在质量控制中可以用推断合格品与不合格品等问题的概率。

二项分布的数字特征:均值为 $E(x)=np$,标准偏差为 $\sigma(x)=\sqrt{np(1-p)}$。

2. 泊松分布

泊松分布也是离散型分布,它是用来描述计点值的概率分布规律的,在质量控制中可用以推断缺陷、事故之类问题的概率。若随机变量 x 的概率分布为

$$P(x=k)=\frac{\lambda^k}{k!}e^{-\lambda} \quad (k=0,1,2,\cdots)$$

其中 $\lambda > 0$ 为常数,则称 x 服从参数为 λ 的泊松分布,记为 $x \sim P(\lambda)$。

泊松分布可以作为二项分布的近似。在二项分布的计算中,常因 n 很大 p 很小,计算起来很困难。在数学上可以证明,当 n 充分大而 p 很小时(一般 $n>10$, $p<0.1$),二项分布 $B(n,p)$ 的概率函数近似等于泊松分布 $P(\lambda)$ 的概率函数,即

$$\lim_{n\to +\infty} C_n^k p^k (1-p)^{n-k}=\frac{\lambda^k}{k!}e^{-\lambda} \quad (\lambda=np)$$

3. 正态分布

在连续随机变量分布中,最重要的是正态分布(或称高斯(Gauss)分布)。若随机变量 x 的概率密度函数为

$$p(x)=\frac{1}{\sqrt{2\pi}\sigma}e^{-\frac{(x-\mu)^2}{2\sigma^2}} \quad (\mu,\sigma>0)$$

则称 x 服从参数为 (μ,σ^2) 的正态分布,记为 $x \sim N(\mu,\sigma^2)$。

正态分布的数字特征为均值 $E(x)=\mu$,标准偏差 $\sigma(x)=\sigma$。

正态分布具有如下性质:

① 在 $x=\mu$ 时,有最大值,曲线相对于 $x=\mu$ 对称;
② 在 $x=\mu\pm\sigma$ 处正态分布曲线有拐点;
③ 当 $x\to\infty$ 时,曲线以 x 轴为渐进线;
④ 曲线与 x 轴围成的面积为 1。

在正态分布中,平均值 μ 规定了图形所在的位置;而标准偏差 σ 规定了图形的形状,如图 3.1 所示,当 σ 较小时,各数据较多地集中于 μ 值附近,曲线就表现为较"高"和较"瘦";当 σ 较大时,数据向 μ 值附近集中程度就差,曲线形状就比较"矮"和"胖"。在质量控制中,σ 反映了质量的好坏,σ 越小,质量的一致性就越好。

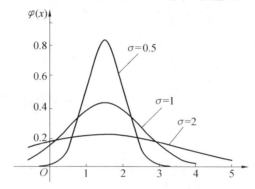

图 3.1 μ 值相同 σ 值不同的 3 条正态分布曲线

当平均值 $\mu=0$,标准偏差 $\sigma=1$ 时,称 x 服从标准正态分布,记为 $x\sim N(0,1)$。对于标准正态分布,如果要计算落在某区间 $[a,b]$ 内的概率,可通过查表直接求得。若 x 服从非标准正态分布时,可以通过下面的变换将它标准化,转变成标准正态分布:

当令 $t=\dfrac{x-\mu}{\sigma}$,则

$$P(a<x<b)=\int_{\frac{a-\mu}{\sigma}}^{\frac{b-\mu}{\sigma}}\frac{1}{\sqrt{2\pi}}e^{-\frac{t^2}{2}}dt=\Phi\left(\frac{b-\mu}{\sigma}\right)-\Phi\left(\frac{a-\mu}{\sigma}\right)$$

对一般的正态随机变量 $x\sim N(\mu,\sigma^2)$,下列数值在质量控制中经常碰到

$$P(|x-\mu|\leqslant\sigma)=0.6826$$
$$P(|x-\mu|\leqslant 2\sigma)=0.9545$$
$$P(|x-\mu|\leqslant 3\sigma)=0.9973$$

可以看出,服从正态分布的随机变量大部分都落在 $\mu\pm 3\sigma$ 之间。

3.2 工序质量控制

3.2.1 工序质量的两种状态

工序是指一个(或一组)工人在一个工作地(如一台机床)对一个(或若干个)劳动对象连续完成的各项生产活动的总和,也就是其间产品或零部件伴有物理变化和化学变化发生的过程。工序是组成生产过程的最小单元,是产品制造过程的基本环节,也是质量检验的基本环节。工序的过程就是操作者、机器、材料、工艺方法和环境等,在特定条件下相互结合、相互作用的过程。工序的划分主要取决于生产技术的客观要求,同时也取决于劳动分工和提高劳动生产率的要求。尽管相同的产品具有典型的工艺流程,但由于生产类型不同、条件不同,工序的划分也不尽相同。例如,锂电池产品的生产工艺流程可以分为配料、制浆、拉浆(涂覆)、制片、装配、注液、预充、检测分容和包装及零配件等。而制片是由裁大片、刮粉、刷粉、对辊、裁小片、极耳连接和贴胶纸等工序组成。每道工序都具有定量或定性的质量要求,为了改善和管理产品制造质量,首先必须掌握工序质量的实际状况。

工序质量是指工序过程的质量,即当前工序的输出符合规定的质量要求的程度,是工序加工产品的质量特性数值的波动幅度(分散程度)。工序质量是构成产品质量的重要因素,反映了操作者、机器设备、原材料、工艺方法、测量、环境等六大因素(5M1E)对产品质量起作用的综合效果。在生产过程中,工序质量有两种状态:受控状态和失控状态。工序质量处于受控状态时,质量特性值的分布特性不随时间而变化,始终保持稳定且符合质量规格的要求。工序质量处于失控状态时,质量特性值的分布特性发生变化,如果允许这种状态持续下去,此工序就可能生产出一定比例的不合格品。需要明确,处于失控状态的工序并不一定百分之百地出现不合格产品,失控状态仅指如不及早采取适当的纠正措施,就可能生产出一些不合格的产品,不论是何种形式的失控状态,都表示存在导致质量失控的系统性因素。因此,失控状态的出现是一种早期报警,目的是在工序开始产生有缺陷的产品之前,尽早给操作人员提供必要的时间采取纠正措施。"受控"和"失控"是和控制目标相关联的两种质量状态,在一定条件下它们可以相互转化。

3.2.2 工序质量分析

在影响工序质量波动的各因素中,一些因素起着主导性作用,称为关键因素,

第3章 质量控制及其常用技术

如果在生产过程中控制了他们,产品质量就有了最起码的保证。工序质量分析就是对影响工序质量的各种因素进行全面分析,找出关键(支配性)因素,并确定这些因素(工序条件)与工序结果(质量特性值)之间的关系,在此基础上对关键因素制定出控制标准并实施控制。

工序质量分析一般可按下列步骤进行:

(1)分析工序质量特性的波动情况。包括不同生产线、不同设备、不同时间、不同批次间的波动,不同工件间质量特性值的波动,装配、组件内部的质量波动。

(2)选择主要质量特性值。选择时要考虑质量特性值的作用是主要的还是一般性的。

(3)分析影响质量波动的因素。要分析哪几个因素处于受控状态下,才能保证产品质量特性稳定地达到标准要求。

(4)建立关键因素的控制管理标准,确定控制要求。工序中起支配性作用的因素常有以下几类:

① 装置定位起支配作用。如冲压、塑压、压铸、印刷等,这类工序只要装置定位准确,基本就能保证产品精度的一致性。

② 机器起支配作用。如自动切割、机器打桩等。由于机器设备的技术完好状态将随时间的推移而产生磨损、升温等变化,因而致使工序质量特性值亦发生变化,甚至发生变化的程度较大致使产品不合格。

③ 操作人员起支配作用。如手工焊接、纺纱、织布等。对这些工序,操作人员的技能和责任心是保证质量的关键,因此在进行控制时,重点是提高操作人员的技术水平,提高操作人员的素质,加强考核,调动积极性。

④ 零部件起支配作用。如汽车、手表、电子产品、家电产品装配等。这些产品组装时需要大量外购件,为保证外购件质量,应对供货单位实行调查评级和认定,加强外购件的检验。

⑤ 时间起支配作用。如橡胶制品的硫化、机器零部件的时效处理等。

⑥ 信息起支配作用。如炼钢时钢水成分信息、轧钢时轧辊压下量信息等。

对支配性因素建立控制管理标准,纳入经常性的工序分析活动。支配性因素的控制范围可根据工艺规程要求和生产经验确定。

(5)制定改进方案,开展经常性的工序控制活动,并确认实施效果。

根据分析结果制定相应改进方案并实施,用工序质量分析表等对改进效果进行确认,制定工序标准作业指导书。

工序质量分析和工序质量控制是相辅相成的,工序质量需要严密地监控,发现异常情况后,要进行质量分析,然后再根据分析的结果调节和控制生产要素,分析和控制过程是不间断的、反复进行的。

3.2.3 工序质量控制

1. 工序质量控制的概念

美国休哈特学派理论与方法的产生与发展,为质量控制提供了科学实用的管理手段,另一方面,日本的田口玄一博士等人所创立的质量管理理论与技术为质量管理科学开辟了另外一片天地,尤其是线外线内质量控制技术,在加强线内质量控制的同时,为提高设计质量奠定了基础,为全面质量管理的真正实现奠定了理论与方法保证。

在全面质量管理理论形成之前,对产品的质量活动还仅限于着重控制生产过程。随着人们对如何科学、经济地制定标准,如何达到"合理质量"等质量观念的认识的深入,质量管理从单纯关注加工过程,拓展至市场调研、产品设计、生产加工、销售、服务等全过程的活动。尤其是产品的设计质量直接关系到从产品加工到产品报废整个寿命周期内的质量问题,因此设计质量也就成为线外质量控制中的一项重要内容。相对于产品研发设计阶段的线外质量控制,在生产制造阶段的质量控制被称为线内质量控制,线内质量控制是生产工序内实施的质量控制,是维持工序稳定正常,降低不良损失的有效技术。

工序质量控制是生产制造过程控制的核心,其任务就是要把质量特性值控制在规定的波动范围内,使工序处于受控状态,能稳定地生产合格产品。工序质量控制就是对影响工序质量水平的因素进行分析、控制和管理的过程。一旦发现工序质量失控,就应立即查明原因,采取措施,使生产过程尽快恢复受控状态,尽可能减少因过程失控所造成的质量损失,这是工序质量控制的基本要求。工序质量控制体现了预防为主的思想,它是一个不断发现问题、分析问题、反馈问题和纠正问题的动态监控过程。

2. 工序质量控制的内容

在工序质量控制中要根据产品的工艺要求,研究产品的波动规律,判断造成异常波动的工艺因素,并采取各种措施使波动保持在技术要求范围内。为搞好工序控制必须具备以下3个条件:

(1)要制定控制所需要的各种标准。包括产品标准、工序作业标准、设备保证标准、仪器仪表校正标准等,这些标准是判断工序是否处于稳定状态的依据。

第3章 质量控制及其常用技术

(2) 要取得实际执行结果与标准之间差异的信息。因此,有必要建立一套灵敏的信息反馈系统,把握工序的现状及可能的发展趋势。

(3) 要具有纠正偏差的具体措施。没有纠正措施,工序控制就失去了意义。

工序控制的内容一般包括以下几点：

(1) 对生产条件的控制。就是对人、机、料、法、环、测六大影响因素进行控制,也就是要求生产技术及业务部门提供并保持合乎标准要求的条件,以工作质量去保证工序质量。同时,还要求每道工序的操作者对所规定的生产条件进行精心、有效地控制,包括开工前的检查和加工过程中的监控,检查人员应给予有效监督。

(2) 对关键工序的控制。对影响质量的关键工序应采取特殊措施。对关键工序除控制生产条件外,平衡经济效益与质量水平间的关系,采取各种措施使其始终处于最优状态,而其中最有效的方式就是工序质量统计控制。

(3) 对计量和测试条件的控制。计量测试条件关系到质量数据的准确性,必须加以严格控制,要规定严格的检定制度,计量器具应有明显的合格标志。超期未检定或检定不合格的应禁用；测试手段和方法必须适应工序质量控制技术的要求。

(4) 对不良品的控制。不良品的控制应有明确的制度和程序,不能仅局限于报表的统计和简单的返修品与废品的区别,还应根据统计信息进行预防性控制及正确评价,保持工序质量改进持续性。

"产品检验"是工序质量控制的最原始也是最基本的手段,而现代工序质量控制要求从产品设计和生产的全过程到用户投入使用,对产品存在的和可能发生的问题,事先进行研究分析,实时进行监控,防患于未然。

3.2.4 工序质量控制的方式

任何工序控制系统,都包括"传感器"和"执行器"两个部分。"传感器"是指检测评价产品实物质量的手段,它可能是生产工人、检验员或自动化仪表等。"执行器"是指任何根据信息采取行动的手段,即闭合反馈回路。它可能是工人或自动化装置等。根据工序控制系统的"传感器""执行器"的不同,工序质量控制分为人工工序控制、半自动工序控制和自动化工序控制3种方式。

(1) 人工工序控制方式。如机械、电子、纺织等离散型生产企业,当工序自动化程度低,生产纲领属于多品种小批量轮番生产或少品种大批量生产时,工序控制方式是由操作者自身对工序质量特性和工序要素,应用一定的检测手段检测,并根据检测结果进行判断、调整。其特点是操作工人既是"传感器",又是"执行器"。通常,对关键质量特性和支配性工序要素建立工序质量控制点,运用必要控制方法实施控制。

（2）半自动工序控制方式。如石油、化工、医药等流程型生产企业,品种少、产量大,工艺属于连续流程性质,工序自动化程度高,一套装置固定生产一种或几种产品。工序质量特性或工序要素常采用仪表自动检测和记录检测的信息自动反馈或人工反馈。若偏离标准,由操作者进行调整。控制的特点是传感器为自动化仪表,执行器为操作者,即体现自动化与人工调整相结合。为了控制重点工序质量特性,这种控制形式也设置工序质量控制点。

（3）自动化工序控制方式。对品种单一、工序自动化程度高的专业化生产常用这种方式。其特点是应用自动化仪表、设备和计算机对工序质量特性或工序要素进行在线自动检测、自动反馈、自动补偿调整。如电子工业的自动插件机,机械工业的加工中心,化工工业的自动化装置都趋于这种控制形式。控制的重点是"软件"程序和执行检测、调整的自动化机构。

3.3 工序能力分析

3.3.1 工序能力的概念

产品的制造质量主要取决于工序能力的高低,工序能力决定了质量波动的大小,那么工序能力指的是什么呢?工序能力又称为过程能力,是指工序处于稳定状态下的工序实际的加工能力,它是衡量工序加工内在一致性的标准。用符号 B 表示。换言之,工序能力就是在一定时间内,在规定使用的设备、工装、材料、操作方法,以及检测器具等的条件下,当生产处于稳定状态时所具有的加工精度。这里,所谓稳定状态是指工序的分布状态不随时间的变化而变化,或称工序处于受控状态,在非稳态下的工序所测得的工序能力是没有意义的。稳定状态应具备以下条件:

（1）原材料或上一道工序半成品按照标准要求供应;

（2）本工序按作业标准实施,并应在影响工序质量各项主要因素无异常的条件下进行;

（3）工序完成后,产品检测按标准要求进行。

工序的实际加工能力是指工序质量特性的分散（或波动）有多大。加工能力强或弱的区分关键是质量特性的分布范围大小或集中程度。因此,从一定意义上说,工序能力也可以理解为工序质量。从定量角度来看,工序能力就是工序本身所固有的一种可以度量的特性。

工序能力的测定一般是在成批生产状态下进行的,工序满足产品质量要求的能力主要表现在以下两个方面:① 产品质量是否稳定;② 产品质量精度是否足够。因此,当确认工序能力可以满足精度要求的条件下,它是以该工序产品质量特性值的变异或波动来表示的。

工序能力与生产能力有着本质的区别,工序能力是指质量上所能达到的程度,而生产能力是指数量上所能达到的程度,一个指质量,一个指数量。

对于任何生产过程,产品质量特征值总是分散的,工序能力越高,产品质量特征值的分布就越集中;反之,工序能力越低,产品质量特征值的分布就越分散。也就是说,工序能力和产品质量的实际波动成反比,即工序能力越高,质量波动越小,工序质量就越容易得到保证。

由于均方差 σ 是描述随机变量分散的数字特征,能反映出工序能力的强弱。当产品质量特性服从正态分布 $N(\mu,\sigma^2)$ 时,且当过程处于稳定状态(生产要素处于理想状态)时,产品的质量特性值有 99.37% 落在 $(\mu\pm3\sigma)$ 范围内,处于该范围外的产品仅占产品总数的 0.27%,因此,人们常以 6σ 描述工序的实际加工能力。实践证明:用这样的分散范围表示工序能力既能保证产品的质量要求,又能具有较好的经济性。

当生产过程处于控制状态时,在 $\mu\pm3\sigma$ 的范围内包括了 99.73% 的质量特征值,也就是说,几乎包括了全部的产品,废品率仅为 0.27%。但是为什么不把范围取得更大一些呢?例如,取 $\mu\pm4\sigma$ 或取 $\mu\pm5\sigma$,在 $\mu\pm4\sigma$ 范围内可包括全部产品的 99.994%,在 $\mu\pm5\sigma$ 范围内可包括全部产品的 99.9994%,这样不合格品的比率仅为全部产品的 0.006% 和 0.0006%,这样不是更好吗?

这就涉及质量经济性的问题。事实上,从 6σ 的范围增加到 8σ 或 10σ 的范围,包括的产品比例增加得很小,从经济性角度来看,企业为此所付出的代价是很大的。因此,从兼顾全面性和经济性两方面考虑,用 6σ 来描述工序能力较为合适。

3.3.2 影响工序能力的因素

前文阐述了引起质量波动的原因主要有 6 个方面,即 5M1E。工序能力是上述 6 个方面因素的综合反映,但是在实际生产中,这几个因素对不同行业、不同企业、不同过程,及其对质量的影响程度有着明显的差别,起主要作用的因素称为主导因素。如对化工企业来说,一般设备、装置、工艺是主导因素。又如机械加工的铸造过程,则主要因素一般是工艺过程和操作人员的技术水平,手工操作较多的冷加工、热处理及装配调试中的操作人员更为重要等。这些因素对产品质量都起着主导作用,因而是主导性因素。

在生产过程中,随着企业的技术改造和管理的改善,以及产品质量要求的变化,主导性因素也会随之变化。如当设备问题解决了,可能工艺管理或其他方面又成为主导性因素;当工艺问题解决了,可能操作人员的水平、环境条件的要求又上升到主导因素等。进行工序能力分析,就是要抓住影响工序能力的主导因素,采取措施,提高工序质量,保证产品质量达到要求。

3.3.3 工序能力分析的目的

工序能力分析是质量管理的一项重要的技术基础工作。工序能力的测定与分析是保证产品质量的基础,如果工序能力不能满足产品设计要求,那么质量控制就无从谈起。工序能力分析也是提高工序能力的有效手段,通过工序能力的测试分析,可以找到影响工序能力的主导性因素,从而通过改进工艺、改进设备,提高操作水平,改善环境条件,制定有效的工艺方法和操作规程,严格工艺纪律等来提高工序能力。此外,通过工序能力的测试,为设计人员和工艺人员提供关键的工序能力数据,可作为产品设计签订合同的参考,指导选择合理的加工方案,同时通过工序能力的测定与分析为提高加工能力改进产品质量找出改进方向。

3.3.4 工序能力指数

1. 工序能力指数的概念

工序能力仅仅表示了工序固有的实际加工能力,即工序所能达到的实际质量水平,它与产品的规格要求无关。为了衡量工序能力满足规格要求的程度,为此,引入了工序能力指数的概念。

工序能力指数是指加工质量标准(通常是公差)与工序能力的比值,用符号 C_p 表示,即

$$C_p = \frac{质量标准}{工序能力}$$

如果质量标准用公差 T 表示,工序能力用 6σ 描述,则工序能力指数一般表达为

$$C_p = \frac{T}{6\sigma} \approx \frac{T}{6S}$$

这里用样本偏差近似总体标准偏差。工序能力指数表示了工序能力对产品设

计质量要求的保证程度。这里要注意,工序能力是工序具有的实际加工能力,而工序能力指数是指工序能力对规格要求满足的程度,这是两个完全不同的概念。工序能力是工序自身实际达到的质量水平,是一个比较稳定的数值;工序能力指数是一个相对的概念,即使同一个工序,工序能力指数可能因为质量标准要求的不同而不同。工序能力强并不等于对规格要求的满足程度高,相反,工序能力弱并不等于对规格要求的满足程度低。当质量特性服从正态分布,而且其分布中心与规格中心重合时,一定的工序能力指数将与一定的不合格品率相对应。因此,作为技术要求满足程度的指标,工序能力指数越大,说明工序能力的贮备越充足,甚至有一定的富余量,质量保证能力越强,潜力越大,不合格品率越低,但这并不意味着加工精度和技术水平越高。

2. 计量值工序能力指数的计算

(1) 计量值为双公差而且分布中心和标准中心重合的情况(图3.2)。

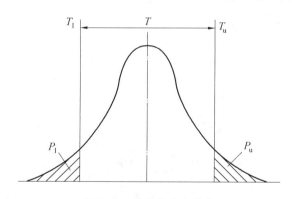

图 3.2 双公差中心重合

此时 C_p 值的计算如下

$$C_p = \frac{T}{6\sigma} = \frac{T_u - T_l}{6\sigma}$$

σ 可以用抽取样本的实测值计算出样本标准偏差 S 来估计。这时

$$C_p \approx \frac{T}{6S} = \frac{T_u - T_l}{6S}$$

式中,T_u 为质量标准上限,T_l 为质量标准下限,即 $T = T_u - T_l$。

【例 3.1】 某零件的强度的屈服界限设计要求为 $4\,800 \sim 5\,200$ kg/cm², 从 100 个样品中测得样本标准偏差(S)为 62 kg/cm²,求过程能力指数。

解 当过程处于稳定状态,而样本大小 $n=100$ 也足够大,可以用 S 估计 σ,得

到工序能力指数为

$$C_p \approx \frac{T}{6S} = \frac{5\,200 - 4\,800}{6 \times 62} = 1.075$$

（2）分布中心和标准中心不重合的情况下 C_{pk} 值的计算。

当质量特性分布中心 μ 和标准中心 M 不重合时，如图3.3所示，虽然分布标准差 σ 未变，C_p 也没变，但却出现了过程能力不足的现象。

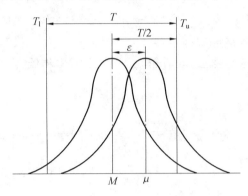

图 3.3　双公差中心不重合

令 $\varepsilon = |M - \mu|$，这里 ε 为分布中心对标准中心 M 的绝对偏移量。把 ε 对 $\frac{T}{2}$ 的比值称为相对偏移量或偏移系数，记作 k，则

$$k = \frac{\varepsilon}{\frac{T}{2}} = \frac{|M - \mu|}{\frac{T}{2}}$$

其中 $M = \frac{T_u + T_l}{2}$，所以 $T = T_u - T_l$，则

$$k = \frac{\left|\frac{1}{2}(T_u + T_l) - \mu\right|}{\frac{1}{2}(T_u - T_l)}$$

从上述公式可知：

① 当 μ 恰好位于标准中心时，$|M - \mu| = 0$，则 $k = 0$，这就是分布中心与标准中心重合的理想状态。

② 当 μ 恰好位于标准上限或标准下限时，即 $\mu = T_u$ 或 $\mu = T_l$ 时，则 $k = 1$。

③ 当 μ 位于标准界限之外时，即 $\varepsilon > \frac{T}{2}$，则 $k > 1$。所以 k 值越小越好，$k = 0$ 是

第3章 质量控制及其常用技术

理想状态。

从图 3.3 看出,因为分布中心 μ 和标准中心 M 不重合,所以实际有效的标准范围就不能完全利用。我们知道,左侧过程能力的增加值补偿不了右侧过程能力的损失,所以在有偏移值时,只能以两者中较小值来计算过程能力指数,这个过程能力指数称为修正过程能力指数,记作 C_{pk},由于 $k = \dfrac{2\varepsilon}{T}$,所以

$$C_{pk} = (1-k)C_p$$

当 $k=0$,$C_{pk}=C_p$,即偏移量为 0,修正过程能力指数就是一般的过程能力指数。当 $k \geq 1$ 时,$C_{pk}=0$,这时 C_p 实际上也已为 0。

【例 3.2】 设零件的尺寸要求(技术标准)$\Phi 30 \pm 0.023$,随机抽样后计算样本特性值为 $\bar{X}=29.997$,$C_p=1.095$,求 C_{pk}。

解 已知 $\bar{X}=29.997$,$M=\dfrac{T_u+T_l}{2}=30$,所以

$$C_{pk}=(1-k)C_p=\left(1-\dfrac{0.003}{0.046\times\dfrac{1}{2}}\right)\times 1.095=0.952$$

(3) 计量值为单侧公差情况下 C_p 值的计算。

技术要求以不大于或不小于某一标准值的形式表示,这种质量标准就是单侧公差,如强度、寿命等只规定下限的质量特性界限。又如机械加工的形状位置公差、光洁度,材料中的有害杂质含量,只规定上限标准,而对下限标准却不做规定。

在只给定单侧标准的情况下,特性值的分布中心与标准的距离就决定了过程能力的大小。为了经济地利用过程能力,并把不合格品率控制在 0.3% 左右,按 3σ 分布的原理,在单侧标准的情况下就可用 3σ 作为计算 C_p 值的基础。

① 只规定上限标准时过程能力指数为

$$C_{pu}=\dfrac{T_u-\mu}{3\sigma}\approx\dfrac{T_u-\bar{X}}{3S}$$

注意:当 $\mu \geq T_u$ 时,则认为 $C_p=0$,这时可能出现的不合格率高达 50%～100%。

② 只规定下限标准时过程能力指数为

$$C_{pl}=\dfrac{\mu-T_l}{3\sigma}\approx\dfrac{\bar{X}-T_l}{3S}$$

注意:当 $\mu \leq T_l$ 时,则认为 $C_p=0$,这时可能出现的不合格率同样为 50%～

100%。

【例3.3】 某一产品含某一杂质要求最高不能超过 12.2 mg,样本标准偏差 S 为 0.038,$\bar{X}$ 为 12.1,求过程能力指数。

$$C_p = \frac{T_u - \bar{X}}{3\sigma} \approx \frac{T_u - \bar{X}}{3S} = \frac{12.2 - 12.1}{3 \times 0.038} = 0.877$$

3. 计件值情况下 C_p 值的计算

在计件值情况下相当于单公差情况,其 C_p 值计算公式为

$$C_p = \frac{\mu - T_u}{3\sigma}$$

当以不合格数 np 作为检验产品质量指标时,质量标准为 $(np)_u$,取 k 个样本,每个样本大小为 n,样本中不合格品数分别为 $(np)_1, (np)_2, \cdots, (np)_k$,则样本不合格品数的平均值为 $\overline{np}$,其中

$$\bar{p} = \frac{(np)_1 + (np)_2 + \cdots + (np)_k}{kn} = \frac{\sum_{i=1}^{k}(np)_i}{kn}$$

由二项分布可得 $\mu = n\bar{p}, \sigma = \sqrt{n\bar{p}(1-\bar{p})}$,则

$$C_p = \frac{(np)_u - n\bar{p}}{3\sqrt{n\bar{p}(1-\bar{p})}}$$

当以不合格品率 p 作为检验产品质量指标,并以 p_u 作为标准要求时,C_p 值可计算如下。

取 k 个样本,样本大小分别为 $n_1, n_2, \cdots, n_k$,其样本平均值 $\bar{n}$ 和不合格品率平均值 $\bar{p}$ 为

$$\bar{n} = \frac{1}{k}(n_1 + n_2 + \cdots + n_k) = \frac{1}{k}\sum_{i=1}^{k} n$$

$$\bar{p} = \frac{n_1 p_1 + n_2 p_2 + \cdots + n_k p_k}{n_1 + n_2 + \cdots + n_k} = \frac{\sum_{i=1}^{k} n_i p_i}{\sum_{i=1}^{k} n_i}$$

这时有 $\mu = \overline{np}, \sigma = \sqrt{\frac{1}{\bar{n}}\bar{p}(1-\bar{p})}$,则

$$C_p = \frac{p_u - \bar{p}}{3\sqrt{\frac{1}{n}\bar{p}(1-\bar{p})}}$$

注意:样本大小 n 最好为定值,以减小误差。

【例 3.4】 抽取大小为 $n=100$ 的样本 20 个,其中不合格数分别为:1,3,5,2,4,0,3,8,5,4,6,4,5,4,3,4,5,7,0,5,当允许样本不合格品数(np)为 10 时,求过程能力指数。

解

$$\bar{p} = \frac{\sum_{i=1}^{k}(np)_i}{kn} = 0.039$$

$$\overline{np} = 100 \times 0.039 = 3.9$$

$$C_p = \frac{(np)_u - \overline{np}}{3\sqrt{\overline{np}(1-\bar{p})}} = \frac{10 - 3.9}{3\sqrt{3.9(1-0.039)}} = 1.0503$$

4. 计点值情况下 C_p 值的计算

在计点值情况下仍相当于单侧情况,其 C_p 值可用公式 $C_p = (T_u - \mu)/3\sigma$ 求得。

当以疵点数(或缺陷数)C 作为检验产品质量指标,并以 C_u 作为标准要求时,C_p 值可以计算如下。

取样本 k 个,每个样本大小为 n,其中疵点数(或缺陷数)分别为 $C_1, C_2, \cdots, C_k$,则样本疵点数的平均值为

$$\bar{C} = \frac{1}{k}(C_1 + C_2 + \cdots + C_k) = \frac{1}{k}\sum_{i=1}^{k}C_i$$

由泊松分布可得 $\mu = \bar{C}, \sigma = \sqrt{\bar{C}}$,则

$$C_p = \frac{C_u - \bar{C}}{3\sqrt{\bar{C}}}$$

【例 3.5】 抽取大小为 $n=50$ 的样本 20 个,其中疵点数分别为:1,2,0,3,2,4,1,0,3,1,2,2,1,6,3,3,5,1,3,2,当允许样本疵点数 C_u 为 6 时,求过程能力指数。

解 由已知数据可求得 $\bar{C} = 2.25$,即

$$C_p = \frac{C_u - \bar{C}}{3\sqrt{\bar{C}}} = 0.833$$

3.3.5 过程不合格品率的计算

当质量特性的分布呈正态分布时,一定的过程能力指数与一定的不合格品率相对应。例如当 $C_p = 1$ 时,即 $B = 6\sigma$ 时,质量特性标准的上下限与 $\pm 3\sigma$ 重合,由正态分布的概率函数可知,此时的不合格品率为 0.27%。

1. 当分布中心和标准中心重合时的情况

首先计算合格品率,由概率分布函数的计算公式可知,在 T_l 和 T_u 之间的分布函数值就是合格品率,即 $P(T_l \leqslant x \leqslant T_u)$,则不合格品率为

$$P = 1 - P(T_l \leqslant x \leqslant T_u) = 2\Phi(-3C_p)$$

由以上公式可以看出,只要知道 C_p 值,在附表1标准正态分布表中查找相应的值就可得到该过程的不合格品率。

2. 当分布中心和标准中心不重合时的情况

首先计算合格品率。由于 $k = \dfrac{2\varepsilon}{T} = \dfrac{2\varepsilon}{6\sigma C_p} = \dfrac{\varepsilon}{3\sigma C_p}$,因此,$\dfrac{\varepsilon}{\sigma} = 3kC_p$,得到

$$P = 2 - \Phi[3C_p(1-k)] - \Phi[3C_p(1+k)]$$

【例 3.6】 已知某零件尺寸要求为 $\varphi 8^{-0.10}_{-0.05}$,随机抽样后计算出的样本特性值 $\bar{X} = 7.945$,$S = 0.005\ 19$,过程能力指数 $C_p = 1.6$,$k = 0.8$,$C_{pk} = 0.32$,求不合格品率 P。

解 将所给已知条件代入公式,求得不合格品率 P 为

$$\begin{aligned}P &= 2 - \Phi[3C_p(1-k)] - \Phi[3C_p(1+k)] \\ &= 2 - \Phi(0.96) - \Phi(8.64) \\ &= 16.85\%\end{aligned}$$

3.3.6 工序能力的评价

1. 工序能力的判定

工序能力指数客观且定量地反映了工序能力满足质量标准的程度。工序能力指数越大,加工精度就越高,相应地加工成本也会增加,所以在实际生产中,应根据工序能力指数的大小,对工序的加工能力进行分析和评价,并采取必要的措施,既

第3章 质量控制及其常用技术

要保证质量又要降低成本。

当工序能力指数求出后,就可以对工序能力是否充分做出分析和判定。即判断 C_p 值在多少时,才能满足设计要求。

(1) 根据工序能力的计算公式,如果质量特性分布中心与标准中心重合,这时 $k=0$,则标准界限范围是 $\pm 3\sigma$ (即 6σ) 时,这时的工序能力指数 $C_p=1$,可能出现的不合格品率为 0.27%,工序能力基本满足设计质量要求。

(2) 如果标准界限范围是 $\pm 4\sigma$ (即 8σ) 时,$k=0$,则工序能力指数为 $C_p=1.33$。这时的工序能力不仅能满足设计质量要求,而且有一定的富余能力。这种工序能力状态是理想的状态。

(3) 如果标准界限范围是 $\pm 5\sigma$ (即 10σ) 时,$k=0$,则工序能力指数为 $C_p=1.67$,这时工序能力有更多的富余,也就是说工序能力非常充分。

(4) 当工序能力指数 $C_p<1$ 时,我们就认为工序能力不足应采取措施提高工序能力。

根据以上分析,工序能力指数 C_p 值的判断标准列于表3.2。

表 3.2 工序能力指数 C_p 的判断标准

工序能力指数	工序级别	措 施
$C_p \geqslant 1.67$	Ⅰ	工序能力过高(视具体情况而定)
$1.67 > C_p \geqslant 1.33$	Ⅱ	工序能力充分,表示技术管理能力应很好,应继续维持
$1.33 > C_p \geqslant 1.0$	Ⅲ	工序能力较差,表示技术管理能力较勉强,应设法提高为Ⅱ级
$1.0 > C_p \geqslant 0.67$	Ⅳ	工序能力不足,表示技术管理能力已很差,应采取措施立即改善
$0.67 > C_p$	Ⅴ	工序能力严重不足,表示应采取措施和全面检查,必要时可停工整顿

表3.2列出的工序能力判断标准也适用于 C_{pk}、C_{pl} 和 C_{pu}。应当指出,当发现工序有偏时,原则上应采取措施调整分布中心,以消除或减少分布中心的偏移。考虑到调整时的技术难度及成本,工序有偏时工序调整的一般标准列于表3.3。判断工序能力后,应采取适当的处理对策,使工序能力保持在合理的水平上。

表 3.3　存在 k 时的判断标准

偏移系数 k	工序能力指数	采取措施
$0 < k \leqslant 0.25$	$C_p \geqslant 1.33$	不必调整均值
$0.25 < k \leqslant 0.5$	$C_p \geqslant 1.33$	要注意均值的变化
$0 < k \leqslant 0.25$	$1.33 > C_p \geqslant 1$	密切观察均值
$0.25 < k \leqslant 0.5$	$1.33 > C_p \geqslant 1$	采取必要调整措施

2. 提高工序能力的对策

(1) $C_p \geqslant 1.33$。当 $C_p \geqslant 1.33$ 时表明工序能力充分，这时就需要控制过程的稳定性，以保持工序能力不发生显著变化。如果认为工序能力过大时，应对标准要求和工艺条件加以分析，一方面可以降低要求，以避免设备精度的浪费；另一方面也可以考虑修订标准，提高产品质量水平。

(2) $1 \leqslant C_p < 1.33$。当工序能力处于 1.0～1.33 之间时，表示工序能力满足要求，但不充分。当 C_p 值很接近 1 时，则有产生超差的危险，应采取措施加强对过程的控制。

(3) $C_p < 1$。当工序能力小于 1 时，表明工序能力不足，不能满足标准的需要，应采取改进措施，改变工艺条件、修订标准，或严格进行全数检查等。

3. 实施途径

在实际的生产中，工序能力分布中心与标准中心完全重合的情况是很少的，大多数情况下都存在一定量的偏差，所以进行工序能力分析时，计算的工序能力指数一般都是修正工序能力指数。由计算公式 $C_{pk} = \dfrac{T - 2\varepsilon}{6S}$ 可知，影响工序能力指数的变量有 3 个，即质量标准 T、偏移量 ε 和样本标准偏差 S。所以要提高工序分析能力指数，减少废品可以从以下 3 个方面考虑：

(1) 调整工序加工的分布中心，减少偏移量 ε。

就是首先找出造成分布中心偏移的原因，再采取措施减少偏移。

如果偏移量是由于刀具磨损和加工条件随时间变化引起的，则可采取设备自动补偿或刀具自动调整等措施；改变操作者在加工孔时偏向下偏差、加工轴时偏向上偏差的习惯性倾向，以公差中心为加工依据等。

(2) 提高工序能力，减少分散程度。工序的分散程度，即工序加工的标准偏差 S。材料不均匀、设备精度低、可靠性差、工装及模具精度低、工艺方法不正确等因素对质量特性值的分散程度影响极大。一般可采取：修订工序，改进工艺方法，优化工艺参数，采用新材料、新工艺，提高工装、设备的精度等。

(3)调整质量标准。在保证产品质量的前提下，适当放宽公差以降低生产成本。

3.4 控制图的基本原理

工序质量控制的一个主要问题是区别偶然因素和异常因素。从某种意义上说，工序质量控制的成功取决于能否及时发现生产过程的质量偏差，即质量特性值的异常表现。如果操作者试图对偶然因素引起的波动做出反应而对过程进行调整，结果会使波动更多而不是更少，这也被称为过度控制。如果不对异常因素引起的波动做出反应，这个异常因素就会产生更多的过程波动，这被称为缺少控制。为避免上述情况的出现，控制图就成为一种有效的控制工具，甚至在质量管理中有着"质量管理始于控制图，亦终于控制图"的说法。控制图主要目的就是帮助过程操作者认识到存在的异常因素，以便采取适当的措施。

3.4.1 控制图的基本概念

SPC 是英文 Statistical Process Control 的字首简称，即统计过程控制。SPC 就是应用统计技术对过程中的各个阶段进行监控，从而达到改进与保证质量的目的。其中控制图理论是 SPC 最主要的统计技术，是质量控制中最重要的方法，有着"质量管理始于控制图，亦终于控制图"的说法。

1924 年美国贝尔电话研究所的休哈特(W. A. Shewhart)提出了过程控制的概念与实施过程监控的方法，并首先提出用控制图进行生产控制，稳定生产过程的质量达到以预防为主的目的。世界上第一张控制图是休哈特在 1924 年 5 月 16 日提出的不合格品率(p)控制图。质量控制图得到了广泛的应用，并且在应用中不断地发展和完善，现在已经成为过程分析、控制和诊断方面最重要的质量管理工具。控制图的种类很多，本节主要介绍常规控制图，也称休哈特控制图。

控制图就是用来分析和判断工序是否处于稳定状态的，并带有控制界限的图形，是用来分析和判断工序是否处于稳定状态的一种图形工具。它是判别生产过程是否处于控制状态的一种手段，通过利用它监视生产过程的质量波动情况，可以区分质量波动究竟是由随机因素还是系统因素造成的，并采取相应的控制措施，使工序质量状态得到良好的控制，它的基本形式如图 3.4 所示。它是在平面直角坐标系中做出的 3 条平行于横轴的控制线。中间一条细实线称为中心线,记为 CL(central line);上下两条线用虚线表示,分别为上控制界限 UCL(upper control line)和下控制界限 LCL(lower control line);纵坐标表示要控制的质量特征。

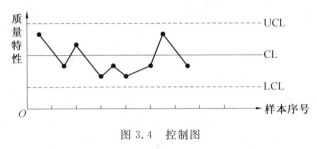

图 3.4 控制图

进行工序质量控制时,通过抽样检验测量特征质量数据,用点描在图上相应位置,便得到一系列坐标点。将这些点连起来,就得到一条反映质量特征值波动状况的折线。通过分析折线的形状和变化趋势,以及折线和 3 条控制线的相互关系,就得到工艺过程的状况。

控制图的基本思想就是把要控制的质量特征值用点描在图上,若点全部落在上、下控制界限内,且没什么异常分布时,就可判断生产过程处于控制状态。否则,就应根据异常情况,查明并设法排除。控制图的基本理论基础是假设检验思想:设方差已知,假设 $H_0:\mu=\mu_0$(受控状态),$H_1:\mu\neq\mu_0$(异常状态),控制图的上、下控制界线即为接收域与拒绝域的分界线。点落在上、下控制界限之间,表明 H_0 可接受,点落在上下控制界限之外,表明拒绝 H_0。控制图的实质就是假设检验的一种图上作业,在控制图上每描一个点就是一次假设检验。在假设检验中存在着两类错误:第 I 类错误——弃真,当零假设 H_0 为正确时,却做出拒绝 H_0 的决定;第 II 类错误——纳伪,当零假设 H_0 为错误时,却做出接受 H_0 的决定。犯第 I 类错误的概率就是显著性水平 α,犯第 II 类错误的概率用 β 来表示。

控制图上的控制界线是用来判断工序是否发生异常变化的尺度,有别于公差的上、下限。UCL 和 LCL 的作用在于区分质量特征值的偶然波动和异常波动,若质量特征值的点落在控制界限内,则表示过程的质量波动处于允许范围内;若点越出控制界限,或各点排列不正常,则表示过程质量处于不稳定状态,这时就应采取纠正或预防措施,使过程恢复到稳定状态。而公差的上、下限的作用在于区别产品是否合格,公差范围内是合格品,公差范围外是不合格品。

在实际生产过程中,控制图对生产过程不断进行监控,那么就能对系统因素的出现及时警告。在许多情况下,甚至样本中还没有出现不合格品,在控制图上已经能够发现生产过程变坏,也就是出现了产品质量要不正常的苗头,这在控制图上都能反映出来。因此,控制界限能起到区分两类波动的作用,它是判断工序是否失控的重要依据,而公差上、下限不能起到动态监视过程质量的作用。再者,对于生产过程,产品不能全数检验,控制图只通过抽取相当有限次数的样本就能保证和提高产品质量,因而经济效果很显著。

3.4.2 控制图的原理

控制图的设计依据以下原理:

1. 正态性假设

根据中心极限定理,常常可以认为大部分质量特性值服从近似的正态分布,因此,控制图假定质量特性值在生产过程中的波动服从正态分布。

2. 3σ 准则

由于控制图中的上、下控制界限是判断工序是否失控的主要依据,因此,应用控制图的核心问题之一就是确定经济合理的控制界限。

若质量特性值 X 服从正态分布 $N(\mu,\sigma^2)$,根据正态分布概率性质,有

$$P\{\mu-3\sigma<X<\mu+3\sigma\}=99.73\%$$

也即 $(\mu-3\sigma,\mu+3\sigma)$ 是 X 的实际取值范围。据此原理,若对 X 设计控制图,则中心线 $CL=\mu$,上下控制界限分别为 $UCL=\mu-3\sigma$,$LCL=\mu+3\sigma$。

当前,我国和美、日等大多数工业国家是根据 3σ 法来确定上、下控制界限,这样作的控制图称为 μ 控制图,这也是休哈特最早提出的控制图。计算公式为

$$UCL=E(x)+3\sigma(x)$$
$$LCL=E(x)-3\sigma(x)$$
$$CL=E(x)$$

为什么把 $\mu\pm3\sigma$ 作为控制图的上、下控制界限呢?这就涉及两类错误判断:

对一般的生产过程而言,在仅有偶然原因影响的稳定状态下,生产出来的产品,其总体产品的质量特性分布为正态分布。根据正态分布的性质,取 $\bar{x}\pm3\sigma$ 作为上、下控制界限,这样,质量特性值出现在 3σ 界限以内的概率为 0.27%,而落在一侧界限外的概率仅为 0.135%,也就是说在 1 000 次抽样中,最多有 3 次落在界外,那么,根据小概率事件在一次试验中不会发生的原理,如果这 3 次忽略不计,认为正态分布总体的产品质量特性值全部分布在 3σ 界限以内。如果在生产过程中有特性值出现并超过 3σ 界限以外的情况,就可以判断有异常原因使生产状态发生了

变化,也就是说若控制图中点出界,就可以判断生产有异常。

虽说0.27%的概率很小,但这类事件总还不是绝对不可能发生的,这就涉及两种错误判断。当生产过程正常时,在纯粹出于偶然原因使点出界时,我们根据点出界而判断生产过程异常,就犯了错发警报的错误,称为第Ⅰ类错误。这种错误将造成虚惊一场,停机检查劳而无功,延误生产等损失。

那么,为了减少第Ⅰ类错误,可以把控制图的界线扩大。若把控制界线扩大到$\mu \pm 4\sigma$,则第一类错误发生的概率仅为0.006%,使这种由错发警报而造成的损失减小。但是,由于控制界线扩大,会增加另一种错误发生的可能。即,生产过程已经有了异常,产品质量分布偏离了原有的典型分布,但是总还有一部分产品的质量特性在4σ控制界限内,如果抽取到这部分产品进行检查,那么这时由于点未出界而判断生产过程正常,就犯了漏发警报的错误,或称第Ⅱ类错误。这种错误将造成不良品增加等损失。

由于控制图上的点是通过抽样检测得到的,用抽样检测所得到的数据来判断生产过程的质量状况,就不可避免地会出现上述两种错误,要消除这两种错误是不可能的。如果一种错误减小,那另外一种错误就要增大。例如,上、下控制界限间距离窄,则出现第Ⅰ类错误的可能性大,而出现第Ⅱ类错误的可能性就小;若上、下距离间界限宽,则出现第Ⅰ类错误的可能性就小,而出现第Ⅱ类错误的可能性就大,如图3.5所示。

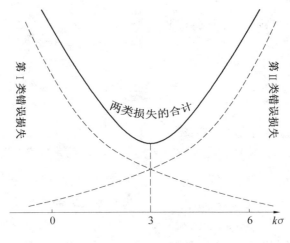

图3.5 两类错误损失图

虽然错误不可避免,但总可以设法把这两种错误所造成的损失降低到最低限度。即两项损失之和最小的地方,就取为控制界限。那么根据统计学原理,按 $\mu\pm 3\sigma$ 原则建立上、下控制界限,这两种错误所造成的总损失为最小,是经济合理的。

3. 小概率原理

小概率原理是指小概率的事件一般不会发生。由 3σ 准则可知,数据点落在控制界限以外的概率只有 0.27%。因此,在生产过程正常的情况下,质量特性值是不会超过控制界限的,如果超出,则认为生产过程发生异常变化。

3.4.3 控制图的用途

控制图的用途分两种:一是分析用;二是控制用。

1. 分析用控制图

分析用控制图是利用控制图判断工序是否稳定,分析各种因素对质量特性的影响,如果发现有异常变化,就及时采取措施,调查原因,消除异常,使工序稳定。

2. 控制用控制图

控制用控制图是在已做好分析用控制图的基础上,在工序中定期采用数据,在控制图上打点,如果有点越出界限或者虽然在界限内,但点排列方式有缺陷,就表明有异常,要采取措施,使其恢复稳定状态。

分析用的控制图是现场一次或两次取完数据,而控制用的控制图则规定隔一段时间,按规定的数据采取。控制用控制图在积累了一些点后,也可以再重新画分析用控制图。

控制图主要是对生产过程影响产品质量的各种因素进行控制,通过控制图来判断生产过程是否异常,而使生产过程达到统计控制状态,做到预防为主,把影响产品质量的诸多因素消灭在萌芽状态,以达到保证质量、降低成本、提高生产效率和经济效益的目的。其具体作用如下:

(1)能及时发现生产过程中的异常现象和缓慢变异,预防不合格品发生,从而降低生产费用,提高生产效率。

(2)能有效地分析判断生产过程生产质量的稳定性,从而可降低检验、测试费用,包括通过供货方制造过程中有效的控制图记录证据,购买方可免除进货检验,同时仍能在较高程度上保证进货质量。

(3)可查明设备和工艺手段的实际精度,以便做出正确的技术决定。

(4)为真正地制定生产目标和规格界限,特别是配合零部件的最优化确立了可靠的基础,也为改变未能符合经济性的规格标准提供了依据。

(5)使生产成本和质量成为可预测的参数,并能以较快的速度和准确性测量出系统误差的影响程度,从而使同一工序内工件之间的质量差别减至最小,以评价、保证和提高产品质量。

(6)最终可以保证产品质量,提高经济效益。

3.5 控制图的分类及其应用程序

3.5.1 控制图的分类

按产品质量的特性分类,控制图可分为计量值控制图和计数值控制图,见表3.4。

表3.4 控制图类型

大类	小类		用途
计量值控制图	$\bar{x}-R$ 图	均值—极差控制图	长度、重量、时间、强度等连续变量
	$x-R_S$ 图	单值—移动极差控制图	
	$\tilde{x}-R$ 图	中位数—极差控制图	
	$\bar{x}-S$ 图	均值—标准差控制图	
计数值控制图	P 图	不合格品率控制图	不合格品数、不合格品率、缺陷数等离散变量
	U 图	单位缺陷数控制图	
	P_n 图	不合格品数控制图	
	C 图	缺陷数控制图	

1. 计量值控制图

计量值控制图用于产品质量特性为计量值情形,如长度、重量、时间、强度等连续变量。常用的计量值控制图有:均值—极差控制图($\bar{x}-R$ 图),中位数—极差控制图($\tilde{x}-R$ 图),单值—移动极差控制图($x-R_S$ 图),均值—标准差控制图($\bar{x}-S$ 图)。

2. 计数值控制图

计数值控制图用于产品质量特性为不合格品率、缺陷数等离散变量,常用的计数值控制图有不合格品率控制图(P 图)、不合格品数控制图(P_n 图)、单位缺陷数控制图(U 图)、缺陷数控制图(C 图)。

3.5.2 绘制控制图的准备工作

1. 质量特性的选择

在选择控制方案所需的质量特性时,通常应将影响生产或服务性能的特性作为首选对象。所选择的质量特性可以是所提供服务的特征,或者是所用材料或产品零部件,以及提供给购买者的成品的特征。凡控制图有助于及时提供过程信息,以使过程得到纠正并能生产出更好的产品或服务的场合,首先应该采用统计控制方法。所选择的质量特性应对产品或服务的质量具有决定性的影响,并能保证过程的稳定性。

2. 生产过程的分析

应详细分析生产过程以确定下列各点:
(1)引起过程异常的原因的种类与位置;
(2)设定规范的影响;
(3)检验的方法与位置;
(4)所有可能影响生产过程的其他有关因素。

还应做出分析以确定生产过程的稳定性、生产与检验设备的准确度、所生产产品或服务的质量,以及不合格的类型与其原因之间的相关性模式。必要时,对生产运作的状况和产品质量提出要求,以便做出安排去调整生产过程与设备,并设计生产过程的统计控制方案。这将有助于确认建立控制的最佳位置,迅速查明生产过程中的任何不正常因素,以便迅速采取纠正措施。

3. 合理子组的选择

控制图的基础是将观测值划分为合理子组,即将所考察的观测值划分为一些子组,使得组内变差可认为仅由随机原因造成,而组间的任何差异可以是由控制图所欲检测的可查明原因造成。选择的合理子组要注意由同一过程生产每一个产品。如:在一个生产巧克力的过程中,有 40 个注射活塞在一个移动的蜡纸上注射出 5×8 排列的巧克力。如何选择一个样本量为 5 的合理子组呢?可以选择每列的第一个组成子组,如图 3.6(a)所示。但样本是由 5 个不同过程(即 5 个不同活塞)所生产的不同的 5 个要素组成的样本。更好的选择方法是按箭头在一行上连续选择 5 个,如图 3.6(b)所示。

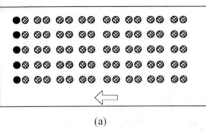 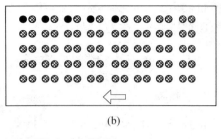

(a)　　　　　　　　　　　　　　(b)

图 3.6　巧克力生产过程控制图子组选择

4. 子组频数与子组大小

关于子组频数或子组大小,无法制定通用的规则。子组频数可能决定于取样和分析样本的费用或可使用的测量资源,一般情况下子组大小可取 5 或根据实际的情况可以选得小一些。

5. 预备数据的收集

在确定了要控制的质量特性以及子组的子组抽样频数和子组大小以后,我们必须收集和分析一些原始的检验数据和测量结果,以便能够提供初始的控制图数值,这是为确定绘于控制图上的中心线与控制限所需要的。预备数据可以从一个连续运作的生产过程中逐个子组地进行收集,直到获得 20 至 25 个子组为止。注意,在收集原始数据的过程中,过程不得间歇地受到外来因素的影响,如原材料的供给、操作方式、机器设置等方面的变化。换言之,在收集原始数据时,过程应该呈现出一种稳定状态。

3.5.3　控制图的应用程序

应用控制图对过程进行控制,具体步骤如下:

(1)首先明确应用控制图的目的;
(2)确定控制的质量特性;
(3)根据质量特性和数据的收集方式选择控制图的类型;
(4)随机收集 20～25 个以上的样本绘制分析用控制图,以判断工序是否处于受控状态,如果是,则转入步骤(5),否则要追查原因,采取措施,直到工序回到受控状态;
(5)绘制控制用控制图,进行工序质量控制;
(6)进行日常的工序质量控制,如无异常现象,则维持现状生产,如出现可能降低的质量信息,应采取措施消除异常,若出现质量提高的信息,应总结经验,进行标准化和制度化；

(7)根据应用情况随时修订控制界限。

3.6 常规控制图的应用

3.6.1 计量值控制图

计量值控制图代表了控制图对过程控制的典型应用。GB/T4091—2001 中假定所有计量值控制图的子组内质量波动服从正态分布，如若偏离这一假定将会影响控制图的性能。利用正态性的假设，可以推导出计算控制限的一些系数。由于大多数控制限是用来做出决策的经验指南，因此有理由认为，对正态性的小偏离应该不会造成重大的影响。事实上根据中心极限定理可知，平均值总会趋向于正态分布，即使单个观测值不服从正态分布时也是如此。因此，对于 X 控制图而言，即使用于评估控制的子组大小仅为 4 或 5，假定其正态性也是合理的。当出于研究过程能力的目的处理单个观测值时，其分布的真实形式很重要。定期检查正态性假设的有效性是明智的，尤其是要确保只使用单一总体的数据。应该注意，极差和标准差的分布并不是正态的，尽管在为计算控制限估计常数时，对极差和标准差的分布做了近似正态性的假设，这种假设对于经验决策程序而言是可以接受的。计量控制图分为以下几种类型。

1. 平均值—极差控制图

(1) 平均值—极差控制图特点。

平均值—极差控制图有两个突出的特点：一是适用范围广；二是灵敏度高。

对于平均值控制图，由中心极限定理可知，无论总体是否是正态分布，当样本数 $n \geqslant 4$ 时，样本的平均值也渐进服从正态分布。对于极差控制图，只要质量特性值的总体分布不是非常不对称，极差的分布就没有多大的变化。因此，平均值—极差控制图适用范围广泛。

由于偶然波动是随机的，一个样本组中的值有的偏大，有的偏小，那么平均值就使得这种偏大偏小的正常波动在一定程度上相互抵消。但异常波动往往是向同一个方向的，它不会通过平均值的平均作用而相互抵消，因此，平均值控制图对异常波动的变化反应灵敏。

(2) 控制限确定。

①样本平均值的分布。

当质量特性值 X 服从总体为 $N(\mu,\sigma^2)$ 的正态分布时，n 个样本 $X_1,X_2,\cdots,X_n$ 的平均值有如下性质：其平均值仍趋于正态分布，且有数学期望 $\bar{X}$，标准偏差 S，μ 的估计值为 $\bar{\bar{X}}$。

(3)样本极差的分布。

由数理统计原理，若总体的分布服从正态分布 $X\sim N(\mu,\sigma^2)$，则样本的极差 R 的分布也趋于正态分布，且 R 的数学期望 $E(R)=d_2\sigma$，即 $\bar{R}=d_2\sigma$，$\bar{R}$ 为样本极差的平均值；

R 的标准偏差为 $\sigma(R)=d_3 R$，其中 d_2，d_3 是由样本容量确定的系数，可得到 σ 的估计值为 $\bar{R}/d_2$。

则平均值控制图的中心线和上、下控制界限为

$$CL=E(\bar{X})=\bar{\bar{X}}$$

$$UCL=E(\bar{X})+3\sigma(\bar{X})=\bar{\bar{X}}+A_2\bar{R}$$

$$LCL=E(\bar{X})-3\sigma(\bar{X})=\bar{\bar{X}}-A_2\bar{R}$$

极差控制图的中心线和上、下控制界限为

$$CL=E(R)=\bar{R}$$

$$UCL=E(R)+3\sigma(R)=D_4\bar{R}$$

$$LCL=E(R)-3\sigma(R)=D_3\bar{R}$$

其中 A_2，D_3，D_4 可由表 3.5 查得。

表 3.5 控制界限系数表

n	A_2	D_4	D_3	E_2	m_3A_2	d_2	d_3
2	1.880	3.267	—	2.660	1.880	1.128	0.853
3	1.023	2.575	—	1.772	1.187	1.693	0.888
4	0.729	2.282	—	1.457	0.796	2.059	0.880
5	0.577	2.115	—	1.290	0.691	2.325	0.864
6	0.483	2.004	—	1.184	0.549	2.534	0.848
7	0.419	1.924	0.076	1.109	0.509	2.704	0.833

续表 3.5

n	A_2	D_4	D_3	E_2	m_3A_2	d_2	d_3
8	0.373	1.864	0.136	1.054	0.432	2.847	0.820
9	0.337	1.816	0.184	1.010	0.413	2.970	0.808
10	0.308	1.777	0.223	0.945	0.363	3.173	0.797

2. 控制图的做法

(1) 作图前的预备工作。在作图前要做好以下工作：①质量特性选择；②生产过程分析；③收集数据；④数据分组。

(2) 数据初步统计。

(3) 计算控制图的中心线和上、下控制界限。

(4) 作出控制图。

3. 单值—移动极差控制图

(1) 单值—移动极差控制图特点。

单值—移动极差控制图对于计量值而言是最基本的控制图，数组不用分组，可以直接使用，它经常用于以下场合：①从工序中能获得一个测定值，如每日电量消耗等；②一批产品内质量特性数据是均一的，不需要测量多个值，如酒精浓度；③因费用关系，只允许测取少量数值，如需经破坏性实验才能获得的数据；④数据的取得需要很长的时间间隔。

由于单值控制图具有不易发现工序平均值的变化，发现异常的检出能力差的缺点，常将单值控制图和移差控制图(Rs)配合使用，一般把单值控制图放在上方，移动极差控制图放在下方。移差控制图(Rs)利用质量特性数据的移差表反映和控制产品质量控制特性的离散程度。移差是指相邻的两个观测数据之差的绝对值。$Rs=|X_i+1-X_i|$。因此，也可以把它看成容量为 2 的样本的极差。

(2) 控制界限的计算。

①单值控制图控制界限的计算。

由数理统计知识可知，若质量特性值 $X \sim N(\mu, \sigma^2)$，则 $E(X)=\mu$，$\sigma(X)=\sigma$，则

$$CL=\mu$$
$$UCL=\mu+3\sigma$$
$$LCL=\mu-3\sigma$$

一般情况下，由于总体 μ,σ 是未知的，"样本均值是总体均值的无偏估计"，用 $\bar{X}$ 代替 μ。"样本方差是总体方差的无偏估计"，用 S 代替 σ，由于 S 计算复杂，这里用 $\overline{Rs}$ 来近似估计。

由于移差可以看作是容量为 2 的样本的极差，σ 估计值为 $\overline{Rs}/d_2$，得到控制界限公式：

$$CL = \bar{X}$$

$$UCL = \bar{X} + 3\overline{Rs}/d_2$$

$$LCL = \bar{X} - 3\overline{Rs}/d_2$$

d_2 由查表得到 $n=2$，$d_2=1.128$，则公式可简化为

$$CL = \bar{X}$$

$$UCL = \bar{X} + 2.66\overline{Rs}$$

$$LCL = \bar{X} - 2.66\overline{Rs}$$

（2）移差控制图控制界限的计算。

同理可得到移差控制图的控制界限：

$$CL = \overline{Rs}$$

$$UCL = \overline{Rs} + 3\sigma(\overline{Rs})$$

$$LCL = \overline{Rs} - 3\sigma(\overline{Rs})$$

其中

$$\overline{Rs} = \frac{1}{N-1}\sum Rs$$

根据 $\bar{X}-R$ 控制图中 R 的分布性质：$E(R)=d_2\sigma=\bar{R}$，$\sigma(R)=d_3\sigma$，σ 的估计值为 $\bar{R}/d_2$，则 $\bar{R}=d_2\sigma$，$\sigma(R)=\dfrac{d_3}{d_2}\overline{Rs}$，那么控制界限可得到下面的形式：

$$CL = \overline{Rs}$$

$$UCL = D_4\overline{Rs}$$

$$LCL = D_3\overline{Rs}$$

由于 $\overline{Rs}$ 可视为容量为 2 的样本的极差，因此 $n=2$，$D_4=3.267$，D_3 忽略，故可

简写为

$$CL = \bar{Rs}$$
$$UCL = 3.26\bar{Rs}$$
$$LCL = 0$$

单值—移动极差控制图的作图过程与平均值—极差控制图类似。

4. 中位数—极差控制图

与平均值—极差控制图相比,中位数—极差控制图只是用中位数代替均值。由于中位数的计算比均值简单,获得的结论与均值极差图相似,所以多用于需在现场把测定数据直接记入控制图的场合,为了简便,子组多采集奇数个数据。由于对某个数据(像中位数一样)进行了描点,中位数图表明了过程输出的离散程度,并给出了过程变差的一种动态描述。中位数—极差控制图适用于产量比较大,加工稳定的过程。

中位数图的控制限可以用两种方法进行计算:利用子组中位数和极差的中位数;或者利用子组中位数的平均值和极差的平均值。相比较而言,后一种方法更简易方便,GB/T4091—2001 中采用了这种方式。控制限的计算如下,表 3.6 中列出了 A_4 值:

$$UCL = \bar{M} + A_4\bar{R}$$
$$LCL = \bar{M} - A_4\bar{R}$$
$$CL = \bar{M}$$

表 3.6 A_4 的值

n	2	3	4	5	6	7	8	9	10
A_4	1.88	1.19	0.80	0.69	0.55	0.51	0.43	0.41	0.36

中位数—极差控制图作图过程与平均值—极差控制图类似。下面以平均值—极差控制图的作法为例说明计量控制图的作图过程。

【例 3.7】 某厂生产一种零件,长度要求为 49.50±0.10 mm,生产过程质量要求为过程能力指数不小于 1,为对该过程实施连续控制,试设计均值—极差控制图。

解 (1)收集数据并加以分组。

本例每隔2小时，从生产过程中抽取5个零件，测量长度值，形成一组大小为5的样本，一共收集25组样本。

(2)计算每组的样本均值 $\bar{x}$ 和极差 R，即

$$\bar{x} = \frac{1}{n}\sum_{i}^{n} x_i, R = x_{\max} - x_{\min} \quad i = 1, 2, \cdots, k$$

计算结果见表3.7。

表3.7 某零件长度各组均值和极差

组号	1	2	3	4	5	6	7	8	9	10	11	12	13
均值	49.49	49.52	49.50	49.50	49.53	49.51	49.50	49.50	49.51	49.53	49.50	49.51	49.49
极差	0.06	0.07	0.06	0.06	0.11	0.12	0.10	0.06	0.12	0.09	0.11	0.06	0.07
组号	14	15	16	17	18	19	20	21	22	23	24	25	
均值	49.53	49.49	49.50	49.51	49.51	49.51	49.50	49.52	49.50	49.50	49.50	49.52	
极差	0.10	0.09	0.05	0.07	0.06	0.05	0.08	0.10	0.06	0.09	0.05	0.11	

(3)计算总均值和极差平均。

$$\bar{\bar{x}} = \frac{1}{k}\sum_{i=1}^{k} \bar{x}_i = 49.507, \bar{R} = \frac{1}{k}\sum_{i=1}^{k} R_i = 0.08$$

(4)计算控制界限。

$\bar{x}$ 图的控制界限：

$$UCL = \bar{\bar{x}} + A_2 \bar{R} = 49.507 + 0.577 \times 0.08 = 49.553$$

$$CL = \bar{\bar{x}} = 49.507$$

$$LCL = \bar{\bar{x}} - A_2 \bar{R} = 49.507 - 0.577 \times 0.08 = 49.461$$

R 图的控制界限：

$$UCL = D_4 \bar{R} = 2.115 \times 0.08 = 0.169$$

$$CL = \bar{R} = 0.08$$

$$LCL = D_3 \bar{R} < 0$$

以上两式中，A_2, D_4, D_3 均可从相关控制图系数表中查出：当 $n=5, A_2=0.577, D_3<0, D_4=2.115$。

(5)制作控制图。

根据各样本的均值和极差在控制图上描点,如图 3.7 所示。

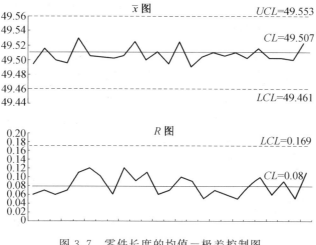

图 3.7 零件长度的均值-极差控制图

3.6.2 计数值控制图

计数值控制图表示通过记录所考察的子组中每个个体是否具有某种特性(或特征),计算具有该特性的个体的数量,或记录一个单位产品、一组产品,或一定面积内此种事件发生的次数所获得的观测值。通常,测量数据的获得快速而经济,并且常常不需要专门的收集技术。根据质量数据的分类,常规的计数值控制图分为计件值控制图和计点值控制图,其中计件值控制图又分为不合格品率控制图(P 控制图)和不合格品数控制图(P_n 控制图),计点值控制图又分为单位缺陷数控制图(U 控制图)和缺陷数控制图(C 控制图)。在计量控制图情形下,按通常惯例采用一对控制图,其中一张用于控制平均值,另一张用于控制离散程度。上述做法是必要的,因为计量控制图基于正态分布,而正态分布取决于上述两个参数。在计数控制图情形下则不同,所假定的分布只有一个独立参数,即平均值水平,故用一张控制图就足够了。P 图和 P_n 图基于二项分布,而 C 图和 U 图则基于泊松分布。

表 3.8 给出了控制图的控制限公式,这些控制图的计算是类似的,但子组大小发生变化时情况将有所不同。当子组大小为常数,同一组控制限可用于每一个子组;当子组大小发生变化,则每一个子组都需要计算出各自的控制限。因此 P_n 图和 C 图可以用于子组大小为常数的情形,而 P 图和 U 图可用于上述两种情形。若子组大小随子组不同而发生变化,则对于每个子组都要计算出各自单独的控制限。子组大小越小,控制域就越宽;反之亦然。如果子组大小变化不大,则可采用单一

的基于平均子组大小的一组控制限。实际中,当子组大小的变化在子组大小目标值±25%以内时,可以采用上述方法。P 图用来确定在一段时间内所提交的平均不合格品百分数。该平均值的任何变化都会引起过程操作人员和管理者的注意。P 图判断过程是否处于统计控制状态的判断方法和 $\bar{X}$ 与 R 控制图相同。若所有子组点都落在控制限之内,并且也未呈现出可查明原因的任何迹象,则称此过程处于统计控制状态。在这种情形下,取平均不合格品率 $\bar{p}$ 为不合格品率 p 的标准值,记为 p_0。

表 3.8 常规计数控制图的控制限公式

统计量	标准值未给定		标准值给定	
	中心线	UCL 与 LCL	中心线	UCL 与 LCL
p	$\bar{p}$	$\bar{p} \pm 3\sqrt{\bar{p}(1-\bar{p})/n}$	p_0	$p_0 \pm 3\sqrt{p_0(1-p_0)/n}$
np	$\overline{np}$	$\overline{np} \pm 3\sqrt{\overline{np}(1-\bar{p})}$	np_0	$np_0 \pm 3\sqrt{np_0(1-p_0)}$
c	$\bar{c}$	$\bar{c} \pm 3\sqrt{\bar{c}}$	c_0	$c_0 \pm 3\sqrt{c_0}$
u	$\bar{u}$	$\bar{u} \pm 3\sqrt{\bar{u}/n}$	u_0	$u_0 \pm 3\sqrt{u_0/n_0}$

注:p_0, np_0, c_0 和 u_0 为给定的标准值

计数值控制图的做法与计量值控制图的做法类似,下面以 P 控制图为例说明计数值控制图的做法。

【例 3.8】 某产品五月份检验数据见表 3.9,共检验了 25 个样本,样本大小 $n=300$,做出控制图。

表 3.9 某产品检验数据

样本号	样本数 n	不合格数 P_n	不合格率 p	样本号	样本数 n	不合格数 P_n	不合格率 p
1	300	12	0.04	14	300	3	0.01
2	300	3	0.01	15	300	0	0
3	300	9	0.03	16	300	5	0.017
4	300	4	0.013	17	300	7	0.023
5	300	0	0	18	300	8	0.027
6	300	6	0.02	19	300	16	0.053
7	300	6	0.02	20	300	2	0.007

续表 3.9

样本号	样本数 n	不合格数 P_n	不合格率 p	样本号	样本数 n	不合格数 P_n	不合格率 p
8	300	1	0.003	21	300	5	0.017
9	300	8	0.027	22	300	6	0.02
10	300	11	0.037	23	300	0	0
11	300	2	0.007	24	300	3	0.01
12	300	10	0.033	25	300	2	0.007
13	300	9	0.03	合计	7 500	138	

解 (1)确定控制界限。

由控制界限的计算公式求得

$$CL = \bar{p} = \frac{\sum p_n}{\sum n} = \frac{138}{7\ 500} = 0.018$$

$$UCL = \bar{p} + 3\sqrt{\frac{\bar{p}(1-\bar{p})}{n}} = 0.018 + 3\sqrt{0.018 \times 0.982/300} = 0.041$$

$$LCL = \bar{p} - 3\sqrt{\frac{\bar{p}(1-\bar{p})}{n}} = 0.018 - 3\sqrt{0.018 \times 0.982/300} = -0.005$$

(2)绘制 P 控制图。

如图 3.8 所示,将 CL、UCL 和 LCL 绘在坐标纸上,并将 25 个样本点逐个描在控制图上,标出超出界限的样本点。

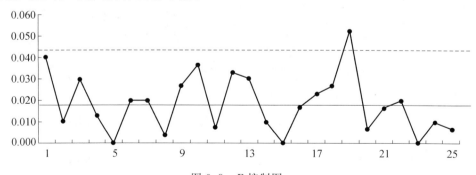

图 3.8 P 控制图

由于

$$\bar{p}' = \frac{\sum p_n - p_{nd}}{\sum n - n_d}$$

式中 p_{nd} ——剔除的样本中不合格品数；

n_d ——剔除的样本大小。

所以，修正后的界限为

$$CL = \bar{p}'$$

$$UCL = \bar{p}' + 3\sqrt{\frac{\bar{p}'(1-\bar{p}')}{n}} = 0.017 + 3\sqrt{\frac{0.017(1-0.017)}{300}} = 0.039$$

$$LCL = \bar{p}' - 3\sqrt{\frac{\bar{p}'(1-\bar{p}')}{n}} \approx 0$$

(3)持续改进后的 P 控制图。

利用五月份收集的数据设计并修正的 P 控制图，在七、八两个月份仍然断续加以改进，如图 3.8 所示，直到控制的质量水平稳定且满足需要为止。然后，定期检验工序的控制状态使其保持即可。图 3.9 清楚显示了不断改进的控制图能更好保证产品的质量。

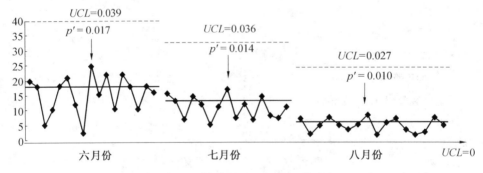

图 3.9 工序持续改进后的 P 控制图

3.7 常规控制图的观察分析与判断

生产过程处于稳定状态（或统计控制状态），是指生产过程仅受偶然因素的影响，而不受系统因素的干扰，此时，控制图上的点就随机分布在中心线的两侧附近，离中心线越近，分布的点越多，越接近上、下控制界限分布的点越少。因此，用控制图来识别生产过程的状态，主要是根据样本数据形成的样本点位置以及样本点的变化趋势进行分析和判断,判断工序是否处于受控制状态还是失控状态。

3.7.1 受控状态的判断

判断生产或工序处于控制状态的标准可归纳为两条:一是控制图上的点不超过控制界限;二是点在控制界限内的排列是随机的,无排列缺陷。当控制图同时满足上面的两个条件时,可认为工序处于控制状态,对处于良好受控状态的工序,还可以增加下面3个条件:

(1) 点分布均匀,位于中心线两侧的点各占50%;
(2) 靠近中心线的点约占2/3;
(3) 靠近控制极限的点极少。

判断工序是否稳定,依据的是数理统计中的"小概率事件"的原理。从控制图的基本原理中我们知道,在工序处于正常的状态下,仍有0.27%的质量特性数据将落在控制界限外,虽然这是个小概率事件,但是不能说它永远不会发生,因此根据这一点,我们对点不超过控制界限做一下解释,规定在下列3种情况下可以认为工序基本上处于控制状态。

准则1:连续25个点位于界限内,界外的点数$d=0$;
准则2:连续35个点,界外的点数$d \leqslant 1$;
准则3:连续100个点,界外的点数$d \leqslant 2$。

为什么规定上述3种情况下,可认为工序处于控制状态呢?

之所以规定连续25点以上位于界限内,是因为若所用的数据量太少,作控制图容易产生错误的判断,并且对于准则1:当连续25个点在界内,界外无点时,工序处于统计受控状态的概率$P(d=0)=C_{25}^{0} 0.997\,3^{25}=0.934\,6$,工序处于统计失控状态的概率仅为0.065 4。

对准则2:工序处于受控状态的概率$P(d \leqslant 1)=C_{35}^{0} 0.997\,3^{35}+C_{35}^{1} 0.997\,3^{34} \times 0.002\,7=0.995\,9$,过程处于统计失控状态的概率仅为0.004 1。

对准则3:工序处于受控状态的概率$P(d \leqslant 2)=C_{100}^{0} 0.997\,3^{100}+C_{100}^{1} 0.997\,3^{99} \times 0.002\,7 C_{100}^{2} 0.997\,3^{98} \times 0.002\,7^{2}=0.997\,4$,工序处于统计失控状态的概率为0.002 6。

从经济的角度看,对于初始控制图,首先应利用准则1进行受控状态的判断,若25个点全部落在控制限内且没有非随机排列现象则判稳,可以利用该图进行后续生产过程的控制;反之则不能判稳,需要找到点出界的原因。如果是系统异因造成的点出界,则要采取措施消除系统异因,放弃当前的抽样数据,重新根据抽样方案进行抽样；如果是偶然因素导致的点出界，则需要补充抽样点，利用准则 2 进行判断，依此类推。

3.7.2 失控状态的判断

由上面的受控状态的判断原则可知，只要控制图上的点出现下列情况之一时，就可判断工序处于失控状态，即有异常情况发生：①点超出控制界限外或恰好在控制界限上；②控制界限内的点为非随机排列，即点的排列方式有缺陷。

在正常条件下，控制图上的点越出界外的概率仅为 0.27%。在数理统计假设检验中，小概率数值常取 0.05 和 0.01，而判断控制图中点排布方式有缺陷的小概率数值标准常取为 0.01，即为 1%，因此，我们可以断定，点越界情况是小概率事件，根据小概率事件在一次试验中不会发生的原理，我们说，如果不是异常情况，点一般不会越出界限的。所以，只在控制图上打几个点，就发生了界外点，可以认为生产过程出现了异常变化，即处于失控状态。

第 I 类错误的概率取为 $\alpha=0.0027$，很小，于是第 II 类错误的概率 β 就一定很大，针对这一点就要观察在控制界限内点的排列是否随机。如果点在控制界限内的排列是非随机的，如出现了点频繁接近控制界限、点的排列呈周期性变化、连续的若干点在中心线一侧等现象，就可判断工序出现了异常。

3.7.3 控制图上点非随机分布的判异准则

前面已经说过，如果仅根据"点出界则判异"这一条判异规则来判异，则犯第 II 类错误的概率 β 会比较大，会使生产过程产生大量不合格品，给企业带来较大的经济损失。为降低犯第 II 类错误的概率 β，休哈特增加了"界内点排列不随机就判异"的准则，这些判异准则的依据均是统计学中的小概率事件原理。将控制图中心线与上、下控制界限分别等分为 3 个区域 A,B,C，则点落在 A 区域的概率是 $P(\mu-3\sigma<X<\mu+3\sigma)-P(\mu-2\sigma<X<\mu+2\sigma)=0.0427$，点落在 B 区域的概率是 $P(\mu-2\sigma<X<\mu+2\sigma)-P(\mu-\sigma<X<\mu+\sigma)=0.272$，落在 C 区域的概率是 0.6826。根据小概率原理，表 3.10 几种情况都是点在排列分布上有缺陷。

第 3 章 质量控制及其常用技术

表 3.10 控制图上的点排列分布的判异准则

准则 1：一点落在 A 区以外	准则 2：连续 9 点落在中心线同一侧
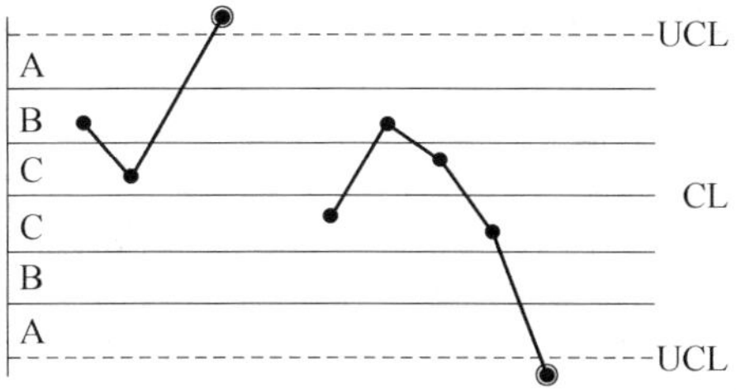 (图示)	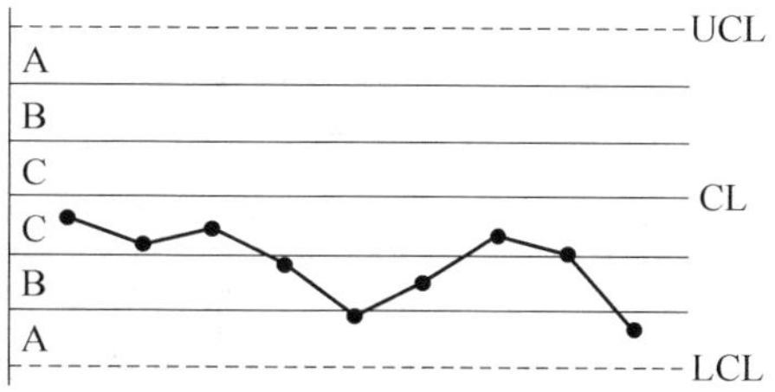 (图示)
异常原因：计算误差、测量误差、原材料不合格、设备故障、检验方法或标准变化等	异常原因：新操作人员，方法不对，机器故障，原料不合格，检验方法或标准变化，计算错误，测量误差
准则 3：连续 6 点递增或递减	准则 4：连续 14 个相邻点上下交替
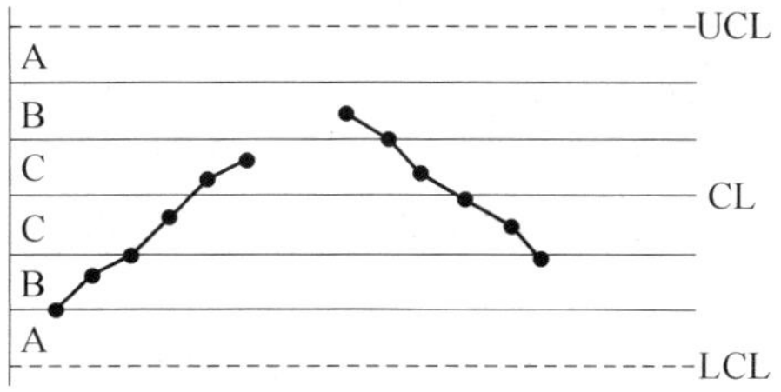 (图示)	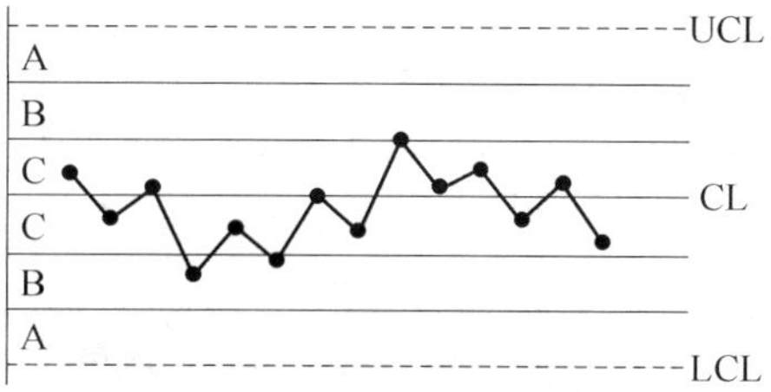 (图示)
异常原因：工具逐渐磨损，维护水平逐渐降低，操作人员技能逐渐提高	异常原因：白夜班交替，交替使用两不同机台，两个不同供应商的材料交替使用
准则 5：连续 3 点中有 2 点落在中心线同一侧的 B 区以外	准则 6：连续 5 点中有 4 点落在中心线同一侧的 C 区以外
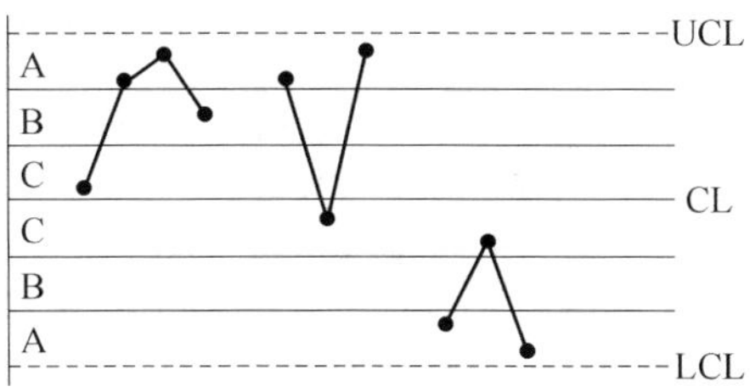 (图示)	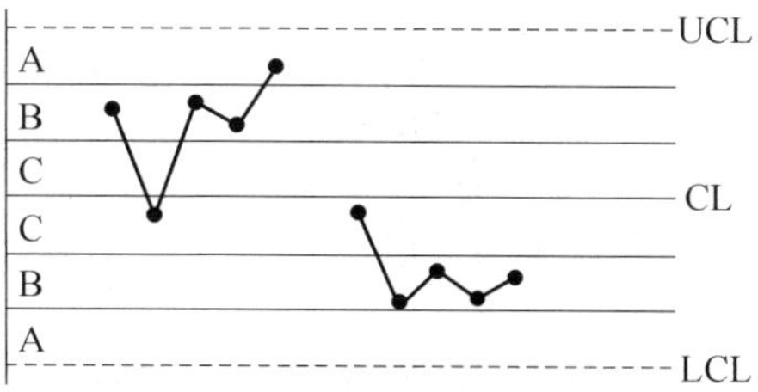 (图示)

续表 3.10

异常原因:新操作人员,方法不对,机器故障,原料不合格;检验方法或标准变化;计算错误,测量误差	异常原因:新操作人员,方法不对,机器故障,原料不合格;检验方法或标准变化;计算错误,测量误差
准则7:连续15点在C区中心线上下	准则8:连续8点在中心线两侧,但无一在C区中
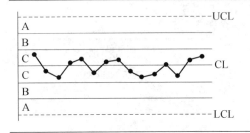	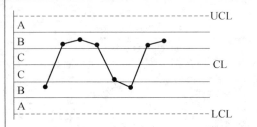
异常原因:标准差变小,可能有数据虚假、计算错误或数据分层不够等	异常原因:数据分层不够

(1)判异准则1:一点落在A区以外。这个好理解,就是犯第Ⅰ类的错误的概率 $\alpha=0.0027$。

(2)判异准则2是为了补充判异准则1而设计的,以便改进控制图的灵敏性,减少犯第Ⅱ类错误的可能性。选择9点是为了使其犯第Ⅰ类错误的概率 α 与准则1的 $\alpha=0.0027$ 大体相仿,同时不至于增加过长的点从而降低灵敏度。在控制图中心线一侧连续出现的点称为链,其中包含的点数目称为链长。若过程正常,则下列事件发生的概率分别为

$$P(\text{中心线一侧出现长为7的链}) = 2 \times \left(\frac{0.9973}{2}\right)^7 = 0.0153 = \alpha_7$$

$$P(\text{中心线一侧出现长为8的链}) = 2 \times \left(\frac{0.9973}{2}\right)^8 = 0.0076 = \alpha_8$$

$$P(\text{中心线一侧出现长为9的链}) = 2 \times \left(\frac{0.9973}{2}\right)^9 = 0.0038 = \alpha_9$$

$$P(\text{中心线一侧出现长为10的链}) = 2 \times \left(\frac{0.9973}{2}\right)^{10} = 0.0019 = \alpha_{10}$$

根据判异的灵敏度适度的原则,如果灵敏度太高,则判异的概率大,可能带来不必要的纠错成本;如果灵敏度过小,则不容易发现系统变异。从上面的计算可

知,选择9点是比较合适的,其犯第Ⅰ类错误的概率α与准则1的α相近。

(3)判异准则3是针对过程平均值的趋势(增大或减小)进行设计的,其判定过程平均值的趋势变化要比准则2更为灵敏。产生这种趋势的原因可能是工具逐渐磨损、维修水平逐渐降低、操作人员技能的逐渐提高等,从而使得参数μ随着时间而变化。若过程正常,则出现这种趋势变化的概率为

$$P(6\text{ 点趋势}) = \frac{2}{6!} \times 0.9973^6 = 0.00273$$

(4)出现在准则4中的现象是由于轮流使用两台设备,或由两位操作人员轮流进行操作而引起的系统效应。实际上,这是一个数据分层不够的问题。选择14个点是通过统计模拟实验而得出的,以使其α大体与准则1的α=0.0027相当。

(5)过程平均值的变异通常由准则5判定,其灵敏度较强。若过程正常,则点落在中心线一侧A区的概率为:$\varphi(3)-\varphi(2)=(0.9973-0.9545)/2=0.0214$,则3点中有2点在中心线同一侧A区,其余一点落在控制界限内任何位置的概率为:$\alpha=2\times C_3^2 \times 0.0214^2 \times 0.9973 = 0.00274$,与准则1相近。

(6)与判异准则5的推导类似,点落在A+B区内的概率为:$\varphi(3)-\varphi(1)=(0.9973-0.6827)/2=0.1573$,则5点中有4点在中心线同一侧的A+B区,其余一点落在控制界限内的任何位置的概率为:$\alpha=2\times C_5^4 \times 0.1573^4 \times 0.9973 = 0.0061$,与准则1相近。

(7)准则7中出现的现象是由于参数σ变小。原因可能有数据虚假或数据分层不够,当然也可能是工序能力水平变高所致。连续15个点在C区的概率为:$\alpha = 0.68268^{15} = 0.00326$,与准则1相近。

(8)造成判异准则8中的现象的原因是数据分层不够。若过程正常,则点落在A+B区内的概率是$0.9973-0.6827=0.3146$,则连续6点在A+B区的概率为:$\alpha_6 = 0.3146^6 = 0.0097$,与准则1相近。

3.8 质量控制与管理常用工具

对过程质量的管理除了控制图方法外,还有排列图、因果图、调查表、分层法、直方图、散布图等工具,在质量管理领域常把这几种方法称为质量管理的老7种方法,这些方法常常综合起来使用,找出过程质量管理中的瓶颈,并进行改进。

3.8.1 排列图

1. 排列图的概念

排列图(Pareto chart)又叫帕累托(Pareto)图,排列图的全称是主次因素分析图,它是将质量改进项目从最重要到最次要进行排列而采用的一种简单的图示技术。排列图建立在帕累托原理的基础上,帕累托原理是19世纪意大利经济学家在分析社会财富的分布状况时发现的:国家财富的80%掌握在20%的人的手中,这种80%~20%的关系,即是帕累托原理。我们可以从生活中的许多事件得到印证:生产线上80%的故障,发生在20%的机器上;企业中由员工引起的问题当中80%是由20%的员工所引起的;80%的结果,归结于20%的原因。如果我们能够知道,产生80%收获的,究竟是哪20%的关键付出,那么我们就能事半功倍了。这就是所谓的"关键的少数和次要的多数"关系。后来,美国质量管理专家朱兰把帕累托的这种关系应用到质量管理中,发现尽管影响产品质量的因素有许许多多,但关键的因素往往只是少数几项,它们造成的不合格品占总数的绝大多数。在质量管理中运用排列图,就是根据"关键的少数和次要的多数"的原理,对有关产品质量的数据进行分类排列,用图形表明影响产品质量的关键所在,从而便可知道哪个因素对质量的影响最大,改善质量的工作应从哪里入手解决问题最为有效,经济效果最好。

2. 排列图的做法

排列图由两个纵坐标、一个横坐标、几个矩形和一条曲线组成,如图3.10所示,左边的纵坐标表示频数,右边的纵坐标表示累计百分数,横坐标表示影响产品质量的各个因素,按影响程度的大小从左至右排列;直方形的高度表示某个因素影响的大小;曲线表示各因素影响大小的累计百分数,这条曲线称为帕累托曲线。通常将累计百分数分为3个等级,累计百分数在0~80%的因素为A类,显然它是主要因素;累计百分数在80%~90%的因素为B类,是次要因素;累计百分数在90%~100%的为C类,在这一区间的因素为一般因素。

3. 作图步骤

(1)确定分析对象,一般指不合格项目、废品件数、消耗工时等。

(2)收集数据。可按废品项目、缺陷项目、不同操作者等进行分类。

(3)频数排序。列表汇总每个项目发生的数量即频数,按大小进行排列。

(4)画排列图中的矩形柱。

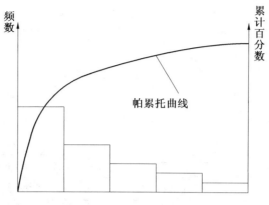

图 3.10　排列图的形式

(5) 画累计频率曲线。

下面举例说明排列图的具体做法：

【例 3.9】　对某产品进行质量检验，并对其中的不合格品进行原因分析，共检查了 7 批，对每一件不合格品分析原因后列在表 3.11 中：

表 3.11　不合格原因调查表

批号	检查数	不合格品数	产生不合格品的原因					
			操作	设备	工具	工艺	材料	其他
1	5 000	16	7	6	0	3	0	0
2	5 000	88	36	8	16	14	9	5
3	5 000	71	25	11	21	4	8	2
4	5 000	12	9	3	0	0	0	0
5	5 000	17	13	1	1	1	1	0
6	5 000	23	9	6	5	1	0	2
7	5 000	19	6	0	13	0	0	0
合计	频数	246	105	35	56	23	18	9
	频率	1.000	0.427	0.142	0.228	0.093	0.073	0.037

从表 3.10 中给出的数据可以看出各种原因造成的不合格品的比例。为了找出产生不合格品的主要原因，需要通过排列图进行分析，具体步骤如下：

(1) 列频数统计表。

将表 3.11 的数据按频数或频率大小顺序重新进行排列,最大的排在最上面,其余从大到小依次排列,"其他"排在最后,然后再加上一列"累积频率",便得到频数统计表,见表 3.12。

表 3.12 排序后频数统计表

原因	频数	频率	累积频率
操作	105	0.427	0.427
工具	56	0.228	0.655
设备	35	0.142	0.797
工艺	23	0.093	0.890
材料	18	0.073	0.963
其他	9	0.037	1.000
合计	246	1.000	

(2)画排列图。

在坐标系的横轴上从左到右依次标出各个原因,"其他"这一项放在最后,在坐标系上设置两条纵坐标轴,在左边的纵坐标轴上标上频数,在右边的纵坐标轴的相应位置上标出频率。然后在图上每个原因项的上方画一个矩形,其高度等于相应的频数,宽度相等。然后在每一个矩形的上方中间位置上点上一个点,其高度为到该原因为止的累积频数,并从原点开始把这些点连成一条折线,称这条折线为累积频率折线,也叫帕累托曲线,如图 3.11 所示。

(3)确定主要原因。

根据频率在 0~80% 之间的因素为主要因素的原则,可以在频率为 80% 处画一条水平线,在该水平线以下的折线部分对应的原因便是主要因素。从图 3.11 可以看出,造成不合格品的主要原因是操作、工具与设备,要减少不合格品应该从这 3 个方面着手。

4. 排列图的用途

(1)找出主要因素。

排列图把影响产品质量的"关键的少数与次要的多数"直观地表现出来,使我们明确应该从哪里着手来提高产品质量。实践证明,集中精力将主要因素的影响减半比消灭次要因素收效显著,而且容易得多。所以应当选取排列图前 1~2 项主要因素作为质量改进的目标。

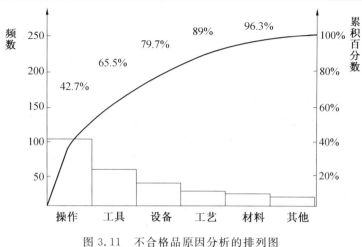

图 3.11　不合格品原因分析的排列图

（2）解决工作质量问题也可用排列图。

不仅产品质量，其他工作如节约能源、减少消耗、安全生产等都可用排列图改进工作，提高工作质量，检查质量改进措施的效果。采取质量改进措施后，为了检验其效果，可用排列图来核查。如果确有效果，则改进后的排列图中，横坐标上因素排列顺序或频数矩形高度应有变化。

5. 注意事项

（1）A 类因素一般是 1～2 个，最多不超过 3 个，若发现更多，要重新分类。

（2）不重要的项目很多时，为避免横坐标过长，通常合并入"其他"项目，并置于最末一项。若"其他"项目频率太多时，也要考虑重新分类。

（3）在采取措施改正后，为验证实施效果，还要按原项目重新画出排列图，以进行比较。

3.8.2　因果图

1. 因果图的概念

质量管理的目的在于减少不合格品，保证和提高产品质量，降低成本和提高效率，控制产品质量和工作质量的波动以提高经济效益。但是在实际设计、生产和各项工作中，常常出现质量问题，为了解决这些问题，就需要查找原因，考察对策，采取措施，解决问题。影响产品质量的原因，有时是多种多样、错综复杂的，概括起来，有两种互为依存的关系，即平行关系和因果关系。如能找到质量问题的主要原因，便可针对这种原因采取措施，使质量问题迅速得到解决。假如这些问题能用排列图定量地加以分析，这当然很好。但是有时存在困难，例如很难把引起质量问题的各种原因的单独影响区分开来，因为它们的作用往往是交织在一起的。因果图是用来分析影响产品质量各种原因的一种有效的定性分析方法。

因果图是以结果为特性，以原因作为因素，在它们之间用箭头联系起来，表示因果关系的图形。因果图又叫特性要因图，或形象地称为树枝图或鱼刺图，是由日本质量管理学者石川馨（Koaru Ishikawa）在1943年提出的，所以也称为石川图，基本形式如图3.12所示。

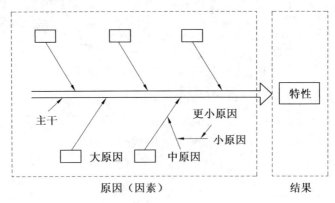

图3.12　因果图

因果图是利用头脑风暴法的原理，集思广益，寻找影响质量、时间、成本等问题的潜在因素，是从产生问题的结果出发，首先找出产生问题的大原因，然后再通过大原因找出中原因，再进一步找出小原因，依此类推下去，步步深入，一直找到能够采取措施为止。

2. 因果图的做法

(1) 作图步骤。

① 明确要解决的质量问题。

② 画出主干线和大枝，并标出相应原因的名称。一般影响质量的大原因是人、机、料、法、环、测等因素。主干的箭头指向右端的结果（质量问题）；画大枝时，箭头指向主干，箭尾标记上原因名称。

③ 将大原因分别展开，逐步画出中枝、小枝和细枝。一个原因画一个箭头，中枝平行于主干而指向大枝；在中枝的箭干上面或下面再展开，画出小枝，小枝是造成中枝的原因。

④记载必要的有关事项,对关键要素,即特别重要的原因要用明显的记号将其框起。

⑤注明因果图的名称、绘图者、绘图时间,以及参与分析人员等。

(2)注意事项。

①主干箭头指向的结果只能是一个。

②因果图中的原因是可以归类的,类与类之间的原因不发生联系,要注意避免归类不当和因果倒置的错误。

③在分析原因时,分析人员要熟悉工艺过程,要开质量分析会,广泛听取各方面的意见,设法找到主要原因。

④注意原因分析的层次之间的关系必须是因果关系,原因分析的层次应细到能采取措施为止。

⑤找出所有原因后,要针对主要原因采取措施,最后用排列图检查实施效果。

【例 3.10】 某零件的机械加工中产生较多废品,试用因果图分析其原因。

(1)确定待分析的质量问题是废品多。

(2)确定该问题中影响质量的原因。按其影响因素——人、机、料、法、环等因素做出主干与结果,大原因为大枝,中原因为中枝,将各分类项目分别展开,如图3.13 所示。

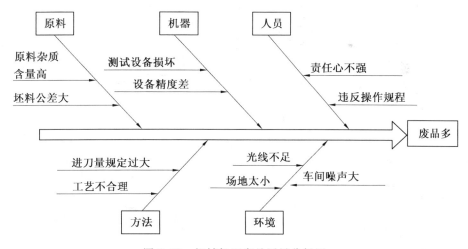

图 3.13 机械加工废品因果分析图

(3)对原因进行审查,权衡轻重,对关键原因采取措施后,再检查其效果。

3.8.3 调查表

调查表又称检查表、统计分析表,是一种收集整理数据和粗略分析质量原因的工具,是为了调查客观事物、产品和工作质量,或为了分层收集数据而设计的图表,即把产品可能出现的情况及其分类预先列成统计调查表,在检查产品时只需在相应分类中进行统计,并可从调查表中进行粗略的整理和简单的原因分析,为后续统计分析与判断质量状况创造良好条件。

为了能够获得良好的效果、可比性和准确性,调查表格设计应简单明了,突出重点;应填写方便,符号好记;填写好的调查表要定时、准时更换并保存,数据要便于加工整理,分析整理后及时反馈。常用的调查表有如下3类。

1. 不良品调查表

不良品是指产品生产过程中不符合图纸、工艺规程和技术标准的不合格品和缺陷品的总称,它包括废品、返修品和次品。不良品检查表有3种:第一种是调查不良品的原因,第二种是调查不良品项目,第三种是不良品的类型调查表。

(1)不良品原因调查表。

为了调查不良品原因,通常把有关原因的数据与其结果的数据一一对应地收集起来。记录前应明确检验内容和抽查间隔,由操作者、检查员、班组长共同执行抽检的标准和规定。某车间机械零件不良品原因调查表见表3.13。

表 3.13 不良品原因调查表

序号	抽样数	不良品数	批不良品率/%	不良品原因					
				操作不慎	机床原因	刀具影响	工艺	材料	其他
1	1 000	3	0.3	1	1			1	
2	1 000	2	0.2	1		1			
3	1 000	3	0.3		2			1	
4	1 000	4	0.4	1			2		1
5	1 000	2	0.2					1	
6	1 000	1	0.1			1			
7	1 000	2	0.2	1	1				
合计	7 000	17		4	4	3	2	3	1

第3章 质量控制及其常用技术

(2)不良品项目调查表。

一个工序或一种产品不能满足标准要求的质量项目,叫作不良品项目。为了减少生产中出现的各种不良品,需要了解发生了哪些项目不合格,以及各种不合格项目所占的比例有多大。为此,可采用不合格项目调查表。不合格项目调查表主要用来调查生产现场不合格品项目频数和不合格品率,以便继而用于排列图等分析研究。

下面是某合成树脂成型工序的不良品项目调查表,对114件不良品进行了调查,调查结果见表3.14。当发生不良品项目时,操作人员就在相应栏内画上一调查符号。一天工作完了,发生哪些不良品项目以及各种不合格项目发生了多少便知道了,这等于给我们指出了改进质量的方向。显然,发生不合格较多的项目应予以优先考虑进行改进。

表3.14 不良品项目调查表

不良品项目	不良品个数	合计
表面缺陷	正正正正正正丁	32
砂眼	正正正正	20
加工不合格	正正正正正正正正正正	50
形状不合格	正	5
其他	正丁	7
合计		114

(3)不良品类型调查表。

为了调查生产过程中出现了哪些不良品以及各种不良品的比例,可采用不良品类型调查表,见表3.15。

表3.15 不良品类型调查表

序号	成品数	不良品数	不良品类型		
			废品数	次品数	返修品率
1	1 000	8	3	4	1
2	1 000	9	2	3	4
3	1 000	7	2	2	3
4	1 000	8	1	3	4
5	1 000	7	1	2	4
合计	5 000	39	9	14	16

2. 缺陷位置调查表

缺陷位置调查表主要用于记录、统计、分析不同类型的外观质量缺陷所发生的部位和密集程度,进而从中找出规律性,为进一步调查和找出解决问题的办法提供事实依据。这种调查分析的做法是:画出产品示意图或展开图,并规定不同的外观质量缺陷的表示符号。然后逐一检查样本,把发现的缺陷,按规定的符号在同一张示意图中的相应位置上表示出来。这样,这张缺陷位置调查表就记录了这一阶段样本的所有缺陷的分布位置、数量和集中部位,便于进一步发现问题,分析原因,采取改进措施。例如:在很多产品中都会存在"碰伤""脏污""色斑"等外观质量缺陷,一般采用缺陷位置调查表比较好,这种调查表多是画成示意图或展开图。每当发生缺陷时,将其发生位置标记在图上,缺陷位置调查表见表3.16。

表 3.16 缺陷位置调查表

代号		调查项目	碰伤	日期	
工序名称			脏污	检查者	
检查部位			色斑	制表者	

(简图略)

△碰伤 ×脏污 ●色斑

采用缺陷位置调查表是工序质量分析中常用的方法。掌握缺陷发生之处的规律,可以进一步分析为什么缺陷会集中在某一区域,从而追寻原因,采取对策,能更好地解决出现的质量问题。

3. 质量分布调查表

质量分布调查表是对计量值数据进行现场调查的有效工具。了解工序某质量指标的分布状态以及与标准的关系,可用质量分布调查表。这是根据以往的资料,将某一质量特性项目的数据分布范围分成若干区间而制成的表格,用以记录和统计每一质量特性数据在某一区间的频数。从表格形式看,质量分布调查表与直方图的频数分布表相似。所不同的是,质量分布调查表的区间范围是根据以往的资料,首先划分区间范围,然后制成表格,以供现场调查记录数据;而频数分布表则是首先收集数据,再适当划分区间,然后制成图表,以供分析现场质量分布状况之用。做完调查表就可研究工序质量分布状态,如果分布不是所期望的类型或出现异常状态,那么就要查明原因,采取必要的措施以便求得改进。

3.8.4 分层法

1. 分层法的概念

引起质量波动的原因是多种多样的,因此搜集到的质量数据往往带有综合性。为了能真实地反映产品质量波动的实质原因和变化规律,就必须对质量数据进行适当归类和整理。分层法是分析产品质量原因的一种常用的统计方法,它能使杂乱无章的数据和错综复杂的因素系统化和条理化,有利于找出主要的质量原因和采取相应的技术措施。

质量管理中的数据分层就是将数据根据使用目的,按其性质、来源、影响因素等进行分类的方法,把不同材料、不同加工方法、不同加工时间、不同操作人员、不同设备等各种数据加以分类,也就是把性质相同、在同一生产条件下收集到的质量特性数据归为一类。

分层法经常同质量管理中的其他方法一起使用,如将数据分层之后再进行加工整理成分层排列图、分层直方图、分层控制图和分层散布图等。

2. 常用的分层方法

分层法有一个重要的原则就是,使同一层内的数据波动幅度尽可能小,而层与层之间的差别尽可能大,否则就起不到归类汇总的作用。分层的目的不同,分层的标志也不一样。一般说来,分层可采用以下标志:

(1) 按不同的时间分层。

(2) 按操作人员的性别、年龄、技术等级等因素分层。

(3) 按机器设备分层。

(4) 按工艺规程、操作条件分层。

(5) 按原材料的成分、生产厂家、规格、批号等分层。

(6) 按测量方法、测量仪器等分层。

(7) 按噪声、清洁程度、采光、运输形式等操作环境因素分层。

(8) 按使用单位、使用条件等分层。

【例 3.11】 某柴油机装配厂的气缸体与气缸垫之间经常发生漏油现象,为解决这一质量问题,对该工序进行现场统计。被调查的 50 台柴油机,有 19 台漏油,漏油率为 38%,通过分析,认为造成漏油有两个原因:一是该工序涂密封剂的工人 A、B、C 3 人的操作方法有差异;二是气缸垫分别由甲、乙两厂供应,原材料有差异。

为了弄清究竟是什么原因造成漏油和找到降低漏油率的方法,我们将数据进行分层。先按工人进行分层,得到的统计情况见表3.17。然后按气缸垫生产厂家进行分层,得到的统计情况见表3.18。

表3.17 按操作工人分层统计表

操作者	漏油/台	不漏油/台	漏油率/%
A	6	13	32
B	3	9	25
C	10	9	53
合计	19	31	38

表3.18 按气缸垫生产厂家分层统计表

供应厂	漏油/台	不漏油/台	漏油率/%
甲	9	14	39
乙	10	17	37
合计	19	31	38

由上面两个表格可以得出这样的结论:为降低漏油率,应采用操作者B的操作方法,因为操作者B的操作方法的漏油率最低;应采用乙厂提供的气缸垫,因为它比甲厂的漏油率低。实际情况是否如此,还需要通过更详细的分层分析。下面同时按操作工人和气缸垫生产厂家分层,见表3.19。

表3.19 综合分层的统计表　　　　单位:台

操 作			气缸垫		合计
			甲厂	乙厂	
操作者	A	漏油	6	0	6
		不漏油	2	11	3
	B	漏油	0	3	3
		不漏油	5	4	9
	C	漏油	3	7	10
		不漏油	7	2	9
合计		漏油	9	10	19
		不漏油	14	17	31
		共计	23	27	50

如果按照上面的结论,采用操作者 B 的操作方法和乙厂的气缸垫,漏油率为 $\frac{3}{7} \times 100\% = 43\%$,而原来的是 38%,所以漏油率不但没有下降,反而上升了。因此,这样的简单分层是有问题的。正确的方法应该是:当采用甲厂生产的气缸垫时,应推广采用操作者 B 的操作方法。当采用乙厂生产的气垫缸时,应推广采用操作者 A 的操作方法。这时它们的漏油率平均为 0。因此运用分层法时,不宜简单地按单一因素分层,必须考虑各因素的综合影响效果。

3.8.5 直方图

1. 直方图的概念

直方图又称质量分布图,是通过对测定或收集来的数据加以整理,来判断和预测生产过程质量和不合格品率的一种常用工具。直方图法适用于对大量计量值数据进行整理加工,找出其统计规律,分析数据分布的形态,以便对其总体的分布特征进行分析。直方图的基本图形为直角坐标系下若干依照顺序排列的矩形,各矩形底边相等称为数据区间,矩形的高为数据落入各相应区间的频数。

在生产实践中,尽管我们收集到的各种数据含义不同、种类有别,但都具有这样一个基本特征:它们毫无例外地都具有分散性,即它们之间参差不齐。例如:同一批机械加工零件的几何尺寸不可能完全相等;同一批材料的机械性能各有差异;同一根金属软管各段的疲劳寿命互不相同等。数据的分散性乃产品质量本身的差异所致,是由生产过程中条件变化和各种误差造成的,即使条件相同、原料均匀、操作谨慎,生产出来的产品质量数据也不会完全一致。但是这仅是数据特征的一个方面。另一方面,如果我们收集数据的方法恰当,收集的数据又足够多,经过仔细观察或适当整理,我们可以看出这些数据并不是杂乱无章的,而是呈现出一定的规律性。要找出数据的这种规律性,最好的办法就是通过对数据的整理做出直方图,通过直方图可以了解到产品质量的分布状况、平均水平和分散程度。这有助于我们判断生产过程是否稳定正常,分析产生产品质量问题的原因,预测产品的不合格品率,提出提高质量的改进措施。

直方图在生产中是经常使用的简便且能发挥很大作用的统计方法。其主要作用是:

(1)观察与判断产品质量特性分布状态,计算质量数据的特征值。

(2)判断工序是否稳定,进行工序质量分析。

(3)计算工序能力,便于掌握工序能力,估算工序能力对产品质量的保证程度。

2. 直方图的作图步骤

(1)收集数据。

收集数据就是随机抽取 50 个以上的质量特性数据,而且数据越多作直方图效果越好。表 3.20 是收集到的某产品的质量特性数据,其样本大小为 $n=100$。

表 3.20 质量特性实测数据表

61	55	58	39	49	55	50	55	55	50
44	38	50	48	53	50	50	50	50	52
48	52	52	52	48	55	45	49	50	54
45	50	55	51	48	54	53	55	60	55
56	43	47	50	50	50	57	47	40	43
54	53	45	43	48	43	45	43	53	53
49	47	48	40	48	45	47	52	48	50
47	48	54	50	47	49	50	55	51	43
45	54	55	55	47	63	50	49	55	60
45	52	47	55	55	56	50	46	45	47

(2)找出数据中的最大值、最小值,并计算极差。

数据中的最大值用 $x_{\max}$ 表示,最小值用 $x_{\min}$ 表示,极差用 R 表示。根据表 3.20 中的数据可知,$x_{\max}=63$,$x_{\min}=38$,$R=x_{\max}-x_{\min}=25$。

(3)确定组数和组距。

组数常用符号 k 表示。k 与数据的多少有关,数据多,多分组;数据少,少分组。但是组数不能分得太少,太少反映不出工序质量分布的真实状况,也不能分得过多,否则会减弱数据分布的规律性。组数可以根据样本容量的大小,查表选择推荐值,见表 3.21。也有人用经验公式计算组数:$k=1+3.31(\lg N)$。

一般情况下,正态分布为对称形,故常取 k 为奇数,本例可分 9 组,组数为 $K=9$。

第 3 章 质量控制及其常用技术

表 3.21 样本总数与组数

数据个数 N	分组数 K	数据个数 N	分组数 K
<50	5~7	100~250	7~12
50~100	6~10	>250	10~12

组距就是组与组之间的间隔,等于极差除以组数,组距一般用 h 表示,即

$$h = \frac{x_{\max} - x_{\min}}{k} = \frac{63-38}{9} \approx 2.78$$

为了方便计算,可以取 $h=3$。

(4)确定组限值。

组的上、下界限值称为组限值。由全部数据的下端开始,每加一次组距就可以构成一个组的界限。第一组的上限值就是第二组的下限值,第二组的下限值加上组距就是第二组的上限值。在划分组限前,必须明确端点的归属。故在决定组限前,只要比原始数据中的有效数字的位数多取一位,则不存在端点数据的归属问题。本例最小值为 38,则第一组的组限值应该为(37.5,40.5),以后每组的组限值依此类推。

(5)计算各组的组中值。

组中值就是处于各组中心位置的数值,其计算公式为

$$组中值 = (组下限 + 组上限)/2$$

比如,第一组的组中值为(37.5+40.5)/2=39,依此类推。

(6)统计各组频数及频率。

频数就是实测数据中处在各组中的个数,频率就是各组频数占样本大小的比重。统计结果见表 3.22。

表 3.22 频数统计表

组号	组界限	组中值	频数	累计频数	累计频率/%
1	37.5~40.5	39	3	3	3
2	40.5~43.5	42	7	10	10
3	43.5~46.5	45	10	20	20
4	46.5~49.5	48	23	43	43
5	49.5~52.5	51	25	68	68
6	52.5~55.5	54	24	92	92

续表 3.22

组号	组界限	组中值	频数	累计频数	累计频率/%
7	55.5~58.5	57	4	96	96
8	58.5~61.5	60	3	99	99
9	61.5~64.5	63	1	100	100

(7)画直方图。

以各组序号为横坐标,频数为纵坐标,组成直角坐标系,以各组的频数多少为高度作一系列长方形,即可得到直方图,如图 3.14 所示。

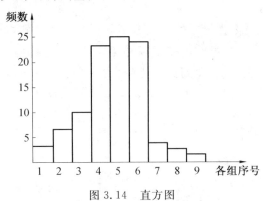

图 3.14 直方图

3. 直方图的几种典型形状

直方图能比较形象、直观、清晰地反映产品质量的分布情况,观察直方图时,应该着眼于整个图形的形态,对于局部的参差不齐不必计较。根据形状判断它是正常型还是异常型,如果是异常型,还要进一步判断它是哪种类型,以便分析原因,采取措施。常见的直方图形状有 8 种,如图 3.15 所示。

(1)对称形(图 3.15(a))。对称形直方图是中间高、两边低,左右基本对称,符合正态分布。这是从稳定正常的工序中得到的数据作成的直方图,这说明过程处于稳定状态(统计控制状态)。

(2)折齿形(图 3.15(b))。折齿形直方图像折了齿的梳子,出现凹凸不平的形状,这多数是因为测量方法或读数有问题,也可能是由于作图时数据分组不当引起的。

(3)陡壁形(图 3.15(c),(d))。陡壁形直方图像高山陡壁,向一边倾斜,一般在产品质量较差时,为得到符合标准的产品,需要进行全数检验来剔除不合格品。当

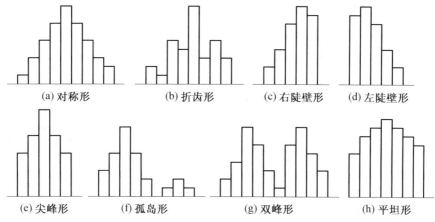

图 3.15 常见的直方图形状

用剔除了不合格品后的产品数据作直方图时,容易产生这种类型。

(4) 尖峰形(图 3.15(e))。尖峰形直方图的形状与对称形差不多,只是整体形状比较单薄,这种直方图也是从稳定正常的工序中得到的数据作成的直方图,这说明过程处于稳定状态。

(5) 孤岛形(图 3.15(f))。孤岛形直方图旁边有孤立的小岛出现。原材料发生变化、刀具严重磨损、测量仪器出现系统偏差、短期间由不熟练工人替班等原因,容易产生这种情况。

(6) 双峰形(图 3.15(g))。双峰形直方图中出现了两个峰,这往往是由于将不同原料、不同机床、不同工人、不同操作方法等加工的产品混在一起所造成的,此时应进行分层。

(7) 平坦形(图 3.15(h))。平坦形直方图没有突出的顶峰,顶部近乎平顶,这可能是由于多种分布混合在一起,或生产过程中某种缓慢的倾向在起作用。如工具的磨损,操作者疲劳产生的影响,质量指标在某个区间中均匀变化。

4. 直方图与标准界限比较

将直方图和公差对比来观察直方图大致有以下几种情况,如图 3.16 所示。

(1) 直方图的分布范围 B 位于标准范围 T 内且略有余量,直方图的分布中心(平均值)与公差中心近似重合,这是一种理想的直方图。此时,全部产品合格,工序处于控制状态,如图 3.16(a)所示。

(2) 直方图的分布范围 B 虽然也位于公差 T 内,且也略有余量,但是分布中心偏移标准中心。此时,如果工序状态稍有变化,产品就可能超差,出现不合格品。

因此,需要采取措施,使得分布中心尽量与标准中心重合,如图3.16(b)(c)所示。

(3)直方图的分布范围B位于公差T范围之内,中心也重合,但是完全没有余地,此时平均值稍有偏移便会出现不合格品,应及时采取措施减少分散,如图3.16(d)所示。

(4)直方图的分布范围B偏离公差T中心,过分地偏离公差范围,已明显看出超差。此时应该调整分布中心,使其接近标准中心,如图3.16(e)所示。

(5)直方图的分布范围B超出公差T,两边产生了超差。此时已出现不合格品,应该采取技术措施,提高加工精度,缩小产品质量分散。如果标准定得不合理,又为质量要求所允许,可以放宽标准范围,以减少经济损失,如图3.16(f)所示。

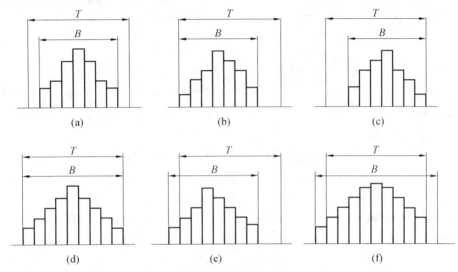

图3.16 直方图与标准界限比较图

另外,还可能有一种情况,直方图的分布范围B位于公差T范围之内,且中心重合,但是如果两者相差太多,也不是很适宜。此时,可以对原材料、设备、工艺等适当放宽要求或缩小公差范围,以提高生产速度,降低生产成本。

3.8.6 散布图

1. 相关关系

一切客观事物总是相互联系的,每一事物都与它周围的其他事物相互联系,互相影响。产品质量特性与影响质量特性的诸因素之间,一种特性与另一种特性之间也是相互联系、相互制约的。反映到数量上,就是变量之间存在着一定的关系。

这种关系一般说来可分为确定性关系和非确定性关系。

所谓确定性关系,是指变量之间可以用数学公式确切地表示出来,也就是由一个自变量可以确切地计算出唯一的一个因变量,这种关系就是确定性关系。比如电学中欧姆定律就是确定性关系:$V=IR$(V——电压,R——电阻,I——电流),如果电路中电阻值 R 一定,要求该电路必须保证电压在一定范围。此时,可以不直接测量电压 V,只要测量电流 I,并加以控制就可以达到目的。

但是,在另外一些情况下,变量之间的关系并没有这么简单。例如,人的体重与身高之间有一定的关系。不同身高的人有不同的体重,但即使是相同身高的人,体重又不尽相同,因为身高与体重还受年龄、性别、体质等因素的制约。它们之间不存在确定性的函数关系。质量特性与因素之间的关系几乎都有类似的情形。例如,炼钢时,钢液含碳量与冶炼时间这两个变量之间就不存在确定性关系。对于相同的含碳量,在不同的炉次中,冶炼的时间并不一样。同样冶炼时间相同的两炉钢,初始的含碳量一般也不相同。这是因为冶炼时间并不单由初始含碳量一个因素决定,钢水温度以及各种工艺因素都可以使冶炼时间延长或缩短。

在实际中,由于影响一个量的因素通常是很多的,其中有些是人们一时还没有认识或掌握的,再加上随机误差的存在,所有这些因素的综合作用,就造成了变量之间关系的不确定性。通常,产品特性与工艺条件之间,试验结果与试验条件之间,也都存在非确定性关系。我们把变量之间这种既有关,但又不能由一个或几个变量去完全或唯一确定另一个变量的这种关系,称为相关关系。

2. 散布图的概念

两种对应数据之间有无相关性,相关关系是一种什么状态,只从数据表中观察很难得出正确的结论。如果借助于图形就能直观地反映数据之间的关系,散布图就有这种功能。

散布图,又称相关图,是描绘两种质量特性值之间相关关系的分布状态的图形,即将一对数据看成直角坐标系中的一个点,多对数据得到多个点组成的图形,如图 3.17 所示。

3. 散布图的作图步骤

(1)选定对象。可以选择质量特性值与因素之间的关系,也可以选择质量特性与质量特性值之间的关系,或者是因素与因素之间的关系。

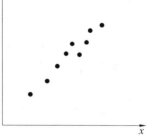

图 3.17 散布图

(2)收集数据。一般需要收集成对的数据30组以上。数据必须是一一对应的,没有对应关系的数据不能用来作相关图。

(3)画出横坐标 x 与纵坐标 y,填上特性值标度。一般横坐标表示原因特性,纵坐标表示结果特性。进行坐标轴的分计标度时,应先求出数据 x 与 y 的各自最大值与最小值。划分间距的原则是:应使 x 最小值至最大值(在 x 轴上的)的距离,大致等于 y 最小值至最大值(在 y 轴上的)的距离。其目的是为了防止判断的错误。

(4)根据每一对数据的数值逐个画出各组数据的坐标点。

4. 散布图的类型

散布图的类型主要是看点的分布状态,判断自变量 x 与因变量 y 有无相关性。两个变量之间的散布图的图形形状多种多样,归纳起来有6种类型,如图3.18所示。

(1)强正相关的散布图(图3.18(a)),其特点是 x 增加,导致 y 明显增加。说明 x 是影响 y 的显著因素,x,y 相关关系明显。

(2)弱正相关的散布图(图3.18(b)),其特点是 x 增加,也导致 y 增加,但不显著。说明 x 是影响 y 的因素,但不是唯一因素,x,y 之间有一定的相关关系。

(3)不相关的散布图(图3.18(c)),其特点是 x,y 之间不存在相关关系,说明 x 不是影响 y 的因素,要控制 y,应寻求其他因素。

(4)强负相关的散布图(图3.18(d)),其特点是 x 增加,导致 y 减少,说明 x 是影响 y 的显著因素,x,y 之间相关关系明显。

(5)弱负相关的散布图(图3.18(e)),其特点是 x 增加,导致 y 减少,但不显著。说明 x 是影响 y 的因素,但不是唯一因素,x,y 之间有一定的相关关系。

(6)非线性相关的散布图(图3.18(f)),其特点是 x,y 之间虽然没有通常所指的那种线性关系,却存在着某种非线性关系。图形说明 x 仍是影响 y 的显著因素。

5. 散布图的相关性判断

两个变量是否存在着线性相关关系,通过画散布图,大致可以做出初步的估计。但实际工作中,由于数据较多,常常会做出误判。因此,还需要相应的检验判断方法。通常采用中值法和相关系数法进行检验。

(1)中值判断法。

中值判断法又叫象限判断法。使用此法的步骤如下:中值法的具体步骤如下:

①作中值线。在散布图上分别做出两条中值线 A 和 B,使得中值线 A 左右两

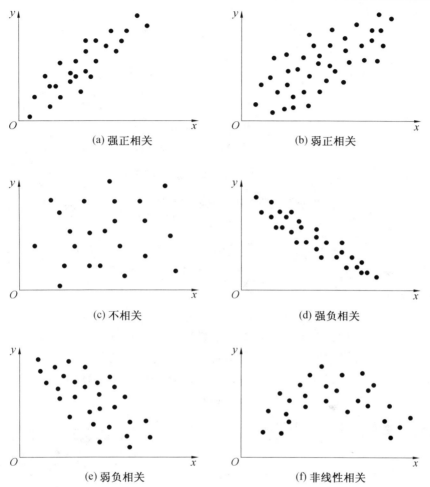

图 3.18 散布图的几种典型形状

侧的点数大致相同,使中值线 B 上下两侧的点数大致相同,中值线将相关图上的点划分成了四个区间Ⅰ、Ⅱ、Ⅲ、Ⅳ,如图 3.19 所示。

②数点。分别统计出各个区间内的点数 n 及位于线上的点数。如图 3.19, $N=50$,各个区间及线上的点数见表 3.23。

表 3.23 各区间及线上点数

区间	Ⅰ	Ⅱ	Ⅲ	Ⅳ	线上	合计
点数	19	4	20	5	2	50

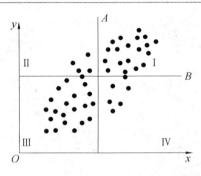

图 3.19　散布图

③计算。分别计算两个对角区间的点数和,然后找出两者之间的最小值,作为判定值。

$$n_1+n_3=39$$
$$n_2+n_4=9$$

此例判定值为 9。

④查表判定。在相关鉴定表中查得 n 和 α 相对应的判断值 $S\alpha$,其中点数的总和 n 不包括恰好在中位线上的点,α 为显著性水平,也称为风险度,一般取值 0.01,0.05,意味着错判的风险率是 0.01 和 0.05。将计算结果与检定表比较,如果判定值小于临界值,应判为相关,否则为无关。相关检定表见表 3.24。

表 3.24　相关检定表

n	临界值		n	临界值	
	1%	5%		1%	5%
…	…	…	51	15	18
140	11	13	52	16	18
41	11	13	53	16	18
42	12	14	54	17	19
43	12	14	55	17	19
44	13	15	56	17	20
45	13	15	57	18	20
46	13	15	58	18	21
47	14	16	59	19	21
48	14	16	60	19	21
49	15	17	61	20	22
50	15	17	…	…	…

本例中,由于 $n=50$,落在线上 2 点,因此查 $n=48$ 时的临界值,当显著性为 1% 时临界值为 14,显著性为 5% 时临界值为 16。上面计算得出的判定值均小于临界值,因此判定为两个变量具有相关关系。

(2)相关系数检验法。

①相关系数的概念。

相关系数是衡量变量之间相关性的特定指标,用 r 表示,它是一个绝对值在 0~1 之间的系数,其值大小反映两个变量相关的密切程度。相关系数有正负号,正号表示正相关,负号表示负相关。

当 x 增加,y 亦随之增加时,$r>0$,是正相关;在 x 增加,y 随之减少时,$r<0$,是负相关。当 r 的绝对值越接近于 1 时,表明 x 与 y 越接近线性关系。如果 r 接近于 0 甚至等于 0,只能认为 x 与 y 之间没有线性关系,不能确定 x 与 y 之间是否存在其他关系。

②相关系数的计算公式为

$$r = \frac{\sum(x-\bar{x})(y-\bar{y})}{\sqrt{\sum(x-\bar{x})^2 \sum(y-\bar{y})^2}}$$

可以分别令

$$L_{xx} = \sum(x-\bar{x})^2 = \sum x^2 - \frac{1}{n}\left(\sum x\right)^2$$

$$L_{yy} = \sum(y-\bar{y})^2 = \sum y^2 - \frac{1}{n}\left(\sum y\right)^2$$

$$L_{xy} = \sum(x-\bar{x})(y-\bar{y}) = \sum xy - \frac{1}{n}\left(\sum x\right)\left(\sum y\right)$$

则相关系数 r 的简化计算公式为

$$r = \frac{L_{xy}}{\sqrt{L_{xx}L_{yy}}}$$

【例 3.12】 有数据见表 3.25,试计算相关系数。

将表 3.25 中的相关数据代入上面的计算公式,即可得 $r=0.97$。

表 3.25　数据表

序号	x	y	x^2	y^2	xy
1	49.2	16.7	2 420.64	278.89	821.64
2	50.0	17.0	2 500.00	289.00	850.00
3	49.3	16.8	2 430.49	282.24	828.24
4	49.0	16.6	2 401.00	275.56	831.40
5	49.0	16.7	2 401.00	278.89	818.30
6	49.5	16.8	2 450.25	282.24	831.60
7	49.8	16.9	2 480.04	285.61	841.62
8	49.9	17.0	2 490.01	289.00	848.30
9	50.2	17.1	2 520.04	289.00	858.42
10	50.2	17.1	2 520.04	292.41	858.42
Σ	496.1	168.6	24 613.51	2 842.84	8 364.92

③相关系数检验。

计算出相关系数以后就可以查相关系数检验表，对计算出的相关系数进行检验。表 3.26 为相关系数检验表，表中 $n-2$ 为自由度，5‰、1‰ 为显著性水平。

表 3.26　相关系数检验表

$f=n-2$	$r(5‰)$	$r(1‰)$	$f=n-2$	$r(5‰)$	$r(1‰)$
…	…	…	15	0.482	0.606
7	0.666	0.794	16	0.468	0.590
8	0.632	0.765	17	0.456	0.575
9	0.602	0.735	18	0.444	0.561
10	0.576	0.708	19	0.433	0.549
11	0.553	0.684	20	0.423	0.537
12	0.532	0.661	21	0.413	0.526
13	0.514	0.641	22	0.404	0.515
14	0.494	0.623	…	…	…

前例有 10 对数据，则从表 3.26 中查出 $n-2=8$ 时临界值 $r(5‰)=0.632$，因

第3章 质量控制及其常用技术

为 $|r|=0.97>0.632$，所以 x 与 y 之间存在着线性相关关系。

习　题

1. 如何理解工序能力和工序能力指数？
2. 控制图的两类错误分别是什么？这两类错误可以同时避免吗？
3. 试述控制图的判断规则。
4. 已知某零件尺寸为要求为 $50^{+0.3}_{-0.1}$ mm，取样实际测定后求得 $\bar{X}$ 为 50.05，标准差 $S=0.061$，求工序能力指数及不合格品率。
5. 某零件图纸尺寸要求长度为 30 ± 0.2 mm，样本标准差为 $S=0.038$，$\bar{X}=\mu=30.1$，其规格上限 $T_u=30.2$，求工序能力指数，并对过程能力做出分析。
6. 某工序加工一产品，其计量数据见表 3.27。作控制图判断该工序是否处于稳定状态。

表 3.27　产品质量特性值

样本序号	x_1	x_2	x_3	x_4	样本序号	x_1	x_2	x_3	x_4
1	7	9	11	14	16	8	11	13	10
2	9	5	6	11	17	12	9	12	13
3	9	10	6	14	18	15	16	8	12
4	12	11	10	10	19	10	9	9	10
5	8	10	7	12	20	7	9	11	12
6	4	10	13	9	21	9	10	8	9
7	7	12	8	7	22	8	12	10	10
8	12	10	11	9	23	7	13	9	14
9	5	12	10	12	24	7	10	10	9
10	6	14	11	8	25	11	7	12	15
11	11	14	10	9	26	14	11	11	14
12	8	12	11	10	27	10	9	12	11
13	6	11	12	11	28	15	7	10	12
14	5	8	12	15	29	8	6	9	11
15	9	8	13	11	30	14	14	12	16

8.为控制某产品外观质量而收集的大小为 100 的样本中,不合格品数见表 3.28 所列,试作其 Pn 控制图。

表 3.28　不合格品数

样本序号	样本大小	样品不合格数	样本序号	样本大小	样品不合格数
1	100	5	14	100	2
2	100	2	15	100	2
3	100	1	16	100	3
4	100	0	17	100	1
5	100	1	18	100	4
6	100	2	19	100	2
7	100	6	20	100	5
8	100	3	21	100	0
9	100	1	22	100	2
10	100	0	23	100	3
11	100	2	24	100	1
12	100	4	25	100	2
13	100	1			

第4章 质量检验理论与方法

▶学习目标

◇明确质量检验在质量体系中的重要作用,了解基本质量检验的实施过程;
◇掌握抽样检验的基本原理;
◇理解抽检特性曲线,理解抽样检验风险产生的原因;
◇能利用抽样检验表制定抽样方案;
◇熟悉计数标准型抽样检验和调整型抽样检验的程序。

【开篇案例】严苛的质检流程成就全球第一的海尔电热水器

1985年,一封顾客来信在青岛海尔冰箱厂引发了一次"地震",也就此改变了海尔人的质量观念:冰箱不再分一等品、二等品、三等品和等外品,只有合格品与不合格品。

这就是著名的"砸冰箱事件",海尔总裁张瑞敏以此举在海尔员工的心目中种下了"有缺陷的产品就是废品"的质量观。此后,每一个海尔员工自觉遵守"精细化、零缺陷"的生产理念,严把质量关,逐渐把海尔冰箱做到了全国销量第一。而仅仅用了3年多时间,到1988年12月,海尔冰箱获得了中国第一枚电冰箱金牌。1998年,海尔集团还投入巨资建成质量监测中心,成为国内第一家具备国家级实验室资格的企业实验室。该中心拥有专业实验室46个、专业测试设备1 000余套,配有国际最先进的产品测试系统和一流设备40余套。作为海尔集团的质量控制和认证、检验中心,海尔集团还建立了U-home实验室,进行用户模拟实验,该检测中心实验室还获得国内首家UL-CTDP实验室证书。

海尔集团凭借着对质量检验的高度重视,极大地提升了产品的质量,受到国内外消费者及权威质量认证机构的高度认可。2016年7月,世界权威独立机构英国建筑服务研究与信息协会(BSRIA)发布了2014年全球热水器销量的数据,海尔电热水器以13%的市场占有率居全球第一。作为在欧美市场掀起流行风潮的中国家电品牌,海尔无疑是全球市场上最受关注的明星。人们不禁发问,在全球知名品牌林立且竞争激烈的欧美市场,中国创造何以征服了全球最苛刻的消费者?这背后的原因又是什么？一组数据告诉你答案：一台海尔电热水器从生产到出厂需要经历400多道质检"关卡"的把控。

在海尔电热水器生产基地的实验室里，伴随着规律的"吡吡"声，一台冲压机以每分钟40余次的冲压频率，不分昼夜地向三台热水器内胆打水，这个名为内胆冲压的实验需要在一周内反复冲压18万次，远超美国UL标准的10万次。像这样的实验室在海尔热水器工厂里总共有20多个，每个实验室进行不同的项目检测。

为了检测加热管寿命，一台热水器需要每通电1小时就断电20分钟，如此循环4 000个周期，得用掉300多天；而检测搪瓷层是否耐腐蚀的实验更加"简单粗暴"：连续42天用沸水滴漏……算下来，一台电热水器从部件进厂到下线包装总共需要经过400余项苛刻的检测工序。

严苛的质检把控是为了保证每台海尔电热水器的品质优越，而且海尔电热水器每周会根据网络上的用户抱怨召开研讨会，针对最集中的几个问题探讨解决办法，并将研讨出的方案渗透到工厂的生产和检验环节中。

除了各种质量检测，海尔电热水器为保证产品品质，从材料源头上就选择全球一流的资源。以海尔热水器的内胆为例，它从搪瓷材料、焊接，到烧结工艺，其中涉及的材料、技术、工艺都由世界500强企业提供，由此生产出有搪瓷层、密着层、脱碳钢板层结构组成的金刚三层内胆，各种性能达到国际最高水准，比一般的搪瓷胆使用寿命更长。

除了通过严格的内部检测，对自己的产品负责，海尔还"依靠外部独立实验室的意见证明他们研究中心检测结果的有效性"。正是由于对品质的严格要求，海尔为全球消费者带来了最佳使用体验，成为消费者选购家电的首选品牌之一。

（资料来源：百度）

【思考题】

1．质量检验与质量管理有何关系？

2．有了严格的过程质量控制是否可以放松质量检验？

4.1 质量检验概述

4.1.1 质量检验的定义

质量检验是人们所熟悉的最传统的质量保证方法。虽然现代质量保证的重点已经由事后检验转移至产前阶段的设计、工艺工程和物料采购等各种预防活动上,但检验仍是各类组织质量体系中必不可少的质量要素。

质量检验就是对产品的一个或多个质量特性进行观察、测量、试验,并将结果与规定的质量要求进行比较,以判断每项质量特性合格与否的一种活动。因此,质量检验的目的就是对产品的一个或多个质量特性是否符合规定的质量标准取得客观证据。通过质量检验,可以做到"成品不合格不出厂,原材料不合要求不投产,在制品不合格不流入下道工序",起到提高和保证产品质量的作用。

在 ISO9000:2015《质量管理体系——基础和术语》中,对检验的定义是:"提供观察和判断,适当时结合测量、试验或估量所进行的符合性评价。"

由定义可知,检验包括 4 个基本要素:

(1)度量。采用试验、测量、化验、分析与感官检查等方法测定产品的质量特性。

(2)比较。将测定结果同质量标准进行比较。

(3)判断。根据比较结果,对检验项目或产品做出合格性的判定。

(4)处理。对单件受检产品,决定合格放行还是不合格返工、返修或报废。对受检批量产品,决定接收还是拒收。对拒收的不合格批产品,还要进一步做出是否重新进行全检或筛选甚至报废的结论。

4.1.2 质量检验的主要职能

质量检验作为一个重要的质量职能,其表现可概括为以下 4 个方面。

1. 鉴别职能

根据技术标准、产品图样、作业工艺规程或订货合同的规定,采用相应的检测方法观察、试验、测量产品的质量特性,判定产品质量是否符合规定的要求,这是质量检验的鉴别功能。鉴别是"把关"的前提,通过鉴别才能判断产品质量是否合格,不进行鉴别就不能确定产品的质量状况,也就难以实现质量"把关"。鉴别主要由专职检验人员完成。

2. 把关职能

把关职能是质量检验的最基本的职能。这种职能是质量检验一出现时就存在的,不管过去、现在还是将来,不管检验的手段和技术如何发展和变化,质量检验的把关作用都是不可缺少的。只有通过检验把关,在整个制造环节中挑选并剔除不合格品,真正做到不合格的原材料、外购件、外协件不进厂,不合格的半成品不转入下道工序,不合格的零部件不组装,不合格的成品不出厂,才能保证产品质量。

3. 预防职能

现代质量检验不单纯起把关的作用,同时还起到预防的作用。预防的职能主要表现在:

(1)在生产过程中,要求首件检验符合规范的要求,从而预防批量产品质量问题的发生;

(2)通过巡回检验及时发现工序的质量失控问题,从而预防出现大的质量事故;

(3)保证检验人员和操作人员统一量仪的量值,从而预防测量误差造成的质量问题;

(4)当最终检验发现质量缺陷时,及时采取改进措施,预防质量问题再次发生。

4. 报告职能

对检验中获得的信息认真记录,及时整理、分析,计算质量指标,以报告的形式,反馈给有关管理部门,便于其及时掌握生产中的质量状况和管理水平,做出正确的判断和采取有效的措施。报告的主要内容如下:

(1)原材料、外购件、外协件进厂验收检验的情况和合格率;

(2)成品出厂检验的合格率、返修率、报废率、相应的金额损失及排列图分析;

(3)各生产单位质量情况,如合格率、返修率、报废率、相应的金额损失及排列图分析;

(4)产品报废原因的排列图分析;

(5)不合格品的处理情况;

(6)重大质量问题的调查、分析和处理情况;

(7)改进产品质量的建议;

(8)其他有关问题。

检验工作渗透在生产的全过程,和几乎所有的生产活动有关。因此,检验的职能活动相当广泛,其内容涉及制订产品的检验计划、进货物料的检验和试验、工序间在制品的检验和试验、成品的检验和验证、不合格品的处置、纠正措施的实施、测量和试验设备的控制、检验和试验的记录和报告,以及质量信息的反馈。

4.1.3 质量检验的分类

1. 按产品形成的阶段划分

(1)进货检验。

进货检验是指对企业购进的原材料、辅料、外购件、外协件和配套件等入库前的接收检验。它是一种外购物的质量验证活动。其目的是防止不合格品流入生产工序,影响产品质量。

(2)过程检验。

过程检验也叫工序检验,是指对生产过程中某一个或多个工序(过程)所完成的在制品、半成品、成品,通过观察、试验、测量等方法,确定其是否符合规定的质量要求,并提供相应证据的活动。过程检验的目的有两个:一是判断产品是否符合规定要求,防止不合格的在制品流入下一工序;另一个是判断工序是否稳定。过程检验通常可分为首件检验、巡回检验和末件检验。

(3)最终检验。

最终检验是指对制成品的一次全面检验,包括性能、精度、安全性、外观等。最终检验是产品质量控制的重点,也是产品放行出厂的重要依据。

2. 按检验的场所划分

(1)固定场所检验。

固定场所检验是指在企业的生产作业场所、场地、工地设立的固定检验站(点)进行的检验活动。固定检验站相对工作环境较好,也有利于检验工具或仪器设备的使用和管理。

(2)流动检验。

流动检验是指检验人员到产品加工制作的操作人员和机群处进行的检验活动。流动检验适用于检验工具简单,产品精度要求不高以及重量大,不适宜搬运等场合。它的优点是及时发现问题,可以节省零件的搬运工作量,以及操作者排队等待检验的时间。

3. 按检验的性质划分

(1)破坏性检验。

破坏性检验是指将受检样品被破坏了以后才能进行的检验,或在检验过程中,受检样品必然会损坏或消耗的检验。如:寿命试验、强度试验等。破坏性检验只能采用抽样检验方式。

(2)非破坏性检验。

非破坏性检验是指对样品可重复进行检验的检验活动。随着检验技术的发展,破坏性检验日益减少,而非破坏性检验的使用范围在不断扩大。

4. 按检验手段划分

(1)理化检验。

理化检验是借助于各种化学试剂、仪器、器具等,运用物理的、化学的方法来检验商品质量的检验方法。理化检验一般在实验室或专门场所进行,其结果比感官检验精确而客观,它不受检验人员的主观影响,检验结果能用具体的数据表示。理化检验主要用于评价产品的内在质量特性,它能探明某些产品的内部结构和疵点,确定产品的化学成分及含量,揭示产品的理化性质。

(2)感官检验。

感官检验是借助于人的感觉器官(眼、耳、舌、鼻和皮肤)所具有的感觉、听觉、味觉、嗅觉和触觉,结合平时积累的实践经验,来分析、判断、鉴定商品质量的方法。感官检验又称感官分析或感官评价,它是以人的感觉器官为检验器具,对商品的色、香、味、形、手感、音色等质量特性在一定条件下做出判定和评价的检验。

5. 按检验数据性质划分

(1)计数检验。

计数检验是指根据给定的技术标准,将单位产品简单地分成合格品或不合格品的检验。

(2)计量检验。

计量检验是指根据给定的技术标准,将单位产品的质量特性用连续尺度测量出具体量值并与标准对比的检验。

6. 按检验的数量划分

(1)全数检验。

全数检验也叫全面检验或100%检验,简称全检。它是指对全部产品逐个进行测定,从而判断每个产品是否合格的检验。全数检验能提供较多的质量信息,而且在人们心理上有一种安全感。但全数检验工作量大,检验费用高,检验的质量鉴别能力受到各种因素的影响,差错难以完全避免。全数检验常用于非破坏性检验或精度要求较高的产品和零部件的检验。

（2）抽样检验。

抽样检验是从一批产品或一个过程中抽取一部分单位产品，进而判断产品批或过程是否合格的活动。抽样检验主要适用于连续体的检验、破坏性检验及全数检验工作量很大的产品的检验等。

4.2 抽样检验原理

4.2.1 抽样检验的概念

抽样检验是从一批产品或一个过程中抽取一部分单位产品，进而判断产品批或过程是否合格的活动。它不是逐个检验批中的所有单位产品，而是按照规定的抽样方案和程序从一批产品中随机抽取部分单位产品组成样本，根据样本测定结果来判定该批产品是否合格。

抽样检验不是检验批中的全部产品，因此相对于全数检验，它具有如下特点：

（1）检验的单位产品数量少、费用少、时间省、成本低。

（2）检验对象是一批产品。在生产实践中，工序与工序、库房与车间、生产者与使用者之间进行产品交换时，要把产品划分为批。一个产品批总是由一定数量的单位产品构成，抽样检验就是从产品批量里抽取一部分产品进行检验，然后根据样本中不合格品数，或质量特性的规定界限，来判断整批产品是否合格。

（3）合格批中可能包含不合格品，不合格批中也可能包含合格品。由于抽样检验是根据样本测定结果来判定整批产品的质量状况，因此经过抽样检验判为合格的批，不等于批中每个产品都合格；经过抽样检验判为不合格的批，不等于批中全部产品都不合格。

（4）抽样检验存在两类错判的风险。由于抽样检验是一种统计推断，因此存在错判的可能，即把合格批误判为不合格批，或把不合格批误判为合格批的可能。但从统计检验的原理可知，这两类错误都可以被控制在一定的风险以下。

4.2.2 抽样检验的分类

抽样检验按检验特性值的属性可以分为计数抽样检验和计量抽样检验，计数抽样检验包括计件抽样检验和计点抽样检验，计件抽样检验是根据样本中包含的不合格品个数来推断整批产品是否合格的活动。计点抽样检验是根据样本中包含的不合格数的多少来推断整批产品是否合格的活动。而计量抽样检验是通过测量被检样本中的产品质量特性的具体数值并与标准进行比较,进而推断整批产品是否合格的活动。

抽样检验根据最多抽取的样本数可以分为一次抽样检验、二次抽样检验、多次抽样检验和序贯抽样检验,所谓一次抽样检验就是从检验批中只抽取一个样本就必须对该批产品做出是否接收的判断;二次抽样检验是一次抽样检验的延伸,它要求对一批产品抽取一个或两个样本后就必须对该批产品做出批是否接收的结论;多次抽样在抽取3～7个样本后就必须对抽检批做出是否接收的判断;序贯抽样检验不限制抽样次数,但每次抽取一个单位产品,直至按规则做出判断为止。

抽样检验按实施方式可分为标准型抽样检验、调整型抽样检验、挑选型抽样检验、连续生产型抽样检验。所谓标准型抽样检验的原则是判断目前批本身的质量合格与否,并做了保护生产方和使用方两个规定。适用于孤立批的一批产品的验收,以确定检验批本身合格与否。调整型抽样检验主要适用于一系列的连续批。它的主要特点就是有一组与批的质量紧密联系的转移规则和严格程度不同的抽样方案,能根据产品的质量历史情况适时改变方案的严格程度。挑选型抽样检验的检查批,按预先规定的抽样检验方法检验,合格品接收,不合格批进行一个个挑选,检出不合格品换成合格品,或者修复成合格品后交付。连续生产型抽样检验是在产品连续制造过程中进行的,开始先逐个检验每个产品,如果连续若干个(由标准规定)产品都合格,则接下来采用区段抽检,即从相邻的每个产品区段中任意抽取一个进行检验,只要没有不合格品出现就继续抽检下去,一旦出现不合格品,则立即恢复到逐个检验。

4.2.3 抽样检验常用术语

(1)单位产品。

单位产品是指为实施抽样检验而划分的基本产品单位。有的单位产品是可以自然划分的,如电视机、电冰箱等。而有的单位产品是不可自然划分的,如铁水、布匹等。对不可自然划分的单位产品必须根据具体情况给出单位产品的定义,如:一升水、一平方米玻璃等。

(2)检验批。

检验批是指为实施抽样检验而汇集起来的一定数量的单位产品。检验批的形式有"稳定的"和"流动的"两种。前者是将整批产品存放在一起同时提交检验,而后者的各个单位产品是一个一个地从检验点通过的。构成检验批的所有产品应当是同一生产条件下所生产的单位产品。一般地,当产品质量较稳定时,宜组成较大的批,以节约检验费用。

(3)批量。

批量指检验批中单位产品的数量,常用 N 表示。一般地,体积小、质量稳定的产品,批量宜大些。但是批量不宜过大,批量过大,一方面不易取得具有代表性的样本,另一方面,这样的批一旦被拒收,经济损失也大。

(4)样本。

样本是指取自一个批并且提供有关该批的信息的一个或一组产品。

(5)样本量。

样本量是指样本中产品的数量。常用 n 表示。

(6)不合格。

不合格是指单位产品的任何一个质量特性不满足规范要求。根据质量特性的重要性或不符合的严重程度分为:

①A 类不合格:被认为应给予最高关注的一种类型的不合格,也可以认为单位产品的极重要的质量特性不符合规定,或单位产品的质量特性极严重不符合规定。

②B 类不合格:关注程度稍低于 A 类的不合格,或者说单位产品的重要的质量特性不符合规定,或单位产品的质量特性严重不符合规定。

③C 类不合格:单位产品的一般质量特性不符合规定,或单位产品的质量特性轻微不符合规定。

(7)不合格品。

有一个或一个以上不合格的单位产品称为不合格品。通常有一个或一个以上 A 类不合格,也可能有 B 类和 C 类不合格的单位产品,称为 A 类不合格品;有一个或一个以上 B 类不合格,也可能 C 类不合格,但没有 A 类不合格的单位产品,称为 B 类不合格品;有一个或一个以上 C 类不合格,但没有 A 类、B 类不合格的单位产品,称为 C 类不合格品。

(8)抽样方案。

规定了每批应检验的单位产品数和有关批接收准则的一个具体的方案。

(9)批不合格品率 p。

批不合格品率即批中不合格的单位产品所占比例,$p=D/N$,其中 N 为批量,D 为批中不合格品数。一般计数抽样检验用其衡量批质量。

(10)过程平均不合格率 $\bar{p}$。

一定时期或一定量产品范围内的过程水平的平均值称为过程平均,它是过程处于稳定状态下的质量水平。在抽样检验中常将其解释为"一系列连续提交批的平均不合格品率""一系列初次提交的检验批的平均质量(用不合格品百分数或每百个单位产品不合格数表示)"。

在过程稳定且已知当前的过程平均不合格率时,可将该值作为检验期间的过程平均不合格率;当过程平均不合格率未知时,应从最近生产的 $k(k \geqslant 10)$ 批的抽检结果(可能时可进行全检)估算过程平均不合格率。假设从上述 k 批产品中顺序抽取大小为 $n_1, n_2, \cdots, n_k$ 的 k 个样本,其中出现的不合格品数分别为 $d_1, d_2, \cdots, d_k$,如果 $d_1/n_1, d_2/n_2, \cdots, d_k/n_k$ 之间没有显著差异,则过程平均不合格率计算公式为

$$\bar{p} = \frac{d_1 + d_2 + \cdots + d_k}{n_1 + n_2 + \cdots + n_k} \times 100\%$$

估计过程平均不合格品率的目的是为了估计在正常情况下所提供的产品的不合格品率。如果生产过程稳定,这个估计值可用来预测将要交检的产品的不合格品率。必须注意,经过返修或挑选后再次提交检验的批产品的数据,不能用来估计过程平均不合格品率。同时,用来估计过程平均不合格品率的批数,一般不应少于20批。如果是新产品,开始时可以用 5~10 批的抽检结果进行估计,以后应当至少用 20 批。一般来说,在生产条件基本稳定的情况下,用于估计过程平均不合格品率的产品批数越多,检验的单位产品数量越大,对产品质量水平的估计就越可靠。

(11)合格判定数。

做出批合格判定样本中所允许的最大不合格品数,以符号 A_c 表示。

(12)不合格判定数。

做出批不合格判定样本中所不允许的最小不合格品数,以符号 R_e 表示,在一次抽样检验方案中 $R_e = A_c + 1$。

(13)接收质量限。

接收质量限是指当一个连续批被提交验收抽样时,可允许的最差过程平均质量水平,用符号 AQL 表示。它是对生产方的过程质量提出的要求,是允许的生产方过程平均的最大值。

4.2.4 抽样方法

抽样检验的目的就是通过样本推断总体,这就要求从被检验批中选取样本的

程序必须使得所抽到的样本是无偏的。为了能够抽得无偏的样本,即样本能够代表总体,通常采用的取样方法是随机抽样法。随机抽样法包括简单随机抽样法、系统随机抽样法、分层随机抽样法和整群随机抽样法等。

(1)简单随机抽样法。

所谓简单随机抽样是指总体中的每个个体被抽到的概率都是相等的。为实现抽样的随机化,可采用抽签、查随机数值表或掷随机骰子等办法。简单随机抽样的优点是抽样误差小,缺点是抽样手续比较繁杂。在实际工作中,真正做到总体中的每个个体被抽到的机会完全一样是不容易的。

(2)系统随机抽样法。

系统随机抽样法又叫等距抽样法或机械抽样法。它是指在时间上或空间上以相等的间隔顺次地抽取样品组成样本的抽样方法。系统随机抽样法操作简便,实施起来不易出差错,较适用于工序控制。

由于系统随机抽样的抽样起点一旦被确定后,整个样本也被完全确定了,故这种抽样方法容易出现较大的偏差。因此,在总体会发生周期性变化的场合,不宜采用这种抽样方法。

(3)分层抽样法。

分层随机抽样法也叫类型抽样法。它是先把总体分成若干层,再在各层中按一定的比例随机抽取样品的方法。这种抽样方法的优点是样本的代表性比较好,抽样误差比较小。缺点是抽样程序比简单随机抽样法要烦琐。

(4)整群随机抽样法。

整群随机抽样法将总体分成若干群,每个群由个体按一定方式结合而成,然后随机抽取若干群,并由这些群中的所有个体组成样本。例如,对某种产品,每隔一定时间一次抽取若干个产品组成样本。这种抽样方法的优点是组织方便,容易抽样。缺点是样本只来自个别几个群体,因而代表性较差。

4.2.5 批产品质量的判断

抽样检验的对象是一批产品,而不是单个产品。在提交检验的一批产品中允许有一些不合格品,可用批不合格品率 p 作为衡量其好坏的指标,$p=0$ 是一个理想状态。然而,要做到这一点是非常困难的,而且从经济角度讲,也没有必要。因此,在抽样检验时,首先要确定一个合格的批质量水平,即批不合格品率的标准值 p_s,然后将交检批的批不合格品率 p 与 p_s 比较。如果 $p \leqslant p_s$,则认为这批产品合格,予以接收;如果 $p > p_s$,则认为这批产品不合格,予以拒收。但在实际中通过抽样检验是不可能精确地得到一批产品的批不合格品率 p 的,除非进行全数检验。所以在保证 n 对 N 有代表性的前提下,用样本中包含的不合格品数 d 的大小来推断整批质量,并与标准要求进行比较。因此,对批的验收归结为两个参数:样本量 n 和样本中包含的不合格(品)数的上限 A_c,这样就形成了抽样方案(n,A_c)。由此可以看出用抽样方案(n,A_c)去验收一批产品实际上是对该批产品质量水平的推断并与标准要求进行比较的过程。

1. 一次抽样检验批质量的判定

从批量 N 中随机抽取 n 个单位产品组成一个样本,然后对样本中每一个产品进行逐一测量,记下其中的不合格品数 d,如果 $d \leqslant A_c$,则认为该批产品质量合格,予以接收;如果 $d \geqslant R_e$,则认为该批产品质量不合格,予以拒收。判断程序如图 4.1 所示。

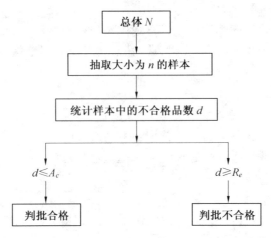

图 4.1 一次抽样检验判定的程序图

2. 二次抽样检验批质量的判定

二次抽样方案由第一样本 n_1,第一接收数 A_{c1},第一拒收数 R_{e1},以及第二样本 n_2,第二接收数 A_{c2},第二拒收数 R_{e2} 组成。

开始检验时,先检验第一样本 n_1,当 $d_1 \leqslant A_{c1}$ 时,则判批接收;当 $d_1 \geqslant R_{e1}$,则判批拒收;当 $A_{c1} < d_1 < R_{e1}$ 时,检验第二样本 n_2,当 $d_1+d_2 \leqslant A_{c2}$ 时,则判批接收;当 $d_1+d_2 \geqslant R_{e2}$ 时,则判批拒收。判断程序如图 4.2 所示。

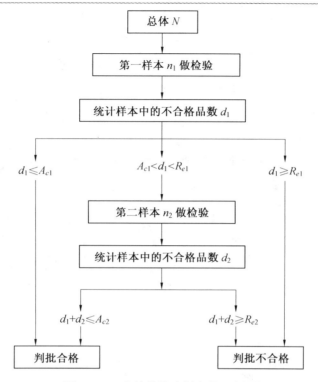

图 4.2 二次抽样检验判定的程序图

3. 多次抽样检验批质量的判定

如果对批产品需抽检 3 个以上的样本进行检验才能做出合格或不合格的判定时，称为多次抽样检验。目前国外（如国际标准 ISO2859，美国军用标准 MIL－STD－105D 等）规定最多为 7 次抽样检验，而我国国家标准 GB2828 规定最多为 5 次抽样检验。5 次抽样检验是二次抽样检验的扩展，其过程与二次抽样检验过程类似，这里不再赘述。

4.2.6　常用抽样检验标准

抽样检验方案可根据抽样检验的具体要求和概率论与数理统计的原理进行设计，国际标准化组织和国家标准化管理部门将常用的一些抽样方法编写成标准供各方使用。除非有特殊要求需自己设计抽样方案之外，一般应首选国家推荐的抽样标准进行抽样。目前我国已颁布的抽样检验方案国家标准见表 4.1。

表 4.1　抽样检验方案国家标准

	标准名称和编号
计数抽样方案	GB/T13262《不合格品率的计数标准型一次抽样检查程序及抽样表》
	GB/T13546《挑选型计数抽样检查程序及抽样表》
	GB/T2828.1《计数抽样检验程序 第1部分按接收质量限（AQL）检索的逐批检验抽样计划》
	GB/T15239《孤立批计数抽样程序及抽样表》
	GB/T8051《计数序贯抽样检查程序及表》
	GB/T8052《单水平和多水平计数连续抽样检查程序及表》
	GB/T13263《跳批计数抽样检查程序》
	GB/T13264《不合格品率的小批计数抽样检查程序及抽样表》
	GB/T2829《周期逐批检查计数抽样程序及抽样表（适用于生产过程稳定性的检查）》
	GB/T15172《运输包装件抽样检验》
	GB/T13732《粒度均匀散料抽样检验通则》
计量抽样方案	GB/T8053《不合格品率的计量标准型一次抽样检查程序及表》
	GB/T8054《平均值的计量标准型一次抽样检验程序及抽样表》
	GB/T6378《不合格品率的计量抽样检查程序及图表（适用于连续批的检查）》
	GB/T16307《计量截尾序贯抽样检验程序及抽样表（适用于 σ 已知）》
监督抽样方案	GB/T14163《产品质量监督计数抽样程序及抽样表（适用于每百单位产品不合格数为整理指标）》
	GB/T14437《产品质量监督计数一次抽样检验程序及抽样方案》
	GB/T15482《产品质量监督小总体计数一次抽样程序及抽样表》
	GB/T14900《产品质量平均值的计量一次监督抽样程序及抽样表》
	GB/T16306《产品质量监督复查程序及抽样方案》

4.3 抽样方案的抽检特性

抽样检验能否保证产品质量？抽样方案怎样对供货方与使用方提供保护？因此，使用抽样检验时，抽样方案对优质批和劣质批的判断能力的好坏是极为关键的，这需要使用抽检特性曲线来判断。

抽样方案的抽检特性也称为操作特性，是指抽样方案对交验批实际质量水平的鉴别能力。对于确定的抽样方案，如用它来对某个交验批做验收抽样检验，则将交验批判为合格而接受是一随机事件，这一随机事件的发生概率称为抽样方案对交验批的接受概率。抽样方案的抽检特性可以通过其对不同质量水平的交验批的接收概率来反映。

4.3.1 接收概率的概念

接收概率是指根据规定的抽样方案，把具有给定质量水平的检验批判为合格而接收的概率，即用给定的抽样方案 (n, A_c) 去验收批量 N 和批质量 p 已知的检验批时，把检验批判断为合格而接收的概率。接收概率通常记为 $L(p)$，它是批不合格品率 p 的函数，随着 p 的增大而减小。

接收概率是交验批实际质量水平的函数，这个函数称为抽样方案的抽检特性函数（operation characteristic function），简记为 OC 函数。

4.3.2 接收概率的计算

如果抽样方案 (n, A_c) 中样本大小 n 及合格判定数 A_c 确定，则根据接收概率的定义，接收概率为

$$L(p) = P_0 + P_1 + \cdots + P_{A_c} = \sum_{d=0}^{A_c} P_d$$

式中　P_0——在抽取的样本中出现不合格品数为 0 的概率；
　　　P_1——在抽取的样本中出现不合格品数为 1 的概率；
　　　……
　　　P_{A_c}——在抽取的样本中出现不合格品数为 A_c 的概率；
　　　d——样本中的不合格品数。

若批质量水平为 p，图 4.3 给出了抽样检验中批与样本间的数学关系。根据图中的数学关系，从批量为 N 的交验批中随机抽取 n 件产品组成样本，在样本中恰好

有 d 件不合格品的概率,可分别采用超几何分布计算公式、二项分布计算公式、泊松分布计算公式求得。

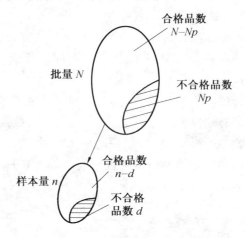

图 4.3　批与样本间的数学关系

根据图 4.3 中的数学关系,从批量为 N 的交验批中随机抽取 n 件产品组成样本,在样本中恰好有 d 件不合格品的概率,可分别采用超几何分布计算公式、二项分布计算公式、泊松分布计算公式求得。

1. 超几何分布计算公式

$$L(p) = \sum_{d=0}^{Ac} \frac{C_{Np}^{d} C_{N-Np}^{n-d}}{C_{N}^{n}}$$

式中　C_{Np}^{d} ——从批的不合格品数 Np 中抽取 d 个不合格品的全部组合;

C_{N-Np}^{n-d} ——从批的合格品数 $N-Np$ 中抽取 $n-d$ 个不合格品的全部组合;

C_{N}^{n} ——从批量 N 的一批产品中抽取 n 个单位产品的全部组合。

【例 4.1】　设有一批产品,批量 $N=50$,批不合格品率为 $p=10\%$,采用方案 (5,1) 进行验收,求接收概率。

解

$$L(p) = L(10\%) = \sum_{d=0}^{1} \frac{C_{5}^{d} C_{50-5}^{5-d}}{C_{50}^{5}} = \frac{\frac{5!}{0!\ 5!} \cdot \frac{45!}{5!\ 40!}}{\frac{50!}{5!\ 45!}} + \frac{\frac{5!}{1!\ 4!} \cdot \frac{45!}{4!\ 41!}}{\frac{50!}{5!\ 45!}} =$$

$0.58 + 0.35 = 0.93$

所谓接收概率为 0.93,是指使用 (5,1) 方案对批量 $N=50$,不合格品率 $p=$

10%的产品批进行验收,接收的可能性为0.93;从长远来看,也是在100次抽检同样的批中,约有93次判为合格批,7次判为不合格批。

用超几何分布计算接收概率虽然精确,但当N与n值较大时,计算很烦琐,一般可用二项分布或泊松分布近似计算。

2. 二项分布计算公式

当总体为无穷大或近似无穷大($n/N \leq 0.1$)时,可以用二项概率近似超几何概率,故利用二项分布计算接收概率的公式为

$$L(p) = \sum_{d=0}^{Ac} C_n^d p^d (1-p)^{n-d}$$

【例4.2】 已知$N=3\,000$的一批产品提交做外观检验,若采用$(20,1)$的抽样方案,当批不合格品率为$p=1\%$,求接收概率。

解 $L(p) = L(1\%) = \sum\limits_{d=0}^{1} C_n^d p^d (1-p)^{n-d} = C_{20}^0 \, 0.99^{20} + C_{20}^1 \, 0.01 \, (0.99)^{19} = 0.983\,1$

3. 泊松分布计算公式

当$n/N \leq 0.1$,且$p \leq 0.1$时,接收概率又可用泊松分布来计算:

$$L(p) = \sum_{d=0}^{Ac} \frac{(np)^d}{d!} e^{-np}$$

【例4.3】 有一批产品共计10万个需要进行外观检验,如果采用$(100,15)$的抽检方案,求$p=10\%$时的接收概率。

解 $L(p) = L(10\%) = \sum\limits_{d=0}^{15} \frac{(np)^d}{d!} e^{-np} =$
$\frac{(10)^0}{0!} e^0 + \frac{(10)^1}{1!} e^1 + \frac{(10)^2}{2!} e^2 + \cdots + \frac{(10)^{15}}{15!} e^{15} = 0.951$

在上述3种公式中,超几何分布计算公式计算结果最精确,但计算较烦琐。

【例4.4】 已知交验批的批量$N=50$,假设批不合格率$p=6\%$,现随机抽取$n=5$的样本,试分别用3种公式计算样本中不合格品数$d=0,1,2,3$的概率。

解 应用超几何分布计算公式计算:

$P_0 = \frac{C_{Np}^d C_{N-Np}^{n-d}}{C_N^n} = \frac{C_3^0 C_{50-3}^5}{C_{50}^5} = 0.729\,8; P_1 = \frac{C_{Np}^d C_{N-Np}^{n-d}}{C_N^n} = \frac{C_3^1 C_{50-3}^{5-1}}{C_{50}^5} = 0.252\,6$

$P_2 = \frac{C_{Np}^d C_{N-Np}^{n-d}}{C_N^n} = \frac{C_3^2 C_{50-3}^{5-2}}{C_{50}^5} = 0.023\,0; P_3 = \frac{C_{Np}^d C_{N-Np}^{n-d}}{C_N^n} = \frac{C_3^3 C_{50-3}^{5-3}}{C_{50}^5} = 0.000\,5$

应用二项分布计算公式计算

$$P_0 = C_n^d p^d (1-p)^{n-d} = C_5^0 (0.06)^0 (1-0.06)^5 = 0.7339$$

$$P_1 = C_n^d p^d (1-p)^{n-d} = C_5^1 (0.06)^1 (1-0.06)^4 = 0.2342$$

$$P_2 = C_n^d p^d (1-p)^{n-d} = C_5^2 (0.06)^2 (1-0.06)^3 = 0.0299$$

$$P_3 = C_n^d p^d (1-p)^{n-d} = C_5^3 (0.06)^3 (1-0.06)^2 = 0.0019$$

应用泊松分布计算公式计算

$$P_0 = \frac{(np)^d}{d!} e^{-np} = \frac{(5 \times 0.06)^0}{0!} e^{-5 \times 0.06} = 0.7428$$

$$P_1 = \frac{(np)^d}{d!} e^{-np} = \frac{(5 \times 0.06)^1}{1!} e^{-5 \times 0.06} = 0.2222$$

$$P_2 = \frac{(np)^d}{d!} e^{-np} = \frac{(5 \times 0.06)^2}{2!} e^{-5 \times 0.06} = 0.3334$$

$$P_3 = \frac{(np)^d}{d!} e^{-np} = \frac{(5 \times 0.06)^3}{3!} e^{-5 \times 0.06} = 0.0003$$

显然,上述3种计算公式计算结果比较接近。

4.3.3 抽样检验特性曲线(OC曲线)

1.抽样检验特性曲线的概念

根据接收概率的计算公式,对于一个具体的抽样方案(n, A_c),当检验批的批质量p已知时,方案的接收概率是可以计算出来的,但在实际中,检验批的不合格品率p是未知的,而且是一个不固定的值,因此,对于一个抽样方案,有一个p就有一个与之对应的接收概率,如果用横坐标表示自变量p的值,纵坐标表示相应的接收概率$L(p)$,则p和$L(p)$构成的一系列点连成的曲线就是抽样检验特性曲线,简称OC曲线,如图4.4所示。

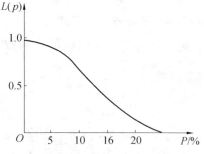

图 4.4 抽样检验特性曲线

根据接收概率的计算公式可知,OC曲线与抽样方案是一一对应的。即一个抽检方案对应着一条OC曲线,而每条OC曲线又反映了它所对应的抽检方案的特性。因此,OC曲线也称为抽样检验的特性曲线,它可以定量地告诉人们产品质量状况和被接收可能性大小之间的关系,也可以告诉人们采用该抽检方案时,具有某

种不合格品率 p 的批,被判为合格的可能性有多大,或者要使检验批以某种概率接收,它应有多大的批不合格品率 p。同时,人们可以通过比较不同抽样方案的 OC 曲线,从而比较它们对产品质量的辨别能力,选择合适的抽检方案。

2. 抽检特性曲线的绘制

抽检特性曲线和抽样方案是一一对应关系,即每个抽样方案都对应一条 OC 曲线,反之,有一条抽样特性曲线,就有与之对应的一个抽检方案。因此,当给出抽样方案时,就可以绘制所对应的 OC 曲线。OC 曲线表述了一个抽样方案对一个批质量的辨别能力。

下面以一个抽样方案(2 000,20,2)为例,说明 OC 曲线的做法。

首先计算抽样方案对不同批质量的接收概率。分别计算交验批不合格品率为 0,5%,10%,15%,20%,25%,50%,100% 情况下的接收概率,计算结果见表4.2。

表 4.2 方案(2 000,20,2)的接收概率

批质量 p	0	5%	10%	15%	20%	25%	50%	100%
接收概率 $L(p)$	1	0.924 6	0.677 0	0.404 9	0.206 0	0.091 2	0.000 2	0

根据以上计算结果,在平面直角坐标系中把相对应的数据描点并连接成一条光滑的曲线,即为 OC 曲线,如图 4.5 所示。

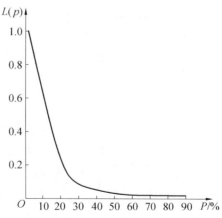

图 4.5 方案(2 000,20,2)的 OC 曲线

实际应用中,在许多抽样检验国家标准中,给出具体抽样方案的同时,均给出了对应的 OC 曲线,供使用中查找。GB/T2828.1 在给出 OC 曲线的同时,还给出了 OC 曲线的表值。

3. OC 曲线分析

(1) 理想的 OC 曲线。

什么是理想的 OC 曲线呢？如果我们规定，当批不合格品率不超过 p_t 时，这批产品是合格的，那么一个理想的抽检方案应当满足：当 $p \leqslant p_t$ 时，接收概率 $L(p)=1$；当 $p > p_t$ 时，接收概率 $L(p)=0$。这样理想的抽样方案的抽样特性曲线为两段水平线，如图 4.6 所示。

理想方案实际是不存在的，因为只有在进行全数检查而且准确无误时才能达到这种理想状况，但检查难以做到没有错检或漏检，所以，理想方案只是理论上存在的。

当然，我们也不希望出现不理想的 OC 曲线。比如，方案 (10,1,0) 的 OC 曲线为一条直线，如图 4.7 所示。从图中可看出，这种方案的判断能力是很差的。因为，当批不合格品率 p 达到 50% 时，接收概率仍有 50%，也就是说，这么差的两批产品中，有一批将被接收。

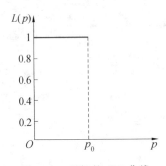

图 4.6 理想的 OC 曲线

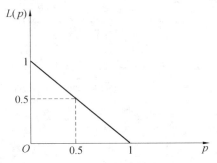

图 4.7 不理想的 OC 曲线

2. 实际的 OC 曲线

理想方案虽然不存在，但这并不妨碍把它作为评价抽检方案优劣的依据，一个抽检方案的 OC 曲线和理想方案的 OC 曲线接近程度就是评价方案检查效果的准则。为了衡量这种接近程度，通常是首先规定两个参数 p_0 和 p_1，通常 p_0 表示接收上限，即当批质量好 ($p \leqslant p_0$) 时能以高概率判它合格，予以接收；p_1 是拒收下限，即当批质量差到某个规定界限 ($p \geqslant p_1$) 时，能以高概率判它不合格，予以拒收；当产品质量变坏，如 $p_0 < p < p_1$ 时，接收概率迅速减小。其 OC 曲线如图 4.8 所示。

接近于理想抽检方案的 OC 曲线，对批质量的保证作用就大。而倾斜度较小、较平缓的 OC 曲线，当批不合格品率 p 变化时，接收概率变化较小，对批质量的保证作用就小。因此，我们希望实际的 OC 曲线应尽可能接近于理想的 OC 曲线，才具

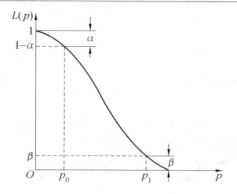

图 4.8 实际需要的 OC 曲线

有相当好的辨别力,使质量好的批能以高概率接收,对质量差的批应以高概率拒收。为了衡量这种接近程度,常用辨别率来定量地衡量某个抽样方案的鉴别能力,抽样方案的辨别率是指对于高质量产品以低概率拒收(以保护生产方)和对于低质量产品以高概率拒收(以保护使用方)的综合能力,用符号 OR 表示,其表达式如下

$$OR = \frac{P_{0.1}}{P_{0.95}}$$

式中　　$P_{0.1}$——接收概率为 0.1 时对应的质量水平;

$P_{0.95}$——接收概率为 0.95 时对应的质量水平。

OR 值越小,方案的鉴别力越高,说明不合格品率一旦增高,接收概率将迅速降低。

若记 $\alpha = 1 - L(p_0)$,$\beta = L(p_1)$,则可以通过这 4 个参数反映一个抽检方案和理想方案的接近程度,当固定 p_0,p_1 时,α,β 越小的方案就越好;同理若对固定的 α,β 值,则 p_0 和 p_1 越接近越好,即 p_1/p_0 越小越好;当 α 和 $\beta \to 0$,$p_0 \to p_1$ 时,抽检方案就趋于理想方案。

3. 抽样检验中的两类风险

凡是采用抽样检验,其判断结果必然不同于全检,从图 4.8 的 OC 曲线可以看出,只要采用抽样检验,就可能发生两种错误的判断。当检验批质量比较好($p \leqslant p_0$)时,如果采用抽样检验,就不可能 100% 的接收(除非 $p=0$),而只能以高概率接收,低概率 α 拒收这批产品,这种由于抽样原因把合格批错判为不合格批而予以拒收的错判称为第 I 类错判。这种错判给生产者带来损失,拒收的概率 α,称为第 I 类错判概率,又称为生产者风险率,它反映了把质量较好的批错判为不合格批的可能性大小。另一方面,当采用抽样检验来判断不合格品率很高的劣质批($p \geqslant p_1$)

时,也不能肯定100%拒收(除非 $p=1$)这批产品,还有小概率 β 接收的可能。这种由于抽检原因把不合格批错判为合格批而接收的错误称为第 Ⅱ 类错判。这种错判使用户蒙受损失,接收的概率 β 叫作第 Ⅱ 类错判概率,又称为使用者的风险率,它反映了把质量差的批错判为合格批的可能性大小。为什么会犯 α,β 错误呢?就是由于随机抽样的结果,抽样时出现了小概率事件。按国际惯例,一般规定生产方风险 α 为 5%,使用方风险 β 为 10%。

两种误判的可能性可以从抽检特性曲线上看出来。一个较好的抽检方案应该由生产方和使用方共同协商,对 p_0 和 p_1 进行通盘考虑,使生产者和使用者的利益都受到保护。

4. 抽样方案中诸因素对 OC 曲线的影响

OC 曲线与抽样方案 (N,n,A_c) 是一一对应的。因此,当 N,n,A_c 变化时,OC 曲线必然随着变化。OC 曲线越接近理想曲线时,抽样检验方案对批质量好坏的辨别能力越强。OC 曲线越陡,抽样检验方案越严格,OC 曲线越平,抽样检验方案越松。以下讨论 OC 曲线怎样随着 N,n,A_c 3个参数之一的变化而变化。

(1) 当 n,A_c 不变,N 变化时。

图 4.9 从左至右分别是 3 个抽检方案 $(50,20,0)$、$(100,20,0)$、$(1\,000,20,0)$ 所对应的 3 条 OC 曲线,从图中看出,批量大小对 OC 曲线影响不大,所以当 $N/n \geqslant 10$ 时,就可以采用不考虑批量影响的抽检方案,因此,我们可以将抽检方案简单地表示为 (n,A_c)。但这决不意味着抽检批量越大越好,因为抽样检验总存在着犯错误的可能,如果批量过大,一旦拒收,则给生产方造成的损失就很大。

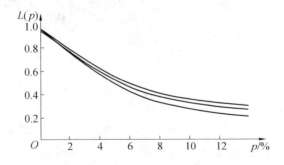

图 4.9 n,A_c 不变,N 变化对 OC 曲线的影响

(2) 当 N,A_c 不变,n 变化时。

图 4.10 从左至右分别是合格判定数为 2,而样本大小 n 分别为 200,100,50 时所对应的 3 条 OC 曲线,从图 4.10 中看出,当 A_c 一定时,样本大小 n 越大,OC 曲线

越陡,抽样方案越严格。

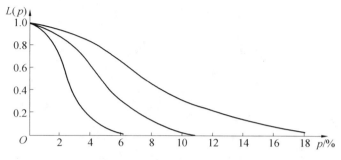

图 4.10　当 N, A_c 不变,n 变化对 OC 曲线的影响

(3) 当 N,n 不变,A_c 变化时。

图 4.11 从左至右分别是当 $n=100$,A_c 分别为 2,3,4,5 时所对应的 OC 曲线。从图 4.11 中看出,当 n 一定时,合格判定数 A_c 越小,则 OC 曲线倾斜度就大,抽样方案越严格。

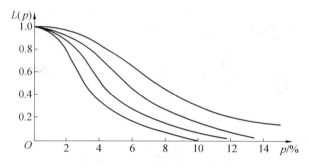

图 4.11　N,n 不变,A_c 变化对 OC 曲线的影响

【例 4.5】　某企业在对其某型产品进行检验时感到检验规范中的抽样方案 1(20,0) 的样本量过大,检验成本过高,经与顾客代表协商,增大 AQL 值,减少样本量,采用抽样方案 2(5,0),降低了检验成本。产品批量 $N=125$,试对两方案进行比较和评价。

解　两抽样方案中产品批量 $N=125$,利用二项分布计算公式分别计算对应于不同不合格品率时的接收概率,然后做出 OC 曲线,如图 4.12 所示。

从图 4.12 两条曲线可以看出,在同一质量水平 p 值下,方案 1 对应的接收概率要小于方案 2 对应的接收概率,可以说方案 1 比方案 2 严格。这与前面提到的样本量对 OC 曲线的影响分析是一致的,即接收数 A_c 不变,样本量增加,曲线变陡,方案变严格。这里所说的严是对生产方而言,但对使用方是有利的。

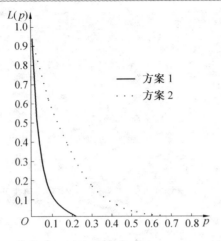

图 4.12　两种方案的 OC 曲线

计算出两方案的 OR 值，$OR_1=42$，$OR_2=36.1$，由于 $OR_2<OR_1$，因此可以说方案 2 的鉴别力高于方案 1。

为比较两种方案风险，设 $p_0=0.01$，$p_1=0.1$，两个方案的两种风险见表 4.3。

从理论上讲，当固定 p_0，p_1 时，α，β 越小的方案就越好。但从数理统计角度看，β 很小时，样本量 n 将非常大。因此，使用方不能强求 $\alpha=\beta$ 或 $\beta\leqslant\alpha$。使用方承担的真实风险完全依赖于提供产品的质量，当有足够理由证明产品质量很好时，使用方承担的风险是很小的。因此，使用方应把注意力放在生产方的质量管理体系的功能上，以减小使用方风险。

表 4.3　两方案 α 与 β 的比较

方案	n	$L(p_0)$	α	β
1	20	0.82	$\alpha_1=0.18$	$\beta_1=0.12$
2	5	0.95	$\alpha_2=0.05$	$\beta_2=0.59$

对于逐批连续生产，是在生产方已具备了成批生产合格产品的情况下投产的，所以制定抽样方案时优先考虑保护生产方。根据以上原则，$\alpha_2<\alpha_1$，因此，应选择方案 2。

综上分析，应选择抽样方案 2。

4.4 抽样检验应用

4.4.1 计数标准型抽样检验概述

1. 计数标准型抽样检验特点

计数标准型抽检方案是最基本的抽检方案。所谓标准型抽样检验,就是同时严格控制生产方与使用方的风险,按供需双方共同制订的 OC 曲线所进行的抽样检验,即它同时规定对生产方的质量要求和对使用方的质量保护。我国对于计数标准型抽样检验的国家标准为 GB/T 13262—2008《不合格百分数的计数标准型一次抽样检验程序及抽样表》,标准适用于来源不明、不了解以往的质量情况的孤立批的检验,企业的外购、外协件的检验和从流通领域购入的产品的检验,特别适用于对大批量的抽样检验。该标准规定的符号列在表 4.4 中。

表 4.4 标准 GB/T 13262-2008 中规定的符号

符号	定义	符号	定义
n	样本量	α	生产方风险
p_0	生产方风险质量	β	使用方风险
p_1	使用方风险质量	A_c	合格判定数

标准所设计的抽样方案尽力保证判定不合格品率大于或等于 p_1 的批不合格,其接收概率 $L(p_1)=\beta$;不合格品率小于或等于 p_0 的批尽量合格,其拒收概率 $\alpha=1-L(p_0)$。该标准规定 $\alpha=0.05, \beta=0.1$。

计数标准型抽样检验方案的特点是:

(1) 通过选取相应于 p_0, p_1 的 α, β 值,同时满足供需双方的要求,对双方提供保护。

(2) 不要求提供检验批验前资料(如制造过程的平均不合格品率),因此,它适合于对孤立批的检验。

(3) 同时适用于破坏性检验和非破坏性检验。

(4) 对拒收的检验批未提出处理要求。

(5) 由于同时对双方实施保护,在同等质量要求的条件下,所需抽取的样本量较大。

2. 抽样检验步骤

(1) 确定单位产品的质量特性。

一个单位产品往往有多个检测项目，在技术标准或合同中，必须对单位产品规定需抽检的质量特性，以及该质量特性合格与否的判定准则。

(2) 规定质量特性不合格的分类与不合格品的分类。

一般将产品质量特性的不合格划分为 A 类、B 类及 C 类 3 种类别。例如：螺钉的直径不合格为 A 类不合格、长度不合格为 B 类不合格、螺纹不合格为 C 类不合格。

(3) 确定生产方风险质量与使用方风险质量。

对批量生产的产品，在产品技术标准中应规定对产品的批质量要求（合格质量水平）。

生产方风险质量应根据产品技术标准中对批质量的要求，由生产方和使用方协商确定；一般来说，生产方风险质量应等于合格质量水平。对不同的不合格品类别，应分别规定不同的生产方风险质量。对 A 类不合格品规定的生产方风险质量应小于对 B 类不合格品规定的生产方风险质量；C 类不合格品规定的生产方风险质量应大于对 B 类不合格品规定的生产方风险质量。

使用方风险质量应根据技术标准中对批质量的要求，综合考虑对使用方的保护、抽样的经济性等因素，由生产方和使用方协商确定。对不同的不合格品类别，应分别规定不同的使用方风险质量。一般对 A 类不合格品规定的使用方风险质量要小于对 B 类不合格品规定的使用方风险质量；对 C 类不合格品规定的使用方风险质量要大于对 B 类不合格品规定的使用方风险质量。

(4) 组成检验批。

如何组成检验批，对于质量保证有很大的影响。检验批应由同一种类、同一规格型号、同一质量等级，且工艺条件和生产时间基本相同的单位产品组成，它可以与投产批、销售批、运输批相同或不同，但一般按包装条件及贸易习惯组成的批，不能直接作为检验批。

批量越大，单位产品所占的检验费用的比例就越小，但一旦发生错判，则损失将会非常惨重。因此，当过程处于稳定状态时，批量应取得大些；当过程处于不稳定状态时，尽可能将批分得小些；当无法判断过程的稳定性时，应先形成小批，通过若干批小批的抽检，把有关过程的信息收集起来，判断过程是否处于稳定状态，再决定组成大批还是小批。

(5) 检索抽样方案。

根据事先规定的 p_0，p_1 值，查附表 2，从 p_0 栏和 p_1 栏相交处读取抽样方案，相交处给出两个数值左侧的数值为样本大小 n，右侧的数值为合格判定数 A_c。按上述检索方法，如果样本大小超过批量，应进行全数检验，但 A_c 值不变。当批量不超过 250，且样本大小与批量的比值大于 10% 时，由于 GB/T 13262 检索出的抽样方案是近似的，应慎重使用。也可按 GB/T 13264《不合格品率的小批计数抽样检查程序及抽样表》中规定的方法确定抽样方案。

例如，规定 p_0 为 1.05%，p_1 为 3.00% 时，求抽样方案。查附表 2，以 p_0 为 1.05% 所在的行和 p_1 为 3.00% 所在的列的相交处查到(435,8)，即样本大小为 435，合格判定数为 8。

又如，规定 p_0 为 0.37%，p_1 为 1.70% 时，求抽样方案。从附表 2 中 p_0 为 0.356~0.400 的行，p_1 为 1.61~1.80 的列的相交处查到(490,4)，即样本大小为 490，合格判定数为 4。

(6) 样本的抽取。

样本应从整批中随机抽取，可在批构成之后或在批的构成过程中进行。

(7) 检验样本。

按技术标准或合同等有关文件规定的试验、测量或其他方法，对抽取的样本中每一个单位产品逐个进行检验，判断是否合格，并且统计出样本中的不合格品总数。

(8) 批的判断。

根据样本检验的结果，若在样本中发现的不合格品数小于或等于合格判定数，则接收该批。若在样本中发现的不合格品数大于合格判定数，则拒收该批。

(9) 检验批的处置。

判为接收的批，订货方应予整批接收，并剔除样本中的不合格品；同时允许采购方在协商的基础上向供方提出某些附加条件。如果批已被接收，使用方有权不接收发现的任何不合格品，而不管该产品是否构成样本的一部分。

若对抽样检验的结果有异议可进行复检，在复检时可以进行全检，通过全检可得到批的实际质量水平，当批的实际质量水平劣于合格质量水平时，该批是不合格批；当批的实际质量水平优于合格质量水平时，该批是合格批。

【例 4.6】 某公司欲购进一批轴承，与供应商商定采用 GB/T 13262 进行进货抽样检验，试确定抽样方案及程序。

(1) 经供需双方商定按向心球轴承的技术标准规定单位产品的质量特性。

确定的单位产品质量特性为：内圈内径、外圈外径、内圈径向跳动、外圈径向跳动、内圈端面跳动、径向游隙、外观质量。

(2) 对质量特性进行不合格分类。

① A 类不合格：内圈径向跳动不合格。

② B 类不合格：内圈内径不合格、外圈外径不合格、外圈径向跳动不合格、内圈端面跳动不合格、径向游隙不合格。

③ C 类不合格：外观质量不合格。

(3) 供需双方协商确定 p_0 和 p_1。

① A 类不合格：$p_0=0.9\%$，$p_1=5\%$。

② B 类不合格：$p_0=1.5\%$，$p_1=7\%$。

③ C 类不合格：$p_0=2.5\%$，$p_1=9.3\%$。

(4) 检索抽样方案。

根据计数标准型一次抽样检验标准 GB/T 13262—2008，检索抽样方案。A 类不合格：(145,3)；B 类不合格：(120,4)；C 类不合格：(84,4)。

(5) 随机抽取样本，进行样本检验。

① 检验 A 类不合格。

按技术标准的要求选用规定的内径量表按规定做法对随机抽取的 145 件单位产品逐个测量，记录样本不合格品数。

② 检验 B 类不合格。

对 B 类不合格 5 项逐项逐件测量。此时 $n=120$ 是从 145 件中随机抽取的，并分别记录样本中检出的不合格品数。

③ 检验 C 类不合格。

对 C 类不合格的外观质量进行目测并记录不合格品数。此时样本 $n=84$ 是从 120 件中随机抽取的。

(6) 批质量判断与处理。

针对上述 7 项质量特性中检出的不合格品数 d 与抽样方案的合格判定数对比：$d \leqslant A_c$ 判批接收；$d > A_c$ 判批拒收。

内圈径向跳动 $d=2<3$，判批接收；内圈内径 $d=2<4$，判批接收；外圈外径 $d=1<4$，判批接收；外圈径向跳动 $d=0<4$，判批接收；内圈端面跳动 $d=3<4$，判批接收；径向游隙 $d=5>4$，判批拒收；外观质量 $d=1<4$，判批接收。

上述 7 项中有 6 项判批接收，有 1 项判批拒收，则最终判该批拒收（若上述 7 项全部判批接收，则最终判批接收）。

4.4.2　计数调整型抽样检验概述

1. 计数调整型抽样检验特点

所谓调整型抽样检验是指根据已检验过的批质量信息,随时按一套规则"调整"检验的严格程度的抽样检验过程。当生产方提供的产品正常时,采用正常检验方案进行检验;当产品质量下降或生产不稳定时,采用加严检验方案进行检验,以免第Ⅱ类错判概率 β 变大;当产品质量较为理想且生产稳定时,采用放宽检验方案进行检验,以免第Ⅰ类错判概率 α 变大。这样可以鼓励生产方加强质量管理,提高产品质量的稳定性。调整型抽样检验较多地利用了抽样检验结果的历史资料,因此在对检验批质量提供同等鉴别能力时,所需抽取的样本量要少于标准型抽样检验,且能较好地协调供需双方各自承担的抽样风险。计数调整型抽样检验方案主要适用于连续批的检验,是目前使用最广泛、理论上研究得最多的一种抽样检验方法。

我国现行的计数调整型抽样检验标准是 GB/T 2828.1—2003《按接收质量限 (AQL) 检索的逐批检验抽样计划》。GB/T 2828.1 是抽样检验国家标准中涉及面最宽、应用最广泛的一种抽样检验方法,其特点及适用范围见表 4.5。

表 4.5　GB/T 2828.1 的特点与适用范围

特点	适用范围	注意事项
(1) 规定了正常、加严、放宽一组抽样检验方案及转移规则并同时使用。能根据已检验的前面连续批的质量情况调整宽严程度,保证产品质量 (2) 能同时保护供需双方的利益。当发现质量变差,通过转移到加严检验或暂停检验对使用方提供保护;一旦达到一致好的质量,经负责部门决定转移到放宽检验,对生产方提供一种保护和激励 (3) 进行不合格分类,按不合格类别选择 AQL (4) 批量和样本量之间有一定的关系。这种关系不是建立在严格计算的基础上,而是考虑了风险和经济要求 (5) 给出了 1 次、2 次、5 次抽样方案供选择,以减少检验费用	(1) 连续批产品 (2) 进厂原材料、外构件、出厂成品、工序间在制品交接 (3) 库存品复检 (4) 工序管理和维修操作 (5) 一定条件下的孤立批	(1) 抽样方案与转移规则必须同时使用,重在调整。单独使用本标准的一种方案达不到标准所设计的检验效果 (2) 当用于孤立批检验无法进行方案宽严度调整时,在选择抽样方案时,应特别注意使用方风险质量,否则将会增大使用方风险

2. 接收质量限

(1) 接收质量限的含义。

接收质量限（AQL）是指当一个连续系列批被提交验收抽样时，可允许的最差过程平均质量水平，即在抽样检验中，认为满意的连续提交批的过程平均的上限值。它是控制最大过程平均不合格品率的界限，是对批质量指标的规定，是计数调整型抽样方案的设计基础。

AQL 是对所希望的生产过程的一种要求，是描述过程平均质量的参数，不应把它与生产方生产过程的实际作业水平相混淆。

AQL 是可接收的和不可接收的过程平均的分界线。当生产方提供的产品批过程平均优于 AQL 值时，抽样方案应保证绝大部分的产品批抽检合格。当生产方提供的产品批过程平均劣于 AQL 值时，则转换用加严检验；若拒收比例继续增加那就要停止检验。当然，因为 AQL 是平均质量限，所以只规定 AQL 并不能完全保证接收方不接收质量水平比 AQL 差的产品批。但从长远来看，使用方会得到平均质量等于或优于 AQL 的产品批。可见，计数调整型抽样检验就是把重点放在长期平均质量保证上，而不是针对各个批的质量保证。

AQL 是制定抽样方案的重要参数，可用于检索抽样方案，也是对生产方进行质量认证时的关键参数。

(2) AQL 的确定。

确定 AQL 时，应考虑对生产方的认知程度（如过程平均、质量信誉）、使用方的质量要求（如性能、功能、寿命、互换性等）、产品复杂程度、产品质量不合格类别、检验项目的数量和经济性等因素。常用方法有：

① 根据过程平均确定。

根据生产方近期提交的初检产品批的样本检验结果对过程平均的上限加以估计，与此值相等或稍大的标称值如能被使用方接受，则以此作为 AQL 值。此种方法大多用于品种少、批量大，而且质量信息充分的场合。

② 按不合格类别确定。

对于不同的不合格类别的产品，分别规定不同的 AQL 值。越是重要的检验项目，验收后的不合格品造成的损失越大，越应指定严格的 AQL。原则上，A 类不合格的 AQL 值要小于 B 类不合格的 AQL 值，C 类不合格的 AQL 值要大于 B 类不合格的 AQL 值。另外，也可以考虑在同类中对部分或单个不合格再规定接收质量限,也可以考虑在不同类别之间再规定接收质量限。

③ 根据检验项目数确定。

同一类的检验项目有多个(如同属 B 类不合格的检验项目有 3 个)时,AQL 值的规定值应比只有一个检验项目时的规定值要适当大一些。

④ 根据产品本身的特点来确定。

对一些结构复杂的产品或缺陷只能在整机运行时才能被发现的产品,AQL 应规定得小些;产品越贵重,不合格造成的损失越大,AQL 应越小。另外,对同一种电子元器件,一般用于军用设备比用于民用设备所选的 AQL 值应小些。

⑤ 根据检验的经济性来确定。

对一些破坏性检验,检验费用比较高或检验时间比较长的检验,为了减小样本量,AQL 应规定得小些。

应当指出,迄今还没有一种十全十美、能适用于一切不同场合的确定 AQL 的方法。

此外,应注意的是,AQL 的值并不是可以任意取的,在计数调整型抽样方案中,AQL 值共有 26 档。当 $AQL \leqslant 10$ 时,对计件、计点值均适用,即 AQL 可以是每百单位不合格品数,也可以每百单位产品不合格数;但 $AQL > 10$ 时,则只能适用于计点值,即 AQL 只能是每百单位产品不合格数。也就是说,对于计件值数据,AQL 可使用 0.010 至 10 共 16 档,对计点值数据,AQL 可以使用 0.010 至 1 000 共 26 档。如:在计件数据场合,$AQL = 0.010$ 表示合格批的不合格品率的上限值允许为 0.010%;在计点数据场合,$AQL = 400$ 表示每 100 个单位产品缺陷数的上限值为 400 个或平均每个单位产品中缺陷数为 4 个。

3. 检验水平

(1) 检验水平的含义。

检验水平(IL)明确了批量 N 与样本量 n 之间的关系。抽样检验中,检验水平用于表征判断能力,检验水平高,判断能力强,即优于或等于 AQL 质量批的接收概率将有所提高,劣质批的接收概率将有明显的降低。但要注意,检验水平越高,检验样本量越大,检验费用也相应提高。

GB/T 2828.1 标准规定了两类 7 种检验水平,一类是一般检验水平,共有 3 种:Ⅰ,Ⅱ,Ⅲ;另一类是特殊检验水平,共有 4 种:S-1,S-2,S-3,S-4。按照 S-1,S-2,S-3,S-4,Ⅰ,Ⅱ,Ⅲ 的顺序,当批量 N 一定时,样本量 n 逐渐增大,因此,对批产品质量的鉴别能力也逐渐增强。

一般检查水平中，Ⅱ为正常检查水平。特殊检验水平所抽取的样本量较小，仅适用于必须用较小的样本而且允许有较大错判风险的场合。

计数调整型抽样方案中，检验水平的设计原则是：如果批量增大，样本大小一般也随之增大，但不是成比例地增大，而是大批量中样本量所占的比例要比小批量中样本量所占的比例小。在计数调整型抽样方案中，检验水平Ⅰ、Ⅱ、Ⅲ的样本量比约为0.4∶1∶1.6。表4.6给出检验水平的批量与样本大小之间的关系。

（2）检验水平的选择。

选择检验水平应考虑以下几点：

① 产品的复杂程度与价格。构造简单、价格低廉的产品的检验水平应低些，检验费用高的产品应选择低检验水平。

② 破坏性检验宜选低检验水平或特殊检验水平。

表4.6 检验水平的批量与样本大小之间的关系（一次正常检验）

$\dfrac{n}{N}/\%$	N						
	S-1	S-2	S-3	S-4	Ⅰ	Ⅱ	Ⅲ
≤50	≥4	≥4	≥4	≥4	≥4	≥4	≥10
≤30	≥7	≥7	≥7	≥7	≥7	≥27	≥167
≤20	≥10	≥10	≥10	≥10	≥10	≥160	≥625
≤10	≥20	≥20	≥30	≥50	≥50	≥1 250	≥2 000
≤5	≥60	≥60	≥100	≥260	≥640	≥4 000	≥63 000
≤1	≥300	≥500	≥1 300	≥3 200	≥12 500	≥50 000	≥80 000

③ 生产的稳定性差或新产品应选高检验水平。

④ 保证用户的利益，如：要使大于AQL的劣质批尽量不合格，则宜选高检验水平。

⑤ 批与批之间的质量差异性。批间的质量差异性小并且以往的检验总是被判合格的连续批产品，宜选低检验水平。

⑥ 当批内质量波动比标准规定的波动幅度小，可采用低检验水平。

另外，在选取检验水平和AQL值时，应避免AQL同检验水平的不协调，如在检验水平为特殊水平S—1的情况下，字码不超过D，而与字码D相对应的一次正常检验的样本量为8，若规定AQL为0.1，其样本量为125，此时指定的S—1无效。

4. 检验严格度与转移规则

所谓检验的严格度是指交验批所接受检验的严格程度。GB/T 2828.1 规定有 3 种不同严格度的检验:正常检验、加严检验和放宽检验。正常检验的设计原则是:当过程质量优于 AQL 时,抽样方案应以很高的接收概率接收检验批,以保护生产方的利益。而加严检验是为保护使用方的利益而设立的。一般情况下,加严检验的样本量与正常检验的样本量相同而降低合格判定数,加严检验是带强制性的。放宽检验的设计原则是:当批质量一贯很好时,为了尽快得到批质量信息并获得经济利益,以减少样本量为宜。放宽检验的样本量一般为正常检验样本量的 40%。

在使用抽样方案时,3 种检验之间的转移规则如下:

(1) 从正常检验转到加严检验。

计数调整型抽样方案标准规定:抽样检验一般从正常检验开始时,只要初检(即第一次提交检验,而不是不合格批经过返修或挑选后再次提交检验)批中,连续 5 批或不到 5 批中就有 2 批不合格,则应从下批起转到加严检验。

(2) 从加严检验转到正常检验。

进行加严检验时,如果连续 5 批初次检验合格,则从下批起恢复正常检验。

(3) 从正常检验转到放宽检验。

从正常检验转为放宽检验必须同时满足下列 3 个条件,缺一不可。

① 当前的转移得分至少是 30 分;

② 生产稳定;

③ 负责部门认为放宽检验可取。

对于一次抽样方案转移得分的计算规则是:除非负责部门另有规定,在正常检验一开始就应计算转移得分。在正常检验开始时,应将转移得分设定为 0,而在检验完每个批后应更新转移得分。当合格判定数等于或大于 2 时,如果当 AQL 加严一级(即使用 AQL 值降低一级的抽样方案)后该批被接收,则转移得分加 3 分;否则将转移得分重新设定为 0。当合格判定数为 0 或 1 时,如果该批被接收,则给转移得分加 2 分;否则将转移得分重新归为 0。

例如,当使用字码为 J 和 $AQL=1.0$ 的一次正常抽样方案(80,2)进行验收,AQL 加严一级的值为 0.65,则字码 J 和 $AQL=0.65$ 的一次正常抽样方案为(80,1)。若样本中不合格品为 0 或 1,接收该批产品,转移分数加 3 分;如果样本中不合格品数为 2,则该批产品合格,接收该批产品,但使用 AQL 加严一级抽样方案判断不符合要求,因此转移分数归为 0 分;如样本中不合格品数大于 2,则不接收该批产品,且转移分数归为 0。

对于二次和多次抽样方案转移得分的计算规则为:当使用二次抽样方案时,如果该批在检验第一个样本后被接收,给转移得分加 3 分,否则将转移得分重新设定为 0;当使用多次抽样方案时,如果该批在检验第一个样本或第二个样本后被接收,给转移得分加 3 分,否则将转移得分重新设定为 0。

(4) 从放宽检验转到正常检验。

进行放宽检验时,如果出现下面任何一种情况,就必须转回正常检验:

① 1 批放宽检验不合格;

② 生产不稳定或延迟;

③ 认为应恢复正常检验的其他情况。

(5) 暂停检验。

进行加严检验时,如果不合格批累计达到 5 批,应暂时停止检验,只有在采取了改进产品质量的措施之后,并经主管部门同意,才能恢复检验。此时,应从加严检验开始。计数调整型抽样方案的转移规则示意图如图 4.13 所示。

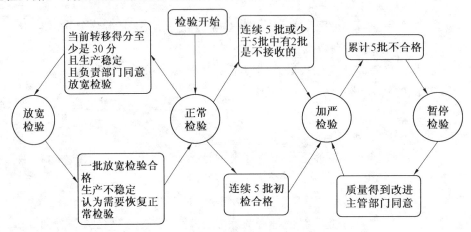

图 4.13 计数调整型抽样方案转移规则

5. 计数调整型抽样方案的使用步骤

根据计数调整型抽样方案规定,抽样标准的使用程序如下:

(1) 确定质量标准和不合格分类。

(2) 规定判断单位产品是否合格的质量标准。

(3) 确定接收质量限 AQL。

(4) 确定检验水平 IL。

(5)选择抽样方案类型。
(6)组成检验批。
(7)规定检验的严格度。
(8)检索抽样方案,主要根据样本大小字码、AQL 值、抽样类型,以及检验的宽严程度确定检索抽样方案应使用的抽样检验表,用交叉检索法在抽样表上查找抽样方案。抽样字码见表 4.7。

表 4.7 抽样字码表

批量范围 N	特殊检查水平				一般检查水平		
	S—1	S—2	S—3	S—4	Ⅰ	Ⅱ	Ⅲ
2～8	A	A	A	A	A	A	B
9～15	A	A	A	A	A	B	C
16～25	A	A	B	B	B	C	D
26～50	A	B	B	C	C	D	E
51～90	B	B	B	C	C	E	F
91～150	B	B	C	D	D	F	G
151～280	B	C	D	E	E	G	H
281～500	B	C	D	E	F	H	J
501～1 200	C	C	E	F	G	J	K
1 201～3 200	C	D	E	G	H	K	L
3 201～10 000	C	D	F	G	J	L	M
10 001～35 000	C	D	F	H	K	M	N
35 001～150 000	D	E	G	J	L	N	P

(9)抽取样本。
(10)样本的测量与记录。
(11)判断批合格与否。
(12)不合格批的处置。计数调整型抽样方案中规定了不合格批的再提交,供货方在对不合格批进行 100% 检验的基础上,将发现的不合格品剔除或修理好后,允许再次提交检验。除非造成批不合格的原因是由于某个或某些不可修复的不合格的出现,可能导致整批产品报废,如:家用电器的绝缘性能不符合技术要求,烟花爆竹存在不可修复的致命不合格等。否则，批不合格并不意味着整批报废。

【例 4.7】 某产品采用计数调整型抽样方案检验，批量为 1 000，$AQL=4$，检验水平为 Ⅱ，检索执行正常、加严和放宽检验的一次抽样方案。

解 从表 4.7 中，在 $N=1\,000$ 和检验水平 Ⅱ 的交汇处找到字码 J；再根据 J、AQL 的值用附表 3（正常检查一次抽样方案表）检索出一次抽样方案为（80,7）。即从 1 000 台该产品中，随机抽取 80 个进行检验，如果被检验的 80 个产品中的不合格品数 $d\leqslant 7$，则 1 000 台产品全部接收；若被检验的 80 个产品中的不合格品数 $d\geqslant 8$，则 1 000 台产品全部拒收。

如果进行的是加严检验，则查附表 4 可知加严检验的抽样方案为（80,5,6）。即从 1 000 台该产品中，随机抽取 80 个进行检验，如果被检验的 80 个产品中的不合格品数 $d\leqslant 5$，则 1 000 台产品全部接收；若被检验的 80 个产品中的不合格品数 $d\geqslant 6$，则 1 000 台产品全部拒收。

如果执行的是放宽检验，则查附表 5 可知放宽检验的抽样方案为（32,5,6）。即从 1 000 台该产品中，随机抽取 32 个进行检验，如果被检验的 32 个产品中的不合格品数 $d\leqslant 5$，则 1 000 台产品全部接收；若被检验的 32 个产品中的不合格品数 $d\geqslant 6$，则 1 000 台产品全部拒收。

【例 4.8】 对批量为 4 000 的某产品，采用 $AQL=1.5$，检验水平为 Ⅲ 的一次正常检验，连续 25 批的检验记录见表 4.8，试探讨检验的宽严程度及结果。

表 4.8　检验记录

批号	抽样方案				检验结果		
	N	n	A_c	R_e	不合格品数	批合格与否	结论
1	4 000	315	10	11	7	合格	接收
2	4 000	315	10	11	2	合格	接收
3	4 000	315	10	11	4	合格	接收
4	4 000	315	10	11	11	不合格	拒收
5	4 000	315	10	11	9	合格	接收
6	4 000	315	10	11	4	合格	接收
7	4 000	315	10	11	7	合格	接收
8	4 000	315	10	11	3	合格	接收
9	4 000	315	10	11	2	合格	接收

第4章 质量检验理论与方法

续表 4.8

批号	抽样方案				检验结果		
	N	n	A_c	R_e	不合格品数	批合格与否	结论
10	4 000	315	10	11	12	不合格	拒收
11	4 000	315	10	11	8	合格	接收
12	4 000	315	10	11	11	不合格	拒收
13	4 000	315	8	9	7	合格	接收
14	4 000	315	8	9	8	合格	接收
15	4 000	315	8	9	4	合格	接收
16	4 000	315	8	9	9	不合格	拒收
17	4 000	315	8	9	3	合格	接收
18	4 000	315	8	9	5	合格	接收
19	4 000	315	8	9	3	合格	接收
20	4 000	315	8	9	1	合格	接收
21	4 000	315	8	9	6	合格	接收
22	4 000	315	10	11	7	合格	接收
23	4 000	315	10	11	2	合格	接收
24	4 000	315	10	11	5	合格	接收
25	4 000	315	10	11	3	合格	接收

解 从正常检验开始,第 4 批和第 10 批遭拒收,但未造成转换为加严检验条件。从第 8 批起到第 12 批为止的连续 5 批中有 2 批不合格,符合转换为加严检验的条件。因此从第 13 批开始由正常检验转为加严检验。从第 17 批起到第 21 批为止的连续 5 批加严检验合格,因此从第 22 批开始由加严检验恢复为正常检验。

【例 4.9】 同例 4.8,如果连续 25 批的检验结果见表 4.9,请重新探讨检验的宽严程度及结果。

表 4.9　检验记录

批号	抽样方案				检验结果		
	N	n	A_c/A_{cj}	R_e	不合格品数	转移得分	结论
1	4 000	315	10/7	11	6	3	接收
2	4 000	315	10/7	11	9	0	接收
3	4 000	315	10/7	11	5	3	接收
4	4 000	315	10/7	11	6	6	接收
5	4 000	315	10/7	11	9	0	接收
6	4 000	315	10/7	11	4	3	接收
7	4 000	315	10/7	11	3	6	接收
8	4 000	315	10/7	11	4	9	接收
9	4 000	315	10/7	11	3	12	接收
10	4 000	315	10/7	11	5	15	接收
11	4 000	315	10/7	11	5	18	接收
12	4 000	315	10/7	11	4	21	接收
13	4 000	315	10/7	9	3	24	接收
14	4 000	315	10/7	9	3	27	接收
15	4 000	315	10/7	9	4	30	接收
16	4 000	125	5	6	2	—	接收
17	4 000	125	5	6	1	—	接收
18	4 000	125	5	6	2	—	接收
19	4 000	125	5	6	3	—	接收
20	4 000	125	5	6	3	—	接收
21	4 000	125	5	6	2	—	接收
22	4 000	125	5	6	3	—	接收
23	4 000	125	5	6	6	0	拒收
24	4 000	315	10/7	11	6	3	接收
25	4 000	315	10/7	11	6	6	接收

注：A_{cj} 为 AQL 加严一级后相应的正常检验方案的接收数

由表 4.9 可看出，从第一批正常检验开始，直到第 15 批，累计转移得分已达到

30 分,故在质量管理部门同意下,可以放宽检验。

6. 复合抽检特性曲线

抽检特性曲线可以用来衡量抽样方案的质量保证能力,在 GB/T 2828.1 中,只给出了一次正常检验的 OC 曲线,但是它们同样适用于二次和多次的正常检验,以及一次、二次和多次的加严检验。

调整型抽样方案是由转移规则把正常、加严、放宽 3 种抽样方案有机地结合起来,成为一个称为方案组的整体。通过较长时间对连续检验批进行验收之后,具有过程平均不合格品率为 p 的产品批,其接收概率应是这 3 种抽样方案综合作用的结果。这样一个方案组的抽检特性曲线与各个单独方案(正常、加严、放宽)的 OC 曲线不同,它是这三者特性的复合,称为复合抽检特性曲线,如图 4.14 所示。

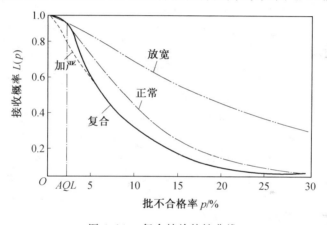

图 4.14 复合抽检特性曲线

从图 4.14 中可以看出,当产品过程质量稳定地处于 AQL 附近时,使用正常抽样方案以保护生产方的利益(α 风险较小),所以复合 OC 曲线与正常抽样方案的 OC 曲线相吻合。但根据转移规则认为过程质量劣于 AQL 时,就由正常检验转为 β 风险小的加严检验,给使用方提供足够的保护,因此复合 OC 曲线的尾部同加严抽样方案的 OC 曲线相吻合。而当产品批的实际质量在一段时间内远远小于 AQL 时,为了节省检验费用,检验由正常检验转为放宽检验,因而复合 OC 曲线在 $p \ll AQL$ 处同放宽抽样方案的 OC 曲线相吻合。

习 题

1. 为什么说质量检验是质量控制活动的一项重要内容?
2. 质量检验工作有哪几项职能?
3. 试述全数抽样和抽样检查的实施条件。
4. 什么叫调整型抽样方案?它的基本原理和特点是什么?
5. 何谓 OC 曲线,它与抽样方案有什么关系?什么是方案的鉴别能力?试作方案(10,3) 的 OC 曲线。
6. 抽样检验中会发生哪两种错误?为什么?
7. 利用 OC 曲线说明百分比抽样的不合理性。
8. 在购入产品检验中,指定 AQL 为 1.5,批量大小 $N=7\,300$,检验水平 Ⅱ,根据计数调整型抽样方案采用一次抽样检验,求一次正常、放宽、加严抽样方案。
9. 某零件的检验采用一次抽样方案,其中 $N=100, n=10, C=0$,已知检验批的不合格品率为 $p=0.05$,求方案的接收概率。
10. 对某产品的质量进行抽样检验,规定交验批不合格率 $p \leqslant 1\%$ 为合格批,若 $p \geqslant 4\%$ 为不合格批,又规定 $\alpha=5\%, \beta=10\%$,试求计数标准型一次抽样方案。
11. 某厂购入某产品,采用 GB 2828.1 二次抽样方案,批量为 $1\,000, AQL=4$,求检验水平为 Ⅱ 的正常、加严、放宽 3 个抽样方案。

第 5 章 设计过程质量管理

☞**学习目标**

◇ 了解设计质量管理的基本概念；

◇ 建立一种基于顾客满意要求的产品质量设计理念，掌握质量功能展开基本原理；

◇ 掌握试验设计的基本原理，会用试验设计方法确定质量设计或改进的最佳方案；

◇ 了解可靠性工程的发展，掌握系统可靠性分析计算方法。

【开篇案例】丰田神话的破灭

近年来，不时有消息报道某国汽车公司大规模召回某年生产的某些牌子型号的汽车，免费更换可能会出问题的零部件，这些行动的依据就是缺陷汽车产品召回制度。缺陷汽车产品召回制度是指汽车产品投放市场后，发现由于设计或制造方面的原因，存在某种不符合有关法规标准的缺陷，有可能导致人身安全及环境保护问题，汽车生产厂家必须及时向国家有关管理部门报告该产品存在的问题、原因及改进措施等，提出召回申请，经批准后对有关在用车辆进行改造，以消除事故隐患。

2010 年丰田召回事件占据了全球各大媒体的显著版面。铺天盖地的负面报道，使丰田汽车公司除了蒙受巨额经济损失之外，更陷入了前所未有的质量和诚信双重危机。

2009 年 8 月发生在美国的一次导致 4 人死亡的恶性交通事故是此次丰田"召回门"事件的导火索。经过美国媒体的轮番报道，丰田车的质量问题引发关注。政府部门介入，责令丰田公司对其汽车安全系统进行检查，短短几个月的时间里，丰田公司接连曝出油门踏板、驾驶座脚垫、刹车等部件存在缺陷，丰田连续宣布召回在全球发售的十几个旗下品牌的汽车，召回的问题车辆迄今已超过 850 万辆，成为有史以来最大的汽车召回案例。

召回事件使丰田汽车公司和产品陷入了严重的信任危机，影响了新车销量。在美国车市复苏的背景下，丰田在美国销量同比下降了 16%。自爆发"踏板门"事件以来,丰田股价跌幅达到22%,市值蒸发400亿美元。丰田遭受重创让其他日本汽车制造商忧心忡忡。本田汽车副总裁绀户光一说:"丰田是日本汽车的领跑者,我们担心对日本其他品牌产生影响。"其实,影响的不仅仅是日本产品的品牌,甚至是整个"日本制造"。

(资料来源:周口日报)

【思考题】

1. 丰田召回事件给我们什么启示?
2. 设计质量管理具有什么重要意义?

5.1 设计质量管理概述

产品质量关系到一个企业的荣誉,产品成本关系到一个企业的生存。在当今市场经济的大环境下,同行业企业之间的竞争直接表现为所生产的产品的竞争,而产品在市场上的竞争又直接取决于产品的质量和价格。因此,质量成本对一个企业而言至关重要。企业只有不断地进行质量成本管理创新,才能不断提高产品质量,控制产品成本,降低产品价格,提高市场竞争力。

设计质量是产品质量最核心、最关键的部分,直接决定产品质量。设计过程是产品质量最早的孕育过程,搞好生产前的设计工作是产品质量提高的前提。设计质量"先天"地决定设计对象的质量,在整个产品质量产生、形成过程中居于首位。设计质量是以后制造质量必须遵循的标准和依据,而同时又是最后使用质量必须达到的目标。如果是由于设计过程的质量管理薄弱、设计不周而铸成错误,这种"先天不足"必然带来"后患无穷",不仅严重影响产品质量,还会影响投产后的一系列工作,造成恶性循环。因此,设计质量管理是企业的全面质量体系中带动其他各个环节的首要一环,是全面质量管理的起点。

设计质量管理是使提出的设计方案能达到预期的目标并在生产阶段达到设计所要求的质量,是从设计的角度去考虑设计对象的功能、结构、造型、工艺、材料等方面的合理性,以追求设计作品的完美。人们对设计质量管理的重视是一个从认识到逐步深化的过程。例如:长期以来,大型综合型产品(如飞机、汽车)的研制和使用周期较长,产量较大,产品如暂时达不到设计性能,一般都是在漫长的生产过程中逐步加以改进解决。比如F—4飞机在135项设计问题中,设计定型中只解决了35%,有65%是在批量生产中解决的。随着科技的进步与现实需要,国外从20

世纪 70 年代开始强调,从开始的"硬件"(生产)质量管理逐步发展到"软件"(设计)质量管理,这一转变是建立在新的认识上,即产品研制过程是"软件"形成过程,最后的成品是"硬件",而这个硬件必须符合使用要求,体现它的是设计,是保证实现产品的一套设计技术规定和程序。

设计过程的质量管理是指根据产品设计的质量职能开展的质量管理活动。其任务是:保证设计工作质量,组织协调各阶段质量职能,以最短时间最少消耗完成设计任务。其内容包括:掌握市场调研结果,进行产品设计的总体构思;确定产品设计的具体质量目标;开展新技术的先行试验研究;明确产品设计的工作程序;进行早期故障分析;组织设计质量评审;根据质量水平确定目标成本;搞好产品试验验证;进行小批试制和产品鉴定;进行质量特性的重要性分级;加强设计过程的质量信息管理;加强设计文件管理。要保证产品的设计质量,使所设计的产品尽可能地满足用户的需求,就要使各设计阶段的质量损失尽可能地少。要做到这一点,就要采用一系列的相关工具和过程方法来支持产品设计全过程的设计质量控制,从用户需求出发,将用户的需求不失真地传递到设计过程的各个环节中去,实现正向的产品设计质量目标的正确分解、细化、落实与体现。从质量故障预防的角度出发,充分考虑、及时发现和解决潜在的质量问题,实现逆向的设计过程的分析与综合。设计过程质量管理与控制常采用质量功能展开(QFD)、故障模式影响分析(FEMA)、面向产品全生命周期的设计(DFX)、试验设计(DOE)、故障树分析(FTA)等技术与方法。

5.2 质量功能展开

5.2.1 质量功能展开的起源与发展

质量功能展开(Quality Function Deployment,QFD)产生于日本。1966 年,三菱重工神户造船厂针对产品可靠性,提出了质量表的雏形,随后,水野滋(Shigeru Mizuno)教授提出了狭义的 QFD;1972 年,日本三菱公司的神户造船厂使用了"质量表",分析如何把用户的需求转变为工程措施和设计要求;同年,日本山梨大学的赤尾洋二(Yoji Akao)教授撰写了《新产品开发和质量保证——质量展开系统》一文,论文中首次提出了质量展开的 17 个步骤。

1978 年 6 月,水野滋、赤尾洋二编写出版了《质量功能展开》一书,该书从全公司质量管理的角度介绍了 QFD 方法的主要内容。此后,质量功能展开经过了近十年的时间得到了广泛应用,从制造业发展到建筑业、医院、软件产业、服务业等。在总结各行业企业应用质量功能展开经验的基础上,赤尾洋二教授编写出版了《应用质量展开的实践》一书。到1994年,日本陆续出版发行了由赤尾洋二、大藤正及小野道照等质量管理专家编写的《质量展开入门》《质量展开法——质量表的制作和联系》《质量展开法——包括技术、可靠性、成本的综合展开》等书,从而建立起质量功能展开的理论框架和方法论体系。

从早期的QFD应用看,运用对象还限于不太复杂的行业,如:打火机、自动售咖啡机、点心"曲奇"等产品的开发。1983年QFD方法开始在美国传播,福特汽车公司于1985年率先采用该方法。1988年美国国防部发布DODD5000.51"全面质量管理"文件,在此文件中明确规定QFD为承制美军产品的厂商所必须采用的技术。美国民用产品行业、美国汽车工业界、供应商协会(ASI)积极引进QFD,将QFD作为减少质量波动、提高产品可靠性的技术方法之一。丰田公司于20世纪70年代采用了QFD以后,取得了巨大的经济效益,其新产品开发成本下降了61%,开发周期缩短了1/3,产品质量也得到了相应的改进。欧洲于20世纪80年代初也开始关注设计质量管理。世界上著名的公司如福特公司、通用汽车公司、克莱思勒公司、惠普公司、麦道公司、施乐公司、电报电话公司、国际数字设备公司及加拿大的通用汽车公司等也都相继采用了QFD。

20世纪90年代初期,熊伟教授和新藤久和教授发表的《日本质量机能展开的动向与今后的发展》一文,将质量功能展开首次引入我国。从1991年开始,熊伟教授作为日本科学技术联盟质量功能展开研究会的成员,参与了以创始人赤尾洋二教授为首的QFD研究活动,与新藤久和教授共同开拓了软件质量功能展开研究方向,并在第一届国际QFD研讨会上提出了QFD在软件中应用的理论模型与实现框架。新世纪以来,QFD技术已经在国内各界引起了广泛的重视。

在市场竞争越来越激烈的今天,如何抓住客户并真正做到以客户为中心是企业首先要考虑的重点,而以客户为中心就是:如何了解、识别客户的需求,并将这些需求转化到客户需要的产品或服务过程当中去满足客户。质量功能展开是把客户对产品的需求进行多层次的演绎分析,将客户需求转化为产品的设计要求、零部件特性、工艺要求、生产要求的质量策划、分析、评估的工具,用来指导产品的设计与质量保证。

从QFD的产生到现在,其应用已涉及汽车、家用电器、服装、集成电路、合成橡胶、建筑设备、农业机械、船舶、自动购货系统、软件开发、教育、医疗等各个领域。目前,QFD已成为先进生产模式及并行工程(CE)环境下质量保证最热门的研究领域。对企业提高产品质量、缩短开发周期、降低生产成本和增加顾客的满意程度有极大的帮助。

质量功能展开被引入我国时,其名称有的从日本直接引入,有的从英语翻译而来,还有的是从我国台湾和香港地区的译名而来。因此,质量功能展开目前在我国的名称有"质量功能展开""质量机能展开""品质功能展开""质量职能展开""质量功能配置""质量功能部署""质量功能与发展"等。

5.2.2 质量功能展开的基本概念

1. QFD 的定义

目前尚没有一个统一的 QFD 定义,但对 QFD 的一些认识是共同的,如将用户的要求变换成代用特性,确定产品的设计质量,然后经过各功能部件的质量,从而至各部分的质量和工序要素,对其中的关系进行系统地展开。它利用矩阵表这类工具,科学地将顾客的需求逐层展开为:

① 产品的设计要求(设计规格或规范);
② 分系统、零部件的设计要求;
③ 工艺要求;
④ 生产要求等。

然后采取加权评分的方法,对设计、工艺要求的重要性做出评定,并通过量化计算,找出产品的关键单元、关键部件、关键工艺,从而为应用优化设计这些"关键",提供方向和采取有力措施,最终保证产品开发和生产质量。因此,质量功能展开通过定义"做什么"(即顾客要求)和"如何做"(即质量特性),识别关键的质量特性,将顾客定义的质量要素注入产品或服务。

QFD 的最显著的特点是要求企业不断地倾听顾客的意见和需求,并通过合适的方法,采取适当的措施在产品形成的全过程中予以体现这些需求。QFD 是在实现顾客需求的过程中,帮助在产品形成过程中所涉及的企业各职能部门制定出各自相应的技术要求的实施措施,并使各职能部门协同地工作,共同采取措施保证和提高产品质量。QFD 的应用涉及了产品形成全过程的各个阶段,尤其是产品的设计和生产规划阶段。被认为是一种在产品开发阶段进行质量保证的方法。

总之,QFD 从质量的保证和不断提高的角度出发,通过一定的市场调查方法获取顾客需求,并采用矩阵图解法和质量屋的方法将顾客的需求分解到产品开发的各个过程和各个职能部门中去,以实现对各职能部门和各个过程工作的协调和统一部署,使它们能够共同努力,一起采取措施,最终保证产品质量,使设计和制造的产品能真正满足顾客的需求。故 QFD 是一种由顾客需求所驱动的产品开发管理方法。

2. QFD 的基本原理和核心思想

质量功能展开的基本原理就是用质量屋的形式,科学地将顾客的需求逐层展开为产品的设计要求、零件的设计要求、工艺要求和生产要求等。然后,采用加权评分的方法,对设计、工艺要求的重要性做出评定,量化分析顾客需求与工程措施间的关系度。经数据分析处理后,找出满足顾客需求贡献最大的工程措施,即关键措施,从而指导设计人员抓住主要矛盾,开展稳定性优化设计,最终保证开发和设计产品的质量,开发设计出顾客满意的产品。

质量功能展开与其说是一种方法,倒不如说它是一种系统管理思想在新产品开发中的体现。其核心思想是产品的开发从最初的可行性分析到生产都是以顾客需求为驱动,强调将顾客的需求明确地转变为产品开发的管理者、设计者、制造部门,以及生产计划部门等有关人员均能理解执行的各种具体信息,从而保证企业最终能生产出符合顾客需求的产品。

3. QFD 的特点

(1)质量功能展开方法的基本思想是"需要什么"和"怎么满足"。在这种对应形势下,顾客的需求不会被误解或丢失,产品的质量功能不会疏漏和冗余,这实际上也是一种企业经济资源的优化配置。

(2)在整个质量功能展开系统过程中,各个阶段都是将"顾客"需求转化为管理者和设计人员能明确了解的各种指标信息,减少产品从规划到产出各个环节的信息阻塞,从而实现产品的成本降低和质量提升,提高产品的竞争力。

(3)质量屋是建立质量功能展开的基础工具,是质量功能展开的精髓。典型的质量屋构成框架形式和分析求解方法不仅可以运用于新产品的研发,还可以运用于原有产品的改善等企业管理、产品设计的中间过程。

(4)质量功能展开的整个过程是以满足市场顾客需求为出发点的,每一个阶段的质量屋输入和输出都是"顾客"的需求驱动的。这也是市场经济规律在生产经营实际中的灵活应用,其目的是保证最大限度地满足市场顾客需求。

4. 质量功能展开的作用

QFD 是一种简单的、合乎逻辑的方法,有助于企业正确把握顾客的需求,也能够决定公司是否有力量成功地开拓市场。在产品开发过程中,实施 QFD 可以:

(1) 缩短研发周期,降低后期的设计更改。质量功能展开将顾客需求提前考虑到设计阶段,使得最终的产品提前考虑了市场顾客的需求,并具备顾客所希望的质量特性。因此,根据质量功能展开得到的关键质量特性生产的产品是符合市场需求的,能够降低因不满足市场需求而带来的后期设计修改。

(2) 将产品质量提升到设计阶段,降低了整个生产成本和管理成本。传统的产品设计并没有在最初设计阶段就考虑顾客需求,造成最终输出的产品与顾客期望的产品出现较大的偏差。质量功能展开克服了传统设计的不足,在整个生产链的前端就考虑了顾客需求,减少重新设计和后期返工等情况出现,从而降低成本。

(3) QFD有利于打破组织机构中部门间的功能障碍。QFD主要是由不同专业、不同观点的人来实施的,所以它是解决复杂、多方面业务问题的最好方法。但是实施QFD要求有献身和勤奋精神,要有坚强的领导集体和一心一意的成员,QFD要求并勉励使用具有多种专业的小组,从而为打破功能障碍、改善相互交流提供了合理的方法。

(4) QFD有助于优选方案。在实施QFD的整个阶段,人人都能按照顾客的要求评价方案。即使在第四阶段,包括生产设备的选用,所有的决定都是以最大限度地满足顾客要求为基础的。当做出一个决定后,该决定必须是有利于顾客的,而不是工程技术部门或生产部门,顾客的观点置于各部门的喜好之上。QFD方法是建立在产品和服务应该按照顾客要求进行设计的观念基础之上,所以顾客是整个过程中最重要的环节。

5.2.3 质量功能展开的体系结构

质量功能展开过程是通过一系列图表和矩阵来完成的,其中起到重要作用的是质量表(quality chart)。质量表最初是由三菱重工神户造船所提出并定义的:"质量表是将顾客需求的真正的质量以功能为中心进行体系化,并表示这些功能与作为代用特性的质量特性之间的关联的表。"现有质量表的定义是由赤尾洋二教授整理而成的:"质量表是将顾客需求的真正的质量,用语言表现,并进行体系化,同时表示它们与质量特性的关系,是为了把顾客需求变换成代用特性,进一步进行质量设计的表。"日本的质量表流入美国后,由于它的形状很像一座房屋,所以也被形象地称为质量屋,是一种形象直观的二元矩阵展开图表。

质量屋(House of Quality,HOQ)的概念是由美国学者J. R. Hauser和Don Clausing在1988年提出的。质量屋为将顾客需求转换为产品技术需求,以及进一步将产品技术需求转换为关键零件特性、将关键零件特性转换为关键工艺步骤和将关键工艺步骤转换为关键工艺/质量控制参数等 QFD 的一系列瀑布式的分解提供了一个基本工具。

质量屋结构如图 5.1 所示,一个完整的质量屋包括 7 个部分,即顾客需求及其权重、技术需求、关系矩阵、竞争分析、技术需求相关矩阵、技术需求重要度及目标值和技术评估。竞争分析和技术评估又都由若干项组成。质量屋的结构要素如下:

①左墙——顾客需求及其重要度;
②天花板——技术需求(设计要求或质量特性);
③房间——顾客需求与技术特性的关系矩阵;
④屋顶——技术需求的相关矩阵;
⑤地板——工程措施指标及重要度;
⑥右墙——市场竞争能力评估;
⑦地下室——技术竞争能力评估矩阵。

在实际应用中,视具体要求的不同,可以对结构灵活地进行剪裁或扩充。例如:有的可能不设置屋顶;有的竞争分析和技术评估这两部分的组成项目会有所增删等。

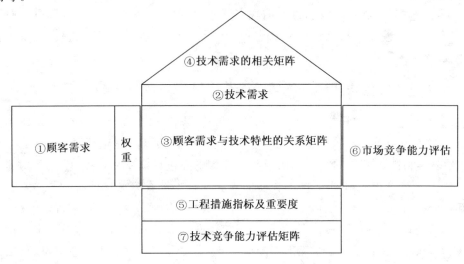

图 5.1　质量屋结构形式示意图

5.2.3.1 质量需求展开

1. 顾客需求的获取

顾客需求的获取是质量功能展开过程中最为关键也是最难的一步。是否能够及时地获取顾客需求即用户呼声(voice of customer, VOC), 以及所获取顾客需求是否全面、详尽、真实, 是成功实施和应用 QFD 的基础。由市场研究人员选择合理的顾客对象, 利用各种方法和手段, 通过市场调查, 全面收集顾客对产品的种种需求, 然后将其总结、整理并分类, 得到正确、全面的顾客需求, 以及各种需求的权重(相对重要程度)。在确定顾客需求时应避免主观想象, 注意全面性和真实性。

将顾客关于商品的信息(要求), 以文字形式进行的表述称为原始数据。而属性数据是指提出原始数据的顾客的特征(如年龄、性别等)。原始数据和属性数据的收集可以通过询问调查、面谈调查等客户市场的调查, 也可以采用顾客投诉、意见卡、公司内信息、行业新闻等信息, 但最重要的是要有把握顾客真正需求的态度。原始数据是否确实是顾客的原声, 按照属性数据它是以怎样的途径发生的, 这些情况的把握是获取顾客真正需求的关键。很多情况下, 来自营销人员的信息已经过营销人员大脑的变换, 而公司内推测的顾客需求很难说百分之百地代表了用户的心声, 因此, 为了得到顾客的原始要求, 最好实施市场调查。

(1) 顾客需求的获取, 必须按照正确的步骤和运用科学的方法。通常获取顾客需求有以下步骤:

①合理地确定调查对象。一般来说, 在开发新产品时应重点调查与开发产品类似的产品用户, 在对现有产品进行更新换代时, 应重点调查现有产品用户。在确定调查对象时, 还应考虑调查对象的地理位置分布、年龄结构、教育程度、家庭收入等因素, 因为这些因素都有可能会影响顾客需求。

②选择合适的调查方法。市场调查的方法很多, 必须根据调查对象、地点、人数等因素进行合理选择。在选择好调查方法后, 还要根据调查方法的要求做好充分的调查准备工作, 如: 调查人员的选择, 调查组织的建立, 调查程序的拟定, 调查表格的设计等。

③实施市场调查。按照选择的调查方法及设计的调查表格实施市场调查, 获取第一手的顾客需求信息。

④整理、分析顾客需求。对调查所取得的所有信息资料, 要进行"去粗取精, 去伪存真"和整理、分析工作, 以求全面地、真实地反映顾客需求。

(2) 市场调查方法。各种市场调查方法各有其优缺点, 必须对它们进行了解并结合实际情况进行适当地选择。常见的市场调查方法可以进行如下的归纳和分类。

①询问调查法。询问调查法是调查人员以询问为手段,从调查对象的回答中获得信息的一种方法。它在市场调查中是比较常用的方法,按传递询问内容的方式,以及调查者与被调查者接触的方式不同,又可分为当面询问、电话询问、邮寄询问和问卷询问等方法。

②面谈调查法。面谈调查法是调查人员直接面对被调查者通过面谈的形式了解情况,获得信息的方法。此法的优点是可当面确认被调查者的意见和要求,深入了解被调查者的现在需求和未来需求趋势。其缺点是调查成本较高,时间较长,对调查者要求高。此法适用于调查对象不多,但需要深入地了解情况的调查中。面谈调查也可以采取集体座谈的方式,由于众多的被调查者同时出席,往往可以互相启发,使调查者获得更多的信息。集体座谈一般包括8~12人。

③电话调查。电话调查是调查人员通过电话与被调查者交谈,从而获得顾客需求信息的方法。电话调查的优点是速度快、成本低。但其缺点是不能询问较复杂的问题。此法比较适用于探索性的初步调查,为今后进一步深入调查奠定基础。

④邮寄调查。邮寄调查就是将预先设计好的调查表邮寄给被调查者,由被调查者自行填写好后寄回。其优点是调查面广、成本低。缺点是回收率低,回收期长,容易产生偏差。

⑤留卷调查。即调查人将调查表当面交给调查对象,并对有关问题做适当解释说明,然后让调查对象自行填写,调查人约定日期取回。此法的优点是偏差小,受调查者主观影响小。其缺点是调查面不太广,成本也较高。

⑥观察调查法。观察调查法是调查人员在调查现场对调查对象的情况直接进行观察和写实,获取所需信息资料的一种调查方法。观察调查法根据其观察地点的不同又可分为柜台观察法和产品使用现场观察法。观察法的优点是调查较为客观,真实性高,受调查人员偏见影响小。其缺点是所获得的信息往往有一定局限性,很难了解到顾客真正的需求。

企业在具体运用各种调查方法时,要根据它们各自的特点、适用条件,结合调查的具体目的和要求,选择其中一种或几种合适的调查方法。

2. 顾客需求重要度的确定

对顾客需求按照性能(功能)、可信性(包括可用性、可靠性和维修性等)、安全性、适应性、经济性(设计成本、制造成本和使用成本)和时间性(产品寿命和及时交

第5章 设计过程质量管理

货)等进行分类。顾客对其需求的描述经常很长,为了便于在QFD矩阵中输入,必须对它们进行概括。原始情报本来是用户的声音,顾客或市场的需求是比较笼统、定性的,有些意见可能较片面,要尽可能完整、及时地收集第一手市场信息,进行整理、加工和提炼,形成系统、有层次、有条理、有前瞻性的顾客需求,将原始资料变换成要求质量。

进行质量要求的转换时,要从要求项目中抽取出用简洁语言表示的质量要求,表述时应注意以下几点:

①采用不包含两个以上意思的简洁表述。

②加入质量性表述。质量需求的表述避开"能做什么""想做什么",尽量以"是什么"进行表述。

③不能包含质量特性(特性值)等,也就是不能用"什么性""什么率"之类的表述。

④不能包含方针、对策。

⑤避免否定形式的表述,尽量用肯定形式。

⑥对象必须明确。

⑦对抽象的描述尽量具体化。

如有必要,可逐次进行分类成组,提取前两级或前三级顾客需求即可。如某企业开发有刻写功能的光驱,经过深入咨询和市场调查,用QFD方法抽取客户要求,见表5.1。

表5.1 原始资料转换成要求项目并进一步转换成要求质量

序号	资料属性		原始资料	场景	要求项目	质量需求
	性别	年龄				
1	男	30	可以快速保存文件	公司历史文件存档	刻写速度快	译码速度快
						光盘转速快
2	男	32	即使有外力撞击也能正常刻写	机箱掉落或被撞击	刻写过程稳定	缓存内存容量大
						缓存欠载现象少

续表 5.1

序号	资料属性 性别	资料属性 年龄	原始资料	场景	要求项目	质量需求
					抗干扰	数据传输抗干扰性强
3	女	25	可以刻录各种规格的光盘	光盘规格不同	能刻录各种规格光盘	对应规格齐
4	男	32	增强刻录兼容性	光盘产自不同厂商	与其他厂商产品兼容	对应规格齐
						可写光盘品牌多
5	男	35	数据传输有保障	刻录重要数据文件	数据能以多种方式传输	传输方式多
					传输质量高	传输速率高
						抗干扰性强
6	女	45	操作简单	不了解刻录机	可自调刻录条件	刻录条件最佳
					能自行检查	故障自我诊断
7	男	36	光盘不会因故障而烧坏	使用时间很长	能及时发现错误和故障	故障自我诊断
8	男	28			很少烧盘	烧盘概率小
...	...	...	...	...	...	...

将原始资料分类整理,得到顾客三次水平需求展开表,见表 5.2。

第5章 设计过程质量管理

表 5.2 顾客/质量三次水平需求展开

一次水平需求	二次水平需求	三次水平需求
刻写光盘质量高	刻写速度快	译码速度快 光盘转速高
	刻写过程稳定	缓存内存容量大 缓存欠载现象少 烧盘概率小
	规格方式多	记录方式多 对应规格齐 可写光盘品牌多
	刻写精度高	刻录条件最佳 刻写激光强度可调整 故障自我诊断
	数据传输快	传输方式多 传输速率高 抗干扰性强

将顾客需求1、顾客需求2、……、顾客需求 n_c 填入质量屋中,并根据分类结果将获取的顾客需求直接配置至产品规划质量屋中相应的位置。然后,对各需求按相互间的相对重要度进行标定,具体可采用数字分级标定各需求的重要度。数值越大,说明重要度越高;反之,说明重要度低。需求重要度常采用以下3种确定方法:

(1)用询问调查的需求重要度评判法。市场调查是一种直接向顾客听取重要度的方法,质量需求展开表构造完成后,可以以质量需求树为依据,对质量需求实施重要度的调查,以决定质量需求的重要度。

(2)用问卷调查的需求重要度评判法。以问卷的形式,让顾客对各项质量需求进行评分,见表5.3。

表 5.3 顾客需求重要度

顾客需求	重要度	顾客需求	重要度
译码速度快	3	可写光盘品牌多	4
光盘转速高	4	刻录条件最佳	3
缓存内存容量大	2	刻写激光强度可调整	5
缓存欠载现象少	4	故障自我诊断	3
烧盘概率小	5	传输方式多	3
记录方式多	3	传输速率高	5
对应规格齐	3	抗干扰性强	3

顾客需求重要度确定标准分为下列 5 个等级。

1 分：不影响功能实现的需求；

2 分：不影响主要功能实现的需求；

3 分：比较重要的影响功能实现的需求；

4 分：重要的影响功能实现的需求；

5 分：基本的、涉及安全的、特别重要的需求。

(3) 为提高精确度，可采用层次分析法(AHP)确定需求重要度。

在分析中用一个比较标准 a_{ij} 来表述某一层次中第 i 个元素与第 j 个元素的相对重要性。a_{ij} 一般取正整数 1~9 及其倒数，由 a_{ij} 构成的矩阵称为比较判断矩阵 $A=(a_{ij})$，a_{ij} 取值规则见表 5.4。

表 5.4 AHP 法确定需求重要度取值规则

标度	定义（比较因素 i 与 j）
1	因素 i 与 j 同样重要
3	因素 i 比 j 稍微重要
5	因素 i 与 j 比较重要
7	因素 i 与 j 强烈重要
9	因素 i 与 j 绝对重要
2,4,6,8	用于补充
倒数	因素 i 与 j 比较得判断矩阵 a_{ij}，则因素 j 与 i 相比的判断为 $a_{ji}=1/a_{ij}$

对判断矩阵先求出最大特征根，然后再求其相对应的特征向量 $\boldsymbol{\omega}$，即

$$A\boldsymbol{\omega} = \lambda_{\max}\boldsymbol{\omega}$$

其中 $\boldsymbol{\omega}$ 的分量 $(\omega_1, \omega_2, \cdots, \omega_n)$ 就是对应于 n 个要素的相对重要度，即权重系数。计算权重系数的方法主要有和积法和方根法。这里介绍权重系数计算的方根法。

① 计算判断矩阵每一行元素的乘积：

$$M_i = \prod_{j=1}^{n} a_{ij} \quad (i = 1, 2, \cdots, n)$$

② 计算几何平均权重：

$$\overline{\omega}_i = \sqrt[n]{M_i} = \sqrt[n]{\prod_{j=1}^{n} a_{ij}}$$

③ 将向量 $\overline{\boldsymbol{\omega}} = (\overline{\omega}_1, \overline{\omega}_2, \cdots, \overline{\omega}_n)^\mathrm{T}$ 归一化：

$$\omega_i = \overline{\omega}_i / \sum_{i=1}^{n} \overline{\omega}_i$$

则 $\boldsymbol{\omega} = (\omega_1, \omega_2, \cdots, \omega_n)^\mathrm{T}$ 即为所求的特征向量。

在评价过程中，评价者是不可能对所有因素的数值进行精确判断的，根据会存在误差，这就会导致判断矩阵的特征值产生偏差。在构造判断矩阵时，并不要求判断具有完全一致性，但是要求判断具有大体的一致性却是必需的，否则可能会出现甲比乙重要，乙比丙重要，而丙又比甲重要的情况。因此，确定计算重要度后要对判断矩阵进行一致性检验。

计算判断矩阵的最大特征根：

$$\lambda_{\max} = \frac{1}{n} \times \sum_{i=1}^{n} \frac{(A\boldsymbol{\omega})_i}{\omega_i}$$

其中 $(A\boldsymbol{\omega})_i$ 表示向量 $A\boldsymbol{\omega}$ 的第 i 个分量。

一致性检验通过计算一致性比率 CR 来决定，CI 为矩阵一致性指标，RI 为平均随机一致性指数，RI 的取值见表 5.5。

$$CI = (\lambda_{\max} - n)/(n - 1)$$

$$CR = \frac{CI}{RI}$$

表 5.5　RI 取值

指标数	1	2	3	4	5	6	7	8	9
RI 值	0	0	0.58	0.9	1.12	1.24	1.38	1.41	1.46

计算一致性比率,按照经验规律,当 $CR<0.1$ 时,认为判断矩阵的一致性是可接受的,否则将对判断矩阵做适当修正。

5.2.3.2 顾客需求到产品技术需求转换

1. 技术需求的确定

顾客需求是"用户语言"的表述,为给设计或工程化产品以明确执导,需将质量需求转换成技术性语言——质量(技术)特性,即质量屋的"如何(How)"。根据调查获取的顾客需求,确定最终产品所应具有的工程特征(技术需求),它们直接与顾客需求有关,并将有选择性地配置到设计、制造、装配和服务中去。

在确定技术需求时应注意它应满足以下3个条件:

(1)针对性,即技术需求是针对对应的顾客需求而确定的。

(2)可测量性,即为了对技术需求进行控制,它们应是可测量的产品特征。

(3)全局性,即技术需求不能涉及具体的设计方案。

上述3个条件中,尤其要注意的是技术需求的全局性。技术需求只是为以后选择设计方案提供了一些评价准则,而不牵涉到具体的产品设计方案。通常这是产品规划质量屋的最难部分。因为当顾客提出某项需求时,产品设计人员往往就想到具体的设计方案。例如,当顾客说:"我希望使用的汽车必要时能立即制动。"通常设计人员就想到对制动系统做必要的改进,以使制动更为迅速。如果按照上述3个条件来选择技术需求,在产品规划质量屋中,为响应该顾客需求,其对应的技术需求应为汽车"制动时间"。这是一种衡量顾客满意度的方式。汽车制动时间越短,顾客越满意。

对表5.2中顾客需求的各个项目指标中抽出技术要素,如"缓存内存容量大",可以抽出技术要求,如"缓存量""欠载次数""烧盘率"等,见表5.6。

表5.6 质量需求转化为质量特性

质量需求	质量要素				
	特性	特性	特性	特性	特性
译码速度快	写入速度	传输率			
光盘转速快	光盘转速	传输率			
缓存内存容量大	缓存量	欠载次数	烧盘率		
缓存欠载现象少	欠载次数	烧盘率			
数据传输抗干扰性强	传输方式	故障率			

续表 5.6

质量需求	质量要素				
	特性	特性	特性	特性	特性
对应规格齐	规格数	品牌数			
对应规格齐	规格数	品牌数			
可写光盘品牌多	品牌数	方式数			
数据传输方式多	传输方式				
数据传输速率高	传输率	写入速度	烧盘率		
数据传输抗干扰性强	传输方式	传输率	故障率		
刻录条件最佳	操作容易性	调整激光	激光强度	品牌数	故障率
故障自我诊断	激光强度	故障率	传输方式		
故障自我诊断	激光强度	故障率	传输方式		
烧盘概率小	欠载次数	烧盘率	故障率	方式数	
刻录方式多	规格数	方式数			
……	……	……	……	……	……

2. 顾客需求和技术需求间的关系矩阵

这是质量屋的本体部分,它用于描述技术需求(质量要素)对各个顾客需求的贡献和影响程度。通过对顾客要求和质量要素分析,可建立顾客需求与产品特性两两之间的关系矩阵,并选用特定符号表示顾客需求与产品质量要素之间关系强弱的程度:◎——强关系;○——中等关系;△——弱关系;空白——无关系。

对每一对进行独立评判,相关程度符号可以定量地用分值来表示,强相关为 5 分,可理解成为满足某种市场顾客需求必须具备某种质量特性要求;中等相关为 3 分,可理解成为满足某种市场顾客需求可以采用不同的质量特性要求与之对应;弱相关为 1 分,表示两项之间的关联程序很弱;没有关系对应数字 0。或者采用 9,7,5,3,1,0 分别表示极强关系、较强关系、强关系、中等关系、弱关系、无关系。也可以用更详细的量化方法表示该关系,如用模糊关系和神经网络等。要求对于每一项质量需求,至少有一个◎项,但◎项不能集中于某一个地方;不能过多地记入◎、○、△项目,也不能仅在对角线上记入◎、○、△。如果关系矩阵中相关符号很少或大部分是弱相关符号,则表示技术需求没有足够满足顾客需求,应对其修正。

根据顾客需求和技术特性的相关关系,可以将顾客需求权重变换成技术特性权重。重要度变换的方法一般有比例分配法和独立配点法。

(1)比例分配法。在质量屋中,将◎、○、△进行数值化,求行(质量需求项)的重要度总和,将总和根据◎、○、△的数值大小,按比例进行分配,然后将纵向合计作为质量特性重要度的方法。如:按比例分配法对表5.2中二次水平质量需求重要度进行计算,结果见表5.7。比例分配法的优点是求得的数据直接就是百分比的形式。

表 5.7 采用比例分配法的重要度转换

质量需求	重要度	质量特性						
		速度	烧盘率	兼容性	可靠性	使用性	效率性	安全性
刻写速度快	4	○/1.6					◎/2.4	
刻写过程稳	5		◎/1.5	△/0.5	○/1.0		○/1.0	○/1.0
刻写方式多	4			◎/2.4		○/1.6		
对应规格多	4		○/1.6	○/1.6		△/0.8		
刻写精度高	5		○/2.0		△/1.0	○/2.0		
传输速度快	3	○/0.86			△/0.43		○/0.86	○/0.86
		2.46	5.1	4.5	2.43	4.4	4.26	1.86

注:◎为强相关;○为相关;△为弱相关;空白为不相关。◎:○:△=3:2:1

(2)独立配点法。比例分配法中质量需求项目的◎,○,△数目和分布会影响质量特性重要度的算出结果,由于将质量需求重要度按对应关系的比例进行分配,如果横向的◎,○,△数目多,那么纵向的重要度就会产生过小评价。相反如果◎,○,△符号只有1个,质量需求重要度就会直接变换给某一个质量特性。独立配点法能改进这种过小或过大的评价问题,它是将质量需求重要度直接与◎,○,△的数值相乘,再纵向合计的方法,见表5.8。

表 5.8 采用独立配点法的重要度转换

质量需求	重要度	质量特性						
		速度	烧盘率	兼容性	可靠性	使用性	效率性	安全性
刻写速度快	4	○/8					◎/12	
刻写过程稳	5		◎/15	△/5	○/10		○/10	○/10
刻写方式多	4			◎/12		○/8		
对应规格多	4		○/8	○/8			△/4	
刻写精度高	5		○/10		△/5	○/10		
传输速度快	3	○/6			△/3		○/6	○/6
		14	33	25	18	22	28	16

注：◎为强相关；○为相关；△为弱相关；空白为不相关。◎：○：△＝3：2：1

在构造质量需求展开表或质量特性展开表时，虽然经过抽出具体项目、分类成组，并进行了层次化，但各层次水平是否与实际相符却很难把握。因此，必须在相关矩阵构造完成，记入对应关系之后，调整层次结构的水平，进行检查分析与修正：

①检查对应符号是否仅在对角线上。观察构造完成的质量屋，检查对应关系符号是否仅仅在对角线上。这种情况下，质量需求中可能混有质量要素项目。在订货生产方式下，顾客有时将产品的规格和质量特性作为要求，如果直接将用户的这种要求作为质量需求，构造质量需求展开表，那么就有可能出现对应关系符号仅在对角线上的现象。这时应该修正质量需求项目，考虑顾客要求的特性为什么是必要的，顾客为什么要提出这个特性，从而探求真正的质量需求，修正质量需求展开表。

②检查一行（或一列）的对应关系符号是否过多。检查各质量需求项目的横向对应关系符号，看有没有符号过多的现象。这种情况下，有可能在质量需求项目中混杂着层次水平偏高的质量需求。极端地说，如果有"产品质量高"这样的质量需求存在，那么所有的质量要素（质量特性）都与之有关。这种现象是质量需求的水平不相符的一例，必须对质量需求的层次结构进行修正，同样观察质量要素（质量特性）纵向的对应关系符号，如果有符号过多的现象，说明质量要素（质量特性）的水平不相符，必须对质量要素（质量特性）的结构进行修正。

③检查强相关符号是否集中于某一块。检查质量屋中是否有强相关项目集中于某一地方形成块状的现象。这种情况下，有可能是在高层水平的质量需求中混

杂着低层水平的质量需求项目,同时在高层水平的质量特性项目中混杂着低层水平的质量特性。在实际中,有些项目只能展开至三次水平,而有些项目却能展开至四次水平,这时应该把四次水平作为辅助信息,统一用三次水平构造质量屋。

3. 工程措施的重要程度

在设定技术特性目标值前,像市场竞争性评估一样,对技术特性也必须进行比较分析。通过试验、查阅有关资料等方式评估本公司产品和竞争者产品的质量指标特性。对技术竞争性评估是企业内部的人员对此项工程措施的技术水平的先进程度所做的评价,描述了产品的提供商所达到的技术水平或能力。对技术需求进行竞争性评估,确定技术需求的重要度和目标值等,包括对本企业技术的评价和对手企业的技术的评价及改进后技术的评价。所谓技术水平包括指标本身的水平、本企业的设计水平、工艺水平、制造水平、测试水平等。1 表示技术水平低下;2 表示技术水平一般;3 表示技术水平达到行业先进水平;4 表示技术水平达到国内先进水平;5 表示技术水平达到国际先进水平。评价的对象都是已有的产品,故很容易列出进行竞争能力评价的各项产品设计特性的量值。这些设计特性量值应当是以客观的、可测度的参数表示,并将他们列在产品规划矩阵的下方。

4. 市场竞争性评估

根据顾客要求程度的重要度和与其他公司比较分析结果设定营销重点及计划质量。站在顾客的角度,对本企业的产品和市场上其他竞争者的产品在满足顾客需求方面进行评估,其中的内容表示要开发的产品针对各项市场顾客需求的竞争能力估价值,同时引入若干个市场上同类产品作为竞争对象进行比较,以判断产品的市场竞争力,由此在产品开发初期找出不足之处以进行调整改进,它反映了市场现有产品的优势和弱点,以及产品需要改进的地方。其数据也是通过市场调查得到的。一般将顾客对某类产品的满意程度用量化指标表示,分为 5 个等级,分别用数字 1~5 表示。5 表示满意程度最高,1 表示最不满意。进行顾客竞争评估的目的是为确定本公司产品的技术指标和对产品的改进目标,以便确定本公司产品的销售重点。具体包括:企业产品评价,顾客对企业当前产品或服务满意的程度;对手产品评价,顾客对企业对手的产品或服务的满意程度;改进后产品评价,企业产品改进后希望达到的顾客满意的程度。对于重要度高且本公司达成水平高而他公司达成水平低的质量需求,可以直接作为产品特性点用于营销战略。对于重要度高但本公司达成水平低而他公司达成水平高的质量需求项目,至少要将计划质量目标设定为与他公司同等,这类项目不能成为产品特性点。对于重要度高但本公司达成水平低而他公司达成水平也低的质量需求项目,通过将计划质量设定为比他公司高,这样该项目可成为营销重点(产品特性点)。计划质量设定时的注意事项如下:

①对于本公司现状水平比他公司低的质量需求,至少设定成与他公司同等水平。

②对于本公司现状水平比他公司高的质量需求,维持现状并作为营销重点(产品特性点)。

并不是不管什么项目都瞄准高水平,必须考虑面向重点。

计划质量设定完成后,就可计算其水平上升率,它是表示本公司现状水平在质量规划中提高程度的尺度,用本公司水平作为分母,计划质量作为分子算出。对营销重点(产品特性点)给出数值(量化),并乘以重要度及水平上升率,这样就算出了绝对重要度(绝对权重)。

$$绝对重要度 = 重要度 \times 水平上升率 \times 营销重点$$

一般以◎为1.5,○为1.2,空白为1,对营销重点(产品特性点)进行量化,将绝对重要度合计,各项目所占的百分比(%)就是质量需求的权重。

5.2.4 质量功能展开实施的方法

(1)确定产品种类。在设计产品时,必须明确研究对象属于哪一类产品,是整机还是零部件。通常质量功能展开主要适用于全新产品。

(2)调查整理顾客需求。确定该产品的目标顾客,并对这些目标顾客进行市场调研,明确顾客对该产品的偏好和特殊要求。

(3)顾客需求的展开,确定关键顾客需求。根据质量屋应用的基本原则,将前期收集到的顾客需求进行重要度的量化分析。在量化顾客需求重要度时,通常采用的是五分制形式的李克特量表。

(4)技术要求的展开。根据质量屋应用的基本原则,按照专家评判法将关键顾客需求映射为产品技术要求并进行量化。在量化技术需求重要度时,也可以采用五分制或九分制形式的李克特量表。

(5)关键质量特性的确定。根据技术特性的最终重要度排序,确定关键质量特性为后续优化的对象。

5.2.5 质量功能展开的模式与组织实施

1. 日本综合 QFD 模式

赤尾洋二最初发表的质量展开表中,针对狭义的质量归纳了 17 个工作步骤,但是,在产品开发过程中,实际上并不只是质量,还有为了实现质量所必需的技术和所需要的成本,必须考虑和平衡这些因素。另外,如果产品在有可靠性要求的情况下,必须针对可靠性进行重点管理。这样,在新产品开发中,因为设计部门担负着主要的作用,所以,质量保证活动必须适应设计部门的业务。为此,赤尾洋二等归纳了以设计阶段为中心,由 64 个工作步骤组成的综合性质量展开的框架(赤尾模式),包括质量展开和功能展开两大部分。质量展开是把顾客要求展开到设计过程中去,保证产品的设计、生产与顾客要求一致,功能展开是通过建立多学科小组,把不同功能部门结合到从产品设计到生产的各个阶段,促成小组成员的有效交流和决策。

2. 四阶段模式

四阶段模式是美国供应商协会(ASI)提倡的四阶段展开方法,它从顾客需求开始,经过 4 个阶段即 4 步展开,用 4 个矩阵,得出产品的工艺和生产(质量)控制参数。这 4 个阶段分别与产品规划、零件配置、工艺设计、生产控制相对应,通过这 4 个阶段,顾客要求被逐步展开为设计要求、零件特性、工艺特性和生产要求,如图 5.2 所示。

(1)产品规划阶段。通过产品规划矩阵(质量屋),将顾客需求转换为质量特性(产品特征或工程措施),并根据顾客竞争性评估(从顾客的角度对市场上同类产品进行的评估,通过市场调查得到)和技术竞争性评估(从技术的角度对市场上同类产品的评估,通过试验或其他途径得到)结果确定各个质量特性(产品特征或工程措施)的目标值。

(2)零件配置阶段。对于产品整体组成有重要影响的零部件特性,利用前一阶段定义的质量特性(产品特征或工程措施),从多个设计方案中选择一个最佳的方案,并通过零件配置矩阵将其转换为关键的零件特征。

(3)工艺设计阶段。通过工艺设计矩阵,确定为保证实现关键的质量特性(产品特征)和零件特征所必须保证的关键工艺参数。

(4)生产控制阶段。通过工艺/质量控制矩阵,主要确定具体的工艺/质量控制方法,通过关键零件特性所对应的关键工序及工艺参数转换而来,包括控制参数、

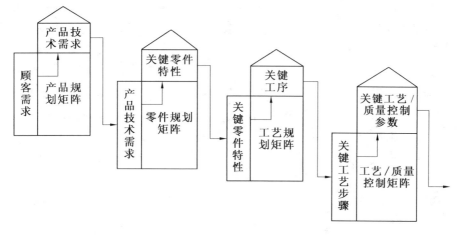

图 5.2 QFD 的四阶段模式

控制点、检验方法等,即做好工序质量控制计划。

四阶段模式从产品设计到生产的各个过程均建立质量屋,且各阶段的质量屋内容上有内在的联系,上一步的输出就是下一步的输入,构成瀑布式分解过程。这 4 个阶段可以按照以下步骤来理解:

①明确顾客的真正需求;
②将顾客的需求转化为绩效要求;
③选择最好的设计概念来满足绩效要求;
④将绩效要求转化为具体的产品或服务设计要求;
⑤将产品或服务设计要求转化为具有可行性的技术要求。

5.3 试验设计基础

在产品或工艺设计阶段,传统设计方法通常依据已有产品图纸、供应商提供的信息或经验、传统规则等来确定工艺参数、容差及产品技术规范,有较大的偏差甚至错误,正确确定及优化参数成为设计阶段亟待解决的问题。由于参数、影响参数的因素以及需要研究的变量很多,在生产和科学研究中,经常需要做试验,以求达到预期的目的。如何做试验,其中大有学问。试验设计得好,会事半功倍,反之会事倍功半,甚至劳而无功。

20 世纪 30 年代,由于农业试验的需要,英国统计学家费舍尔(R. A. Fisher)在试验设计和统计分析方面做出了一系列先驱工作,1935 年,费舍尔完成了在科学实验理论和方法上具有划时代意义的一本书《实验设计》，费舍尔的成就引起了广泛关注，成为农业科技上的主流学派，后来又被他的学生推广到其他科学领域，从此试验设计成为统计科学的一个分支。随后，F. Yates，R. C. Bose，O. Kempthome，W. G. Cochran，D. R. Cox 和 G. E. P. Box 对试验设计都做出了杰出的贡献，使该分支在理论上日趋完善，在应用上日趋广泛。1957年，日本统计学家田口玄一提出信噪比设计法和产品的三阶段设计法。他把信噪比设计和正交表设计、方差分析相结合，开辟了更为重要、更为广泛的应用领域。

5.3.1　试验设计的概念

在质量管理工程实践中，不论是设计新产品，还是改革旧工艺，经常碰到如下问题：

(1)影响产品和产品制造过程性能的可能因素往往很多，如何确定到底哪些因素是最有影响性的？

(2)如何调整这些因素才能获得最佳效果？

为解决这些问题，常通过各种试验进行优化设计，由于需要考虑的因素（对结果产生影响的变量）通常比较多，同时，每个因素的水平个数（每个变量的可取值个数）也不止一两个。多因素试验遇到的最大困难就是试验次数太多，让人无法忍受。例如，有十个因素对产品质量有影响，每个因素取两个水平进行比较，那么就有 $2^{10}=1\,024$ 个不同的试验条件需要比较，假定每个因素取 3 个水平，就有 $3^{10}=59\,049$ 个不同的试验条件需要比较。而在实际中，只能选择部分试验条件进行比较，选择哪些条件进行试验，这就是试验设计，进而从尽量少的实验数据中最大限度地提取有用信息。因此，试验设计（design of experiment，DOE）是以概率论和数理统计为理论基础，经济地、科学地安排试验的一项技术。试验设计通过对试验进行合理安排，以较小的试验规模（试验次数）、较短的试验周期和较低的试验成本，得到理想的试验结果，以得出科学的结论。

试验设计在工程学领域是改进制造过程性能的非常重要的手段，如为产品选择最合理的方案，为生产过程选择最合理的工艺参数，寻找最佳生产条件；另外在研制开发新产品、提高老产品产量和质量，以及开发新工序中亦有着广泛的应用，通过试验设计：

(1)有助于研究者掌握试验因素对试验考察指标影响的规律性，即各因素的水平改变时指标的变化情况。

(2)有助于分清试验因素对试验考察指标影响的大小顺序，找出主要因素。

(3)有助于反映试验因素之间的相互影响情况,即因素间是否存在交互作用。

(4)能正确估计和有效控制试验误差,提高试验的精度。

(5)能较为迅速地优选出最佳工艺条件(或称最优方案),并能预估或控制一定条件下的试验指标值及其波动范围。

(6)可以深入揭示事物内在规律,明确进一步试验研究的方向。

在工序开发的早期应用试验设计方法能得出以下成果:①提高产量;②减少变异性,与额定值或目标值更为一致;③减少开发时间;④减少总成本。

可供选择的试验方法很多,各种试验设计方法都有其一定的特点。所面对的任务与要解决的问题不同,选择的试验设计方法也应有所不同。常用的试验设计方法有:正交试验设计法、均匀试验设计法、单纯形优化法、双水平单纯形优化法、回归正交设计法、序贯试验设计法等,这里我们只介绍正交试验设计法。

5.3.2 正交试验设计的概念

在讨论正交试验设计法前,先举一个例子对全面搭配法、简单比较法、正交设计法进行比较。

【例 5.1】 为提高某化工产品的转化率,选择了 3 个有关因素进行条件试验,反应温度(T),反应压力(p),用碱量(m),并确定了试验范围:T:80~120 ℃;p:5.0~7.0 Pa;m:2.0~3.0 kg。

在分析前,先对试验设计中常用的术语定义如下:

(1)试验指标:指作为试验研究过程的因变量,常为试验结果特征的量(如得率、纯度等)。例 5.1 的试验指标为合格产品的产量,即产品的转化率。

(2)因素:指做试验研究过程的自变量,常常是造成试验指标按某种规律发生变化的那些原因。如例 5.1 中的温度、压力、碱的用量。

(3)水平:指试验中因素所处的具体状态或情况,又称为等级。如例 5.1 的温度有 3 个水平。温度用 T 表示,下标 1,2,3 表示因素的不同水平,分别记为 T_1,T_2,T_3。

试验目的是搞清楚因子 T,p,m 对转化率有什么影响,哪些是主要的,哪些是次要的,从而确定最适宜生产条件,即温度、时间及用碱量各为多少才能使转化率高。试制定试验方案。

这里,对因子 T,在试验范围内选了 3 个值;因子 p 和 m 也都各取 3 个值:

T:$T_1 = 80$ ℃,$T_2 = 100$ ℃,$T_3 = 120$ ℃

p:$p_1 = 5.0$ Pa,$p_2 = 6.0$ Pa,$p_3 = 7.0$ Pa

m:$m_1=2.0$ kg,$m_2=2.5$ kg,$m_3=3.0$ kg

（4）自由度：指样本中能独立变化的数据数目，用 df 表示。

此例该如何进行试验方案的设计呢？很容易想到的是全面搭配法方案，如图 5.3 所示。此方案数据点分布的均匀性极好，因素和水平的搭配十分全面，唯一的缺点是试验次数多达 $3^3=27$ 次（指数 3 代表 3 个因素，底数 3 代表每个因素有 3 个水平）。因素、水平数越多，则实验次数就越多。那么采用简单比较法呢？

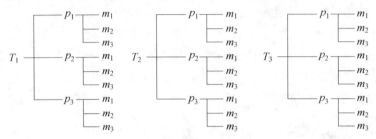

图 5.3　全面搭配法方案

先固定 T_1 和 p_1，只改变 m，观察因素 m 不同水平的影响，做了如图 5.4(a)所示的 3 次试验，发现 $m=m_2$ 时的合格产品的产量最高，因此认为在后面的试验中因素 m 应取 m_2 水平。固定 T_1 和 m_2，改变 p 的 3 次试验如图 5.4(b)所示，发现 $p=p_3$ 时的试验效果最好，因此人为因素 p 应取 p_3 水平。固定 p_3 和 m_2，改变 T 的 3 次试验如图 5.4(c)所示，发现因素 T 宜取 T_2 水平。

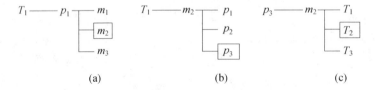

图 5.4　简单比较法方案

因此可以引出结论：为提高合格产品的产量，最适宜的操作条件为 $T_2p_3m_2$。与全面搭配法方案相比，简单比较法方案的优点是试验的次数少，只需做 9 次试验。但必须指出，简单比较法方案的试验结果是不可靠的。因为：

①在改变 m 值(或 p 值，或 T 值)的 3 次试验中，说 m_2（或 p_3，或 T_2）水平最好是有条件的。在 $T\neq T_1$，$p\neq p_1$ 时，m_2 水平也可能不是最好的。

②在改变 m 的 3 次试验中，固定 $T=T_2$，$p=p_3$ 在理论上说说也是可以的，故在此方案中数据点的分布的均匀性是毫无保障的。

③用这种方法比较条件好坏时,只是对单个的试验数据进行数值上的简单比较,不能排除必然存在的试验数据误差的干扰。

在多因素、多水平试验中,如果对每个因素的每个水平都互相搭配进行全面试验,需要做的试验次数很多,若利用数理统计学观点,应用正交性原理,从大量的试验中挑选适量的具有代表性的试验点,根据"正交表"来合理安排试验则可以大大减少试验次数,而且还能够排除简单比较法数据点的不均匀性等问题。

运用正交试验设计方法,不仅兼有上述两个方案的优点,而且试验次数少,数据点分布均匀,结论的可靠性较好。在实际生产中,影响试验的因素往往是多方面的,我们要考察各因素对试验影响的情况,在不影响试验效果的前提下,应当尽可能地减少试验次数。正交设计就是解决这个问题的有效方法。

正交试验设计是利用正交表来选择最佳的或满意的试验条件,即通过安排若干个条件进行试验,并利用正交表的特点进行数据分析的一种常用的试验设计的方法。

正交试验设计法完成试验要求所需的试验次数少,数据点的分布很均匀,可用相应的极差分析方法、方差分析方法、回归分析方法等对试验结果进行分析,引出许多有价值的结论。

5.3.3　正交表及其用法

1. 正交表的特点

使用正交设计方法进行试验方案的设计,就必须用到正交表。正交表是一种规格化的特殊的表,记为 $L_n(m^k)$,其中 L 为正交表标记,k(列数)是因素的个数,m 是各因素的水平,n(行数)是安排试验的次数。

正交表分为:等水平正交表和混合水平正交表。等水平代表各因素所取的水平数相同,如 $L_4(2^3)$、$L_8(2^7)$、$L_{12}(2^{11})$ 等各列中的水平为 2,称为 2 水平正交表;$L_9(3^4)$、$L_{27}(3^{13})$ 等各列水平为 3,称为 3 水平正交表。混合水平表示各因素的水平数不一定相同,如 $L_8(4\times 2^4)$ 表中有一列的水平数为 4,有 4 列水平数为 2。也就是说该表可以安排 1 个 4 水平因素和 4 个 2 水平因素。对例 5.1 选用正交表 $L_9(3^4)$ 来安排试验,见表 5.9。

表 5.9　$L_9(3^4)$ 正交表

试验号	T	p	空列	m
1	$1(T_1)$	$1(p_1)$	1	$1(m_1)$
2	$1(T_1)$	$2(p_2)$	2	$2(m_2)$
3	$1(T_1)$	$3(p_3)$	3	$3(m_3)$
4	$2(T_2)$	$1(p_1)$	2	$3(m_3)$
5	$2(T_2)$	$2(p_2)$	3	$1(m_1)$
6	$2(T_2)$	$3(p_3)$	1	$2(m_2)$
7	$3(T_3)$	$1(p_1)$	3	$2(m_2)$
8	$3(T_3)$	$2(p_2)$	1	$3(m_3)$
9	$3(T_3)$	$3(p_3)$	2	$1(m_1)$

所有的正交表与 $L_9(3^4)$ 正交表一样,都具有以下两个特点:

(1)在每一列中,各个不同的数字出现的次数相同。在表 $L_9(3^4)$ 中,每一列有 3 个水平,水平 1,2,3 都是各出现 3 次,即所挑出来的水平组合是均匀分布的,称为均衡分散性。

(2)表中任意两列并列在一起形成若干个数字对,不同数字对出现的次数也都相同,称为整齐可比性。在表 $L_9(3^4)$ 中,任意两列并列在一起形成的数字对共有 9 个:(1,1),(1,2),(1,3),(2,1),(2,2),(2,3),(3,1),(3,2),(3,3),每一个数字对各出现一次。

正是由于正交表具有上述特点,就保证了用正交表安排的试验方案中因素水平是均衡搭配的,数据点的分布是均匀的。因素、水平数越多,运用正交试验设计方法,越发能显示出它的优越性。

由于正交表的正交性,正交试验的试验点必然均衡地分布在全面试验之中,因而具有很强的代表性。所以,由部分试验寻找的最优条件与全面试验所寻找的最优条件,应该有一致的趋势。另外,正交表的正交性使得任意因素的不同水平具有相同的试验条件,这就保证了在每列因素的各个水平的效应中,最大限度地排除了其他因素的干扰,从而可以综合比较该因素不同水平对试验指标值的影响,把这种特性称为综合可比性。

2. 正交表的选择

正交表的选择是正交试验设计的首要问题。确定了因素及其水平后,根据因素、水平及需要考察的交互作用的多少来选择合适的正交表。在多因素试验中，各因素不仅各自独立地起作用，而且各因素还联合起来起作用。也就是说，不仅各个因素的水平改变时对试验的指标有影响，而且各因素的联合搭配对试验指标也有影响，它反映了因素之间的相互促进或相互抑制，后一种影响就是因素的交互作用，通常2个因子之间的交互作用，如$A\times B$，$A\times C$，$B\times C$，称为一级交互作用，3个因子之间的交互作用，如$A\times B\times C$，$B\times C\times D$，称为二级交互作用。一般，k个因子之间的交互作用，称为$k-1$级交互作用。在许多试验中，因素的交互作用不但存在，而且不能忽略。

用正交表安排有交互作用的试验时，把两个因素的交互作用当成一个新的因素来看待，让它占有一列，叫交互作用列。例如，考虑氮肥（N）和磷肥（P）对豆类增产的效果，试验结果见表5.10。

表5.10　因素各水平联合作用表　　　　　　　单位：kg

N＼P	$P_1=0$	$P_2=2$
$N_1=0$	200	225
$N_2=3$	215	280

从表5.10中可以看出，加2 kg磷肥，亩产增加25 kg；加3 kg氮肥，亩产增加15 kg；而同时加两种肥料，亩产增加80 kg，而不等于分别增加的25＋15＝40（kg）。这就是交互作用，记作$N\times P$。这里$N\times P$起加强作用，大小为：$(280-200)-(215-200)-(225-200)=40$（kg）。

交互作用列不能随意安排在任意列上，交互作用要按列交互作用表安排。以$L_8(2^7)$有交互作用的正交表为例，见表5.11。

表5.11　$L_8(2^7)$两列间交互作用表

列号	1	2	3	4	5	6	7
6	(1)	3	2	5	4	7	6
5		(2)	1	6	7	4	5
3			(3)	7	6	5	4
4				(4)	1	2	3
5					(5)	3	2
6						(6)	1
7							(7)

如需要查第 1 列和第 2 列的交互作用列,则从(1)横向右看,从(2)竖向上看,它们的交叉点为3,第 3 列就是第 1 列与第 2 列的交互作用列。如果第 1 列排 A 因素,第 2 列排 B 因素,第 3 列则需要反映它们的交互作用 $A\times B$,就不能在第 3 列安排 C 因素或者其他因素。

正交表的选择原则是在能够安排下试验因素和交互作用的前提下,尽可能选用较小的正交表,以减少试验次数。一般情况下,试验因素的水平数应等于正交表中水平数;因素个数(包括交互作用)应不大于正交表的列数;各因素及交互作用的自由度之和要小于所选正交表的总自由度,以便估计试验误差。若各因素及交互作用的自由度之和等于所选正交表总自由度,则可采用重复正交试验来估计试验误差。若试验费用很昂贵,或试验的经费很有限,或人力和时间都比较紧张,则不宜选实验次数太多的 L 表。为了对试验结果进行方差分析或回归分析,还必须至少留一个空白列,作为"误差"列,在极差分析中要作为"其他因素"列处理。

3. 正交表的表头设计

选择正交表后要进行表头设计,所谓表头设计就是确定试验所考虑的因素和交互作用,在正交表中该放在哪一列的问题。若试验不考虑交互作用,则表头设计可以是任意的,各因素可随机安排在各列上;若考察交互作用,就应按所选正交表的交互作用列表安排各因素与交互作用,以防止发生效应间的"混杂",即一列上出现两个因子,或两个交互作用,或一个因子与一个交互作用。当混杂现象所在列显著时,很难识别是哪个因子或交互作用是显著的,所以在表头设计时要尽量避免混杂现象的出现,这是表头设计的一个重要原则。只要选择较大的正交表,混杂现象是可以避免的,但要注意的是凡是可以忽略的交互作用尽量删除,一般使用较小的正交表来制订试验计划以减少试验次数。

选择正交表与表头设计时必须注意以下原则:
(1)所考察的因子与交互作用自由度之和不能超过所选正交表的自由度;
(2)因子应与所在列的自由度相同;
(3)交互作用的自由度应该与所占列的自由度或其和相同。

不过在存在交互作用的场合,这些条件满足时还不一定能用来安排试验,因为还可发生混杂现象,所以这些只是必要条件。

行数为 n 的正交表有两个自由度:①表的自由度为试验次数减1,即 $n-1$;②列的自由度为水平数减1,即 $q-1$;如正交表 $L_8(2^7)$,表的自由度为 $df_{表}=8-1=7$,任一列的自由度为 $df_{列}=2-1=1$;又如正交表 $L_9(3^4)$,表的自由度为

$df_{表}=9-1=8$,任一列的自由度为$df_{列}=3-1=2$。

因子与交互作用的自由度:①因子的自由度为水平数减1;交互作用的自由度为对应的两个因子自由度的乘积,即交互作用$A\times B$的自由度为$df_{AB}=df_A\times df_B$,如二水平的交互作用$A\times B$的自由度为$(2-1)\times(2-1)=1$;三水平的交互作用$A\times B$的自由度为$(3-1)\times(3-1)=4$。

【例5.2】 对下列正交试验的正交表表头进行设计:

(1)A,B,C,D为二水平因子,且要考察交互作用$A\times B,A\times C$;

(2)A,B,C,D为二水平因子,且要考察交互作用$A\times B,C\times D$。

解 (1)由于因子均为二水平的,故选用二水平正交表,又因子与交互作用的自由度之和为:$df_A+df_B+df_C+df_D+df_{A\times B}+df_{A\times C}=1+1+1+1+1+1=6$,故所选正交表的行数应满足:$n\geq 6+1=7$,所以选$L_8(2^7)$正交表,根据表5.11,表头设计如下:

表头设计	A	B	A×B	C	A×C		D
列号	1	2	3	4	5	6	7

(2)由于因子均为二水平的,故仍选用二水平正交表,又因子与交互作用的自由度之和为6,故所选正交表的行数应满足:$n\geq 6+1=7$,但$L_8(2^7)$无法安排这4个因子与两个交互作用,因为不管4个因子放在哪4列上,两个交互作用或一个因子与一个交互作用总会共用一列,从而产生混杂,如下面两个表头设计:

①表头设计一:

表头设计	A	B	A×B C×D	C			D
列号	1	2	3	4	5	6	7

②表头设计二:

表头设计	A	C	C×D B	A×B			D
列号	1	2	3	4	5	6	7

比较这两个表头设计,还是表头设计一为好,因为其主因子没有混杂,混杂只

在两个交互作用中发生。为避免一切混杂,不得不选用更大的正交表,如对本例用 $L_{16}(2^{15})$ 正交表,其表头设计就不会发生混杂。

表头设计	A	B	A×B	C				D				C×D			
列号	1	2	3	4	5	6	7	8	9	10	11	12	13	14	15

在表头设计的基础上,将所选正交表中各列的不同数字换成对应因素的相应水平,便形成了试验方案。试验方案中试验号并不意味着实际进行试验的顺序,一般是同时进行。若条件只允许一个一个进行试验,为排除外界干扰,应使试验序号随机化。最好将部分因素的水平随机化,而不是按大小顺序来排列水平,以进一步促进正交试验的均衡分散。

5.3.4　正交试验结果分析

正交试验方法之所以能得到科技工作者的重视并在实践中得到广泛的应用,其原因不仅在于能使试验的次数减少,而且能够用相应的方法对试验结果进行分析并引出许多有价值的结论。因此,用正交试验法进行实验,如果不对试验结果进行认真分析,并引出应该引出的结论,那就失去用正交试验法的意义和价值。

5.3.4.1　试验结果的直观分析法

1. 直接看好条件

从表中试验结果看哪个结果最符合指标要求,但用此法找到的方案未必是最优的,还应通过进一步分析寻找更好的方案。

2. 极差分析法

在试验范围内,各列对试验指标的影响从大到小排序。某列的极差最大,表示该列的数值在试验范围内变化时,使试验指标数值的变化最大。所以各列对试验指标的影响从大到小排序,就是各列极差 R 的数值从大到小排序。

使试验指标最好的适宜的操作条件(适宜的因素水平搭配)。极差越大,说明这个因素的水平改变时对试验指标的影响越大。极差最大的那一列,就是那个因素的水平改变时对试验指标的影响最大,那个因素就是我们要考虑的主要因素。挑选因素的最优水平与所要求指标有关,若指标越大越好,则应选择使指标大的水平;若指标越小越好,则应选择指标最小的那个水平。以 $L_4(2^3)$ 为例,正交试验结果的极差分析见表5.12。

表 5.12 正交试验结果的极差分析

列号		1	2	3	试验指标 y_i
试验号	1	1	1	1	y_1
	2	1	2	2	y_2
	3	2	1	2	y_3
	4	2	2	1	y_4
Ⅰ$_j$		Ⅰ$_1 = y_1 + y_2$	Ⅰ$_2 = y_1 + y_3$	Ⅰ$_3 = y_1 + y_4$	
Ⅱ$_j$		Ⅱ$_1 = y_3 + y_4$	Ⅱ$_2 = y_2 + y_4$	Ⅱ$_3 = y_2 + y_3$	
k_j		$k_1 = 2$	$k_2 = 2$	$k_3 = 2$	
Ⅰ$_j / k_j$		Ⅰ$_1 / k_1$	Ⅰ$_2 / k_2$	Ⅰ$_3 / k_3$	
Ⅱ$_j / k_j$		Ⅱ$_1 / k_1$	Ⅱ$_2 / k_2$	Ⅱ$_3 / k_3$	
极差(R_j)		max{ }−min{ }	max{ }−min{ }	max{ }−min{ }	

注：Ⅰ$_j$——第 j 列"1"水平所对应的试验指标的数值之和；

Ⅱ$_j$——第 j 列"2"水平所对应的试验指标的数值之和；

k_j——第 j 列同一水平出现的次数，等于试验次数(n)除以第 j 列的水平数；

Ⅰ$_j / k_j$——第 j 列"1"水平所对应的试验指标的平均值；

Ⅱ$_j / k_j$——第 j 列"2"水平所对应的试验指标的平均值；

R_j——第 j 列的极差。

对于不涉及交互作用的因素（或交互作用不考虑的因素）水平，选平均值中指标较好的水平即可，而对于有交互作用的因素，它的水平的选取无法单独考虑，需要画出二元表和二元图，进行比较后再选择对指标优先的水平。

【例 5.3】 为提高某化合物的产率进行化学反应试验，需要考虑反应温度 A、反应时间 B、硫酸质量分数 C 和操作方法 D 4 个因素，每个因素分别取两个水平，因素水平表见表 5.13。考虑反应温度与反应时间可能会有交互作用，另外，反应温度与硫酸浓度也可能会有交互作用，即考虑 $A \times B, A \times C$。

表 5.13　例 5.3 因素水平表

水平	因素			
	A 反应温度/℃	B 反应时间/h	C 硫酸质量分数/%	D 操作方法
1	50	1	17	搅拌
2	70	2	27	不搅拌

解　4 因素及交互作用 $A\times B, A\times C$，总自由度数 $=4\times 1+2\times 1=6$。而正交表 $L_8(2^7)$ 共有 $8-1=7$ 个自由度，可以安排下，因此选择正交表 $L_8(2^7)$。考虑交互作用的因素 A 和 B，将 A 放第 1 列，B 放第 2 列。则由 $L_8(2^7)$ 的交互作用表查得 $A\times B$ 在第 3 列。考虑要照顾到交互作用的因素 C，将 C 放第 4 列，此时 $A\times C$ 由 $L_8(2^7)$ 的交互作用表查得占第 5 列，第 6、7 列为空，D 可排其中任意一列，这里将其排在第 7 列，试验方案及试验结果见表 5.14。

表 5.14　例 5.3 试验方案及试验结果

列号	因素						产率/%
	A 反应温度/℃	B 反应时间/h	A×B	C 硫酸质量分数/%	A×C	D 操作方法	
1	1(50℃)	1(1h)	1	1(17%)	1	1(搅拌)	65
2	1	1	1	2(27%)	2	2(不搅拌)	74
3	1	2(2h)	2	1	1	2	71
4	1	2	2	2	2	1	73
5	2(70℃)	1	2	1	2	2	70
6	2	1	2	2	1	1	73
7	2	2	1	1	2	1	62
8	2	2	1	2	1	2	67
K_1	283	282	268	268	276	273	
K_2	272	273	287	287	279	282	
$k_1=K_1/4$	70.75	70.50	67.00	67.00	69.00	68.25	
$k_2=K_2/4$	68.00	68.25	71.75	71.75	69.75	70.50	
R	2.75	2.25	4.75	4.75	0.75	2.25	

由极差知，$A\times C$ 是次要因素，可不必考虑。$A\times B,C$ 是重要因素，A 是较重要因素，B,D 是次重要因素，它们对指标的影响较大。交互作用没有实际水平，说它取哪个水平是没有意义的，因而不能按极差大小来确定，而应该按交互作用的因素水平搭配的好坏来确定。怎样看出两因素水平搭配的好坏呢？通常把两因素各种水平搭配下对应试验结果(数据)之和列成的表格称为搭配表(也称为二元表)。表 5.15 便是本例的 A,B 两因素的搭配表。

表 5.15　例 5.3 因素 A,B 的水平搭配表

	A_1	A_2
B_1	$(65+74)/2=69.5$	$(70+73)/2=71.5$
B_2	$(71+73)/2=72$	$(62+67)/2=64.5$

可以看出，A_1B_2(50 ℃，2 h)平均产率较高，与 A_2B_1(70 ℃，1 h)产率差不多，从提高工效来看，A_2B_1 比用 A_1B_2 好，因为时间可以减少一半。于是得到最好条件为：$A_2B_1C_2D_2$。

5.3.4.2　试验结果的方差分析法

1. 方差分析的基本原理

直观分析法具有简单直观、计算量小等优点，但直观分析不能估计误差的大小，不能精确地估计各因素的试验结果影响的重要程度，特别是对于水平数大于等于 3 且要考虑交互作用的试验，直观分析法不便使用，如果对试验结果进行方差分析，就能弥补直观分析法的这些不足。

方差分析其本质是关于 k 个总体均值是否相等的参数假设检验(注意：不是检验总体方差是否相同)。从表面来看，是检验多个总体均值是否相等，实质是通过检验各总体均值是否相等来判断各因素水平对试验指标是否有显著影响。之所以称为方差分析，是因为虽然对均值是否有差异进行判断，但需要借助于方差，通过对数据误差来源分析来判断不同总体的均值是否相等，进而分析自变量对因变量是否有显著影响。

为分析各因素对试验指标的影响，需要对数据的误差来源进行分析。每种因素有不同水平，它们对指标的影响可以看成随机因素的影响，称为随机误差，这种来自水平内部数据误差被称为组内误差，反映了一个样本内部数据的离散程度。不同因素对指标的影响不同，误差就有可能来自因素(也包含因素的不同水平)，即不同的因素造成不同结果，可能是随机误差，也可能是系统误差，因此组间误差＝

随机误差＋系统误差,反映了不同样本间数据的离散程度。

方差分析中,误差用离差平方和来表示：

(1)反映全部误差大小的平方和称为总离差平方和或总平方和,反映的是全部观测值的离散程度。

(2)反映组内误差大小的平方和称为因素离差平方和或组内平方和。

(3)反映组间误差大小的平方和称为组间平方和,反映样本均值间差异程度。

如果不同因素对试验指标没有影响,那么组间误差只包含随机误差,则组间误差和组内误差经过平均后的数值(平均平方和,简称均方,即用自由度消除项数不同的影响)应该非常接近1。如果不同因素对指标有影响,则组间误差就包含了系统误差,组间均方与组内均方的比值就大于1,当大到某个值,就认为因素差异显著。由于这种差异的显著性是由不同水平(总体)引起的,因此方差分析的思想,就是通过假定各均值无差异,用上述两误差均值的比值构造 F 统计量,通过 F 检验,来判断假设的正确性,即可判断因素作用是否显著。

在对正交试验做方差分析时,必须估计随机误差,而随机误差可通过正交表上空白列得到。由于空白列中没有因素作用,因此正好反映随机因素所引起的误差,该空白列在方差分析中常被称为误差列。因此,在做正交试验时,正交表的表头中须留下空白列以确定随机误差引起的离差平方和。若没有空白列,则需做重复试验,或者选择离差平方和中最小者做近似估计。当空白列多于一列时,随机误差平方和等于所有空白列的离差平方和之和,而其自由度也等于各空白列自由度的总和。

2. 方差分析的基本步骤

方差分析的基本步骤如下：

假设用正交表安排 k 个因素的正交试验,试验总次数为 n,试验结果(试验指标)分别为 $x_1, x_2, \cdots, x_n$,假定每个因素取 m 个水平,即因素水平数,每个水平做 p 次试验,则总试验次数为 $n=mp$。因素交互作用当成一个新的因素来看待,也单独占有一列。

(1)计算离差平方和(包括总离差平方和 S_T,各因素的离差平方和 S_k,试验误差的离差平方和 S_e)。

①计算总离差平方和：

总离差平方和 S_T 是各试验值与总平均值的偏差平方和,是每个试验值离总平均值有多远的一个测度,反映了试验结果之间存在的总差异,它越大表示数据间的差异越大。

$$S_T = \sum_{i=1}^{m}\sum_{j=1}^{p}(x_{ij}-\bar{x})^2 = \sum_{i=1}^{m}\sum_{j=1}^{p}x_{ij}^2 - \frac{1}{mp}(\sum_{i=1}^{m}\sum_{j=1}^{p}x_{ij})^2$$

x_{ij} 表示因素第 i 个水平的第 j 次试验结果，$\bar{x}$ 为总的平均值。

② 计算组间离差平方和（因素离差平方和）：

设某因素在正交表中的某列，用 x_{ij} 表示其在第 i 个水平的第 j 次试验结果，x_i 表示第 i 个水平的平均值，则

$$S_k = \sum_{i=1}^{m}\sum_{j=1}^{p}(\bar{x_i}-\bar{x})^2 = \frac{1}{p}\sum_{i=1}^{m}(K_i^A)^2 - \frac{1}{mp}(\sum_{i=1}^{m}\sum_{j=1}^{p}x_{ij})^2$$

K_i^A 为第 i 个水平 p 次试验结果的和。其他因素的离差平方和计算与此类似。因素离差平方和反映的是各组内平均值之间的差异程度，是由因素不同水平的不同作用造成的。

③ 计算组内的离差平方和（试验误差离差平方和）：

$$S_e = \sum_{i=1}^{m}\sum_{j=1}^{p}(x_{ij}-\bar{x_i})^2$$

S_e 反映了在各水平内各试验值之间的差异程度，这种差异程度是由于随机误差的作用产生的。

3 种离差平方和之间关系为 $S_T = S_k + S_e$。

（2）计算自由度。

在实际计算中，我们发现在同样的波动程度下，数据多的平方和要大于数据少的平方和，因此仅用平方和来反映波动的大小还是不够的。我们要设法消除数据个数的多少给平方和带来的影响。一个直观的想法是用平方和除以相应的项数，但从数学理论上可知这不是一个最好的办法，而应把项数加以修正，这个修正的数就是自由度。

总平方和的总自由度

$$df_T = n - 1$$

各因素离差平方和对应的自由度

$$df_k = m - 1$$

两因素交互作用的自由度等于两因素自由度之积。

误差自由度：

$$df_e = df_T - df_k$$

（3）计算平均离差平方和（均方）

$$MS = \frac{S}{df}$$

（4）计算 F 值。将各因素或交互作用的均方除以误差的均方，得到 F 值，例如：

$$F_A = \frac{MS_A}{MS_e}$$

（5）显著性检验。统计量 $F = MS_k/MS_e \sim F(df_k, df_{误差})$，对于给出的显著性水平 α 值，在附表 6 或附表 7 中查出 $F\alpha(df_k, df_e)$ 的值，由样本计算出 S_k 和 S_e，再计算出 F 值。从而有如下判断：

若 $F > F\alpha(f_{因素}, f_{误差})$，则认为该因素或交互作用对试验结果有显著影响；

若 $F \leqslant F\alpha(f_{因素}, f_{误差})$，则认为该因素或交互作用对试验结果无显著影响。

与极差法相比，方差分析方法可以多引出一个结论：各列对试验指标的影响是否显著，在什么水平上显著。在数理统计上，这是一个很重要的问题。显著性检验强调试验在分析每列对指标影响中所起的作用。如果某列对指标影响不显著，那么，讨论试验指标随它的变化趋势是毫无意义的。因为在某列对指标的影响不显著时，即使从表中的数据可以看出该列水平变化时，对应的试验指标的数值与在以某种"规律"发生变化，但那很可能是由于试验误差所致，将它作为客观规律是不可靠的。因此，为了增大 df_e，提高 F 检验的灵敏度，在进行显著性检验之前，先将各因素和交互作用的均方与误差均方比较，若 $MS_{因}(MS_{交}) < 2MS_e$，可将这些因素或交互作用的均方和自由度并入误差的均方和自由度，这样使误差的均方和自由度增大，提高 F 检验的灵敏度。

【例 5.4】 自溶酵母提取物是一种多用途食品配料。为探讨啤酒酵母的最适自溶条件，安排三因素三水平正交试验。试验指标为自溶液中蛋白质质量分数（%）。试验因素水平表，例 5.4 试验方案及结果分析见表 5.16、5.17。试对试验结果进行方差分析。

第 5 章 设计过程质量管理

表 5.16 例 5.4 试验因素水平表

水 平	试验因素		
	温度 /℃ A	pH 值 B	加酶量 /% C
1	50	6.5	2.0
2	55	7.0	2.4
3	58	7.5	2.8

表 5.17 例 5.4 试验方案及结果分析

处理号	A	B	C	空列	试验结果 y_i
1	1(50)	1(6.5)	1(2.0)	1	6.25
2	1	2(7.0)	2(2.4)	2	4.97
3	1	3(7.5)	3(2.8)	3	4.54
4	2(55)	1	2	3	7.53
5	2	2	3	1	5.54
6	2	3	1	2	5.5
7	3(58)	1	3	2	11.4
8	3	2	1	3	10.9
9	3	3	2	1	8.95
K_{1j}	15.76	25.18	22.65	20.74	
K_{2j}	18.57	21.41	21.45	21.87	
K_{3j}	31.25	18.99	21.48	22.97	
K_{1j}^2	248.38	634.03	513.02	430.15	
K_{2j}^2	344.84	458.39	460.10	478.30	
K_{3j}^2	976.56	360.62	461.39	527.62	

计算各列离差平方和及自由度：

$$S_A = \frac{1}{p} \sum_{i=1}^{m} (K_{ij}^A)^2 - \frac{1}{mp} (\sum_{i=1}^{m} \sum_{j=1}^{p} x_{ij})^2$$

令

$$CT = \frac{1}{mp}(\sum_{i=1}^{m}\sum_{j=1}^{p}x_{ij})^2 = 477.86$$

$$S_A = \frac{1}{3}(K_{11}^2 + K_{21}^2 + K_{31}^2) - CT$$

$$= \frac{1}{3}(248.38 + 344.84 + 976.56) - 477.86 = 45.4$$

同理,$S_B = 6.49, S_C = 0.31\ S_e = 0.83$。

自由度:$df_A = df_B = df_C = df_e = 3 - 1 = 2$。

计算均方:$MS_A = \frac{S_A}{df_A} = \frac{45.4}{2} = 22.7, MS_B = 3.24, MS_C = 0.16, MS_e = 0.41$。

根据以上计算,进行显著性检验,列出方差分析表,结果见表 5.18。

表 5.18 例 5.4 方差分析表

变异来源	平方和	自由度	均方	F 值	Fa	显著水平
A	45.40	2	22.70	79.6**	$F_{0.05}(2,4) = 6.94$	**
B	6.49	2	3.24	11.4*	$F_{0.01}(2,4) = 18.0$	*
C	0.31	2	0.16			
误差 e	0.83	2	0.41			
误差 $e^{\triangle}$	1.14	4	0.285			
总和	53.03					

因素 A 高度显著,因素 B 显著,因素 C 不显著。因素主次顺序 $A-B-C$。本试验指标越大越好。对因素 A,B 分析,确定最优水平为 A_3,B_1;因素 C 的水平改变对试验结果几乎无影响,从经济角度考虑,选 C_1。最优水平组合为 $A_3B_1C_1$,即温度为 58 ℃,pH 值为 6.5,加酶量为 2.0%。

【例 5.5】 为提高某种农药反应收率,需要进行试验,影响农药反应收率的因子有 4 个:反应温度 A、反应时间 B、两种原料配比 C、真空度 D,反应温度与反应时间的交互作用 $A\times B$ 对反应收率也有很大影响,因素水平表见表 5.19。

表 5.19 例 5.5 因素水平表

水平	试验因素			
	反应温度 /℃ A	反应时间 /h B	两种原料配比 C	真空度 /kPa D
1	60	2.5	1.1/1	50
2	80	3.5	1.2/1	60

解 本例所考察的因素都是二水平的,且有交互作用,因此选择具有交互作用的二水平正交表 $L_8(2^7)$,试验方案及试验结果见表 5.20。

表 5.20 例 5.5 试验方案及试验结果

列号	因素							收率 /%
	A 反应温度 /℃	B 反应时间 /h	A×B	C 两种原料配比	空列	空列	D 真空度 /kPa	
1	1	1	1	1	1	1	1	86
2	1	1	1	2	2	2	2	95
3	1	2	2	1	1	2	2	91
4	1	2	2	2	2	1	1	94
5	2	1	2	1	2	1	2	91
6	2	1	2	2	1	2	1	96
7	2	2	1	1	2	2	1	93
8	2	2	1	2	1	1	2	88
K_{1j}	366	368	352	351	361	359	359	T = 734
K_{2j}	358	356	372	373	363	365	365	

根据前文计算分析方法计算表中各列离差平方和均方,进行显著性检验,列出方差分析表,结果见表 5.21。

表 5.21　例 5.5 方差分析表

变异来源	平方和	自由度	均方	F 值	显著水平
A	8.0	1	8.0	3.2	
B	18.0	1	18.0	7.2	
C	60.5	1	60.5	24.2	**
D	4.5	1	4.5	1.8	
$A \times B$	50.0	1	50.0	20.0	**
误差 e	5.0	2	2.5		
总和	146.0	7	$F_{0.05}(1,2) = 18.5$		

从方差分析表可知,在显著性水平 $\alpha = 0.05$ 下,因素 C 与交互作用 $A \times B$ 对指标有显著影响。显著因素的最佳水平,可通过比较两个水平下数据和或均值得到,从表 5.20 可知,因素 C 取 2 水平。对显著的交互作用,要先计算 A,B 两个因素水平的所有不同搭配下数据的均值,再通过比较得出哪种水平组合最优。A,B 两因素的搭配表见表 5.22。

表 5.22　例 5.5 因素 A,B 的水平搭配表

	A_1	A_2
B_1	$(86+95)/2 = 90.5$	$(91+96)/2 = 93.5$
B_2	$(91+94)/2 = 92.5$	$(83+88)/2 = 85.5$

从表 5.22 可以看出,因素 A 和 B 的搭配选择 A_2B_1。因素 D 不显著,其水平可任取,取 60 kPa 可节约反应时间。综上分析,最佳水平组合为 $A_2B_1C_2$,即反应温度为 80 ℃,反应时间为 2.5 h,两种原料的配比为 1.2∶1,真空度为 60 kPa。

5.3.5　正交试验设计的基本程序

由上述内容分析可知,正交试验设计总的来说包括两部分:一是试验设计,二是数据处理。归纳为:

(1)明确试验目的,确定评价指标。

任何一个试验都是为了解决某一个问题,或是为了得到某些结论而进行的,所以任何一个正交试验都应该有一个明确的目的,这是正交试验设计的基础。评价指标通常是用来表示试验结果特性的值,常常用它来衡量或考核试验效果。

(2)挑选因素,确定水平。

影响试验指标的因素很多,试验因素的选择首先要根据专业知识与以往的研究经验,尽可能全面考虑到影响试验指标的诸因素。然后根据试验要求和尽量少选因素的原则,选出主要因素,略去次要因素,以减少要考察的因素。如果对问题了解不够,可以适当多取一些因素。确定因素的水平时,尽可能使因素的水平数相等,以方便试验数据处理。在实际工作中,应根据专业知识和有关资料,尽可能把水平设置在最佳区域或接近最佳区域。如果经验或资料不足,不能保证把因素水平定在最佳区域附近,就需要把水平尽量拉开,尽可能使最佳区域包含在拉开的区域内,然后通过1~2套试验,逐步缩小水平范围,以便寻找出最佳区域。

(3)选正交表,进行表头设计。

一般要求为:因素数≤正交表列数,因素水平数与正交表对应的水平数一致,在满足上述条件的前提下,选择较小的正交表。

(4)明确试验方案,进行试验得到结果。

根据正交表和表头设计确定每套试验的方案,然后进行试验,得到以试验指标形式表示的试验结果。

(5)对结果进行统计分析。

对正交试验结果的分析,通常采用直观分析法或方差分析法,得到因素的主次及优方案等信息。

(6)进行验证试验,做进一步的分析。

优方案是通过统计分析得出的,还需要进行试验验证,以保证优方案与实际一致,否则还需要进行新的正交试验。

5.4 可靠性工程

5.4.1 可靠性工程发展

1. 可靠性工程的发展背景

在第二次世界大战以前,在产品的设计、制造中都没有涉及"可靠性"这个概念,只是通过加强质量管理与控制来保证产品质量。虽然没有明确的"可靠性"一词,但对产品的寿命、稳定性、维修性、安全性都有所考虑。实际上已运用了可靠性的概念。那么,把"可靠性"作为专门的问题用概率这个数学方式来表示是从"二战"中开始的。1944 年纳粹德国用 V－2 火箭袭击伦敦,有 80 枚火箭在起飞台上爆炸,还有一些掉进英吉利海峡。由此德国提出并运用了串联模型得出火箭系统可靠度,成为第一个运用系统可靠性理论的飞行器。战争中交战双方在大量使用最先进的电子设备和系统时,出现了许多的故障,从而导致军方和科研部门加强了在武器装备可靠性方面的研究。根据当时的统计,美军在向远东输送的兵器中,60% 的航空机不能用,50% 的电子兵器在储藏中发生故障。还有,轰炸机的电子机器的寿命仅有 20 小时,海军用电子机器的 70% 发生故障。基于这些教训,以美国为代表,首先大力开展了可靠性研究工作,解决了许多单纯靠质量管理还不能完全解决的一些设备、军事装备等的问题,从而使可靠性工程迅速发展起来,并在 1952 年 8 月设置了美国国防部的可靠性咨询机关 AGREE(advisory group on reliability of electronic equipment)。在 1957 年提出了著名的 AGREE 报告(电子机器可靠性咨询委员会报告书),在这个报告中,美军宣布把定量化的、可靠性作为兵器购入的基本准则。随后世界各国都加快了有关可靠性方面的研究,并从军事装备转向民用产品。1960 年,日本科学技术联盟设立了可靠性研究委员会,举行了会议、文献的翻译和出版活动。同年在电气通信学会(现在为电气情报通信学会)上成立了可靠性研究专门委员会。1968 年设置了工业技术院可靠性技术开发室,在 1973 年作为民间团体,在 200 多家公司加入的基础上,设立了日本电子零部件可靠性中心,制定了有关可靠性的工业衡量标准,如 JISC5003(故障率试验法,1969 年)、JISZ8115(可靠性用语,1970 年)等众多标准。

可靠性工程发展的主要原因是战争对武器系统的可靠性要求,同时也与航空航天科学的发展密不可分。例如,美国的宇宙飞船阿波罗工程有 700 多万只元器件和零件,参加人数达 42 万人,参与制造的厂家达 15 000 多家,生产周期达数年之久。像这样庞大的复杂系统,一旦某个元件或某一部件出现故障,就可能造成整个系统的失效,从而造成十分巨大的损失。因此可靠性问题特别突出,不进行专门的可靠性研究是难以保证系统有效工作的。

2. 发展可靠性技术的必要性

产品的可靠性很重要,它不仅影响生产公司的前途,而且影响使用者的安全(苏联的"联盟 11 号"宇宙飞船返回时,因压力阀门提前打开而造成 3 名宇航员全部死亡)。可靠性好的产品,不但可以减少公司的维修费用,而且可以很快打出品牌,大幅度提升公司形象,增加公司收入。

有学者的调查结果显示"对可靠性的重视度,与地区的经济发达程度成正比"。

例如,英国电讯(BT)关于可靠性管理/指标要求有产品寿命、MTBF 报告、可靠性框图、故障树分析(FTA)、可靠性测试计划和测试报告等;泰国只有 MTBF 和 MTTF 的要求;而厄瓜多尔未提到,只是提出环境适应性和安全性的要求。

一个产品能否满足规定要求的特征,主要从两方面考核:一是产品的性能是否达到满足功能要求的各项技术指标;二是在工作过程中能否继续满足功能要求。前者属产品技术性能问题,后者属产品的可靠性问题,主要研究产品满足规定功能的可能性与工作时间的关系,以及不能满足规定功能的原因和改进措施,因此可靠性是保证产品质量的主要内容。可靠性问题直接影响生产、经济和安全,随着高新技术的发展,可靠性设计的必要性越加显著:

(1) 产品日趋复杂,可靠性越来越重要。具有优良性能的设备结构变得很复杂,随着零件数量的增加,设备的可靠性会相应降低,同时由于产品日趋复杂,参与设计、制造、销售、使用该产品的单位和人员也增多,从而增加了不可靠因素,于是可靠性问题就变得更为突出。

(2) 由于系统故障造成的损害也急剧增大。随着系统的复杂化、高技能化,系统价格也在上升,一旦发生故障,就会造成巨大的损失。

(3) 可靠性是提高经济效益,增强竞争力的需要。提高产品的可靠性虽然要花费一定的资金,但产品质量提高后,产品的信誉增强了在市场上的竞争能力,从而带来显著的经济效益。

5.4.2 可靠性的基本概念

可靠性是产品在规定的条件下和时间内完成规定功能的能力。由定义可知,与可靠性有关的 3 个条件是:规定的条件、规定的时间、规定的功能。

规定的条件包括使用条件、维护条件、操作条件和环境条件等,一般说来,条件不同的同一系统会表现出不同的可靠性。如:某金属膜电阻在温度为 25 ℃和流过电流 200 mA 的条件下工作 1 000 小时,其阻值变化不超过±30% 的能力为 90%,就是该电阻的可靠性。显然,当环境温度不同、电流负荷不同、工作时间不同、参数漂移要求不同时,电阻的可靠性也会不一样。

规定的时间通常用平均故障间隔时间来表示。如:每天 24 h 连续运转的电梯,若要求其无故障工作的概率达 $P(t)=99\%$ 以上,则电梯的平均故障间隔时间必须大于 4 500 h。如要求其无故障工作概率达 $P(t)=99.9\%$,则电梯的平均故障间隔时间必须大于 24 000 h。

完成规定任务指系统能正常发挥其各项功能,否则就称系统产生故障而失效。

可靠性与时间的关系非常密切,如果产品在规定的工作时间内发生故障,则其可靠性就差。对产品而言,可靠性越高就越好。可靠性高的产品,可以长时间正常工作(这正是所有消费者需要得到的);从专业术语上来说,就是产品的可靠性越高,产品可以无故障工作的时间就越长。

这里要明确质量与可靠性这两个概念的区别。人们往往会混淆质量与可靠性这两个概念,在许多场合被当作同义语来使用。但实际上他们是有区别的,是包含与被包含的关系。产品的可靠性是与规定的条件分不开的。"规定条件"包括使用时的应力条件和环境条件,其中有气候因素(如温度、湿度、气压),机械负载(如振动、冲击、加速度等),使用因素(如工作时间、供电电压等),以及辐射条件,维护条件等。"规定的时间"是指产品预定寿命。在寿命期内,产品应能完成规定的任务。"规定的功能"是指产品应具有的技术性能指标。产品的质量标准是产品技术性能指标和产品可靠性指标的综合。可靠性指标和技术性能指标最大的区别在于:技术性能不涉及时间因素,它可以用仪器来测量,如:用电器的额定电压、功率等。而可靠性与时间紧密联系,它不能直接用仪器测量,要衡量产品的可靠性,必须进行大量的实验分析、统计分析、调查研究,以及数学计算。由此看来,质量代表一个更大的概念,可靠性只是质量的一个组成部分,可靠性反映了产品质量特性的可信性。因此,从可信度的角度来看,其核心就是可靠性。

5.4.3 可靠性的特征量

衡量产品可靠性的指标很多,各指标之间有着密切联系,可以是定量的,也可以是定性的。其中主要的有可靠度 $R(t)$、积累失效概率 $F(t)$、失效概率密度函数 $f(t)$、失效率 $\lambda(t)$ 和期望寿命 $E(t)$。

1. 可靠度 $R(t)$

可靠度是指零件(或系统)在规定的运行条件下,在规定的工作时间内,能正常工作的概率,用 $R(t)$ 表示。产品的可靠性水平高低通常用可靠度来度量。

从可靠度定义来看,它包含了五大基本要素:

(1) 对象。对象可以是零件、部件、机器或系统。零件与系统是相对而言的。如果仅研究一台机器,那么这台机器就是一个系统;如果研究的是包括这台机器在内的一个大系统,那么这台机器就视为一个零件。

(2) 规定的工作条件。工作条件包括对象所处的环境条件和维护条件。产品的工作条件不同,就无法比较他们的可靠度。因为产品的工作条件不同,设计依据就不一样。如果都按最恶劣的条件进行设计，虽然可靠度能够保证，但会造成浪费，导致产品成本增加，因此这个设计应该是不成功的。

（3）规定的工作时间。规定的工作时间一般是指对象的工作期限，其单位多用时间来表示，也可以是其他非时间单位，如动作次数、工作周期、运动距离等。

这里应该明确，可靠性除研究如何延长产品的寿命外，人们往往更追求"总体寿命的均衡"，即达到规定的工作时间，所有零件的寿命均结束。这样就可以避免巨大的资源浪费，减少大修时间。

（4）正常工作。正常工作是指产品能达到要求的运行效能，否则就判定产品失效。失效的标准是很值得研究的问题，有时失效的标准很难确定。如果没有失效标准，那么，产品的可靠性就无法度量。例如，有时产品虽然能够工作，但不一定能达到要求的运行效能；有时虽然某个零件出现故障，但产品仍能正常工作，能达到要求的运行效能。例如，自行车链轮与链条之间的磨损，当骑车时就会由于轮齿磨损而与链条啮合不好，产生"蹬空"的现象。还有，冰箱内照明灯不亮，但不影响它的制冷，自行车辐条折断一根不影响它的正常行驶。

（5）概率。概率即可能性，是在$[0,1]$之间的数值。设T为表示产品实际寿命的随机变量，则产品在规定时间t内正常工作的概率（产品的可靠度）为

$$R(t)=P(T>t)$$

即$R(t)$就是产品使用时间T大于规定时间t的概率。

在$t=0$时有N件产品开始工作，而到t时刻有$n(t)$个产品失效，仍有$N-n(t)$个产品继续工作，则可靠度$R(t)$的估计值为$\hat{R}(t)=\dfrac{N-n(t)}{N}$。例如，$t=0$时，投入工作有10 000只灯泡，当$t=365$天时，发现有300只灯泡坏了，根据估计式可得到一年时的工作可靠度为0.97。

由可靠度定义可知：$R(0)=1, R(\infty)=0$。也即，开始使用时所有产品都是"好的"，只要时间充分大，产品就会失效。这里产品都是"好的"前提是产品质量合格，符合技术指标。

2. 累积失效概率 $F(t)$

累积失效概率是指产品在规定条件和规定时间内失效的概率。它说明了产品在规定条件和规定时间内不能正常工作的概率，因此也称不可靠度，记作$F(t)$。

$$F(t)=1-R(t)=1-P(T>t)=P(T\leqslant t)$$

其中$0\leqslant F(t)\leqslant 1$，且为增函数。

3. 失效概率密度函数 $f(t)$

失效概率密度函数是指产品累积失效概率对时间的变化率,记为 $f(t)$,它表示产品寿命落在单位时间内的概率,即产品在单位时间内失效的概率。

$$f(t) = \frac{dF(t)}{dt} = F'(t)$$

则

$$F(t) = \int_0^t f(t)dt, \quad R(t) = 1 - F(t) = 1 - \int_0^t f(t)dt = \int_t^\infty f(t)dt$$

假设 $n(t)$ 表示 t 时刻失效的产品数,$\Delta n(t)$ 表示在 $(t, t+\Delta t)$ 时间内失效的产品数,则累积失效概率估计值 $\hat{F}(t) = \frac{n(t)}{N}$,失效概率密度为在时间 $(t, t+\Delta t)$ 内每单位时间失效的产品数与试验的产品总数比值。

$$f(t) = \frac{n(t+\Delta t) - n(t)}{N \Delta t} = \frac{\Delta n(t)}{N \Delta t}$$

4. 失效率 $\lambda(t)$

失效率也称故障率或瞬间故障率,是指产品工作到某个时刻尚未出现故障,在该时刻之后,单位时间 Δt 内发生故障的概率,用 $\lambda(t)$ 表示。失效率也是测定可靠性的一个重要指标,而且是条件概率,实际上反映了 t 时刻失效的速率。

$$\lambda(t) = \lim_{\Delta t \to 0} \frac{P(t < T < t + \Delta t \mid T > t)}{\Delta t}$$

其中

$$P(t < T < t + \Delta t \mid T > t) = \frac{P(t < T < t + \Delta t)}{P(T > t)}$$

则

$$\lambda(t) = \lim_{\Delta t \to 0} \frac{P(t < T < t + \Delta t)}{P(T > t)\Delta t} = \lim_{\Delta t \to 0} \frac{F(t+\Delta t) - F(t)}{R(t)\Delta t} = \frac{f(t)}{R(t)}$$

可求得 $\lambda(t) = -\frac{R'(t)}{R(t)}$,得到 $R(t) = e^{-\int_0^t \lambda(t)dt}$。

在实际生产实践中,因产品数 N 一般是有限的,故常用失效率的近似表达式。设 $t=0$ 时有 N 个产品正常工作,到 t 时刻有 $N-n(t)$ 个产品正常工作,至 $t+\Delta t$ 时刻,有 $N-n(t+\Delta t)$ 个产品正常工作,$\lambda(t)$ 估计值为在时间 $(t, t+\Delta t)$ 内每单位时间失效的产品数与在时刻 t 仍正常工作的产品数

$$\hat{\lambda}(t) = \frac{\Delta n(t)}{(N - n(t))\Delta t}$$

例如,$t=0$ 时,投入工作有 10 000 只灯泡,当 $t=365$ 天时,发现有 300 只灯泡坏了,若一年后第一天又有一只灯泡坏了,此时 $\Delta t = 1$ 天,$\Delta r(t) = 1$ 只,$Ns(t)=$

10 000 − 300 = 9 700(只),此时的故障率率为 0.000 103。

失效率是一个标量,其常用的单位有 1/h、10^{-6}/h、菲特(Fit)等,其中 1 Fit = 10^{-9}/h。

【例 5.6】 50 个某型号产品在恒定条件下运行,记录见表 5.23,求:
(1) 该产品在 100 h 和 400 h 的可靠度观测值。
(2) 该产品在 100 h 和 1 500 h 的累积故障失效概率。
(3) 该产品在 25 h 和 1 200 h 的故障率。

表 5.23 某型号产品的运行记录

时间 t	10	25	50	100	150	250	350	400	500	600	700	1 000	1 200	1 500	2 000	3 000
失效数	4	2	3	7	5	3	2	2	0	0	0	0	1	1	0	1
累计失效数	4	6	9	16	21	24	26	28	28	28	28	28	29	30	30	31
仍在工作产品数	46	44	41	34	29	26	24	22	22	22	22	22	21	20	20	19

解 (1) $R(100) = 1 - \dfrac{n(100)}{N} = 1 - \dfrac{16}{50} = 0.68$

$R(400) = 1 - \dfrac{n(400)}{N} = 1 - \dfrac{28}{50} = 0.44$

(2) $F(100) = 1 - R(100) = 1 - 0.68 = 0.32$

$F(1500) = \dfrac{n(1500)}{N} = \dfrac{30}{50} = 0.6$

(3) $\lambda(25) = \dfrac{\Delta n(t)}{(N - n(t))\Delta t} = \dfrac{3}{44 \times (50 - 25)} \times 100\% = 0.27\%$

$\lambda(1\,200) = \dfrac{\Delta n(t)}{(N - n(t))\Delta t} = \dfrac{1}{21 \times (1\,500 - 1\,200)} \times 100\% = 0.015\,9\%$

5. 期望寿命 $E(t)$

期望寿命又称平均寿命,是指产品从投入运行到发生故障的平均无故障工作时间,用 $E(t)$ 表示。

$$E(t) = \int_0^\infty t f(t) \mathrm{d}t$$

由于

$$\dfrac{\mathrm{d}R(t)}{\mathrm{d}t} = -f(t)$$

则

$$E(t) = \int_0^\infty -t\,\mathrm{d}R(t) = -tR(t)\Big|_0^\infty + \int_0^\infty R(t)\,\mathrm{d}t = \int_0^\infty R(t)\,\mathrm{d}t$$

对产品而言,平均无故障工作时间是一个很重要的指标,因为它是衡量产品可用性比较直观的尺度。对于某些对寿命期望较高的产品,如电视机、冰箱、汽车等多用这一指标来规定其可靠性。

期望寿命有两种表达式:

(1) 失效前平均时间 MTTF(mean time to failure)。表示产品发生故障前正常运行时间的平均值,用于不可维修的产品。它反映了产品的时间质量,是体现产品在规定时间内保持功能的一种能力。根据数学期望的定义可得

$$MTTF = \int_0^x tf(t)\,\mathrm{d}t$$

当 $\lambda(t) = \lambda$(常数)时,$MTTF = \dfrac{1}{\lambda}$。

设有 N_0 个产品(不可修复的产品)在同样条件下进行试验,测得全部寿命数据为 $t_1, t_2, t_3, \cdots, t_0$,平均寿命时间为

$$MTTF = \frac{1}{N}\sum_{i=1}^{N_0} t_i$$

(2) 平均故障间隔时间 MTBF(mean time between failure)。表示两次故障间隔的平均时间,也就是两次维修间的平均时间,用于可维修的产品。设 N 为测试产品所有的故障数,n_i 为第 i 个测试产品的故障数,t_{ij} 为第 i 个产品第 $j-1$ 次故障到第 j 次故障的工作时间。

$$MTBF = \frac{1}{N}\sum_{i=1}^{n}\sum_{j=1}^{n_j} t_{ij}$$

5.4.4 系统的失效规律

图 5.5 为产品或系统的典型故障率曲线,常称为"浴盆曲线",曲线分为 3 段,相应地,系统失效分为 3 个阶段:

1. 早期失效期

早期失效期发生在产品使用的初期,产品刚开始工作时,故障率很高,但很快减小下来,逐渐进入稳定阶段。产品早期故障反映了设计、制造、加工、装配等质量薄弱环节。因此早期故障期又称调整期或跑合期,此时产品发生的故障称为早期故障,这种早期故障可用厂内试验的办法来消除,找出故障原因,采取相应措施使

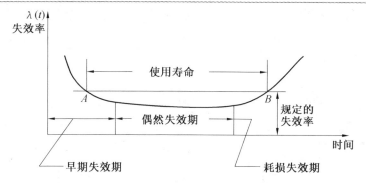

图 5.5　产品或系统典型故障率曲线

失效率尽快稳定下来。

2. 偶然失效期

产品经过调整期或锻炼期后进入正常工作期,在此期间内产品故障率低而且稳定,是产品工作的最好时期。在此期间内产品发生故障大多处于偶然因素,如突然过载、碰撞等,产品的这种失效很难预测什么时候发生,也就是说此时产品的失效是随机的,失效基本是一常数。这一阶段的失效是不能预测的,因此这个时期又叫偶然失效期。可靠性研究的重点在于延长正常工作期的长度,即有效寿命长度。

3. 耗损失效期

这一时期,由于设备上某些零件已经磨损、陈旧,而引起设备故障率上升,尤其在系统工作后期,由于系统老化疲劳等,失效迅速上升,直到报废。改善损耗失效的方法在于不断提高零部件的使用寿命,或及时更换即将失效的零部件,从而延长产品的使用寿命。

5.4.5　常用的失效分布函数

产品的失效分布函数是指产品的失效概率密度函数或积累失效概率函数,它与产品可靠性特征量有密切关系。如果已知产品的失效分布函数,就可求出可靠度、失效率和寿命等可靠性指标。即使不知道具体的分布函数,但如果已知分布的类型,也可通过对分布的参数估计求出这些指标的估计值。

1. 指数分布

指数分布在可靠性领域里应用最多,是最基本、最常用的分布类型,适用于失

效率 $\lambda(t)$ 为常数的情况。若产品的寿命或某一特征值 t 的故障密度为 $f(t) = \lambda e^{-\lambda t}(\lambda > 0, t \geqslant 0)$，称 t 服从参数 λ 的指数分布。

积累失效概率为
$$f(t) = \int_0^t \lambda e^{-\lambda t} dt = -e^{-\lambda t}\Big|_0^t = 1 - e^{-\lambda t} \quad (t \geqslant 0)$$

可靠度为
$$R(t) = 1 - F(t) = e^{-\lambda t} \quad (t \geqslant 0)$$

故障率为
$$\lambda(t) = \frac{f(t)}{R(t)} = \lambda$$

平均寿命为
$$E = \int_0^\infty R(t) dt = \int_0^\infty e^{-\lambda t} dt = -\frac{1}{\lambda} e^{-\lambda t}\Big|_0^\infty = \frac{1}{\lambda}$$

指数分布的一个重要性质就是无记忆性，就是产品经过一段时间 t_0 工作之后的剩余寿命仍然具有与原来工作寿命相同的分布，而与 t_0 无关。即产品工作 t h 的概率与已工作时间 t_0 无关，只与 t 的长短有关。

产品工作 t_0 h 后，再工作 t h 的可靠度为：$P(T > t_0 + t | T > t_0)$，是个条件概率，它与已工作的时间 t_0 无关，而只与 t 的长短有关，即
$$P(T > t_0 + t | T > t_0) = \frac{P(T > t_0 + t)}{P(T > t_0)} = \frac{e^{-\lambda(t_0+t)}}{e^{-\lambda t_0}} = e^{-\lambda t} = P(T > t)$$

这个性质说明，寿命分布为指数分布的产品，过去工作了多久对现在和将来的寿命分布不发生影响。其实际意义是：如果产品在 t_0 时刻正常工作，产品的寿命分布又服从指数分布，则不管该产品以前工作了多少次，都是不必更换的。采用定期拆卸维修是无意义的。在浴盆曲线中，它属于偶发故障期这一阶段的。实际中许多易耗品（如电子元件等）的使用寿命都服从指数分布。

【例 5.7】 某产品的平均故障间隔时间是一年（$MTBF = 8\,760$ h），有效使用时间为 24 h，那么，这个产品的可靠度是多少？

解
$$R = e^{-\lambda t} = e^{-\frac{t}{MTBF}} = \exp(-24/8\,760) = 0.997\,26$$

说明该产品在 24 h 内有 99.726% 正常工作的概率。

2. 正态分布

正态分布在机械可靠性设计中大量应用，如材料的强度、疲劳、磨损寿命、齿轮轮齿弯曲等。由概率论知识，只要某个随机变量由大量相互独立、微小的随机因素的总和构成，而且每一个随机因素对总和的影响都很微小，那么可以断定这个随机变量近似服从正态分布，其失效概率密度为
$$f(t) = \frac{1}{\sqrt{2\pi}\delta} e^{-\frac{(t-\mu)^2}{2\delta^2}} \quad (-\infty < t < \infty)$$

其中 $\mu \geqslant 0, \sigma \geqslant 0$，则

$$F(t) = \int_0^t f(t) \mathrm{d}t = \int_0^t \frac{1}{\sqrt{2\pi}\delta} \mathrm{e}^{-\frac{(t-\mu)^2}{2\delta^2}} \mathrm{d}t$$

3. 对数正态分布

对数正态分布用于由裂痕扩展而引起的失效分布，如疲劳、腐蚀失效等。此外，也应用与恒应力加速寿命试验后对样品失效时间进行的统计分析。其失效概率密度函数为

$$f(t) = \begin{cases} \dfrac{1}{t\sigma\sqrt{2\pi}} \cdot \mathrm{e}^{-\frac{(\ln t - \mu)^2}{2\sigma^2}} & t > 0 \\ 0 & \end{cases}$$

式中　μ——对数正态分布的均值；

σ——对数正态分布的标准差。

4. 威布尔分布

威布尔分布在可靠性理论中是适用范围较广的一种分布。当它的参数不同时，可以转化为指数分布、瑞利分布或正态分布。它常用来描述材料疲劳失效、轴承失效等寿命分布，其失效概率密度函数为

$$f(t) = \frac{m}{n}\left(\frac{t-\delta}{n}\right)^{m-1} \mathrm{e}^{-\left(\frac{t-\delta}{n}\right)^m} \quad (t \geqslant \delta, m, n > 0)$$

式中　m——形状参数；

N——尺度参数；

δ——位置参数。

$$F(t) = \int_0^t f(t) \mathrm{d}t = 1 - \mathrm{e}^{-\frac{1}{n^m}(t-\delta)^m}$$

$$R(t) = 1 - F(t) = \mathrm{e}^{-\frac{1}{n^m}(t-\delta)^m}$$

$$\lambda(t) = \frac{m}{n^m}(t-\delta)^{m-1}$$

当 $m > 1$ 时，表示磨损失效；$m = 1$，表示恒定随机失效，这时 $\lambda(t)$ 为常数；$m < 1$，表示早期失效。当 $m = 1, \delta = 0$ 时，$f(t) = \dfrac{1}{n}\mathrm{e}^{-\frac{1}{n}t}$，为指数分布。

5.4.6　系统的可靠性模型及可靠度计算

系统是由许多工作单元组成的能完成特定功能的有机整体。系统的可靠性既

依赖于每个单元的可靠性,也依赖于各工作单元之间的组合方式。在一个系统中工作单元的组合方式可能是串联、并联或更复杂的连接方式。进行可靠性设计时,常需要根据系统的组合方式和各单元的可靠性来计算系统的可靠性。可靠性模型指的是系统可靠性逻辑框图(也称可靠性方框图)及其数学模型。为讨论方便,假设系统的各组成单元之间是相互独立、互不影响的,且系统和组成单元只可能有正常和故障两个状态,没有中间状态。

5.4.6.1 可靠性框图

无论产品或设备,都可以描述为系统,评价系统可靠性的第一步就是要建立系统的可靠性框图,即用图形来描述系统内各组成部分间关系。建立可靠性框图时,要准确处理各部分之间以及各部分与系统之间的复杂关系,往往要做一些假设,忽略一些次要因素,抓住主要因素。在可靠性框图中,方框代表一个基本工作单元,它可能是一个部件,也可能是一个子系统,这取决于所建立的可靠性框图的用途。如果需要更详细的分析,可以进一步分析子系统。

另外,可靠性框图并不代表各个部件或子系统的实际连接方式,只代表各部分之间的功能关系,即用简明扼要的直观方法表现能使系统完成任务的各种串 — 并 — 旁联方框的组合。如汽车可分解为以下五大子系统:发动机、变速箱、制动器、转向器及轮轴子系统,其可靠性框图如图 5.6 所示。

图 5.6　汽车系统可靠性框图

了解系统中各个部分或单元的功能和它们相互之间的联系,以及对整个系统的作用和影响,对建立系统的可靠性数学模型,完成系统的可靠性设计、分配和预测都具有重要意义。借助于可靠性框图可以精确地表示出各个功能单元在系统中的作用和相互之间的关系,但系统可靠性框图与系统原理图并不等同。可靠性框图和原理图在连接形式和连接的方框数目上都不一定相同,有时在原理图中是串联的,而在逻辑图中却是并联的;有时原理图中只需一个方框即可表示,而在可靠性框图中却需要两个或几个方框才能表示出来。例如,为了获得足够的电容量,常将 3 个电容并联。假定选定失效模式是电容短路,则其中任何一个电容器短路都可使系统失效。因此,该系统原理图是并联,而可靠性框图应是串联的,如图 5.7 所示。

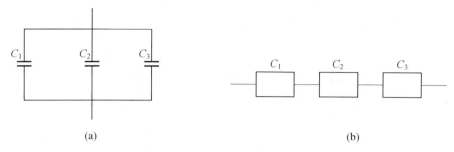

图 5.7 系统原理图与系统可靠性框图比较

5.4.6.2 几种典型的可靠性模型

1. 串联模型

组成系统的所有单元中任一个单元出现故障就会导致整个系统失效,这样的系统称为串联系统,其框图如图 5.8 所示。

图 5.8 串联模型框图

由定义可知,系统寿命就等于第一个出现故障的单元的寿命。由其定义和逻辑框图,知其数学模型为

$$R_s(t) = \prod_{i=1}^{n} R_i(t)$$

式中 $R_s(t)$ ——系统的可靠度;

$R_i(t)$ ——第 i 个单元的可靠度。

该式说明,串联系统的单元越多,系统的可靠性就越低。在设计时,为提高串联系统的可靠性,可从以下 3 个方面考虑:

(1) 尽可能减少串联单元数目;

(2) 提高单元可靠性,降低其故障率;

(3) 缩短工作时间。

若各单元的寿命分布均服从指数分布,即 $R_i(t) = e^{-\lambda_i t}$,则系统可靠度为

$$R_s(t) = \prod_{i=1}^{n} R_i(t) = \prod_{i=1}^{n} e^{-\lambda_i t} = e^{-(\sum_{i=1}^{n} \lambda_i) t} = e^{\lambda_s t}$$

式中,$\lambda_s = \sum_{i=1}^{n} \lambda_i$,$\lambda_s$ 为系统的故障率,λ_i 为各单元的故障率。

可见串联系统中各单元的寿命为指数分布时,系统的寿命也为指数分布。

2. 并联系统

组成系统的所有单元都故障,系统才发生故障的系统称为并联系统。也就是说,在并联系统中,只要有一个单元能正常工作,系统就能正常工作,系统框图如图 5.9 所示。

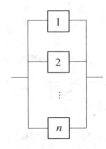

图 5.9 并联模型框图

由其定义和逻辑框图可知,系统累计失效函数 $F_s(t)$ 所有单元立即失效概率 $F_i(t)$ 的乘积为

$$F_s(t) = \prod_{i=1}^{n} F_i(t)$$

则系统可靠度函数为

$$R_s(t) = 1 - F_s(t) = 1 - \prod_{i=1}^{n} F_i(t) = 1 - \prod_{i=1}^{n} [1 - R_i(t)]$$

由于 $1 - R_i(t) < 1$,因此 $\prod_{i=1}^{n}[1 - R_i(t)]$ 就更小了,相应地 $R_s(t) = 1 - \prod_{i=1}^{n}[1 - R_i(t)]$ 越来越大,所以,并联单元越多,系统可靠度就越大。

由定义知,并联系统的寿命等于系统中最后失效的元件的寿命,即

$$T_s = \max\{T_1, T_2, T_3, \cdots, T_n\}$$

当各单元的寿命服从指数分布时,并联系统的可靠度为

$$R_s(t) = 1 - \prod_{i=1}^{n}(1 - e^{-\lambda_i t})$$

当 $n = 2$ 时,则

$$R_s(t) = e^{-\lambda_1 t} + e^{-\lambda_2 t} - e^{-(\lambda_1 + \lambda_2)t}$$

系统的故障率为

$$\lambda_s(t) = \frac{\lambda_1 e^{-\lambda_1 t} + \lambda_2 e^{-\lambda_2 t} - (\lambda_1 + \lambda_2) e^{-(\lambda_1 + \lambda_2)t}}{e^{-\lambda_1 t} + e^{-\lambda_2 t} - e^{-(\lambda_1 + \lambda_2)t}}$$

当 $t \to \infty$ 时，设 $\lambda_1 < \lambda_2$，有

$$\lim_{t \to \infty} \lambda_s(t) = \lim_{t \to \infty} \frac{\mathrm{e}^{-\lambda_1 t}[\lambda_1 + \lambda_2 \mathrm{e}^{-(\lambda_2-\lambda_1)t} - (\lambda_1+\lambda_2)\mathrm{e}^{-\lambda_2 t}]}{\mathrm{e}^{-\lambda_1 t}[1 + \mathrm{e}^{-(\lambda_2-\lambda_1)t} - \mathrm{e}^{-\lambda_2 t}]}$$

因为 $\lambda_1 < \lambda_2$，所以 $\lim_{t \to \infty} \lambda_s(t) = \lambda_1$。上式说明，工作时间足够大时，两部件并联系统的失效率等于失效率较小的部件的失效率。

系统平均工作寿命为

$$MTBF_s = \int_0^\infty R(t)\mathrm{d}t = \int_0^\infty (\mathrm{e}^{-\lambda_1 t} + \mathrm{e}^{-\lambda_2 t} - \mathrm{e}^{-(\lambda_1+\lambda_2)t})\mathrm{d}t = 1/\lambda_1 + 1/\lambda_2 - 1/(\lambda_1+\lambda_2)$$

当 n 个部件 $\lambda_1 = \lambda_2 = \cdots = \lambda_n = \lambda$ 时，有

$$MTBF_s = \frac{1}{\lambda} + \frac{1}{2\lambda} + \frac{1}{3\lambda} + \cdots + \frac{1}{n\lambda}$$

由以上可知，并联系统有以下特点：

(1) 并联系统的失效概率低于各单元的失效概率；

(2) 并联系统的可靠度高于各单元的可靠度；

(3) 并联系统的平均寿命高于各单元的平均寿命，这说明，通过并联可以提高系统的可靠度；

(4) 并联系统的各单元服从指数寿命分布，该系统不再服从指数寿命分布。

3. 串－并联模型

若一个系统由 m 个子系统串联而成，而每个子系统又由 n 个单元并联而成，这种系统称为串－并联模型，其模型如图 5.10 所示。

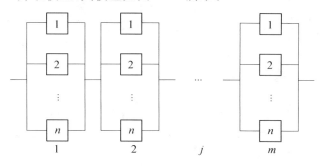

图 5.10　串－并联模型框图

假设每个单元都具有相同的积累失效率 $F(t)$，则每个子系统的可靠度函数为

$$R_{sj}(t) = 1 - F^n(t)$$

系统的可靠度函数为

$$R_s(t) = \prod_{j=1}^{m} R_{sj}(t) = [1 - F^n(t)]^m$$

由于串－并联模型中具有功能冗余单元,因此其系统的可靠性比单纯的串联系统可靠性高,但其成本也高。

4. 并－串联模型

若一个系统由 m 个子系统并联而成,而每个子系统由 n 个单元串联而成,称这种系统为并－串联系统,如图 5.11 所示。

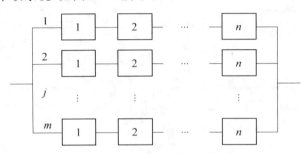

图 5.11　并－串联模型框图

假设每个单元都具有相同的累积失效概率分布为 $F(t)$,则每个子系统可靠度函数为

$$R_{sj}(t) = [1 - F(t)]^n$$

每个子系统的累积失效概率分布函数为

$$F_{sj}(t) = 1 - R_{sj}(t) = 1 - [1 - F(t)]^n$$

整个系统的累积失效概率分布函数为

$$F_s(t) = \{1 - [1 - F(t)]^n\}^m$$

则整个系统的可靠度函数为

$$R_s(t) = 1 - \{1 - [1 - F(t)]^n\}^m$$

可见,并－串联系统的可靠性高于任一子系统的可靠性。

5. 混联模型

在有些系统中,工作单元之间的关系既有串联也有并联,这种系统称为串－并联混合系统,如图 5.12 所示。

假设图中各单元的可靠性函数均为 $R(t)$,则系统的可靠度函数为

$$R_s(t) = \{1 - [1 - R(t)][1 - R^2(t)]\}^2$$

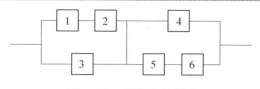

图 5.12　混联模型框图

6. 旁联系统

为了提高系统的可靠性,可另外储备一些具有相同功能的系统,以便当工作中系统失效时用一个备用系统替代。组成系统的 n 个单元只有一个单元工作,当工作单元故障时,通过转换装置转移接到另一个单元继续工作,直到所有的单元故障时系统才发生故障,这样的系统称为非工作贮备模型,也称为旁联模型。

并联系统与旁联系统的区别在于并联系统的备用单元与工作单元都同时处于工作状态;而旁联系统则是在当工作单元失效后才启用备用单元进行工作。

假设故障监测与转换装置的可靠性为1,单元 i 的寿命为 T_i,则系统寿命 T_s 为

$$T_s = T_1 + T_2 + \cdots\cdots + T_n$$

若进一步假设系统各单元具有相同的失效率函数 $\lambda(t)$,且 $\lambda(t) = \lambda$,则系统可靠性函数 $R_s(t)$,也就是系统在时间 t 内,失效单元数 k 少于 n 个的概率,即

$$R_s(t) = \sum_{k=0}^{n-1} P_k$$

P_k 是系统在 t 时间内由 k 个单元失效的概率,按泊松分布规律,有

$$P_k = \frac{(\lambda t)^k}{k!} e^{-\lambda t}$$

则

$$R_s(t) = \sum_{k=0}^{n-1} \frac{(\lambda t)^k}{k!} e^{-\lambda t} = [1 + \lambda t + \frac{1}{2}(\lambda t)^2 + \cdots\cdots + \frac{(\lambda t)^{n-1}}{(n-1)!}] e^{-\lambda t}$$

以具有一个备用单元的旁联系统和两单元的并联系统进行分析比较,假设各单元均是相同的,每单元失效的为 λ,则两单元旁联系统可靠度为

$$R_s(t) = (1 + \lambda_0 t) e^{-\lambda_0 t}$$

由于 $R_0 = e^{-\lambda_0 t}$,$\lambda_0 t = -\ln R_0$,因此,$R_s(t) = (1 - \ln R_0) R_0$,而两并联系统的可靠度为 $R_D(t) = 1 - (1 - R_0)^2 = 2R_0 - R_0^2$。$R_S$,$R_D$ 之间的关系可如图 5.13 所示。

由图 5.13 可见 $R_S \geqslant R_D$。这是因为并联系统的备用单元与工作单元都同时处于工作状态,而旁联系统是当前工作单元失效时才使用的备用系统。

7. k/n 表决系统

在组成系统的 n 个单元中,如果至少有 k 个单元失效,则系统失效,这样的系统

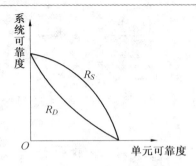

图 5.13　R_S 与 R_D 的关系

称为 k/n 表决系统。有时为了提高可靠性并考虑节省资源,采用表决系统,表决系统在航天设备及计算机线路中有着广泛的应用。当 $k=1$ 时,得到串联模型;当 $k=n$ 时,得到并联模型。可见,串联模型和并联模型都是 k/n 模型的特例。k/n 系统的可靠性就是系统有少于 k 个失效单元的概率。因此,可以把系统中 0 个失效单元、1 个失效单元,直到 $k-1$ 个失效单元的概率加在一起而得到系统的可靠性。设 n 个单元的累积失效概率分布相同,为 $F(t)$,则系统的可靠度为

$$R_s = \sum_{i=0}^{k-1} C_n^i [1-R(t)]^i [R(t)]^{n-i}$$

【例 5.8】　设装有 4 台发动机的飞机,只要有两台发动机工作就能正常飞行。已知每台发动机的可靠度为 0.9,试预测发动机系统的可靠度。

解　由题可知,$n=4$,$k=3$,则

$$R_s = C_4^0 R^4 + C_4^1 (1-R) R^3 + C_4^2 (1-R)^2 R^2 = 99.6\%$$

5.4.7　可靠性管理与质量管理的关系

质量是一组固有特性满足要求的程度,就产品质量的好坏而言,主要包含着 4 个指标:

(1) 技术性能指标。包括电气性能、结构和工艺等。

(2) 可靠性指标。包括寿命特征、故障间隔、利用效率、完成规定功能的能力等。

(3) 经济指标。包括生产、使用、维修费用等。

(4) 安全指标。包括环境影响,保证人身和设备的安全,防止造成生命财产的重大损失。

如前所述,根据产品可靠性的定义,产品的可靠性与时间、条件和功能这三大

第5章 设计过程质量管理

要素分不开,所以研究产品的可靠性,时时离不开研究设备的使用条件、使用时间,以及使用方提出的性能指标及技术要求。

可靠性研究的目的是提高产品在规定条件下、规定时间内完成规定功能的能力。或者说是研究在规定条件下,如何使得产品完成规定功能的时间加长。因此,产品的可靠性是其质量的一部分,而且是核心内容。很多历史事实,特别是第二次世界大战期间,由于电子设备失效频繁,首先使美国人从无数次的失败和血的教训中认识到了可靠性问题的重要,认识到必须将可靠性问题作为重大课题进行专门研究,推动了可靠性技术与管理科学的发展,逐渐形成了可靠性工程学。

因此,产品的质量指标是一个综合性指标,它包含了可靠性指标,然而产品的可靠性研究又是质量管理工作的进一步发展和深化。一切质量工作除了要保证产品的性能和经济性、安全性外,更重要的是保证产品稳定可靠。从使用的角度出发,产品的可靠性指标是第一性的指标,是核心内容。

一般情况是,将产品出厂时,也就是产品的使用时间等于零或接近零时,能否满足技术规范的各项要求,称之为质量(当然是狭义的质量),这由质量管理工程师负责。而可靠性这一概念,则涉及产品在规定的现场条件下,产品满足规范要求,完成其规定功能的寿命期有多长。因此,可靠性工程师的职责就是设法使产品在规定的使用条件下,在规定的使用周期内,完成规定的工作。

以电子设备为例,产品的寿命分布规律符合指数分布。设备还没有出厂时,设备的工作时间 $t \to 0$,这时,其工作状态应该是正常的,设备的可靠度 $R(t=0)=1$,可认为设备的失效概率为零,所以设备出厂时就只能对其质量(合格率)做出评定,由质量管理工程师负责。没有哪个设备能永远工作而不失效,当设备工作时间 $t \to \infty$ 时,设备的可靠度 $R(t=\infty)=0$。如果需要评定 $t>0$ 的质量,就需要对设备的可靠性做出评定,就必须通过设备的可靠性设计评审或通过可靠性试验来实现,由可靠性工程师负责。

广义而言,提到产品质量的优劣,其中必须包含产品可靠性水平的高低。根据有关资料介绍,国外20世纪70年代已经发展到可靠性管理与质量管理二者互为补充、融合一体的质量保证体系。所谓质量保证体系就是产品在研究和设计阶段,运用固有技术和可靠性技术,奠定产品的固有可靠性。生产阶段运用质量管理技术,使制造质量接近或达到设计水平。

可靠性管理的重点在于从产品的研究和设计阶段就保证固有技术和可靠性技术的实现,而制造过程中的可靠性保证可以利用现有质量管理系统,通过开展质量管理活动来实现,无须建立新的管理系统。这种产品制造过程中的质量管理与可靠性管理的兼容性,已被很多工厂的实践证明是保证产品质量和可靠性水平的有效方法。

可靠性管理与质量管理有着共同的目标,就是要使产品满足用户要求。它们既有联系也有区别,见表5.24。

表5.24　可靠性管理与质量管理的主要区别

项目	质量管理	可靠性管理	关系
目的	在允许的费用和一定的时间内生产出满足用户要求的产品,并以实现产品低不良率为主要目标	以最低限度的资源实现用户和产品计划所要求的规定时间 t 内的可靠性,即 $t>0$ 时的质量要求	目标一致,即满足客户要求
主要特点	一个过程,四大支柱(标准化、PDCA、QC小组、质量教育),4个循环(PDCA循环),7种QC工具(排列图、因果图、直方图、分层法、管理图、相关图、检查表),以及新QC7种工具(关系图、kj法、系统图法、矩阵图法、PDPC法、矢线图法、矩阵数据分析法)	一个基础(可靠性组织),六大支柱(可靠性分析、可靠性设计(含可靠性物理分析)、可靠性评价、可靠性标准、可靠性数据、可靠性教育)	在可靠性设计分析中,同样可用QC工具,在现代质量分析中,同样会用到可靠性技术,如FMEA、FTA等
主要分工	质量控制、可靠性设计审查、可靠性教育、设计标准化、元器件筛选、产品实验、检验、产品服务、外协厂管理	可靠性管理、可靠性规划、可靠性、维修性、安全性、人机工程设计、各种指标的综合权衡、元器件管理与选用、失效分析、可靠性数据反馈、可靠性增长	在检验质量阶段,质量检验负责后端。在现代质量管理中,两者是融合的
所采用的主要手段	数据统计	同产品、材料、工艺有关的技术,可靠性物理,可靠性试验,数据统计技术	在现代质量管理中,两者是融合的

续表 5.24

项目	质量管理	可靠性管理	关系
使用的阶段	批量生产	预研、设计、生产	良好的工艺质量是产品设计可靠性实现的基础和保证
时间范畴	适用时间 $t \leqslant 0$ 的阶段产品是否符合规格	研究产品在 $t > 0$ 时(使用时)的质量(可靠性),可靠性又称产品的时间质量	目标一致,满足客户要求
对企业的经济效益	非常直接,可在短期内提高成品率,降低成本,受企业欢迎	较为间接,在短时期内效果不一定显著地表现出来,但长期坚持可给企业带来极大的经济收益,有利于国家安全和利益,深受用户欢迎	提高可靠性是降低返修率的基本途径

习 题

1. 产品质量设计模型包含哪些基本要素?
2. 设计过程质量管理的任务是什么?
3. 什么是质量功能展开?实施的关键是什么?
4. "QFD 是一种集成技术",你如何理解这一说法?
5. 简要说明 QFD 过程及各过程的任务。
6. 正交试验设计法的基本思想是什么?
7. 利用正交设计可以解决哪些方面的问题?
8. 正交试验设计中方差分析的基本原理是什么?
9. 有 3 台机器生产规格相同的铝合金薄板,为检验 3 台机器生产薄板的厚度是否相同,随机从每台机器生产的薄板中各抽取了 5 个样品,测得结果如下:

机器 1:0.236,0.238,0.248,0.245,0.243

机器 2:0.257,0.253,0.255,0.254,0.261

机器3:0.258,0.264,0.259,0.267,0.262

问:3台机器生产薄板的厚度是否有显著差异?

10. 人造纤维的抗拉强度是否受掺入其中的棉花的百分比的影响是有疑问的。现确定棉花百分比的5个水平:15%,20%,25%,30%,35%。每个水平中测5个抗拉强度的值,列于表5.25。问:抗拉强度是否受掺入棉花百分比的影响?

表 5.25　正交表安排及试验数据

棉花百分比/%	抗拉强度观测值				
	1	2	3	4	5
15	7	7	15	11	9
20	12	17	12	18	18
25	14	18	18	19	19
30	19	25	22	19	23
35	7	10	11	15	11

11. 某产品的产量取决于3个因素A,B,C,每个因素都有2个水平,具体数据见表5.26。每两个因素之间都有交互作用。试验指标为产量,越高越好,试安排试验并分析试验结果,找出最好的方案。

表 5.26　某产品试验数据

试验号	因素						产量/kg
	1 A	2 B	3 A×B	4 C	5 A×C	6 B×C	
1	1(60)	1(1.2)	1	1(20%)	1	1	65
2	1	1	1	2(30%)	2	2	73
3	1	2(1.5)	2	1	1	2	72
4	1	2	2	2	2	1	75
5	2(80)	1	2	1	2	1	70
6	2	1	2	2	1	2	74
7	2	2	1	1	2	2	60
8	2	2	1	2	1	1	71

第5章 设计过程质量管理

12. 什么是产品可靠性？一般用什么函数来描述产品的可靠性？

13. 画出产品或系统典型故障率曲线,并说明各失效期的特点。

14. 我们经常发现有些产品,如出租车规定 10 年必须报废,可是实际上这辆车依然可以维修后继续使用一段时间,请你用可靠性相关内容分析其原因。

15. 什么是系统可靠性,在系统可靠性研究中,我们主要研究哪些方面？

16. 系统的功能原理框图与系统的可靠性逻辑框图的区别是什么？

17. 某批电子管有 100 000 只,开始工作到 500 小时内有 100 只出现故障,求 $R(500)$。

18. 在规定条件下对 12 个不可修产品进行无替换试验,试验结果如图 5.14(a) 所示,在某观测时间内对 3 个可修复产品进行试验,实验结果如图 5.14(b) 所示。图中"×"均为产品出现故障时的时间,t 为规定时间,求以上两种情况的产品可靠度估计值。

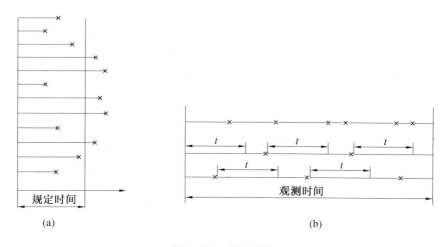

图 5.14 实验结果

19. 设已知某元件寿命的密度函数 $f(t)=\lambda e^{-\lambda t}$,求该元件的可靠度函数 $R(t)$ 和故障密度函数 $\lambda(t)$。

20. 某 3/6 系统,各单元寿命均服从指数分布,失效率均为 $\lambda=40/10^6$ h,若工作时间 $t=7\ 200$ h,求系统的可靠度及平均寿命。

21. 试比较下列 5 个系统的可靠度,设备单元的可靠度相同,均为 $R_0=0.99$。

(1) 4 个单元构成的串联系统；

(2) 4 个单元构成的并联系统；

(3) 四中取三表决系统；

(4) 串－并联系统 $(N=2, n=2)$；

(5) 并－串联系统 $(N=2, n=2)$。

第6章　质量经济性

☞学习目标

◇了解质量成本管理和质量成本分析的基本内容；

◇了解质量成本的构成比例及不同比例下质量管理措施的选择；

◇了解质量成本与生产成本的关系；

◇理解质量经济分析目的，掌握设计、制造过程的经济分析方法。

【开篇案例】梅钢公司的质量成本管理

梅钢公司在参考宝钢先进管理经验的基础上，从2004年开始推进质量成本管理，成立了以公司制造管理部为归口管理部门，财务部、营销部及各生产单元为配合部门的质量成本组织体系。梅钢财务部每年根据公司实际情况编制年度预算，制造管理部将公司各项质量成本指标分解到生产厂，同时成立攻关组进行攻关。在执行过程中每月进行统计分析，努力降低损失性成本。

最初是简单的数据统计、分析和差异揭示阶段，从2007年起将质量成本纳入成本管理体系，编制了质量成本年度预算，按月进行质量成本分析，按季度实行绩效考核；在此基础上，为了适应成本精细化管理的需要，从2009年开始，开发了质量成本管理系统，系统覆盖炼钢、热轧、冷轧等生产线。与之配套制定了《质量成本管理办法》，按月召开质量工作例会，不断跟踪产品生产过程中的质量损失成本并进行质量报告，分工序揭示质量成本的完成情况，提示公司改进方向，提高公司产品的市场竞争力和盈利能力。

质量成本管理系统的数据主要来源于梅钢产销系统、统计系统、质量异议系统等相关前端系统。对于内部质量损失不仅要体现缺陷量、缺陷种类，而且还要实现内部质量损失的缺陷原因、责任归口管理、质量损失金额等。缺陷原因包括操作原因、设备原因、上道工序原因、管理原因等。责任归户首先应能够归户到大工序，包括本工序、外工序、制造部、外购等，本工序自行归户时还要将责任逐级分解至作业区、班组。内部质量损失金额区分实际单位损失及预算单位损失，根据不同的质量损失原因，财务部会同制造部制定不同的计算方法。质量成本信息系统的建立，提升了内部质量损失及其成本的管理水平,构建了梅钢公司完整、统一、共享的数据平台。让管理部门和生产部门能够在第一时间知道每道工序的质量成本和质量损失,以便采取有效的措施来降低工序的质量损失,控制工序的质量成本,为领导决策提供依据,为公司降本增效做贡献。

梅钢公司在摸索和实践中借助信息系统的帮助,不断对质量成本分析进行完善和细化。财务人员通过对不同纬度的明细产品质量成本进行分析,将分析结果反馈给业务部门。业务部门基于分析数据,从业务层面深入研究,寻找问题根源,采取有效措施,不断改善产品质量,提升公司的盈利水平;通过更加明细的产品质量损失分析,支撑产品设计、产品结构优化、产品定价等各方面,为公司经营决策提供支撑。

(资料来源:罗丽敏.质量成本分析在梅钢的应用[J].冶金财会,2012(11):18-19.)

【思考题】

1. 为何要研究质量成本?它与生产成本一致吗?
2. 质量成本是怎样构成的?

6.1 质量成本管理概述

产品质量关系到一个企业的荣誉,产品成本关系到一个企业的生存。在当今市场经济的大环境下,同行业企业之间的竞争直接表现为所生产的产品的竞争,而产品在市场上的竞争又直接取决于产品的质量和价格。因此,质量成本对一个企业而言,至关重要。企业只有不断地进行质量成本管理创新,才能不断提高产品质量,控制产品成本,从而降低产品价格,提高市场竞争力。

6.1.1 质量成本概述

质量成本属于企业生产总成本的范畴,但它又不同于其他的生产成本,诸如材料成本、运输成本、设计成本、车间成本等的生产成本。概括起来质量成本具有以下特点:

(1)质量成本只是针对产品制造过程的符合性质量而言的。即在设计已经完成、标准和规范已经确定的条件下,才开始进入质量成本计算。因此,它不包括重新设计和改进设计,以及用于提高质量等级或质量水平而支付的费用。

(2)质量成本是那些与制造过程中出现不合格品密切相关的费用。例如,预防成本就是预防出现不合格品的费用。

(3)质量成本并不包括制造过程中与质量有关的全部费用,而只是其中的一部分。这部分费用是制造过程中同质量水平(合格品率或不合格品率)最直接、最密切的那一部分费用。质量成本的计算并不是单纯为了得到结果,而是为了分析、为了寻找改进质量的途径,达到成本最低的目的,用于评定质量体系的有效性。

因此,质量成本是总成本的一部分,为了确保满意的质量而发生的费用,以及没有达到满意的质量所造成的损失,包括有形损失和无形损失。

国际标准ISO9000规定,质量成本应由两部分组成,即运行质量成本和外部质量保证成本。而运行质量成本又包括预防成本、鉴定成本、内部损失成本、外部损失成本四部分。预防成本和鉴定成本又称为可控成本,内部损失成本和外部损失成本之和称为损失成本。质量成本的构成图如图6.1所示。

图6.1 质量成本构成

1. 预防成本

预防成本是指用于预防产生不合格品与发生故障等所支付的各项费用。一般包括:①质量工作费(企业质量体系中为预防、保证和控制产品质量,开展质量管理所需的费用);②质量培训费(企业的质量意识、质量管理方面培训所需费用);③质量奖励费;④质量改进措施费(为保证或改进产品质量所支付的费用);⑤质量评审费(用于产品质量审核和质量体系进行评审所支付的费用);⑥质量情报信息费(为取得产品质量信息所发生的费用);⑦工资及附加费(指各级从事质量管理的专业人员);⑧其他预防费(质量体系管理及保障所发生的费用;有关质量的行政管理费用和与此相关的其他费用)。这类成本常发生在生产之前,其支出往往使损失成本降低。

2. 鉴定成本

鉴定成本是指用于评定产品是否满足规定的质量要求所支付的费用。组织支出此类成本的目的是希望在生产过程中尽可能发现不符合质量标准的产品,避免损失延续下去。一般包括:①试验检验费(来料检验、过程检验、成品检验、成品监控试验、检验所支付的费用);②检验设备维修折旧费(检测设备的维护、校准、修理和折旧费);③试验材料和劳务费(包括破坏性试验所发生的费用);④质量检验部门办公费(开展日常工作所支付的办公费用);⑤工资及福利(指各级从事质量试验、检验工作人员的工资等);⑥其他鉴定费(指鉴定产品质量进行试验所需其他费用)。

3. 内部损失成本

内部损失成本是指产品交付前因不满足规定的质量要求所损失的费用。一般包括:①返修损失费(为达到规定的质量水平,对基本达到质量目标但尚存在某些缺陷的产品进行修复加工所支付的费用);②废品损失费(为了达到规定的质量目标,对不符合质量目标的产品列为废品所发生的损失费用);③因质量问题发生的停工损失(因产品质量整体水平下降,而必须全部或局部停工整顿所发生的费用);④质量事故处理费(因处理内部产品质量事故所支付的费用,如重新筛选或重复检验等所支付的费用);⑤质量降级损失。

4. 外部损失成本

产品交付后因不满足规定的质量要求所损失的费用。一般包括:①保修费用(在产品保修承诺范围内,对客户投诉的调查、维修或更换所支付的费用);②退货索赔费(在服务承诺范围内,允许顾客退货和企业履行索赔责任所发生的费用);③售后服务费:直接用于校正误差或特定试验,以及投诉范围以外所支付的费用。

除上述分类方式,按质量成本的存在形成不同,还可将其划分为显见质量成本和隐含质量成本。显见质量成本是指根据国家现行成本核算制度规定列入成本开支范围的质量费用,以及由专用基金开支的质量费用。隐含质量成本是指未列入国家现行成本核算制度规定的成本开支范围,也未列入专用基金,通常不是实际支出的费用,而是反映实际收益的减少,如产品降级、降价、停工损失等。

6.1.2 质量成本的发展历史

质量成本管理是随着科技的发展,于20世纪50年代初质量管理学科的先驱工作者美国休哈特出版的《工业产品质量的经济控制》开始把质量与经济联系在一起，逐步发展起来的一门新的学科，也可以说是质量管理向成本领域扩展而形成的一门管理学科。

质量成本管理最早由美国著名质量管理专家，通用电气公司制造和质量经理费根堡姆博士在 20 世纪 60 年代提出，是首次用货币的语言描述质量概念，并把质量成本划分为预防成本、鉴定成本、内部故障成本和外部故障成本。从此为质量成本在全面质量管理中的应用奠定了基础。

20 世纪 80 年代兴起的经济质量管理（EQC），德国冯考拉尼就是通过产品质量与投入（成本）、与产出（收益）之间的关系分析，探求最适宜的质量水平。

目前 ISO9000 标准已把质量成本作为质量体系要素和质量术语，使质量成本概念在世界范围得到推广和应用。西欧、瑞典、日本等国家都积极推行质量成本管理，并收到了实效。我国从 20 世纪 80 年代开始从国外引进和试行质量成本管理，并且在很多企业推行，把质量成本信息应用于质量改进、降低成本、提高效益等方面，取得了一定的效益。

根据有关资料提供的分析来看，大部分组织的损失成本占整个质量成本的 70%，个别组织甚至高达 80% 以上，可见质量改进的潜力很大，也称作挖掘"矿中黄金"。因此，组织开展质量成本的研究，推行质量成本核算，进行质量成本的管理，是实现生产过程的质—本—利的优化过程，也是经济分析的重要组成部分，组织要有步骤地进行，如先从核算内部成本入手，然后再逐步推及其他成本，逐步提高核算水平；其次要综合地抓，将财务、质量管理、生产、技术等部门组织起来，协同作战；再者，还要在抓质量成本的同时，抓好组织的基础工作（如在制品管理、原始记录等）。

6.1.3 质量成本管理的现实意义

在我国企业中，由于企业内部质量问题产生的直接经济损失的情况大量存在。据估计，工业企业中不良品损失约占工业产值的 10%～15%，如果包括各种直接或间接的质量损失，这个比例可能还要大。

提高产品质量标准化与质量管理水平，降低质量损失，成为我国企业质量管理的当务之急，而进行质量成本管理在降损提质方面有着不可比拟的优越性。其体现在：

1. 有利于企业质量管理、财务、统计工作相结合

现代企业质量管理要求将会计、统计、物价等职能渗透到质量管理的全过程。

质量成本使企业质量管理人员与财会人员,在经营过程中清晰而有效地保持联系,运用价值形式综合反映和控制产品质量,从制造成本和期间费用中分离出质量成本,扩大了经济核算和成本控制的范围和内容,由于采用财务会计,企业不必独立设置质量会计核算机构,优化了企业经营管理。而由国家技术监督局、国家统计局及国务院生产办公室联合印发的《全国工业质量指标体系总体方案通知》中,明确提出了统计质量指标体系,其中有一个重要经济性统计指标——质量损失率。所谓质量损失率是产品质量成本中损失成本同工业总产值之比,该统计指标反映了质量损失费用程度,这客观上要求质量管理部门进行质量成本的归集来计算内、外部损失成本,为统计部门提供有关质量信息。

2. 有利于企业内部质量责任跟踪、业绩评估

由于产品质量是在企业生产经营过程的各个阶段、各个环节形成的,涉及企业各个部门及各项管理工作。且随着科技的发展,企业质量管理工作趋于全面化、复杂化,开展质量成本分析,通过集中收集和核算同质量有关的一切费用,从而明确各部门在产品质量方面所承担的经济责任,为实行企业有关人员岗位责任制提供了依据。另外,通过质量成本计算出的经济指标是衡量企业经济状况的通用指标,使企业质量管理业绩有了考核和评价的标准,对内使企业管理者对其产品质量水平、质量成本结构有了直观的了解,对外为企业利害关系人提供产品质量及其管理方面的信息,同时,利用指标的可比性,在全社会形成一种良好的质量管理评价体系和竞争机制。

3. 质量成本分析对企业经营管理具有预测价值和促进作用

质量成本分析并不是单纯对过去已发生的经济活动的反映,它通过对不同产品质量成本构成变化的分析研究,预测和分析可能发生的经济活动,这种分析可以为企业制定质量规划、质量成本控制及质量决策等提供依据,同时,通过同行业平均水平比较,促使企业进一步改进工艺,挖掘潜力,从而达到提质、降耗、增效、减亏的目的。

6.1.4 质量成本的构成比例

1. 质量成本内部的构成比例

质量成本中四大部分之间并不是彼此孤立和毫无联系的,而是相互影响相互制约的。当企业放松检查后,鉴定成本可能很少,但将造成大量不合格品出厂,一旦在使用中被用户发现,产生显著的外部损失成本,就导致质量总成本的上升。反之,如果在企业内部严格质量管理,加强质量检查,从而使鉴定成本和内部损失成本增加,外部损失成本减少,使得质量总成本降低。因此增加预防成本,加强工序控制,则会使内部损失成本和外部损失成本,甚至连鉴定成本一起都可能大大降低,而使质量成本大幅度下降。

质量成本内部各部分之间存在着一定的比例关系,探讨各部分费用之间合理的比例关系,是质量成本管理的一项重要任务。尽管质量成本中四大部分费用(预防、鉴定、内损、外损)的比例关系,在不同的行业、企业,甚至同一行业的不同时期,会有不同的变化,但通过各不同时期、各行业或企业之间的比较,总可以发现其中存在的问题,揭示提高产品质量、降低产品成本的潜力和途径。

质量成本四大部分通常的比例关系大致是:①内部损失占质量总成本的 $25\%\sim40\%$;②外部损失占质量总成本的 $20\%\sim40\%$;③鉴定成本占质量总成本的 $10\%\sim50\%$;④预防成本占质量总成本的 $0.5\%\sim5\%$。

这四大部分成本之间是相互影响、相互制约的。如生产精度要求较高,或可靠性要求特别严的产品,企业的预防成本和鉴定成本就占较高的比例,两者之和有时可超过 50%。合理的构成比例能导致总成本的下降,这就是探讨的重要性之所在。

2. 适宜的质量成本

产品在制造过程中的质量水平与质量成本密切相关,产品质量水平低,缺陷和不合格品率高时,其内、外部损失成本和鉴定成本都会增大,质量成本必然上升;但是如果实行充分的预防,不合格品极少发生,即不合格品率趋势近于零,虽然内、外损失及鉴定成本大大降低,但预防成本本身将会相当大,其结果也必然使质量总成本无限增加。其变化关系和过程如图 6.2 所示。由图 6.2 看到,当质量水平提高到一定程度后(即不合格品率 p 上升到一定程度后),其质量总成本急剧上升,反之亦然。例如,当不合格品率为 5% 时,这时要把不合格品通过检验找出来是比较容易的,所花费的检验成本也较少。大约平均每检验 20 个产品,就能找出 1 个不合格品。但如果不合格品率降到万分之一,则平均要检查一万个产品才能找出一个不合格品。那就要花费很多的时间和检查费用,其鉴定成本大得惊人,质量总成本当然也会大大增加。以上分析可得出结论,必然存在一个合理的质量水平 P,在这个质量水平下,质量总成本将达到最低值,这个质量水平就称为"最适宜的质量水平",或称最佳质量水平。如图 6.2 中质量总成本曲线最低点 A 所对应的横坐标上的不合格品率 P^*,就是最适宜质量水平。

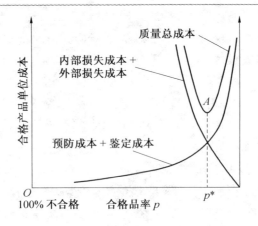

图 6.2 适宜质量成本示意图

如在图 6.2 中的质量成本曲线中再加上基本生产成本(即基本生产工资及材料费等),则如图 6.3 所示。

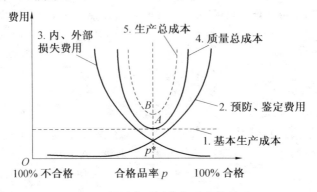

图 6.3 各项费用同合格品率的关系

图 6.3 的虚直线 1 表示基本生产成本,尽管质量水平由于种种原因会发生变化,但基本生产成本在一定条件下大致是一个定值,可近似地用一根直线表示。当原来的质量总成本曲线加上基本生产成本后,则相应往上移动一个定值,此时就为生产总成本了,如图 6.3 中虚曲线生产总成本所示。由此图可看出,图 6.2 中质量总成本曲线的最低点,相应地变为生产总成本曲线的点 B,其对应的最适宜质量水平 p^* 基本保持不变。

由图 6.2 或图 6.3 都可以看出,当质量水平低(即不合格品率高)时,其预防与鉴定成本稍有增加,不合格品率 p 就可能大幅度下降,反映在曲线 2 上平稳上升的左段。反之,在曲线 2 的右端,不合格品率稍降低一点,其预防和鉴定成本就要增加很多,质量总成本也就大幅度增加。如果要不合格品率趋近于零,在理论上说,其预防和鉴定成本要达到无穷大(实际上是相当大),这显然是不合算的。由此可以得到下列启示:以不合格品率越低越好作为考核企业的质量指标,甚至不允许出现一个不合格品,在企业经济效益上,不一定是合理的(不过,此处未考虑用户的损失),而应以最适宜的质量成本所对应的质量水平 p^* 作为考核企业的质量指标才是合理的。

下面再考虑一下曲线3,如果生产中不会出现任何不合格品,则显然也就会有任何内、外部损失成本,所以曲线3应与不合格品率 p 为零处与横轴相交。然后,随着不合格品率的增加,内、外损失成本几乎成直线地迅速上升,快速上升的原因是由于产品信誉下降对产品销售收入的影响,这方面的损失往往比材料报废及保修的损失还要大得多。

质量总成本曲线4是由曲线2与曲线3相应点的纵坐标值相加而得,它有一个最低点 A,称为最适宜或最佳质量成本,与 A 点对应的横坐标点 p^* 称为最佳质量水平。

曲线5表示产品的生产总成本,它是由曲线4与直线1相应点的纵坐标值相加而得,实际上就是曲线4向上移动了一段距离。

为了分析质量总成本的变化规律,我们把曲线4最低点 A 附近的一段曲线取出来放大,如图6.4所示。

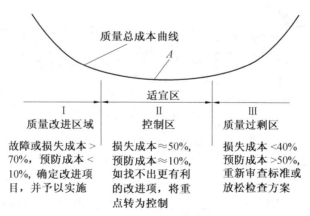

图 6.4 A 段局部放大图

从该图可以看出:

(1) Ⅰ区是损失成本最大的区域,是影响达到最佳质量成本的主导因素。所以质量管理工作的重点在于加强预防措施,加强质量检验,提高质量水平。

(2) Ⅱ区表示在一定组织技术条件下,如暂时无法找到再降低质量总成本的措施时,质量管理工作的重点在于维持或控制现有的质量水平,保持质量总成本处于最佳点 A 附近的区域,所以称为控制区。

(3) Ⅲ区表示鉴定成本最大,它是影响质量总成本达到最佳点的主要因素。此时,质量管理工作的重点,在于分析与鉴定费用有关的因素,采取必要的改进措施,如采取放宽质量标准、检验标准,减少检验量,提高检验效率等措施。采取这些措施前要进行可行性分析,其目的是在保证规定质量水平基础上,使鉴定费用降下来。所以这个区域又称为质量过剩区域。

根据上述的分析,可以大致地归纳出质量成本达到优化的几项措施:

(1) 处于最佳点 A 的左面时,即当质量总成本处于质量改进区时,应增加预防费用,采取质量改进措施,以降低质量总成本;当处于质量最佳区时,应维持现有的质量措施,控制住质量水平的最佳状态;若处于最佳点 A 的右面,即处于质量过剩区时,则应撤销原有的过严质量要求措施,减少一部分鉴定和预防费用,使质量总成本退回到最低点 A 处。

(2) 增加预防成本,可在一定程度上降低鉴定成本。

(3) 增加鉴定成本,可降低外部损失,但可能增加内部损失成本。另外还要注意的是,为了实现质量成本优化,不能孤立地去降低质量成本构成中的每项成本,还应考虑各项成本之间的相互关系。因此为了确定某项质量成本的最佳水平,还应考虑其他成本所处的情况。

应当指出,虽然从变化规律来看,各个企业质量成本变化的模式基本相同,但由于各企业生产类型不同,产品结构和工艺特点不同,管理水平也不相同,所以质量总成本最低点 A 的位置及其相应质量水平 p^* 的大小也各不相同,Ⅰ、Ⅱ、Ⅲ 3 个区域各项费用的比例也各不相同,图 6.4 所示的比例关系只是一种示例,具体各企业 3 个区域各项费用的比例关系,应通过累计、统计和分析后求得。

国外企业通常把质量成本分为两大类:①可控成本。为制造优质产品提供条件,即确定产品质量水平和进行有效评价的费用,实际上就是预防成本加鉴定成本。这部分费用具有投资的性质,且可以人为控制其大小,故称可控成本。②结果成本。指由于质量低劣、产品的缺陷或故障造成的内部与外部的损失成本。这些损失是由于生产结果造成的既成事实,属于不可控费用,故称结果成本。质量成本管理的重要任务,就是要确定这两类成本的比例,使质量总成本达到最低。增加可控成本就可以降低结果成本,但如果增加可控成本带来的收益小于可控成本的增加额,则投资效果就不好,此时,就应该另找途径。如采用改进工艺、改进设计、开发新产品等方法来提高产品质量,以寻求更低的质量成本。从图6.2或图6.3可以看出,质量总成本曲线最佳点A(或对应的p^*)的左段,随着可控成本的增加,结果成本迅速下降;过了最佳点A,再继续增加可控成本,可控成本增加所带来的效益将小于可控成本所增加的数额,因而质量总成本反而上升。基于这一事实,可以采取逐步逼近的方法,达到最佳质量水平。首先,可以采取某一保证或改进质量措施,即增加预防和鉴定成本(可控成本),如果质量总成本有下降的趋势,说明此时质量费用的工作点A的左边,则可以继续增加这一措施的强度,或采取其他类似措施,直至质量总成本停止下降为止,这意味着已接近最佳工作点A,应采取控制措施。反之,如执行某项预防措施,质量总成本上升了或有上升趋势,则说明质量工作点在最佳点A的右端,此时,应停止这一措施,采取反作用的"逆措施",按相反方向接近最佳点。这就是质量成本管理的实际优化过程。不过由于采取措施和观察分析本身也需要费用,且工作繁杂,所以一般并不要求找到绝对的最佳点A,只要进入最佳点A附近的所谓适宜区域就行了。这个区域的特征就是无论采取"正措施"或"逆措施",即增加或减少可控成本,质量总成本的变化都极小。

通过以上分析,可见:

(1)在最佳点A的左面,应增加预防成本,以降低质量总成本;在最佳点的右面,若增加预防费用,质量总成本反而上升,应采取"逆措施",即降低可控成本。

(2)增加预防费用,可在一定程度上降低鉴定成本。

(3)增加鉴定成本,可降低外部损失成本,但同时可能增加内部损失成本。

3. 最佳质量成本点的近似计算

实际运作中,成本曲线通常并不知道,最佳质量成本点也是未知。应如何确定最佳的成本和合格率? 一般采用近似计算分析。

设C为每单位产品质量总成本,C_1为每单位产品的故障损失费用,C_2为每单位产品的预防鉴定费用,p为产品不合格率,q为产品合格率,F为平均每件产品的报废价值,K为预防费用系数,则有

$$C_1 = F \cdot \frac{p}{q}$$

$$C_2 = K \cdot \frac{q}{p}$$

$$C = C_1 + C_2 = F \cdot \frac{p}{q} + K \cdot \frac{q}{p}$$

为求最低总成本时的q,将上式对q求导,并令导数值为0,即

$$\frac{dC}{dq} = \left(\frac{Fp}{q}\right)' + \left(K\frac{q}{p}\right)' = 0$$

并将 p 用 $1-q$ 代替，整理得

$$\frac{q^{*2}}{(1-q^*)^2} = \frac{F}{K}$$

即最佳质量水平

$$q^* = \frac{\sqrt{\frac{F}{K}}}{1+\sqrt{\frac{F}{K}}}$$

【例6.1】 设某企业某种产品平均每件废品损失为200元，目前该产品的平均合格率为85%，每件产品所担负的预防鉴定费用为0.1元，试求最佳合格率和每件产品最低质量成本。

解 由题意，已知：$F=200$ 元，$q=0.85$，$C_2=0.1$ 元。

由于 $q^* = \dfrac{\sqrt{F/K}}{1+\sqrt{F/K}}$，先求 K：

$$K = C_2 \cdot p/q = \frac{C_2 \times (1-q)}{q} = \frac{0.1 \times (1-0.85)}{0.85} = 0.018$$

则

$$q^* = \frac{\sqrt{200/0.018}}{1+\sqrt{200/0.018}} = 0.99$$

那么

$$C^* = C_1 + C_2 = F \cdot \frac{p^*}{q^*} + K \cdot \frac{q^*}{p^*} = 3.8(元)$$

则最佳合格率为99%，每件产品最低质量成本为3.8元。

6.2 质量成本核算

6.2.1 质量成本核算的任务与要求

1. 质量成本核算的任务

质量成本核算是企业质量成本管理的基础环节，其目的在于用货币形式综合反映企业的质量管理活动及其结果，正确反映和监督企业在生产准备、加工制造及售后服务过程中开展管理活动及其结果，正确反映和监督企业在生产准备、加工制造及售后服务过程中开展质量管理活动所支付的费用，以及达不到规定质量水平所造成的损失，并为编制质量成本计划，进行质量成本考核，实施质量成本控制提

供准确和完整的数据。

通过质量成本核算,还应提示生产技术、质量管理方面所存在的问题,揭示企业各部门、各单位,以至个人在质量职能方面所存在的薄弱环节,以便采取切实有效的改进措施。在质量成本核算中必须正确归集和分配各项质量费用,计算产品的总质量成本和单位质量成本以便有效地对质量成本进行分析、考核和控制。最后,通过质量成本核算,要探讨在一定技术、组织和管理条件下最经济和符合性质量水平,即各项费用应保持什么样的比例,才能使质量总成本最低,或找出质量水平和质量成本之间最适宜的区域。总之,做好质量成本核算工作是提高质量、降低消耗、加强全面质量管理和评价质量体系有效性的客观要求。

2. 质量成本核算的要求

正确进行质量成本核算应符合如下条件:

(1)质量成本核算必须有良好的基础管理工作,有完整而准确的数据和统计资料,否则,将失去核算的意义。

(2)质量成本核算一定要正确区分各种费用的界限。其中主要是:区分应计入和不应计入质量成本的费用界限;区分完工产品和在制品的质量费用界限;区分应计入生产成本和质量成本的费用界限;区分完工产品和在制品的质量费用界限;区分质量费用应归属于哪一产品的界限;区分显见成本与隐含成本的界限。车间或企业实际发生或支出的质量成本叫显见成本,它们需要在生产过程中得到补偿。而某些费用如降价损失、停工损失等,虽然也使企业的收入减少,但对企业来说,并没有支付或发生这些费用,因而通常把它们归属于隐含成本。显见成本与隐含成本的核算方法是不同的。

(3)要对质量费用进行正确分类。分类有不同的标准,一般按费用的内容和用途进行划分。

第一,按经济内容可分为外购材料、工资、福利基金、折旧费、大修理、其他支出等。

第二,按费用形式过程可分为设计费用、采购费用、制造费用、销售费用等。

第三,按经济用途可分为预防费用、鉴定费用、内部损失、外部损失。

第四,按费用与产品的联系可分为直接费用与间接费用。直接费用是专用于某一产品,可以凭原始凭证直接计入某一产品的质量成本中;间接费用是生产、销售某几种产品而共同发生的费用,需要按某种分摊的方法计入产品质量成本之中。

6.2.2 质量成本核算的方法

质量成本核算的方法仍然是经济核算中的3种基本方法：会计核算、统计核算和业务核算。为了完成质量成本核算的任务，可以把3种核算方法有机地结合起来，使之相互补充，形成质量成本核算体系。业务核算的形式是多种多样的，没有一套专门的办法，此处不予讨论。

企业的质量成本核算，可以以统计核算为主，也可以以会计核算为主。但从质量成本核算的对象以及会计核算与统计核算的特点来看，特别是为了使质量成本核算长期坚持下去，最好采用以会计核算为主、统计核算为辅的方法。属于现行会计核算的内容和项目，对于列入成本开支范围的，通过会计的方法进行核算；对于未列入成本开支范围，又不属于现行会计核算的内容和项目，则可通过统计方法进行核算。

采用以会计核算为主、统计核算为辅的方法时，企业在成本会计科目中增设"质量费用"一级科目，下设预防费用、鉴定费用、内部损失、外部损失4个二级子目，每个子目下设若干三级细目。并设置相应的总分类账户和明细分类账户。同时将"废品损失"并入内部损失之中。

根据生产过程特点、生产类型、产品品种繁简和成本管理要求，确定成本核算对象，规定明细项目和责任单位，正确归集质量费用。

企业发生的各项质量费用，月末计入基本生产成本，能直接计入成本核算对象的就直接计入各种成本核算对象，不能直接计入的就按规定分别摊入各种成本核算对象。

对于企业主管部门尚未同意将"质量费用"纳入产品成本核算科目而又准备采用会计核算的方法时，则要求对质量成本进行分解和还原，将有关质量成本数据按照"哪来哪去"的原则，参照企业编制的质量费用与现行会计科目成本项目对应关系表进行分解、还原、调整到规定的成本项目中去。按照统一的报表格式上报。质量成本汇总资料只作为产品成本核算报表的补充。

质量成本的分解和还原，可参考表6.1的说明。

第6章 质量经济性

表 6.1　运行质量费用与会计科目的对应关系

质量费用		生产成本	
项目	细目	项目	细目
预防费用	1.质量工作费	制造费用、管理费	办公费、差旅费
	2.质量培训费	管理费	职工教育经费
	3.质量奖励费	管理费	奖励支出（公益金）
	4.产品评审费	管理费	产品试制研究费
	5.质量改进措施费	制造费用	耗用的机、物、料
	6.工资及附加费	制造费用、管理费	工资、职工福利基金
鉴定费用	1.检测试验费	制造费用、管理费	耗用的机、物、料、低值易耗品摊销，修理费
	2.工资及附加费	制造费用、管理费	工资、职工福利基金
	3.办公费	制造费用、管理费	办公费
	4.检验设备折旧费	制造费用、管理费	折旧费、修理费
内部损失	1.废品损失	制造费用	耗用机、物、料，其他
	2.返修损失	制造费用	
	3.停工损失	制造费用、管理费	
	4.事故分析处理费	制造费用、管理费	
	5.产品降等损失	销售折扣与拆让	
外部损失	1.索赔损失	销售折扣与拆让	产品"三包"损失
	2.退货损失	销售折扣与拆让	运输费、差旅费
	3.保修费	销售折扣与拆让	产品"三包"损失
	4.诉讼费	管理费	其他
	5.产品降价损失	销售折扣与拆让	

6.2.3 质量成本核算数据的主要来源

质量成本核算数据主要来源于下列资料：
① 废品通知单及废品损失计算汇总表；
② 返修通知单及返修损失计算汇总表；
③ 物资领用单和物资费用汇总分配表；
④ 工资结算支付明细表,工资费用汇总分配表；
⑤ 折旧费用分配表；
⑥ 其他有关原始凭证；
⑦ 如需计算隐含成本时,需编制隐含成本统计表,其中主要包括产品降级、降价处理损失报告单,产品因质量问题造成的停工损失报告单等。

产品质量成本采用统计方法核算时,大致可分 3 个步骤进行,即质量成本的统计调查、质量成本的统计处理和质量成本的报表编制。质量成本调查主要有以下几项：
① 预防费用调查表；
② 鉴定费用调查表；
③ 内部损失调查表；
④ 外部损失调查表；
⑤ 质量费用汇总统计表；
⑥ 其他调查表。

6.3 质量成本的分析和报告

6.3.1 成本分析

质量成本分析是质量成本管理的重点环节之一,就是分析产品质量与成本升降因素及其对经济效益的影响程度。质量成本分析是质量核算的深入,通过质量成本核算的数据,经过分析,找出质量存在的问题和管理上的薄弱环节,从而为调整、确定质量成本中各项费用的投入,达到既定质量目标提供可靠依据。

企业质量成本分析时要注意两个重点：一是围绕质量指标体系进行分析以反映质量管理的有效性和规律性；二是应用正确的分析方法找出产生质量损失的主要原因,围绕重点问题找出改进点,制定措施进行解决。

第6章 质量经济性

质量成本分析不仅要深入到质量成本构成的各要素中去,即从质量成本总额中各因素所占比重来分析质量成本构成及其变化,还要进行质量成本效益分析。质量成本效益分析就是通过分析质量成本与有关指标的关系,以便从一个侧面大体反映质量经营的状况及其对质量经济效益的影响,借以说明企业进行质量成本核算和管理、开发质量成本的重要性。

质量成本分析方法有定性和定量两种。进行定性分析可以加强质量成本管理的科学性和实效性,提高企业领导和职工质量意识,为领导决策提供正确依据,帮助管理人员找出改进目标,加强基础工作提高管理水平。定量分析能够计算出定量的经济效果,作为评价质量体系的有效性的评价指标。

1. 质量成本指标分析法

为进行定量分析,一般应建立质量成本指标体系。企业内部质量成本指标一般分为3类:

(1)占基数比例指标,反映质量成本占各种基数的比例关系。

企业应根据实际情况确定比较基期和比较基数。基期一般应选定具有代表性的某一时期。基期一经确定,应保持相对稳定。所选定的比较基数应从不同角度说明企业的经营状况,反映企业的管理水平,并随情况的变化对其做出相应调整。比较基数一般有以下几种:①工时基数,如定额工时等;②成本基数,如产品成本、质量成本等;③销售额基数,如产品销售利润、产品销售收入等;④产量基数,如工业总产值、总产量、商品产品总成本等。

①质量成本率分析(每100元产品成本的质量成本含量)的计算公式为

$$质量成本率 = \frac{质量总成本}{商品产品总成本} \times 100\%$$

②销售质量成本率(每100元销售额中的质量成本含量)的计算公式为

$$销售质量成本率 = \frac{质量总成本}{销售额} \times 100\%$$

③产值质量成本率(每100元总产值中的质量成本含量)的计算公式为

$$产值质量成本率 = \frac{质量总成本}{总产值} \times 100\%$$

④销售外部损失成本率(每100元销售额中的外部损失含量)的计算公式为

$$销售外部损失成本率 = \frac{外部损失成本}{销售总额} \times 100\%$$

⑤单位产品质量成本(每件产品中的质量成本含量)的计算公式为

$$单位产品质量成本（元/单位产品）=\frac{产品质量成本}{产品产量}$$

同样也可建立内部损失成本率指标。

(2)结构比例指标,反映质量成本内各主要项目占质量总成本的比例。

①预防成本占质量总成本的比例$=\frac{预防成本}{质量总成本}\times 100\%$；

②鉴定成本占质量总成本的比例$=\frac{鉴定成本}{质量总成本}\times 100\%$；

③内部损失成本占质量总成本的比例$=\frac{内部损失成本}{质量总成本}\times 100\%$；

④外部损失成本占质量总成本的比例$=\frac{外部损失成本}{质量总成本}\times 100\%$；

⑤质量损失占质量总成本的比例$=\frac{内部损失成本+外部损失成本}{工业总产值}\times 100\%$；

⑥内部损失成本占产品成本的比例$=\frac{内部损失成本}{产品成本}\times 100\%$。

通过结构比例的分析,可以大致看出质量管理点接近最佳点的程度。

(3)质量效益指标,反映可控成本（投资性成本）增加从而使结果成本（即损失成本）降低的情况。质量效益指标的衡量可以采用质量成本投资报酬分析,是在进行质量改进投资决策时,对改进方案的投资回报所进行的分析,它是一种事前的决策分析。质量成本投资报酬分析常用质量投资净收益和质量投资收益率来表示。投资报酬分析需要估算几种数据:①在质量预防和鉴定方面需要增加的投入费用ΔI_q;②假定质量改进措施成功,能够减少的损失ΔL_q;③由于改进了产品质量,通过提高价格和增加销售量能够增加的利润ΔP_q。

投资报酬分析的简单计算公式为

$$质量投资净收益 = \Delta L_q + \Delta P_q - \Delta I_q$$

$$质量投资收益率 = (\Delta L_q + \Delta P_q)/\Delta I_q$$

对长期的质量改进计划进行投资报酬分析还应考虑时间价值。

在进行质量成本的预测、计划、分析与考核时,应结合部门、企业特点,以及分析、考核对象和当前的工作重点,使用不同的比较基数构成相应的质量成本指标,对上述指标适当增删,建立适合本部门、本企业的质量成本指标体系。

2. 排列图分析法

应用排列图也可以对质量成本进行分析,而且比较明显直观。表 6.2 是某厂各项质量成本分析的结果,则可根据表 6.2 的数据画出如图 6.5 所示的排列图。

表 6.2　各项费用额比例

项目	内部损失	鉴定费用	预防费用	外部损失	合计
金额/元	208 794.08	54 057.91	8 754.75	3 075.12	274 681.86
百分比	76%	19.68%	3.2%	1.12%	100%
累积百分比	76%	95.68%	98.88%	100%	

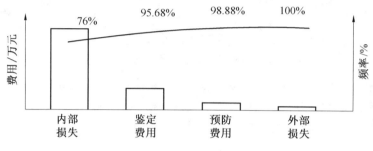

图 6.5　各项费用排列图

由图 6.5 可以看出,内部损失太大,而预防费用太小。说明应增加投资,主要是增加预防费用,质量总成本还有很大的降低潜力。如果把本期的排列图同上期的排列图对照比较,则可以得到更多的信息。使用排列图还可以进行跟踪分析。例如,由图 6.5 发现内部损失太大,如果进一步查找内部损失中哪一类损失最大?若再用排列图分析,如果答案是废品损失最大,则又可以再查找哪一个车间废品损失最大?再按车间用排列图进行分析,如此等等,通过一步一步分析下去,终究可以把主要原因或主要问题搜索出来,以便采取措施改进。

3. 趋势分析法

质量成本趋势分析就是要掌握质量成本在一定时期内的变动趋势,是在积累一定质量成本数据的基础上,通过绘制趋势图对在较长一段时间内的质量成本数据或其指标的变化进行连续的观察和分析,从而在总体上动态地、直观地观察质量状况,发现薄弱环节和偏差趋势,预测质量状况的发展前景。其中又可分为短期趋势与长期趋势两类,短期的如一年内各月的变动趋势,长期的如 5 年内每年的变动趋势。

4. 灵敏度分析法

质量成本灵敏度是把质量成本四大项目(预防、鉴定、内部损失、外部损失)的投入与产出在一定时间内的变化效果或特定的质量改进效果,用α表示,其含义是每增加单位质量投入所减少的质量损失。灵敏度分析是通过计算灵敏度来分析质量投入产出变化量的系数,判断产品质量水平所处的区域,评价在一定时期内组织加强质量管理和实施质量改进的效果。

(1)用投入的鉴定成本、预防成本对损失成本增量进行比较,则有灵敏度$α_1$:

$$α_1 = \frac{P+A}{\Delta F}$$

式中　　A——鉴定成本;

　　　　P——预防成本;

　　　　ΔF——本期损失成本与上期损失成本的差值。

灵敏度$α_1$的含义是每减少单位损失成本所花费的鉴定成本和预防成本的费用,$α_1$越小,表明质量改进越有意义。

(2)用上期内外部损失成本与计划期内外部损失成本的差值与鉴定成本、预防成本的增加量比较,则有第二种灵敏度指标$α_2$:

$$α_2 = \frac{\Delta F}{\Delta(P+A)}$$

式中　　ΔF——本期损失成本与上期损失成本的差值;

　　　　$\Delta(P+A)$——计划期内预防成本与鉴定成本之和的增加量。

当$α_2=0$时,说明计划期内发生的内外部故障成本与上期的内外部故障成本相同,表示质量改进未取得效果;当$0<α_2<1$时,说明计划质量改进取得一定效果,但投入大于产出,表示质量改进的效果欠佳;当$α_2≥1$时,说明投入较少的预防成本、鉴定成本,却使产品质量显著提高,内外部故障成本大幅度降低,表示质量改进的效果很好。这种方法可以评价加强质量管理或实施质量改进项目的有效性。实际应用时,应当注意数据应来源于相同的核算对象和相对应的核算期,可根据质量管理的需要以整个企业为分析对象,也可以某个质量改进项目为分析对象。同时注意充分考虑投入与产出之间的滞后性。

6.3.2　质量成本报告

质量成本报告是质量管理部门和财务部门对上期质量成本管理活动或某一典型事件进行调查、计算、分析、建议的书面材料,它为领导和有关部门制定质量政策、改进目标、采取措施提供准确依据,是质量成本管理活动一定阶段的总结性文件。质量成本报告形式主要分为报表式、图表式和陈述式3种:报表式是采用表格形式整理分析数据,这样便于人们简单明了地掌握质量成本的全貌;图表式是采用排列图、折线图或其他图表整理分析数据,便于人们一目了然地抓住重点;陈述式是通过文字表述来表达质量成本管理的现状、存在问题和改进措施。

质量成本报告虽形式不一,详简有异,报送对象不同,但报告内容一般应包括:

(1)全部质量成本总额及主要项目在质量总成本中所占比重;

(2)质量成本计划执行情况;

(3)简要的效益分析和说明;

(4)存在的主要问题与改进建议。

6.4 质量经济分析

6.4.1 质量经济分析的原则

企业开展产品质量经济分析的一般原则如下:

(1)必须把企业自身的效益同顾客和社会效益结合起来考虑。

(2)必须明确目标函数。产品质量的经济分析,是一种定量分析方法。因此,必先明确期望达到的目标。目标不同,分析的结果也会不同,就企业而言,一般常以利润最大或成本最低作为质量优化的目标函数。

(3)必须明确比较对象。在分析中,比较对象问题往往受到忽视。然而比较对象不同,分析的结论也可能有很大差异。因此,企业在进行产品质量经济分析时,必须弄清比较的对象是什么。

(4)必须明确比较条件。企业的内、外部条件,如市场需求、生产能力、资金供应等,往往构成质量经济分析中目标函数的约束条件。但这些条件有的是刚性的一时不能改变的,而有的则具有一定的弹性。它们对经济分析有着不同的影响。比如,就市场需求和生产能力之间的关系而言,企业处于生产能力不足、能力过剩或基本平衡3种不同状态。从企业生产了不合格品的损失来看,在这3种状态下损失是有很大差别的:

①当生产能力过剩时,出了一件不合格品,如不考虑返修,可以再生产一件,使销售收入不受影响,而且固定费用也不会增大,因而这时的损失仅是另外生产一件产品的变动费用。

②当生产能力与市场需求持平或生产能力不足时,出一件不合格品就会损失一件产品的销售收入(包括这件产品的变动费用、固定费用和毛利)。

③对于某些时间性很强的商品,比如食品,只能在生产的当日卖完,否则就要报废。设在10天中,有4天全部卖完,6天有剩余,即概率分别为0.4和0.6。在全部卖完的情况下一件不合格品的损失等于它的售价,而有剩余的要报废,一件不合格品的损失假定为0,因而每天生产一件不合格品的损失平均为一件产品售价的0.4倍,即40%。

(5) 必须明确比较范围。比较的时间范围和空间范围如何,对经济分析的结果也有很大影响,时间范围主要是分长期还是短期。首先,应估计一段时间内全社会、市场、技术等因素的发展及其影响,再则还应考虑到奖金的时间价值。空间范围则主要是指从企业某一部门的角度考虑,还是从全企业的角度考虑,即局部与整体的关系。在经济分析中,我们应当坚持整体优化的原则,在整体优化的前提下考虑局部的优化问题。

应当说明,产品质量经济分析中可用的计算及评价指标很多,各行业、各部门常有显著的差别。本章在举例中,为了便于说明问题,有时只选择一个有代表性的指标——利润进行计算和分析,用以揭示质量经济分析的一般过程和方法。对于其他指标,如资金利润率、成本利润率、消耗、劳动生产率等,都可以做类似的计算,进而可以做出较为完整的评价。因此,在本章中有时以利润为例分析,并不意味着利润就是评价质量效益的唯一指标。企业在进行质量决策时,应当全面考虑社会效益和企业效益,而不能以利润作为唯一的评判标准。

还应说明的是,质量的变动,往往涉及许多因素。比如,质量水平的改变,不仅会影响单位产品的成本和售价,而且很可能影响销售量和所占市场份额的变化。此时如果仅从单位产品的成本和售价的变化来分析问题,就可能引起决策的失误。在本章中,只是为了使问题简化,有时也没有对销售量的变化做出预测,而在实际工作中,则应对可能发生的各种影响做出比较全面的估计,才能得出正确的结论。

6.4.2 产品质量经济分析的一般方法

产品质量经济分析的一般方法是对不同方案(不同质量水平)的目标函数(如利润或成本等)进行比较,以其函数作为评价和优化的基本依据,如利润取极大值或成本取最小值等。

一般所用的优化方法主要有以下几种:

1. 最小费用函数关系法

对某项质量指标而言,一些质量指标与它成正比,而另一些指标与它成反比,

则总费用函数可以写为

$$C = AQ + \frac{B}{Q} + K$$

式中 C——总费用;

Q——质量指标值;

A,B——系数;

K——常数,或者是同该质量指标无关的固定费用。

为了求得总费用最小,可对它求导,并令其等于 0,则有 $Q=\sqrt{B/A}$,这里 Q 只取正值。

2. 表格求解法

由于在很多情况下,费用并不恰好同质量水平成比例,因而上述函数关系就不便采用,此时用得较多的是表格求解法,即列出各种质量水平下的各种费用,然后汇总计算和比较。这种方法直观性强,也很实用。

设某种产品某一质量特性 6 种不同水平条件下的费用见表 6.3。

表 6.3 不同质量水平下的费用 单位:元

质量水平	故障费用	保证费用	固定费用	总费用
1	765.13	172.09	5 000	5 937.22
2	674.36	187.98	5 000	5 862.34
3	592.97	215.92	5 000	5 808.89
4	539.21	261.67	5 000	5 800.88
5	518.55	287.39	5 000	5 805.94
6	505.66	344.93	5 000	5 850.59

从表中可以看出,从总费用及其变化趋势来看,都以第 4 质量水平为最佳,应以它为优化准绳。

3. 数学规划法

为了达到费用最小或利润最大的目标,可以采用数学规划法。常用的数学规划方法在各种管理书籍中均有阐述,这里不再一一介绍。

6.4.3 产品质量经济分析的步骤

企业开展质量经济分析的一般步骤如下:

1. 确定采用的分析指标

质量经济分析的指标一般有两个：①质量指标。如产品等级、合格品率、优质品率、返修率、交货期、服务网点数、可靠性、安全性、维修性等。②经济指标。如利润、销售成本、寿命周期成本、原材料费用、广告费用、市场占有率、售价、资金利润率、成本利润率等。

2. 明确质量改进的方向

分析企业不同时期的质量指标、效益指标的变化状况和趋势，研究企业质量成本和效益的现状，并与同行业的先进水平及顾客相比较，从中发现本企业产品质量的存在问题，明确质量改进的方向和课题。

3. 提出改进方案

根据产品质量的存在问题及改进方向和课题，提出各种可行的改进方案。

4. 进行方案比选

对提出的各种质量改进方案，按选定的评价方法和指标，运用质量经济分析方法分析评估，以确定最佳改进方案。

5. 控制成本和利润

就选定的最佳方案确定目标成本和目标利润，并进行控制。控制时按 PDCA 循环和实施情况进行必要的调整，以保证目标的实现。

6. 组织实施

将选定的方案落实到各部门，组织各部门制定具体的实施方案，以确保其实现。

6.4.4 设计过程的质量经济分析

1. 新产品开发的经济分析

对新产品的开发既要满足用户要求，又要受到技术、生产制备、资金等因素的制约，因此必须进行分析权衡，才能做出合理的决策。其理论模式如图 6.6 所示。

由图 6.6 可见，产品质量水平与产品潜在的市场需求有关。当产品质量水平很低时，市场占有率很低，质量达到一定水平以后，随着质量水平的提高，市场占有率也不断提高。如图 6.6 当市场占有率小于等于 α 时，假设投入相同的资金如为 K，采用方法 A 时产品质量水平高于采用方法 B 时产品质量水平；随着市场占有率

第6章 质量经济性

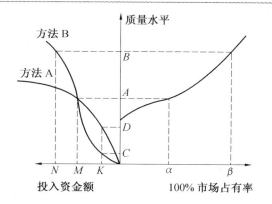

图 6.6 新产品开发经济分析的理论模式

的提高,当市场占有率大于等于 α 时,假设投入相同的资金如为 N,采用方法 B 时产品质量水平高于采用方法 A 时产品质量水平。可见,方法 A 初期见效快,而方法 B 潜在效果大。考虑到企业的经营目标,当认为市场占有率可小于或等于 α 时,则应取方法 A,如果要求市场占有率应超过 α,则方法 A 就无能为力,而必须采用方法 B。

2. 寿命周期费用分析

产品从研制设计、制造直至使用后废弃更新的整个期限称为产品寿命周期。在整个寿命周期内用户不应当只考虑产品购置费用的高低,还应同时考虑产品使用过程中发生的费用,两者构成了产品寿命周期成本,即购置费用和运行维持费用。寿命周期费用随质量水平的不同而变化。其中,购置费用将随质量水平的提高而增大,而维持费用往往将随质量水平的提高而下降,如图 6.7 所示。因此,寿命周期费用作为分析设计参数,将能使产品更好地满足用户,提高未来的市场占有率。

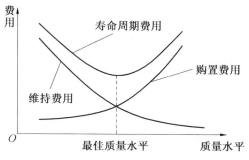

图 6.7 寿命周期费用

表 6.4 揭示了某产品在 3 种质量水平下不同寿命周期费用。虽然第二种质量水平的系统设置费用不是最便宜,但其寿命周期费用最低。这就是用户最欢迎的适宜质量水平。

表 6.4　某产品的寿命周期费用

费用构成		系统质量水平		
		Ⅰ	Ⅱ	Ⅲ
设置费用	1—1 设置价格	142	190	171
维持费用	2—1 使用期保养费用	139	56	81
	2—2 定管费用	235	225	245
	2—3 新的备品费用	45	30	42
	2—4 新备品管理费用	28	20	25
	2—5 培训费用	40	20	30
	2—6 停工费用	80	100	70
合计		709	641	667

这里寿命周期费用的构成体系是理论上的结构,在实际使用时要根据具体情况,利用有关资料、各项费用及问题的性质等来进行具体编制。

3. 质量改进分析

这里所说的质量改进分析,包括质量等级水平的提高和产品某种质量特性的改善。产品质量的特性有好多种,通常把产品质量划分为几个等级作为产品质量的综合评价。就质量等级水平的提高来说,在市场销量不变的情况下,以下这种提高是可取的:

$$\Delta\beta = \frac{\Delta I}{\Delta C_{变}} > 1$$

式中　$\Delta\beta$——单位产品的成本收益率增量;

ΔI——单位产品的收入增量;

$\Delta C_{变}$——单位产品的变动成本增量。因此时产品固定成本不变,故它也等于单位产品的总成本增量。

而当 $\Delta\beta=1$ 时,这种提高如对社会有益,那么也是必要的,否则将是不必要的,但当 $\Delta\beta<1$ 时,则等级的提高将是不可取的。从图 6.8 中可以看出,质量从Ⅲ级提高到Ⅱ级将能提高企业的收益,而从Ⅱ级提高到Ⅰ级将是不可取的。

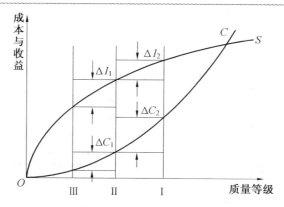

图 6.8 质量等级提高的经济分析

如果由于质量等级提高而销售量将有显著提高,则当

$$\Delta\beta_{总} = \frac{\Delta I_{总}}{\Delta C_{总}} > 1$$

式中 $\Delta\beta_{总}$——全部销售量的总成本收益率增量;

$\Delta I_{总}$——全部销售量的总收入增量;

$\Delta C_{总}$——全部销售量的总成本增量。

这时等级提高是有利的,否则将是不利或无利的,见表 6.5。

就产品的某种或某些质量特性的改进来说,由于自给自足产品都可能有多种质量特性,其中有些是应当加以改进的,而另一些则可以不做改进或不应加以改进。在应当力求改进的质量特性中,又可以安排其改进顺序,以便适应资金供应的可能性。应当改进的质量特性一般是指顾客最关心、对整个产品质量影响最大、反映最敏感,而且所需的改进费用又比较少的那些特性。

为了确定哪些质量特性需要改进,以及改进的顺序如何,都要进行质量经济分析。这种分析的基本原理和上述质量等级提高的分析完全一致,见表 6.6。

表 6.5 质量等级提高的经济分析

情况	销售量	单位变动成本/元	单位固定成本/元	单位产品成本/元	单位产品售价/元	$\Delta\beta$	总成本/元	总销售收入/元	总利润/元	$\Delta\beta_总$	企业在经济上的增益
等级不变	100	70	30	100	120	—	10 000	12 000	2 000	—	
等级提高销量不变	100	90	30	120	150	1.5	12 000	15 000	3 000	—	有
等级提高销量不变	100	90	30	120	140	1.0	12 000	14 000	2 000	—	无
等级提高销量增加	200	90	15	105	120	—	21 000	24 000	3 000	≈1.1	有

表6.6 某产品各种质量特性改进的经济分析

质量特性	改进费用(ΔC)/元	收入增量(ΔI)/元	$\Delta \beta$	改进顺序
1	2.10	26.40	12.57	1
2	1.50	17.20	11.47	2
3	6.50	15.60	2.40	5
4	8.10	21.20	2.62	4
5	48.90	15.30	0.31	不做改进
6	3.50	24.80	7.09	3

表6.6所示是在假定销售量不变的情况下做出的。其中,质量特性1,2,3,4,6改进后的 $\Delta \beta$ 均大于1,故在条件许可时都可以加以改进,而质量特性5改进的 $\Delta \beta < 1$,因而一般不做改进。质量特性的改进顺序则依 $\Delta \beta$ 的大小而定。

6.4.5 制造过程的质量经济分析

对制造过程质量进行经济分析和评价,是经营者对制造过程改善或维持原状等措施进行决策的依据。产品制造过程的质量经济分析就是力求以最小的费用生产出符合设计质量要求的产品,所以要求确定出符合设计水平的最佳制造水平,使生产出来的产品质量水平既能满足设计要求,又能使制造过程中发生的成本最低。制造水平通常用批量生产的不合格品率来表示。不合格品率在什么水平上才是最佳的呢?这必须用经济尺度进行评价,当然,所用的经济尺度不是绝对的,它只是在当时的技术水平下最为经济合理的。

1. 不合格品率分析

在生产过程中,不合格品率越高,表明制造过程的质量越差。为了降低产品的不合格品率,通常需要采取相应的措施,投入一定的人力、物力或财力。这些投入会使产品的成本上升,从而使企业或工序的利润下降;而不合格品率降低之后,产品的某些费用如产品所消耗的原材料数量和废品损失减少,返修率下降等,这样又会使产品的利润上升。这种投入和产出,只有当产出的利润大于投入时,降低产品的不合格品率在经济上才是合理的,因为只有这样,企业才能从降低不合格品率中获得经济效益;当产出的利润小于投入时,则应放弃这种投入而维持原状,以免为降低不合格品率而损失企业的经济利益。因此,从经济上看,应当确定在不同条件下适宜的不合格品率。

【例 6.2】 某产品的日产量为 500 件,不合格品率为 10%,每件产品售价为 40 元。成本构成是:固定费用为 4 000 元,单位产品的变动费用为 20 元。现对生产组织进行改进,产量提高 20%,不合格品率提高到 15%。现假定把生产中的不合格品全部剔除,不进入用户手中。试问,不合格品率的增大对企业收入产生什么影响,是否有利,改进是否可取?

解 设原来生产方法为方案 1,改进后方法为方案 2。两种方案对比见表 6.7。

表 6.7 两种方案对比

项目	改进前	改进后
不合格品数 B_1/件	50	90
合格品数 H_1/件	450	510
销售收入 R_1/件	18 000	20 400
变动费用 V_1/元	10 000	12 000
总费用/元	14 000	16 000
毛利润/元	4 000	4 400

由表 6.7 可以看出,方案 2 的不合格品率虽然比方案 1 高 5%,但利润比方案 1 高。从企业增收角度来讲,方案 2 是有利的,改进是可取的。

除了上述方法,还可以采用计算增量的方法进行比较。

设方案 2 对方案 1 的利润增量是 ΔP,若 $\Delta P > 0$,则方案 2 比方案 1 好,否则方案 1 好。利润增量为 $\Delta P = \Delta R - \Delta C$,其中 ΔR 为收入增量,ΔC 为费用增量。由此计算可得到 $\Delta P = 40 \times (510 - 450) - 20 \times (600 - 500) = 400 > 0$。显然方案 2 比方案 1 好。

综合上例,可以把不同水平不合格品率的利润增值作为评价标准。设毛利润为 P,则

$$P = R - C = HJ - LV - F$$

式中 P——利润;

$\quad\quad$ R——销售收入;

$\quad\quad$ C——总成本;

$\quad\quad$ H——合格品数;

$\quad\quad$ J——产品单价;

$\quad\quad$ L——产量;

V——单位变动成本；

F——总固定成本。

假定产量为 L_1 或 L_2，相应的合格品率和不合格品率分别为 H_1，H_2 和 B_1，B_2。为使不合格品率改变后利润增加，必须满足 $P_1 > P_2$，即

$$L_2 H_2 J - L_2 V - F > L_1 H_1 J - L_1 V - F$$

或

$$\frac{L_2 H_2 - L_1 H_1}{L_2 - L_1} > \frac{V}{J}$$

令 $V/J = A$（变动费用率），则

$$\frac{\Delta H}{\Delta L} > A$$

令 $\dfrac{L_2 H_2 - L_1 H_1}{\Delta L} = A$，则有

$$H_2 = (A \Delta L + L_1 H_1)/L_2$$

所以

$$B_2 = 1 - H_2 = 1 - (A \Delta L + L_1 H_1)/L_2$$

这时的 B_2 为允许的最大不合格品率，即产量的提高，不能使合格品率超过 B_2，否则将是不经济的。应当强调的是最大不合格品率的条件是，必须保证历年生产的不合格品绝对不进入用户（消费者）手中。还应当说明，产量与质量的关系还要受到市场需要量和企业生产能力等的制约，而且企业实际生产中均按纯利润为标准，要考虑产值、税收等关系，这里不再赘述。

2. 返修分析

在生产过程中，总会出现一些不合格品。对可返修的不合格品，通常都要进行返修。而在有些情况下，若暂不予返修，而将力量集中在扩大生产能力上，对提高效益则是有利的。这主要取决于市场的需要量、生产能力和返修率。通常，在市场滞销、生产能力过剩时，应及时对不合格品进行返修，在市场畅销、生产能力不足时，暂不进行返修而将不合格品聚积起来，在市场淡季或能力充裕时再集中返修。对于生产过程中出现的不合格品，是进行全部返修，部分返修或暂不返修，应根据市场需要（销售量）和企业的生产能力而定。因此，通常有返修点和不返修点的决策方式，如图 6.9 所示。当销售量低于返修点时，则对不合格品一律进行返修；当销售量高于不返修点时，对不合格品暂不予返修；而当销售量位于返修点和不返修点之间则采取部分返修。这里要说明的是，返修决策的条件是：不合格品绝对不能进入消费者手中，同时还应考虑资金的时间价值，如库存资金周、利息、资金增值

等。

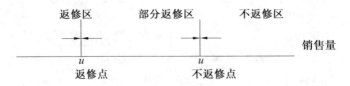

图 6.9 返修点与不返修点

在返修点上,全部生产时间与返修时间符合企业的生产能力,即设备、人力的全部可利用时间。有在返修点时的销售量,有下列关系:全部时间(包括返修时间)恰好等于生产能力(可利用的生产时间),即

生产能力=产量×单位产品的生产时间+产量×返修率×返修时间

$$返修点 = \frac{生产能力(总生产时间)}{单位产品生产时间+不合格品返修时间+返修率}$$

在不返修点时的销售量,亦有下列关系:

$$生产能力 = \frac{销售量 \times 单位产品的生产时间}{(1-返修率)}$$

$$不返修点 = \frac{生产能力}{单位产品生产时间} \times (1-返修率)$$

在部分返修区中,返修量 y 由下列方程解得,即

市场需要量=合格品率×日产量+返修量

生产能力(时间)=生产时间×日产量+返修时间×y

$$ut_1 + udt_2 = T$$

式中　u——返修点的产量(即销售量);

　　　t_1——单位产品生产时间;

　　　t_2——单位返修品返修时间;

　　　d——返修率;

　　　T——可利用的全部生产时间。由此可得

$$u = \frac{T}{t_1 + dt_2}$$

同理,在不返修点上,满足销售量的全部生产时间等于可利用的工作时间,即

$$\frac{u'}{1-d} \times t_1 = T$$

或

$$u' = \frac{T}{t_1}(1-d)$$

式中 u'——不返修点的销售量。

当销售量位于 u 和 u' 之间时,为部分返修区,即对可以返修的不合格品只返修其中的一部分。应当说明,求返修点、不返修点的计算公式,必须满足 $t_1 < t_2(1-d)$ 的条件,否则一律进行返修。很明显,如果返修时间小于或远小于生产时间,返修当然是合理的。

【例 6.3】 某车间共有 20 名工人,每天工作时间为 8 小时,每 10 分钟生产一个部件,原材料费用为 60 元,固定费用为 25 000 元,售价 100 元,返修率为 5%,返修时间为 30 分钟,返修费用 30 元。问在销售量分别为 800 个和 1 000 个时,是返修有利,还是不返修有利?

解 (1)销售量为 800 个时,若返修,则产量 $L_1=800$ 个,且

原材料费用 $800\times60=48\,000$(元)

返修费用 $800\times0.05\times30=1\,200$(元)

总费用 $C_1=48\,000+1\,200+25\,000=74\,200$(元)

总收入 $R_1=800\times100=80\,000$(元)

毛利润 $P_1=R_1-C_1=80\,000-74\,200=5\,800$(元)

若不返修,保证 800 个合格品销售:

产量 $L_2=800\div(1-0.05)=842$(个)

总费用 $C_2=842\times60+25\,000=75\,520$(元)

毛利润 $P_2=80\,000-75\,520=4\,480$(元)

由于 $P_1 > P_2$,此时返修有利。

(2)销售量为 1 000 个时,若返修:

企业全天总生产时间 $20\times8\times60=9\,600$(分钟)

最大生产能力 $9\,600/10=960$(个)

即企业处于供不应求状态。若返修,则有 $10L_1+0.05L_1\times30=9\,600$(分),$L_1=834$(个)

即进行返修时最多可生产 834 个合格品。

总费用 $C_1=834\times60+834\times0.05\times30+25\,000=76\,291$(元)

总收入 $R_1=834\times100=83\,400$(元)

毛利润 $P_1=83\,400-76\,291=7\,109$(元)

若不返修:

产量 $L_2=9\,600\div10=960$(个)

合格品 $H_2=960\times(1-0.05)=912$(个)

总收入　$R_2 = 912 \times 100 = 91\,200$（元）
总费用　$C_2 = 960 \times 60 + 25\,000 = 82\,600$（元）
毛利润　$P_2 = 8\,600$（元）

$P_2 > P_1$，此时不返修有利。

【例6.4】　在例6.3中若市场需要量为900（834＜900＜912），则

$$\begin{cases} 0.95L + y = 900 \\ 10L + 30y = 9\,600 \end{cases}$$

求得 $L = 940$，$y = 7$。

即产量为940件，其中合格品为893件，不合格品为47件，而只返修7件，总合格品恰好为900。

需要说明的是，求返修点、不返修点及部分返修量的计算公式必须满足下列条件：

单位产品的生产时间＜不合格品的返修时间×（1－返修率）

否则一律进行返修。很明显，如果返修时间小于或远小于生产时间，当然返修是合理的。

6.4.6　销售使用过程的质量经济分析

1. 交货期分析

生产企业决定交货期的主要因素是生产速度。生产速度过慢，生产效率低，速度过快，不良品率会增大，造成浪费。由于生产速度 E 与不合格品数 B 往往具有某种函数关系，可设 $B = f(E)$，因而最经济的生产速度即单位时间内使利润最大值的生产速度，即有

$$P_E = J[E - f(E)] - [CE - Sf(E)]$$

式中　J——产品单价；
　　　C——生产成本；
　　　S——不合格品的回收价格；
　　　P_E——生产速度为 E 时的利润；
　　　E——生产速度。

对上式求导，并使它等于0，这时的 E 使 P_E 达到最大值。

企业一般应根据最经济的生产速度向用户提出自己的交货期，使单位时间内的交货量低于或等于最经济的生产速度。如果约定的单位时间内交货量超过最经

济的生产速度,则应考虑加班或由外协厂进行部分加工,但应比较由此而产生的额外费用。

2. 销售、技术服务网点设置分析

一般地说,每设立一个销售网点或技术服务网点,企业就要支付一定的费用。网点设置越多,企业支付的设置费用也就成正比地增加,假定设一个网点需要的费用为 y,即

$$C=ny$$

式中　C——设置网点的总费用;
　　　n——网点数;

但是,网点设置得越多,企业的销售收入也越多。设销售收入 S 与销售网点或维修服务网点数 n 之间存在如下关系:

$$S=a+f(n)$$

式中　a——不设网点时的销售收入。

网点的设置费用 C、销售收入 S 和网点数 n 的关系可以用图 6.10 表示。

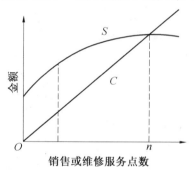

图 6.10　销售(技术服务)网点设置

图中 S 与 C 的交点处 $S=C$,企业的效益为 0,所对应的横坐标 n_{max} 为最多可设置的点数。要使企业效益 $P=S-C$,即

$$P=a+f(n)-ny$$

达到最大值,可对此式求导,并令其为 0,则有

$$\frac{dP}{dn}=\frac{d[a+f(n)-ny]}{dn}=0$$

对上式求解,就可得到效益最大时的最佳销售或技术服务点数。

3. 包修期分析

包修期是决定产品信誉和销售量的重要质量指标之一。包修期越长,顾客越放心购买,企业的销售收入也越高,但企业为此支付的包修费用和承担的风险越大。因此,研究确定产品的经济合理包修期也是十分必要的。

包修期的长短和产品的可靠性及产品在使用中的故障率密切相关。一般电子产品可靠性的重要指标之一是平均故障率,以此来确定包修期。一般产品在使用中的故障规律服从"浴盆曲线",如图 6.11 中的虚线 a' 所示。开始为早发故障期,故障率较高;随后下降,到偶发故障期,故障率比较稳定;而到衰耗期,故障率又逐步升高直至产品失效。维修费用则相应地也呈现"浴盆曲线",如图中实线 a 所示。销售收入 S 与 a 相交于 A,B 两点,因而包修期应确定在 AB 区段上,而最佳包修期则应确定在产品进入故障衰耗期的点 C,或 C 之前一些的时段上。

还可以用可靠性确定包修期。一般电子产品都以平均故障间隔(MTBF)值为其可靠性的重要评价指标之一。如某种型号的彩色电视机的 $MTBF=10\ 000\ h$,即平均 $10\ 000\ h$ 发生一次故障,假定电视机平均每工作 $4\ h$,那么,首次出现故障的时间平均为,$MTBF/(365\times 4)=6.8$(年),这样,这种彩电的最短包修期可订为 6 年,因为在 6 年内发生故障的可能性是很小的。

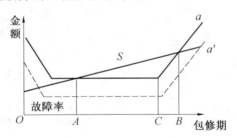

图 6.11 产品故障曲线和包修期的确定

习 题

1. 什么是质量成本?质量成本包括哪几个方面内容?
2. 阐述质量成本管理的意义。
3. 阐述质量成本的作用。
4. 试分析过程质量成本的经济性。
5. 什么是最佳质量成本?为什么计算最佳质量成本?

6. 试述目前我国质量成本管理中存在的问题及对策。

7. 为什么说质量损失成本是企业质量成本管理的重点?

8. 举例说明什么是质量成本及其主要表现形式。

9. 某企业实施质量成本管理,统计2000年度质量成本费用,质量培训费20万,生产前预评审费用10万,供应商评价费10万,外购材料检验费20万,顾客投诉问题分析返工返修检验费5万,鉴定费20万,顾客满意度调查费10万,返工返修的费用50万,内部质量审核费2万,内部纠正措施费5万,顾客退货损失50万。试计算该企业鉴定成本、符合性成本及非符合性成本。

10. 有人认为质量和成本是不兼容的,也就是说质量越高所花费的成本也就越高。你认为这种说法正确吗?为什么?

11. 有些企业为提高服务质量,设置了大量售后服务和维修网点,试用质量经济分析理论分析其是否合理。

第7章 六西格玛管理

▣ **学习目标**
◇ 了解六西格玛管理的起源及其基本思想；
◇ 掌握衡量六西格玛质量水平的指标、六西格玛管理的基本原则；
◇ 掌握六西格玛管理实施的基本过程。

【开篇案例】卡乐康的六西格玛实践

2003年4月，上海卡乐康公司决定全面引进六西格玛管理，公司聘请了国内著名的管理咨询公司 SBTI 的"黑带大师"Ben，将六西格玛提到了公司的战略层面。随后，公司所有部门经理，包括骨干员工，分为6个小组，在外聘"黑带大师"的指导下，从最基本的概念、统计知识及统计工具开始，通过分析公司流程，并结合日常工作实践，在公司的各项活动中，挑选了7个较有价值的项目进行研究。6个月后，到2003年9月，他们向公司管理层做了项目汇报。在"黑带大师"的指导和员工的努力下，这7个项目都取得了良好的成果，起到了以项目带动学习的作用，并取得了一定的经济效益，同时为公司自行展开六西格玛管理活动打下了良好的基础。

通过学习，员工们认识到实践六西格玛的基本原则是以顾客需求为出发点，一切改善都必须以顾客需求为主，它讲求从制造过程开始改进，而不是看产品生产最后的结果，因为产品事后的修补往往要花费更多的成本。品质改善最重要的是从根源做起。这就是六西格玛中的"冰山原则"。

因此，该公司2004年继续开展了六西格玛活动。在总经理的大力推行下，公司成立了六西格玛小组，由小组负责组织和推动公司的六西格玛管理活动。公司同时也进行了平衡积分卡管理，在确定战略目标后，对平衡积分卡中的 KPI，他们采用六西格玛的方法来解决。另外，通过实施包装袋的改进，该公司为客户解决了使用不方便的难题，提高了客户的满意度；通过实施标准色项目，使客户选择颜色更加简单、有效。与此同时，公司管理层还认识到，六西格玛牵涉的并非只是品质，它还牵涉到组织文化的改变。它实际上就是一种组织的变革。要推行六西格玛，首先就必须透过教育训练，改变组织内既有的思维模式。

(资料来源：百度)

【思考题】

1. 六西格玛管理会为企业的质量管理带来怎样的改变？
2. 六西格玛管理与全面质量管理有何关系？

7.1 六西格玛管理概述

7.1.1 六西格玛管理的起源

从20世纪70年代到80年代，摩托罗拉在同日本的竞争中先后失掉了收音机、电视机、BP机和半导体的市场。1985年，公司面临倒闭，激烈的市场竞争和严酷的生存环境使摩托罗拉的高层领导得出了这样的结论："摩托罗拉失败的根本原因是其产品质量比日本同类产品的质量差很多。"于是，在其CEO的领导下，摩托罗拉开始了六西格玛管理之路。作为一种突破性的质量管理战略，六西格玛管理在摩托罗拉公司成型并付诸实践，3年后取得了空前的成功：产品的不合格率从 $\frac{6\,210}{10^6}$（约四西格玛）减少 $\frac{32}{10^6}$（5.5西格玛），在此过程中节约成本超过20亿美金。由于推行六西格玛运动，摩托罗拉不久就得到了外界的认同，1988年摩托罗拉成为第一个获得颇具影响的马尔科姆·波多里奇(Malcolm Baldrige)国家质量奖的公司。经过10年的努力，到1997年，摩托罗拉销售额增长5倍，利润每年增加20%，实施六西格玛管理法带来的节约额累计达140亿美元，股票价格平均每年上涨21.3%。

在摩托罗拉获得成功之后，许多企业效仿并全面推广六西格玛质量战略，但真正把这一高度有效的质量战略变成管理哲学和实践，从而形成一种企业文化的是杰克·韦尔奇领导下的通用电气公司(GE)。GE公司在实施六西格玛管理法后，其收益增长速度不断加快，六西格玛成为GE成长最主要的驱动因素。GE公司将六西格玛管理应用于企业经营管理活动的各个方面，并取得了巨大的收益。例如，一个六西格玛项目小组完成了改进产品的交付周期的项目，他们了解到，顾客希望其产品交付期不超过10天，而实际上他们的产品交付期平均为33天，西格玛水平仅为-1.19。通过运用六西格玛方法，他们将交付期缩短为平均2.3天，西格玛水平提高到1.69。仅此一个项目每年为企业创造的直接经济效益为50万美元。另一个由律师领导的六西格玛项目小组改进了合同评审过程,促进了交易更快地完成,每年为企业节约成本 100 万美元。GE 通信部门通过六西格玛管理项目,将其拥有的 12 颗卫星的利用率从 63% 提高到 97%,每年增加收入 130 万美元。在 GE 公司中,这样的案例数不胜数。这也就是为什么六西格玛为 GE 公司带来了如此之高的收益和增长速度的一个重要原因。公司首席执行官韦尔奇先生在 2000 年年报中指出:六西格玛所创造的高品质,已经奇迹般地降低了通用电气公司在过去复杂管理流程中的浪费,简化了管理流程,降低了材料成本。六西格玛的实施已经成为介绍和承诺高品质创新产品的必要战略和标志之一。

7.1.2 六西格玛管理的含义

西格玛即希腊字母 σ 的译音,是统计学家用于衡量过程中的变化性而使用的代码,即质量特性值分布的总体标准差

$$\sigma = \sqrt{\frac{\sum_{i=1}^{N}(x_i - \bar{x})^2}{N}}$$

六西格玛意为"6 倍标准差",在质量管理上代表着品质合格率在 99.999 7% 以上,或可以表示为每百万个产品或操作中失误少于 3.4 次。现在世界上绝大部分公司的过程保证能力及各种管理水平处于 3σ 至 4σ,当生产过程处于控制状态时,在 $(\bar{x}-3\sigma, \bar{x}+3\sigma)$ 的范围内包括了 99.73% 的质量特征值,在 $(\bar{x}-4\sigma, \bar{x}+4\sigma)$ 范围内包括全部产品的 99.994%,这似乎已经很不错了,那么这对于顾客来说意味着什么?

从表 7.1 可以看出来,6σ 水平基本上接近零缺陷。但是六西格玛模式的含义并不是简单地指上述统计上的要求,而是一套系统的理论和实施方法。我们知道六西格玛是一种接近完美的品质,现如今人们由统计学方面进而延伸,已经赋予六西格玛一个全新的含义。从广义上说,6σ 是一种度量工具、一种计量单位,可用来评价或衡量一个产品和服务的质量水准。6σ 是一种能够严格、集中和高效地改善企业流程管理质量的实施原则和技术,追求完美质量提高客户的满意度,通过解决工作中的问题,追求公司自身的全方位提高。它的核心过程是通过一套以统计科学为依据的数据分析,测量问题,分析原因,改进优化和控制产品和过程质量,使企业的运作能力达到最佳,因此,6σ 是一个标准尺度,一种管理方法,一个目标,一个卓越的管理系统。

第7章 六西格玛管理

表 7.1　不同 σ 水平的公司比较

3σ 水平的公司	6σ 水平的公司
有 8 182 次药品调剂失误	25 年有 1 次药品调剂失误
每年由护士或医生的失误造成新生儿死亡 6 136 名	100 年由护士或医生的失误造成新生儿死亡 3 名
每月有 18 分钟喝污染的食用水	16 年只有 1 秒钟喝污染的食用水
3 天飞机发生 2 次着陆失误	美国所有航空公司 10 年发生 1 次飞机着陆失误
销售额中 10%～15% 是损失费用	销售额中 5% 是损失费用
4σ 的水平是 30 页报纸中有 1 个错别字的品质水平	
5σ 的水平是百科全书中有 1 个错别字的品质水平	
6σ 的水平是小规模图书馆中有 1 个错别字的品质水平	

1. 6σ 是一个标准尺度

首先，6σ 作为一个标准，是衡量每一件事或过程的标准尺度，它具有客观性，见表 7.2。

表 7.2　6σ 与工序能力的关系

σ 值	PPM 值	C_p 值	合格率/%
1σ	691 500	0.33	30.85
2σ	308 537	0.667	69.15
3σ	66 807	1	93.32
4σ	6 210	1.33	99.38
5σ	233	1.667	99.977
6σ	3.4	2	99.999 66

2. 6σ 是一种管理方法

6σ 是一种管理方法，它说明运用 6σ 工具和方法，可以使一个人或一个企业得到根本性的改变，可以进行个人职业生涯规划和为股东创造利益。它通常使用 DMAIC 业绩改进模型，见表 7.3。

表 7.3 DMAIC 业绩改进模型

阶段	定义	工具/方法
定义	确立改进活动的目标	头脑风暴、排列图、质量功能展开、流程图、质量成本、因果图
测量	测量现有过程或体系,制定合理的、可靠的衡量标准,以监督过程的进度	过程能力分析、测量系统分析、过程流程图
分析	分析过程和体系以确定应用哪些点方法来消除目前业绩与目标之间的差异,应用统计技术来指导分析	头脑风暴、多变量图、假设检验、箱图、直方图、排列图、多变量相关分析、回归分析、方差分析
改进	改进过程或体系。运用新方法、新观点、新理论,勇于创新,大胆开拓,达到预期的目标值	质量功能展开、试验设计、正交试验、响应曲面方法(RSM)、展开操作
控制	控制过程或体系。通过修订激励机制、方针、目标等使改进后的体系或过程制度化、程序化	控制图、统计过程控制、防故障程序、过程能力指数、标准操作程序

3. 6σ 是一个目标

6σ 是一个目标,是说 6σ 是我们进行改善的一个方向,如果没有一个方向,我们也许还会在黑暗中探索许久,有了目标,我们为之不懈奋斗,如图 7.1 所示。

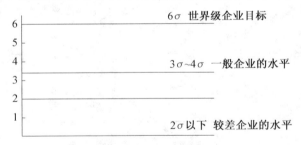

图 7.1 不同西格玛水平的企业比较

4. 6σ 是一个卓越的管理系统

6σ 管理系统其实质是一项以顾客为关注焦点,以数据为基础,以统计技术为突破口,实施对 SIPOC(供方、输入、过程、输出、顾客)的 6σ 项目来达到最佳效果,因此,六西格玛管理是一个卓越的管理系统。

7.1.3　六西格玛管理的关注点

企业的生存依赖于顾客的满意,只有让顾客满意的企业才能得到生存,这也是企业的生存定律。而顾客能感受到的是产品或服务的价格是否低廉,品质是否出众,以及交货期是否快捷。例如,有一家饭店的老板希望自己的店生意兴隆,他询问了很多来店里吃饭的顾客,想听听顾客的建议。将顾客建议汇总下来,主要是3点:希望价格能便宜,味道好,上菜速度快。这3点要求几乎是每个去饭店吃饭的人的基本要求。可见,产品或服务都会存在品质、价格、周期这3个基本要素,顾客最直接感受到的也就是这3个要素。而支撑着品质、成本、周期这3个要素的基本就是流程或过程,六西格玛则恰恰关注于流程的改善。

一个企业的业绩包括与产品和服务增值相连的业务流程,以及支持业务流程的辅助管理流程。管理流程使得所有的输入都能转变为能够满足或超出顾客期望的产品或服务。六西格玛管理通过流程改善,从而超越顾客对产品的质量期望,并且为将来的利润增长提供机会。

六西格玛不是一个简单的质量运动,也不只是解决问题,它是企业在期望与现有业务存在差距时对业务的主要区域进行的核心流程改善。六西格玛管理的导入为企业提供了一个审视业务流程的机会。因此,六西格玛管理能够帮助企业理解核心业务流程,从而获得成效,为企业提供增值。

7.1.4　六西格玛管理与传统质量管理方法的关系

六西格玛管理法是在传统质量管理基础上发展起来的,所以传统的质量管理方法和工具仍然是六西格玛管理的重要工具,例如:研发阶段可以采用正交试验设计、FMEA;制造过程可以采用工序能力分析、SPC等工具;销售过程可以采用顾客满意度测评等工具,还有其他的老七种工具、新七种工具都是六西格玛管理所必备的工具。

六西格玛管理特别强调测量的作用,强调用顾客满意的方式,用提高竞争力和追求卓越的方法测量公司的业绩。这点与我们传统的管理模式与方法是根本不同的。让我们来看一看,在"测量什么"和"怎样测量"上,六西格玛管理与我们传统的做法有什么不同。

在"测量什么"上,六西格玛管理提供了广泛的业绩测量"视角"。我们许多企业在组织业绩的测量方面是不完善的。在我们的日常管理活动中,针对产品特性或实现过程的测量往往比较明确,但对其他业绩的测量则比较含糊。六西格玛管理是基于对组织业绩测量的管理,它强调按照顾客的需求和企业发展重点测量组织业绩的各个方面。例如:交付期、交付状态、产品质量、服务特性、成本、库存、顾客满意、员工满意、管理活动等。通过对组织业绩的广泛测量,寻求组织业绩突破和改进的空间。

在"怎样测量"上,六西格玛管理提供了"追求卓越"的测量方法。传统上,我们的测量仅限于"符合性"上。举例来说,我们对照规范检查产品质量,我们把符合规范的记为合格品。对合格品来说,一般我们不再关心其符合顾客要求的程度。例如,某工序生产了A,B,C 3个零件,A的测量值接近顾客要求的目标值,而B接近于规范下限,C则超过了规范下限。我们把控制与改进的注意力集中在C上。尽管A产品的质量接近理想状态,而B产品几乎超差,但在传统的测量方法下,它们的质量表现是一样的,都视为合格品。但正是这种测量方法忽略掉的差异,在竞争力方面带来了不可忽略的差异。六西格玛管理重视符合顾客要求程度方面的差异,并通过采用揭示这些差异的测量方法,展示业绩改进的空间,如图7.2所示。

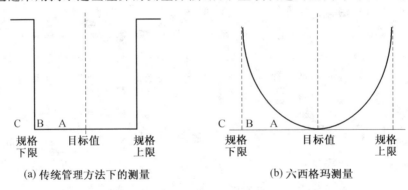

(a) 传统管理方法下的测量　　　(b) 六西格玛测量

图 7.2　传统管理方法与六西格玛理念关于测量的区别

六西格玛管理法与传统管理方法对不良质量成本(COPQ)的认识也不同。不良质量成本是指由于质量不良而造成的成本损失,它既包括非符合性成本,又包括符合性成本不增值的一部分。据估计,对于三到四西格玛水平的企业来说,COPQ可占到销售额的15%～25%,而六西格玛企业的COPQ仅占销售额的1.5%左右。根据GE公司的经验,该公司从三到四西格玛水平提高到六西格玛水平,其减少的COPQ可达80～120亿美元/年。

COPQ可以分为直观的和隐含的两大类,就像冰山一样,露在外面的是我们通常统计的那些由于产品或服务不良而造成的成本损失。例如:报废、返工返修、保修费用等,也就是质量成本统计中通常作为内部与外部失效成本所统计的部分。对于一般的企业来说,这些成本损失占销售额的5%~8%。但冰山还有隐藏在海面下的部分,这是我们通常不去统计或不为人们重视,但又实实在在地存在于企业中的成本损失,它常常是由于我们工作上的错误或缺陷而造成的。隐含的COPQ包括:未准时交付的罚金、错误的发货单引起的额外成本费用、由于设计生产周期延长而增加的成本、库存积压、紧急订货而多付的费用、工程更改不到位引起的报废返工费用,等等。正像冰山一样,这些隐含的成本损失要比露出的部分大得多。这部分的COPQ可高达销售额的15%~20%。这些直观的或隐含的COPQ已经远远地超过了销售利润。根据美国20世纪90年代初所做的调查,一般企业的平均利润水平仅占销售额的1%~4%。值得注意的是,六西格玛管理关注的不仅仅是直观的COPQ,而且包括了隐含的COPQ。因此,六西格玛管理关注的主题不只局限在降低生产过程中的缺陷,还要消除工作过程中的缺陷,提高工作过程的质量和效益,如图7.3所示。

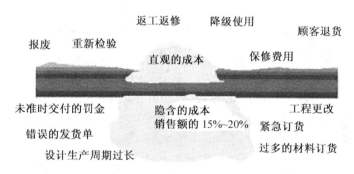

图 7.3 不良质量成本冰山图

7.1.5 六西格玛管理的原则

自20世纪30年代在贝尔试验室诞生SPC(统计过程控制)等质量方法以来,美国的质量管理理论和方法在第二次世界大战后帮助日本恢复了经济,并在20世纪80年代"质量危机"时帮助美国工业从日本那里赢回了部分市场份额。虽然有这些成功的案例,但有一点值得注意,就是在质量和财务业绩之间没有明显的联系。虽然越来越多的公司采用了各种质量方法,但却极少有公司报告其对利润方面有明显影响。

美国《质量进展》杂志公布的一项调查表明,传统的质量活动对财务业绩的影响并不像想象中那样明显,波多里奇国家质量奖的得主并不比其他的一些公司业绩好。有些质量改进方面做得好的公司,其关键的财务指标并不一定能获得改进,这使得许多公司的高层们开始怀疑他们推进质量活动的动力了。目前的经营环境要求我们改进对质量的理解,需要一个更明确的定义,这个定义能使企业的质量活动同时为顾客、员工、所有者和整个公司创造价值和经济利益。六西格玛正是这样一种质量实践,它注重质量的经济性,当我们投资改进有缺陷的过程,原先质量低下时的高成本下降,上升的顾客满意度又挽回部分原来失望的顾客。同样,它又会促进顾客对其产品的购买,从而带来年收入的增加。因此,六西格玛管理的基本原则是:提高顾客满意度和降低资源成本。

每个组织和企业都有成本核算,从这个意义上说,只要想改进业绩,不断减少质量成本占销售额的比率,六西格玛管理就是一个务实、有效的途径。因此,六西格玛质量从经济意义上讲,对每一个欲改进其业绩的企业都适用。

在任何时候,顾客满意的情况对组织而言都是极为重要的,它在很大程度上决定着组织的市场份额,因此也可以说决定着组织的生存和发展。组织要取悦于它的顾客,可能需要很大的投入。换句话说,对顾客有益的不一定会对组织有益。但大部分组织毕竟是以赢利为目的,通常管理层的首要任务就是为股东创造价值,因此这个问题困扰了许多研究质量管理的学者。

传统的做法是将大部分注意力集中在顾客方面,而且,企业为实现顾客满意所做的各种努力与为赢利所做的努力之间是断裂的,没有建立任何联系。六西格玛则强调从整个经营的角度出发,而不只是强调单一产品、服务或过程的质量,将注意力同时集中在顾客和企业两方面。

降低资源成本和风险是六西格玛管理的另一原则。六西格玛中蕴含了这样的思想,所有的缺陷和错误都代表了风险,但不是所有风险都可以以缺陷的形式表示。六西格玛的目的在于降低风险,而非仅仅降低缺陷。一方面可以降低顾客购买产品或服务的风险;另一方面也降低了产品或服务提供者的风险。换言之,应用六西格玛来降低风险意味着所有方面业绩的提高,如质量、能力、周期、库存,以及其他的关键因素。

为此,从符合性成本和非符合性成本的角度,来寻求和识别六西格玛改进的机会和项目是十分关键的。结合经典的PAF(预防、鉴定和故障)模型,给出表7.4的成本模型。

表 7.4 成本模型

符合性质量成本	预防成本
	鉴定成本(预先检验预防)
非符合性质量成本	鉴定成本(查明故障原因)
	故障成本(内部或外部)

六西格玛管理,要求降低经营资源成本,就要降低非符合性成本和符合性成本。符合性成本由增值和不增值两个部分组成。通过有效的手段,找出不增值的部分,加以改进。消灭所谓的隐蔽工厂(hidden factory),从而降低成本和风险。当然,要做到这一点,就必须实施质量成本分析,界定质量改进项目,并通过测量手段和统计分析,在测量和分析中发现那些对顾客来说十分关键、对组织来说非常重要的因素(变量),采取有效的改进措施和控制手段,使其达到一个较高的绩效水平。

通过六西格玛努力,顾客和组织可以同时获得满意,对顾客而言,是以最可接受的价格及时获得最好的产品;对组织而言,则是以最小的成本和最短的周期实现最大的利润。如图 7.4,只有当这些全部实现时,"质量"这一词汇才对组织真正有了意义。

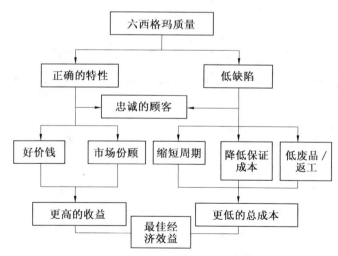

图 7.4 六西格玛质量与财务结果

7.1.6 衡量六西格玛质量水平的指标

在六西格玛管理法中,通常有以下3种方法表示六西格玛管理的质量水平。

1. 西格玛水平 Z

西格玛有时也用 Z 表示,如 $Z=6$。这说明这个过程作业有 6σ 的过程能力。使用西格玛水平 Z 作为满足顾客要求程度的业绩测量,在这种测量中,我们把每个测量值相对于顾客要求的偏离程度考虑进来。其计算公式为

$$Z_{pu} = \frac{USL - \bar{X}}{S}$$

$$Z_{pl} = \frac{\bar{X} - LSL}{S}$$

$$Z = \min(Z_{pu}, Z_{pl})$$

上述式中 LSL 和 USL 为规格的下限和上限。我们知道产品或过程的规格界限实际上体现的是顾客的需求情况,它是指顾客对产品或过程的规格、性能所能容忍的波动范围。例如:快餐公司为顾客提供送餐服务,顾客希望晚上 6:30 送到,但是顾客也会考虑到实际情况总会造成时间上出现一些误差,如送餐员送货任务的多少、交通便利情况等,因此双方协商达成了一个可以接受的时间区间 6:15 到 6:45 之间送到即可。在这项服务中,6:30 是顾客期望的标准规格,6:15 和 6:45 即为规格的下限和规格的上限。

例如:某顾客对某产品的性能十分关注,要求该性能为 $Y = 10 \pm 0.01$。供应商 A 提供的 10 个产品的测量数据为:10.009,10.005,9.992,9.999,10.008,10.007,9.997,9.999,10.009,9.995。供应商 B 提供的 10 个产品的测量数据为:10.002,10.003,9.998,9.999,10.001,10.003,9.999,9.999,10.002,9.998。那么,谁更能满足顾客要求呢?

根据这些数据,我们可以分别计算出它们的平均值和标准差。供应商 A 的平均值为 10.002,标准差为 0.006 32。供应商 B 的平均值为 10.000 3,标准差为 0.002 11。将这些数据以及顾客要求代入上面的西格玛水平计算公式,可得供应商 A 的西格玛水平为 1.27,供应商 B 的西格玛水平为 4.60。也就是说,供应商 B 的产品更接近于顾客要求的目标值(此例中,顾客要求的目标值为10),因此供应商 B 满足顾客要求的能力远高于供应商 A。

又例如,某组织要求供应商 A 提供产品的交付期为下订单后第 30 天,早于 30

天,供应商 A 自己负责保管,每天需付额外保管费,但最多可保管 7 天。下面是供应商 A 的 10 批产品交付时间的统计数据:29,27,25,24,29,26,23,25,30,24(天)。那么,该供应商交付过程的西格玛水平是多少呢?根据交付时间的统计数据,我们可以计算出该过程的平均值等于 26.2,标准差 $S=2.44$。该过程的规范限 $LSL=23$。将这些数据代入公式,可得 $Z=(26.2-23)/2.44=1.37$。也就是说该过程的西格玛水平仅为 1.37。观察这些交付时间的统计数据,虽然没有早于 23 天或迟于 30 天的,但是,因为它们相对于顾客要求的目标值来说比较分散,因此过程的西格玛水平并不高。西格玛水平低意味着过程满足顾客要求的能力低,意味着质量、成本和周期的损失。

统计资料表明:如果一个三西格玛的企业组织其所有资源改进过程,大约每年可以提高一个西格玛水平。对一个三西格玛水平的企业来说,提高一个西格玛水平可获得下述收益:利润率增长 20%;产出能力提高 12%～18%;减少劳动力 12%;资本投入减少 10%～30%。

2. DPU,DPO,DPMO

DPU(Defect Per Unit),单位缺陷数,是过程的"缺陷"数量与过程输出的"单位"数量比,即平均每个单位上有多少缺陷。计算公式为

$$DPU=缺陷总数/单位总数$$

DPO(Defect Per Opportunity),单位机会缺陷数,是过程输出的"缺陷"的总数与过程输出的"缺陷机会总数"之比。计算公式为

$$DPO=缺陷总数/缺陷机会总数$$

DPMO(Defect Per Million Opportunity),百万单位缺陷机会缺陷数,是过程输出的"缺陷"的总数与过程输出的"缺陷机会总数"之比乘以 1 000 000。计算公式为

$$DPMO=DPO\times 1000000$$

假如一位顾客通过电话订购了 4 个汽车备件,希望 5 天内交付。那么,对交付过程来说,关键的顾客要求(CTQ)是及时交付订货,顾客要求的规范限 USL 是从接电话之日起 5 个工作日内,过程的缺陷是备件超过 5 天发出。对这次电话订货来说,有 4 个缺陷机会,因为每一个备件都可能延迟发出。如果该电话销售部门 6 个月内共收到电话订货 20 个,每个订货 4 件,其中未能准时发货的 5 件。那么,该过程的质量水平为

$DPU=5/20=0.25$,表示平均每次订货中有 0.25 件产品不能准时发出。

$DPO=5/(20\times 4)=0.062\ 5$,表示不能准时发货的产品占发出的所有产品的 6.25%。

$DPMO=0.062\ 5\times 1\ 000\ 000=62\ 500$,表示如果发出 1 000 000 个产品,将有 62 500 个产品不能准时发出。

一个服从正态分布的过程,其超出规范限的缺陷百分比与西格玛水平是一一对应的。根据这个规律,我们可以通过测量缺陷的比率,估算过程的西格玛水平 Z,并以此考察过程满足顾客要求的能力,见表 7.5。

表 7.5 西格玛水平与缺陷率对照表

Z(西格玛水平)	百万缺陷机会缺陷数
2	308 537
3	66 807
4	6 210
5	233
6	3.4

3. FTY(首次产出率)和 RTY(滚动产出率)

FTY(First Time Yield),首次产出率,是指过程输出一次达到顾客规范要求的比率,也就是我们常说的一次提交合格率。

RTY(Rolled Throughput Yield),滚动产出率,是构成过程的每个子过程的 FTY 之乘积,表明由这些子过程构成的大过程的一次提交合格率。

$$RTY=FTY_1\times FTY_2\times \cdots \times \cdots \times FTY_n$$

式中　FTY_i——各子过程的首次产出率;

　　　n——子过程的个数。

用 FTY 或 RTY 测量过程可以揭示由于不能一次达到顾客要求而造成的报废和返工返修,以及由此而产生的质量、成本和生产周期的损失。这与我们通常所采用的产出率的测量方法是不尽相同的。在很多企业中,只要产品没有报废,在产出率上就不计损失。因此掩盖了由于过程输出没有一次达到要求而造成的返修成本的增加和生产周期的延误。举例来说,某过程由 4 个生产环节构成,如图 7.5 所示。

该过程在步骤 2 和步骤 4 之后设有质控点。根据生产计划部门的安排,投料

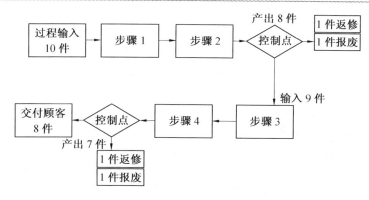

图 7.5 对过程产出能力两种不同测量的比较

10件。经过步骤1和步骤2的加工后,在检验中发现2个不合格品,1件须报废,另1件经返修处理后可继续加工。这样有9件进入了后续的加工过程,这9件产品经过步骤3和步骤4后又有1件报废、1件返修。整个加工结束后,有8件产品交付顾客。因此,生产计划部门的统计数据是:产出率为80%。这个统计数据不能表明在这80%中,有一些是经过返修后交付的,这些返修活动增加了生产成本和生产周期。如果我们用RTY来测量,可以看出,步骤1和步骤2的FTY_1为$8/10×100\%=80\%$,步骤3和步骤4的FTY_2为$7/9×100\%=78\%$。如果投料100件,经过步骤1和步骤2,第一次就达到要求的是$100×80\%=80$(件),这些是一次就达要求的合格品,经过步骤3和步骤4后,一次就能达到要求的将是80件$×78\%=62.4$件。也就是

$$100×80\%×78\%=100×62.4\%=62.4(件)$$

而$80\%×78\%=62.4\%$,正是我们说的$FTY_1×FTY_2=RTY$。就这个例子来说,只有62%左右的产品(6件)是一次就达到加工要求的,而38%左右的产品需经返修或报废处理。

传统管理法更多的是注重最终交验合格率。如果我们用RTY来测量,可以发现越是步骤多、越是技术含量高的过程,对FTY的要求就越高。从表7.6中可以看出,如果每个子过程的FTY都为99%,那么由50个子过程构成的大过程的RTY只有60.5%,也就是说将有40%的过程输出需经返工或报废处理。也许,经过返修处理后,过程的输出可以100%地交付顾客,用我们传统的产出率的统计方法,这个过程的产出率是100%。但事实上,这个过程中存在着质量、成本和周期的巨大损失,而这些损失是竞争力的损失,表7.6给出的是滚动产出率与西格玛水

平的对照表。

表 7.6 滚动产出率与西格玛水平对照表

	$FTY=99\%$ 3.8σ	$FTY=99.379\%$ 4σ	$FTY=99.99966\%$ 6σ
RTY_{10}	90.44%	93.961%	99.99660%
RTY_{20}	81.79%	88.286%	99.99320%
RTY_{30}	73.97%	82.954%	99.98980%
RTY_{50}	60.5%	73.237%	99.98300%

这3种六西格玛质量水平的表示方法同时也是六西格玛业绩测量的3种方法。基于合格/不合格(计件型数据)的 FTY/RTY 测量指标;基于缺陷数据(计点型数据)的 DPU/DPMO 测量指标;基于平均值/标准差(连续型数据)的 Z(西格玛水平)。它们基本覆盖了对产品、服务、商务、管理等所有类型过程的测量。为了将这3类测量指标统一起来,在六西格玛管理中常常将 FTY/RTY,或 DPU/DPMO 折算为近似的 Z(西格玛水平)。

让我们以下面的例子来说明过程的测量与西格玛水平的计算。某企业在召开中层干部会议时提出了2条要求:(1)不缺席、不迟到;(2)会议期间关闭手机。在最近召开的一次中层干部会上,应到会40人,缺席2人,迟到2人;与会者中有30人有手机,有2人的手机没有关闭。那么,这次会议达到与会要求的西格玛水平怎样呢?我们先来确定什么是缺陷:如果有1个人缺席或迟到,就出现1个缺陷;如果发现有1个人没有关闭手机也记为1个缺陷。对本次会议来说,共出现了6个缺陷。那么,对达到会议要求来说,本次会议一共有70个缺陷机会(对到会来说有40个缺陷机会,对关闭通信设备来说有30个缺陷机会)。因此,$DPMO=(\frac{6}{70})\times 10^6=85\,714$,查西格玛水平换算表,可得 $Z=1.35$ 西格玛。也就是说,本会议满足要求的水平仅为1.35西格玛。

对不同的过程、不同的顾客和不同的要求,我们都可以将顾客或过程要求量化,并用不同的测量指标评价我们的业绩与要求之间的差异,以及我们满足要求的能力。但是,不论使用什么样的测量指标,我们都可以将其转换为西格玛水平。这样,我们就可以在同一平台上将不同的过程进行对比。例如,一个生产过程达到了5西格玛水平,而一个服务过程仅为2.5西格玛,我们可以说在满足顾客要求方面,这个生产过程要好于服务过程。该服务过程应该努力改善,以便在满足顾客要求方面达到那个生产过程的水平。

7.2 六西格玛管理实施过程

实施六西格玛管理实现企业业绩目标要经过3个过程:组织(OFSS)、策划(DFSS)和过程(PFSS),如图7.6所示。

图7.6 六西格玛实施过程

7.2.1 六西格玛管理的组织

六西格玛管理的组织是推进六西格玛管理的基础,六西格玛管理的全面推行要求整个企业从上至下使用同样的六西格玛语言和采用同样的六西格玛工具。因此,要建设一支符合项目开展要求的六西格玛专业队伍,参加六西格玛活动的角色都有一个特定的名称,如:倡导者、黑带、绿带等,这些角色在六西格玛管理实践中发挥着重要的作用。根据国外资料表明,一般可以采用如下公式来确定黑带和黑带主管的人数:黑带总数=公司每年营业总额(美元)/1 000 000;黑带主管总数=黑带总数/10。对从事六西格玛管理的人员要予以专门培训,约20%的人员接受六西格玛管理的专业性培训(如工具的正确使用等),从而形成如图7.7所示的六西格玛组织结构。

1. 倡导者(champion)

倡导者一般是由企业高级管理人员,如行政执行总裁、总经理、副总经理组成,大多数为兼职,由一到两位副总经理全职负责六西格玛管理的组织和推行。其主要职责为:调动和提供企业内部和外部的各项资源,确认和支持六西格玛管理全面推行,决定"该做什么",其具体职责通常是:

(1)保证项目与企业的整体目标一致,当项目没有前进方向时,指明方向;

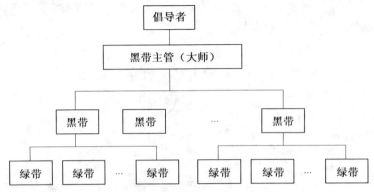

图 7.7 六西格玛管理的组织结构

(2) 使其他领导(尤其是首席执行官 CEO)知道项目的进展;

(3) 制定项目选择标准,校准改进方案,特许项目展开;

(4) 为黑带团队提供或争取必需的资源,例如,时间、资金等方面的保障,建立奖励制度,推进活动展开;

(5) 检查各阶段任务实施的状况,排除障碍;

(6) 协调与其他六西格玛项目的矛盾、重复和联系;

(7) 评价已完成的六西格玛项目。

倡导者的承上启下的重要作用,而倡导者往往又是接受培训和准备工作做得相对较少的,因此,黑带应积极争取倡导者支持,协助黑带主管解决早期六西格玛管理推行过程中的薄弱环节。

2. 黑带主管(master black belt)

黑带主管又称为黑带大师。黑带主管是六西格玛的全职管理人员,在绝大多数情况下,黑带主管是六西格玛专家,通常具有工科或理科背景,或者具有管理高学位,是六西格玛管理工具的高手。黑带主管与倡导者一起协调六西格玛项目的选择和培训,其主要职责是:理顺关系,组织项目实施,执行和实现由倡导者提出的"该做什么"的工作。在六西格玛管理中,决定"该如何培训黑带和为其提供技术支持,推动黑带们领导的多个项目"。

一般在企业刚开始推行六西格玛管理时,黑带主管来自专门的咨询或培训机构,有着丰富的六西格玛管理的背景和经验,也可以聘用具备资格的专家作为企业的六西格玛黑带主管。经过较长的时间,有些黑带大师会从专业的黑带中产生,在他们所在企业的质量管理部门获得最基本的经验,以及多个项目的成功体会。黑带主管更多的是扮演企业变革的代言人角色,帮助推广六西格玛管理方法和突破性改进。黑带主管也可以兼任黑带或者对其他职位人员的培训和指导,其具体的职责为:

(1)接受六西格玛管理的专业训练;
(2)指导若干个黑带,发挥六西格玛的专业经验;
(3)扮演变革推进者角色,引进新观念与新方法;
(4)执行及管理六西格玛培训;
(5)与倡导者共同协调各种活动,确保完成项目;
(6)协助黑带向上级提出报告。

黑带主管的工作是保证黑带及其团队保持在正确的轨道上,能够顺利地完成他们的工作,具体指导和协助黑带及其团队在六西格玛改进过程中完成每个步骤的关键任务。通常黑带主管为团队在收集数据、进行统计分析、设计试验与关键管理人员沟通等方面提供建议和帮助。

3. 黑带(black belt)

黑带是企业推行六西格玛管理中最关键的力量。黑带在六西格玛的一些先驱企业中通常是全职的,他们专门从事六西格玛改进项目,同时肩负培训绿带的任务,为绿带和员工提供六西格玛管理工具和技术的培训,提供一对一的支持,也就是决定"该怎么做"。一般说来,黑带是六西格玛项目的领导者,负责带领六西格玛团队通过完整的DMAIC,完成六西格玛项目,达到项目目标并为组织获得相应的收益,通常黑带的任期为2年左右,在任期内需完成一定数量的六西格玛项目。

"黑带"这个词来源于柔道或跆拳道,是对练功人"功夫"等级的一种认证。对于初学者来说,腰带是白色或黄色的,他们要学习和掌握柔道或跆拳道的基本功法,但还不具备实战能力,只有经过若干场实战并取得了一定的战绩之后,才能系上黑腰带,也只有在这时,练功者对如何在实战中运用基本功法才有自己的体验。将"黑带"这个词移用于六西格玛管理中,是非常贴切的。六西格玛黑带不是"学历"等级,而是运用六西格玛方法解决实际问题的"功力"等级。

从黑带在六西格玛管理中担当的角色来看,其基本职能之一就是应用六西格玛方法解决问题。黑带是六西格玛方法的实践者,要具备解决复杂问题的能力。一般说来,六西格玛项目所要解决的是对企业发展来说十分关键或重大的问题,而且问题的答案不是现成的,需要通过六西格玛项目找到解决问题的最佳方案。从六西格玛管理的特点来说,它十分强调"依据数据做出决策",因为,"改进一个过程所需要的所有信息,都包含在各种数据中",因此,黑带必须要掌握依据数据做出决策的科学方法。需要说明的是,在六西格玛方法中,统计技术是十分重要的科学方法,但对黑带来说,不仅要能熟练地应用统计技术,还要在项目实施的每一阶段,根据具体问题对如何应用这些工具方法做出正确的选择,通常黑带的具体职责是:

(1)在倡导者及黑带主管的指导下,界定六西格玛项目;
(2)带领团队运用六西格玛方法;
(3)拥有适宜的人际关系及组织技巧,让团队始终保持高昂的士气与稳定的情绪;
(4)开发并管理项目计划,必要时建立评价制度,监督资料收集和分析;
(5)选择指导并使用最有效的工具和技术;
(6)担任与财务部门间的桥梁,核算项目节约的成本和收益;
(7)让所有与过程相关的人员知道项目的经济效益;
(8)项目完成后提出项目报告;
(9)指导和培训绿带。

如果没有一个具有实力且不怕辛苦的黑带,六西格玛项目通常是不会取得很大的成功的。作为一个黑带必须拥有多项技能,包括解决问题的能力,收集和分析数据的能力,领导和管理的能力。并且还要擅长项目管理,具备通过共同努力,把事情按时做完的能力。因此,通常成为一名黑带需要4~5个月内接受累计20多天的专业培训。

4. 绿带(green belt)

绿带是企业内部推行六西格玛管理众多底线收益项目的负责人,为兼职人员,通常为企业各基层部门的骨干或负责人。很多六西格玛的先驱企业,很大比例的员工都接受过绿带培训。绿带的作用是把六西格玛管理的新概念和工具带到企业日常活动中去。绿带是六西格玛活动中人数最多的,也是最基本的力量,其主要的职责是:

(1)提供与过程有关的专业知识;
(2)与非团队成员的同事进行沟通;
(3)收集资料;
(4)接受并完成所有被指派的工作项目;
(5)执行改进计划;
(6)参加会议和活动;

7.2.2 六西格玛管理的策划

六西格玛管理的策划也就是人们常说的项目界定,即识别、评价和选择正确的项目,是六西格玛管理程序 DMAIC 的 D 阶段。六西格玛管理突破性改进的成功,取决于项目的选择,实施六西格玛策划,可以确保项目的正确选择。有效的策划应该选择对顾客、员工以及组织最有效益的项目直接切入。在项目执行的过程中,问题的界定往往比问题的分析更困难,因为许多项目团队经常不能确定其项目是否符合组织的关键需求。倘若不能谨慎地踏出改进项目的第一步,尽管在以后的工作中,项目团队付出艰辛的努力,却不一定会取得很好的效果。因此,在项目开始准备阶段,就需要花费较多的精力,认真策划,以确保六西格玛管理改进项目的成功。

在界定阶段,要识别潜在的六西格玛项目。项目的信息有多种来源,包括来自顾客(内部和外部)的调查报告。为了避免局部优化,黑带和黑带主管们必须对项目进行评价和选择。然后准备项目使命,进行目标比较并得到倡导者和黑带主管层的认可。黑带主管要为项目挑选最适合的人组成团队,并安排必要的优先顺序。黑带主管要监督项目进程确保有效实施。作为团队队员,主要是由绿带和有关员工组成。对团队成员的职责是:必须参加所有团队活动包括会议;完成每次会议所布置的工作;积极地参与并发挥专业知识和技能;注意倾听其他成员的意见;有效运用各工具来解决阶段问题,致力于降低成本,提高顾客满意度,从而实施效益目标。其主要程序如图 7.8 所示。

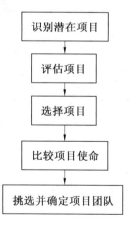

图 7.8 项目界定程序图

在策划六西格玛项目时,选择的原则十分重要,此时,评价一系列潜在的六西格玛项目并从中挑选出最有希望被团队解决的项目是非常重要的。

首先,被挑选的项目必须是有实际意义的,也就是项目要真正有利于顾客和企业经营。轻而易举解决掉和需要对现状做彻底改变才能解决的问题都不宜作为六西格玛项目,经过努力,可以争取的项目才是六西格玛管理认为有意义的项目。

其次,被挑选的项目应该是可管理的。项目的规模应该能使团队有能力完成,便于管理,也就是说,团队以后的 5 个步骤 DMAIC 都能够在这个范围内得以实施。

在具体评价六西格玛管理项目时要注重效用、可用性和价值,评价要素可以包括以下几个方面:

1. 顾客满意

关注顾客是六西格玛管理的主题之一,而且六西格玛质量的定义有两个基本点:一是产品特性让顾客满意直至忠诚;二是在此前提下避免任何缺陷。传统的企业评价事项如劳动工时、成本和销售额等都与顾客真正所关心的没有多大关系。让顾客满意的基础是要掌握什么是顾客的期望和需求。用六西格玛语言来阐述,顾客的需求和期望称为关键质量特性(CTQ),可以用西格玛水平的测量方法来检查在满足顾客需求方面的业绩。

2. 不良质量成本

六西格玛管理的一大特点是用财务的语言来阐述现状水平和改进的绩效,用财务指标,将业绩转换成财务效益,劣质成本分析是一个十分有效的方法。

如前文所述,不良质量成本是指不给过程增值的那一部分运行资源成本。由于六西格玛管理的根本目的是提高效益,因此,降低不增值的劣质成本对于识别、挑选和评价项目都是重要的依据和标准。摩托罗拉和通用电气推行六西格玛之所以成功,是因为他们发现了企业中还有一些不增值的过程。

3. 增值能力

无论是制造业,还是服务业,其生产和服务过程经常出现一个"隐蔽工厂"。过程的最终合格率的计算方法不能反映出该过程在通过最终检验之前所发生的返工等情况,首次产出率和滚动产出率是一种能够找出"隐蔽工厂"地点和数量的有效方法,为过程是否增值做出判断。增值和减少值,以致消灭"隐蔽工厂"是六西格玛管理的一项重要指标。

4. 过程要素

六西格玛管理的另外一个主题是采取措施应对过程,通过对过程分析,可以确定过程能力和过程的关键输入或输出变量,以及过程详细分析图(SIPOC图)。由于企业性质各异,过程相应不同,用西格玛水平量值可以提供一致的方法来测量和比较不同的过程。

(1)过程详细分析图(SIPOC图)。

SIPOC是供方、输入、过程、输出和顾客的第一个英文字母的缩写。SIPOC用在六西格玛管理的策划阶段,经常作为主要业务实现过程的识别和测量的首选方法。

①供方(supplier):提供产品的企业或个人,在六西格玛项目中,专指向过程提供关键信息、材料或其他资源的企业或个人,供方可以是内部或外部的。

②输入(input):供方提供的产品(信息和资源,包括人员、机器、材料、方法、环境等)。

③过程(process):将输入转化为输出的活动。过程是使输入发生改变的一组步骤,这个过程将增加输入的价值。

④输入(output):过程的结果。

⑤顾客(customer):接受输出的企业、人或过程。

SIPOC图连同过程的框架用来表示在一个业务过程或产品(服务)实现过程中主要活动或子过程,以供方、输入、过程或顾客为代表。SIPOC图旨在帮助企业确定过程的范围和关键因素,确定关键输入变量和关键输出变量。

(2)关键过程输出变量。

对于符合顾客需求而言极为重要的过程输出项目,称为关键过程输出变量。根据顾客需求的分析确定CTQ,依照效益高低决定项目的优先顺序。通过对SIPOC图的分析,可以找出决定过程输出变量。诸如顾客满意率、交货周期、合格率,以及缺陷数等。依照统计的观点,抽取样本以观察这些输出变量的长期变化,可以深入了解关键过程输出变量的变化,发掘过程的操作问题,通过以后的测量、分析和改进,区别正常原因与异常原因引起的质量波动。这些资料与顾客需求的基本资料合并考虑,可获得有关整体过程的正确描述。

但是,传统的质量改进不是从过程的整体角度切入问题,而是直接对产品的高低表现做出回应,以"救火式的模式"处理质量问题。即使采取了纠正措施,也只是分析原因,不再重新出错。因为缺乏对过程整体的关键过程输出变量的分析,可能找出这个原因,采取了措施,但另外的原因又出现了。可能耗费许多资源,过程改进仍不是十分理想。除非正好对症下药,否则过程依然会出现问题。

输入、过程活动和结果或输出之间的关系,有时可用一个等式来描绘:

$$Y = f(X_s)$$

因素 X_s(大多为多变量)是 f 的自变量;结果 $Y = Y_s$(可以有多变量)是一个函数。

在六西格玛管理中,经常把结果或输出变量记为 Y_s,把输入变量记为 X_s,把过程活动记为 f。有时可直接把关键过程输出变量以 Y 表示。

(3)关键过程输入变量。

经认定对于过程的整体输出而言十分重要的输入变量即为关键过程输入变量。通过 SIPOC 分析,对要达到关键过程输出要求,确保过程的活动,使过程输入变量也满足相应的要求,或这些相关的变量通过过程的活动直接影响关键过程输出。这些关键过程输入变量将在测量阶段得到观察和测量,以便找出关键的影响因素。在这里,很多质量管理中的统计技术可以应用,如通过方差分析和相关分析等方法确定。

7.2.3 六西格玛管理的过程

六西格玛项目选定之后,六西格玛项目团队让不同的成员在一起合作,使所有成员能够共同完成他们所做的工作,关键是要一个共同的方法或程序来有效地实现六西格玛突破性改进。六西格玛过程与前面介绍的六西格玛组织和六西格玛策划被称为六西格玛管理三部曲,是实现六西格玛突破性改进的 3 个基本要素,这 3 个要素构成了六西格玛突破性改进的共同的程序——DMAIC。

DMAIC 改进过程是戴明的 PDCA 循环的具体应用,其本质与其他的管理程序是一致的,但是当按照 DMAIC5 个步骤去改进过程时,六西格玛管理法的优势就体现出来了。DMAIC 作为解决问题的步骤,其重要作用体现在以下几个方面:

(1)测量问题。在 DMAIC 过程中,不仅仅是假定知道问题是什么,还必须去证明,用数据的语言来描述产品或过程业绩。

(2)关注顾客。无论是内部还是外部顾客,了解其需求,并在此前提下尝试在过程中降低成本(避免缺陷)。

(3)辨识问题根源。传统的改进,可能接受一个原因,但没有充分证明这个原因,现在,六西格玛要求必须用数据和事实来证明你认定的原因。

(4)打破传统观念。DMAIC 项目的解决问题的方案将不仅仅是在固有旧的过程中做一个较小的改变,真正的变化和结果需要带有创新的解决方案。

(5) 进行风险管理。让顾客满意,避免缺陷,是六西格玛管理的理论基础,充分体现经济性的特征。有效的 DMAIC 过程,不仅能降低成本,也能够降低风险(顾客和组织的双方风险)。

(6) 测量结果。对价格任何的解决方案最好的评判标准是财务效益。六西格玛真正结果的测量,会给各方提供更多的信任。

(7) 持续变革。如果没有持续的变革,即使是由 DMAIC 团队做出的"最好的实践",也可能会很快消逝。不断创新,持续创新,启发众多的六西格玛项目团队是至关重要的。

六西格玛过程可描述为 MAIC4 个阶段,即:M——测量(measure)、A——分析(analysis)、I——改进(improve)和 C——控制(control)。在项目界定之后,依照 MAIC 过程实施六西格玛管理。

由于六西格玛管理的关键是通过一套以统计科学为依据的数据分析,测量问题,分析问题,改进优化和控制效果,因此六西格玛管理非常重视过程每个阶段的项目工具的准确选择和正确使用,见表 7.6。

表 7.6　DMAIC 过程活动重点及其工具

阶段	活动要点	常用工具和技术
D 界定阶段	项目启动 寻找 $Y=f(x)$	头脑风暴法、亲和图、树图、流程图、SIPOC 图、因果图、劣质成本、项目管理
M 测量阶段	确定基准 测量 Y, X_n	排列图、因果图、散布图、过程流程图、测量系统分析、过程能力指数、故障模式分析、PDCA 分析、直方图、趋势图、检查表
A 分析阶段	确定主要原因 确定 $Y=f(x)$	头脑风暴法、因果图、水平对比法、5S 法、劣质成本分析、试验设计、抽样检验、回归分析、方差分析、假设检验
I 改进阶段	消除主要原因 优化 $Y=f(x)$	试验设计、质量功能展开、正交试验、测量系统分析、过程改进
C 控制阶段	维持成果 更新 $Y=f(x)$	控制图、统计过程控制、防差错措施、过程能力指数分析、标准操作程序、过程文件控制

7.2.4 测量阶段

在这个阶段需要开始描述过程,测量业绩并将过程文件化;开始计划数据的收集;验证测量系统后,开始测量过程能力,以达到识别产品特性和过程参数,了解过程并测量其性能的目的,使得六西格玛管理一开始,即对过程现状有一个准确的评估。

1. 测量业绩并描述过程

六西格玛项目团队通过测量业绩(或问题),将过程用文件化来描述,其过程步骤如下:

(1)过程流程图分析。

利用过程流程图来说明产品(服务)形成全过程,为了说明过程所有可能的波动偏差,应把所有人力资源、文件、程序方法、设备和测量仪器等都包括在过程的说明中。过程流程图应使用标准或公认的图形符号(或语言)及结构来绘制过程流程图,常用的绘制流程图的符号见表7.7。

表7.7 流程图常用符号

符号	说明
⬭	椭圆符号表示终端。它表示一个过程的开始(输入)或结束(输出),"开始"或"结束"写在符号内
▭	矩形符号表示活动。它表示在过程中一个单独的步序,活动的简要说明写在矩形内。
◇	菱形符号表示判断。它表示过程中的一项判定或一个分岔点。判定或分岔的说明写在菱形内,以问题的形式出现。对该问题的回答判定了在判定符号之外引出的路线。每条路线标上相应的回答
→	流线符号表示进展。它表示过程的流程方向(流线箭头指向)
⊠	文件符号表示信息。它表示过程的书面信息,文件的题目和说明写在符号内
⌭	数据库符号也表示信息。它表示过程的电子储存信息,数据库的名称和说明写在符号内
Ⓐ	圆圈符号表示延续。它表示在相互联系的流程图内,圈内使用同样的字母或数字,以表示各个过程间是如何连接的

图 7.9 为某企业"提供某项电讯服务"的部分过程流程图。

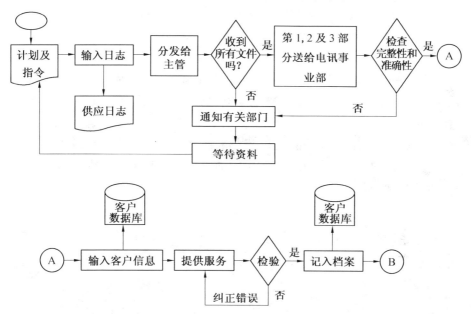

图 7.9　某企业"提供某项电讯服务"的部分过程流程图

画出过程流程图后,即可对其进行分析,可以发现:连续过程的每个阶段;过程的两者间的关系;问题点或区域;不必要的环节和复杂的程序;可以简化的地方;可以与因果图一起用来解决问题。其分析步骤为:

①检查每个判定符号:这是一种检查活动吗?这是一种全面检查吗?还是仅检查几类故障?这是不是冗余的检查?

②调查每个循环:如果没有故障,是否需做这些活动?循环有多"长"(步骤、时间损失、资源损失)?这个循环能防止问题发生或再发生吗?

③分析每项活动符号:是冗长的活动吗?活动的成本/效益如何?在该项活动中我们如何防错?

④研究每个文件或数据符号:是否必要?如何保持其更新?是否只有唯一的信息来源?我们能够如何利用这一信息监视并改进该过程?

(2) 识别关键顾客需求。

识别顾客需求,尤其是关键顾客需求,是六西格玛测量阶段的又一关键,顾客满意的质量是由顾客的价值观所确定的。通过顾客满意流程图的分析,我们应通过调查,了解顾客的认知质量(需求),掌握关键的顾客需求,特别是产品或服务特性(感知质量)一旦不能满足其需求将直接影响满意程度,直至抱怨的因素必须加以关注。

(3)确定关键产品、特性和过程参数。

这是提高质量降低成本的一个重要系统。因为我们知道全新产品和过程都存在性能(或标准),都很重要且需加以控制。然而有些性能(关键产品特性 KPC)和参数(关键过程参数 KCC)需要特别地控制,因为,这些产品性能和过程参数如存在较大的偏差将影响到产品的安全。

(4)识别并记录潜在的失效模式、影响和致命度。

其目的是识别并记录那些对顾客关键的过程业绩和产品特性(即输出变量)有影响的过程参数(即输入变量)。随着项目的进行,过程文件也会不断更新。

2. 数据的收集

六西格玛团队要为测量阶段后面的活动和下一阶段——分析阶段进行数据的收集。

3. 验证测量系统

根据测量阶段的实施要求,在测量业绩并描述过程以及计划数据收集之后,需对测量系统进行验证,并开始测量过程能力。测量系统是指测量与特定特性有关的作业、方法、步骤、量具、设备、软件、人员的集合。为获得六西格玛管理所需的测量结果应建立完整有效的测量过程,以确保测量系统精确可信,应对测量系统进行的分析和验证包括分辨率、准确度、精密度和测量过程能力。

7.2.5 分析阶段

测量阶段之后,即进入第二阶段——分析阶段。这个阶段需要对测量阶段中得到的数据进行收集和分析,并在分析的基础上找出波动源,提出并验证波动源与质量结果之间因果关系的假设。在因果关系明确之后,确定影响过程业绩的决定因素,这些决定因素将成为下一阶段——改进阶段关注的重点。这一阶段应完成的主要任务是把握要改进的问题,并找出改进的切入点,即绩效结果的决定因素。这一阶段的主要工作可以用图 7.10 来表示。

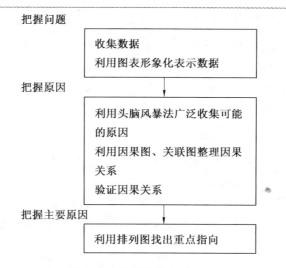

图 7.10 分析阶段主要任务

1. 收集并分析数据

在测量阶段,已对过程业绩、产品特性等输出变量,以及过程参数等输入变量进行了识别和测量。测量的目的是要充分利用这些数据,因此要制定好数据收集计划,计划中应包括数据收集的地点、具体收集方法、数据收集的人员等。此外,在收集数据时,应对数据进行审核,以确保收集过程能遵循所规定的程序,并没有偏误。此时可应用实时的数据系统,记录并保存测量到的数据,也可应用数据收集单、数据检验单等形式收集数据,这些数据单都是在企业中已得到广泛应用的工具。

针对收集到的数据要利用一定的工具进行处理,以便更清晰、直观地分析数据,找出数据变化的趋势。此时常用的工具有坐标图、直方图等。

数据收集之后,更重要的是要对数据进行观察、归纳和整理。在记录数据时,把数据变化记录在坐标图上,可以把握数据的动态变化情况,这样当问题发生的状态变化时,便能很快地察觉它,之后可以尽快找到原因,防止问题的大量扩散。利用坐标图的好处在于,能够把握变化的规律和趋势。坐标图可以自己设计、自己动手制作,通过坐标图可以把握问题刚开始发生时,其变化是连续性的还是离散性的。可以观察数据的平均水平和离散程度。

要把握偏差状态,可以采用直方图的形式。在解析实际的数据时,首先最重要的是按数据收集顺序(尽量是被测定的产品的制造顺序)制成直方图,从图中可以了解到是否存在特殊趋向和怪异现象、变化点、异常值等。当这些特殊情况不存在时，可以用来了解总的"偏差"是什么状态，与赋予的规格（标准偏差）比较，其偏差程度如何。应用这些工具可以在收集数据的基础上把数据更形象化地表示出来，为进一步的分析和寻找波动源打下基础。

2. 提出并验证关于波动源和因果关系的假设

掌握了数据（特性）的偏差状态之后，要对其有所改进，首先要了解哪些因素会造成其波动，即哪些因素是这一特性的波动源。影响特性值的因素会有很多，此时可用头脑风暴法找出所有的相关因素。

通过头脑风暴法可得出多个影响因素，此时要对这些因素进行理整，并进行一定的合并、归纳和分类，确定并解释这些因素间的关系，以及因素与结果之间的关系将有助于问题的解决，此时可用因果图。

此外，也可应用关联图形式整理这些影响因素。关联图是以问题的现象为中心进行排列的，在现象的四周列出影响因素，进而在这一因素的四周再列出其他影响因素。通过如此反复地列出影响因素，逐步揭开影响因素之间的因果关系。

通过因果图和关联图找出因果关系之后，要确认这种关系是否正确，是否找到了真正的原因，还需要通过各种检验才能得到证明，常用的验证方法和工具有回归分析和散布图等。

回归分析可分为一元回归和多元回归，通过回归分析，可以找出特性结果与影响因素之间关系的密切程度，即相关系数。可以通过相关系数来判断在给定的显著性水平下，特性结果与影响因素之间的相关程度，以判断我们提出的因果关系是否准确。

结果与因素之间的关系还可以用更形象的方式加以表述，如散布图可以把因素值作为横坐标，特性值作为纵坐标，取相对应的数据绘制在"散布图"上，这样可以通过图形把握两者之间的关系。

通过应用上述工具，可以找出影响特性结果的波动源，并找出和确认波动源与特性结果之间的因果关系。

3. 确定过程业绩的决定因素

找出影响因素和因果关系后，还要确定哪些是"关键的少数"因素。解决问题时应该把握重点指向，也就是说，要集中力量改进那些能够产生明显效果的因素，这时就需要排列图。

除排列图外，相关系数的大小也是把握主要影响因素的重要依据。前面我们已经通过回归分析得出了影响因素与特性结果间的相关系数,通常我们会从相关性强的因素着手,力求取得效果明显的改进。

在分析阶段,除上面介绍的方法和工具外,较常用的工具技术还包括多变量图、箱线图、假设检验和方差分析等。

7.2.6 改进阶段

改进阶段是 DMAIC 过程显示效果的关键步骤,该步骤要获得解决问题的方案,这是许多人从项目开始就感兴趣并思考的问题。

在展开解决方案之前,团队应该重新审议他们的特许任务书,并且修正他们的问题和目标陈述,反映他们的发现点。六西格玛团队的倡导者通常应重申项目的价值,团队也可能要修正项目的范围,重新调整项目的目标值。

在改进阶段,关键是对潜在问题的原因进行分析,并且使解决方案的提议容易被具体操作者所接受,而且一旦发现新建议,就必须进行测试、精炼和实施。为什么产生新的解决方案如此困难呢?一方面可能由于团队习惯于长期使用传统的方法(而且专注测量和分析),以至于很难摆脱旧的思想;另一个方面是因为真正创造性地解决问题的方案总是很少见。

以新的方式和创造力帮助团队改变习惯的工作方式,以新的思路来思考问题。团队也可以参考其他同类公司或其他团队的做法,通过水平对比法(Beachhmarking),看看能否参考其他人的"成功实践"。

一旦提出一些潜在的解决方案后,要再回到分析阶段,以机会成本和机会收益来挑选最有希望和可行的解决方案。"最终的"解决方案必须经倡导者同意,而且经常要获得整个领导层的认可。

如果说,在界定阶段团队关注的主要是 $y=f(x)$ 中的 y,在测量阶段团队关注的是 $y=f(x)$ 中的 x;在分析阶段团队关注的是 $y=f(x)$ 的中的 f;那么改进阶段团队重点关注的是 y 的最佳值以及与 x 的最理想组合。在改进阶段,项目团队要确定因果关系(关键输入变量与关键输出变量之间的函数关系),以预测、改进和优化过程性能。团队要策划实验设计(DOE)方案,还要应用筛选实验的方法来识别关键输入变量或"关键的少数"原因。在这一阶段必须做到:

(1)确定"关键的少数"的根本原因;

(2)测试解决方法;

(3)解决方案程序化;

(4)测量论证结果。

必须谨慎地处理和试验改进阶段提出的解决方案。团队通过严谨的"潜在问题分析"查找潜在失效,并对其进行预防和处理。新的改进必须"推销"给部门的其他成员,因为他们的参与十分重要。必须收集和追踪数据,并核查解决方案的影响(或未预期的结果)。

7.2.7 控制阶段

控制阶段是六西格玛项目团队保持改进成果的重要步骤。作为 DMAIC 过程的最后一个阶段,控制是十分关键的。

控制阶段的主要目的是避免"突然"回到旧的习惯和程序上来,要想最终使人们的工作方式形成长期的影响并持续下去,不但要对结果进行测量和监视,还得不断对六西格玛观念进行宣传和"推销"。控制阶段要做到:

① 制定过程监视程序,明确已经做出的改变;
② 制订应变计划;
③ 聚集关注点,集中在少数重要的测量上。

这些测量结果显示最新的项目结果 y 以及关键过程测量值 x 的动态。控制阶段有如下 4 个要素:条件、文件化改进过程、持续的过程测量、建立过程管理计划。

(1)条件。

维持一个稳定的、可预测的过程需要个人水平和组织水平两方面的条件。只有对相关员工进行选择、培训、跟踪,特别是恰当的评价和奖励,过程才会稳定,这在很大程度上取决于满足顾客需求程度的投入力度。所使用的工具都有提过,如:使用过程图来记录程序,使用数据来监控绩效,使用控制图发现潜在的问题,明确责任人。

(2)文件化改进过程。

为使改进成果能够保持下去,应使改进过程文件化,用文件记录过程。如果让那些将来应用这些文件的人来帮助创建文件,可能会更有效。文件化程序应做到:

① 文件简练,易于理解;
② 文件既包括对常规工作的说明,又包括对"紧急事务"的注释;
③ 将过程文件作为过程管理的重要部分,包括一些标准的起草。

(3)持续的过程测量。

采用控制图等办法监控过程,以迅速发现过程的异常波动。同时,团队必须找出 KPOV 和 KPIV,实施关键过程测量,以确保更长时间的维持和管理改进的过程和成果。持续的过程测量应关注:

①改进的 SIPOC 图；
②关键过程和过程变量；
③关键输入变量。
(4) 建立过程管理计划。

上述的监视与测量对于实际控制过程来讲，还仅是个前奏。一个关键的要素是过程管理计划。即使一个良好的过程也可能存在许多问题，所以无论问题是否发生都要有一个针对问题的预警或应对计划。这体现了六西格玛的预防性管理主题思想。过程管理计划应包括以下内容：
①正确的 SIPOC 图；
②行动预警及过程应对计划；
③应急方案；
④针对持续改进的计划。

随着团队成员对项目的辛勤付出，以及项目成果的巩固，项目团队将完成其历史使命。在项目结束之前，团队还必须履行以下职责：
①通过陈述和示范的方式"推销"项目；
②把项目的责任移交给日常工作的人；
③确定管理者认可的项目长期目标。

在陈述和示范中，要提供具体措施以确保改进过程不会因团队完成项目后又反弹到以前的状态。此后，团队应准备通过评审的报告，在报告中除了描述项目团队 DMAIC 5 个过程的活动结果之外，还应阐明从项目、过程、产品或服务、顾客及六西格玛团队等中受到的启迪，以及没有在项目中提出问题。

7.3 六西格玛管理与精益生产

7.3.1 精益生产的基本概念

精益生产方式(lean production)源于丰田生产方式，是由美国麻省理工学院组织世界上 14 个国家的专家、学者，花费 5 年时间，耗资 500 万美元，以汽车工业这一开创大批量生产方式和精益生产方式的典型工业为例，经理论化后总结出来的。精，即少而精，不投入多余的生产要素，只是在适当的时间生产必要数量的市场急需产品(或下道工序急需的产品)；益，即所有经营活动都要有益有效，具有经济效益。

精益生产既是一种以最大限度地减少企业生产所占用的资源、降低企业管理和运营成本为主要目标的生产方式,又是一种理念、一种文化。实施精益生产就是决心追求完美、追求卓越,就是精益求精、尽善尽美,为实现7个零的终极目标而不断努力。它是支撑个人与企业生命的一种精神力量,也是在永无止境的学习过程中获得自我满足的一种境界。

精益生产的实质是管理过程,包括人事组织管理的优化,大力精简中间管理层,进行组织扁平化改革,减少非直接生产人员;推行生产均衡化同步化,实现零库存与柔性生产;推行全生产过程(包括整个供应链)的质量保证体系,实现零不良;减少和降低任何环节上的浪费(人力、物力、时间、空间),实现零浪费,最终实现拉动式准时化生产方式。其目的是以最优品质、最低成本和最高效率对市场需求做出最迅速的响应。由此,精益生产也提出了包括定义、测量、分析、改进和控制等5个阶段的改善模型,通过实施以下活动来推动精益生产目标的实现:

(1)定义流程周期和节拍时间的度量;

(2)测量流程周期和绘画全部流程目前的状态;

(3)分析有价值和没有价值的流程、瓶颈和流程效率;

(4)以流水型生产、平准时间表、单一批量、快速切换、交叉训练等方法来改造流程;

(5)以看板拉动、目视管理、现场防错法、标准作业等来控制库存和交货周期。

7.3.2 六西格玛管理与精益生产的关系

由精益生产的特点可以看出,六西格玛管理与精益生产方式都用于减少冗余问题;六西格玛管理强调全员参与,以六西格玛团队为中心,形成无边界团队,而精益生产也强调以人为中心,推行横向的小组化工作方式;六西格玛管理与精益生产都是强调以顾客为中心,从顾客角度出发,不断优化流程,追求零缺陷。

虽然精益生产和六西格玛管理的目的都是减少或者消除浪费,但两者也存在很多不同。精益生产管理与六西格玛管理方式的最终目标都是实现完美的管理,只是精益生产管理是实现周期、资料利用率等方面的完美,而六西格玛管理是追求质量方面的完美。两种模式对企业流程改进方法方面也存在不同,精益生产管理注重策略方面的不断完善,以目前所拥有的技术为起点,实现产品质量的提高,服务水平的升级,减少了成本的投入;六西格玛管理则注重突破性创新。他们对问题的解决方式也不同,精益生产管理对问题采取迅速、直接的解决方式,有效地实施经验管理。六西格玛对问题采取层次分析、量化分析方法,将问题标准化、模块化,避免了经验主义,将所有的问题的解决都建立在数据的基础上。

精益生产与六西格玛管理有各自的优缺点,二者如果相互吸收对方的优点,将会得到更好的绩效。由于两者都是持续改进、追求完美理念的典范,正是这种精髓上的同质性使两者能够结合起来,于是产生了精益－六西格玛管理模式。精益－六西格玛管理的目的是通过整合精益生产与六西格玛管理,吸收两种生产模式的优点,弥补单个生产模式的不足,达到更佳的管理效果。精益－六西格玛不是精益生产和六西格玛的简单相加,而是二者的互相补充、有机结合。

习　　题

1. 什么是六西格玛管理?
2. 六西格玛管理是怎样提出的,发展如何?
3. 六西格玛管理的基本理论有哪些?
4. 简述六西格玛管理的实施步骤。
5. 我国企业如何有效实施六西格玛管理模式?
6. 六西格玛管理与精益生产有何异同点?
7. 某产品有 4 个特性指标,在 20 000 个产品中,有 100 个产品存在 800 处缺陷,那么该产品的 DPMO 值是多少?
8. 过程最终合格率和过程滚动产出率有何区别?
9. 某生产过程由以下 4 个主要步骤构成,在过去的 1 个月内,每一步骤输出结果如图 7.11 所示。根据图中所给的数据,计算该过程的直通率。

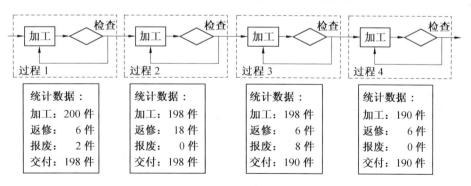

图 7.11　某过程输出

附　录

附表 1　标准正态分布表

$$\Phi(x) = \int_{-\infty}^{x} \frac{1}{\sqrt{2\pi}} e^{-\frac{u^2}{2}} du = P\{\xi \leq x\}$$

x	0.00	0.01	0.02	0.03	0.04	0.05	0.06	0.07	0.08	0.09
0.0	0.5000	0.5040	0.5080	0.5120	0.5160	0.5199	0.5239	0.5279	0.5319	0.5359
0.1	0.5398	0.5438	0.5478	0.5517	0.5557	0.5596	0.5636	0.5675	0.5714	0.5753
0.2	0.5793	0.5832	0.5871	0.5910	0.5948	0.5987	0.6026	0.6064	0.6103	0.6141
0.3	0.6179	0.6217	0.6255	0.6293	0.6331	0.6368	0.6406	0.6443	0.6480	0.6517
0.4	0.6554	0.6591	0.6628	0.6664	0.6700	0.6736	0.6772	0.6808	0.6844	0.6879
0.5	0.6915	0.6950	0.6985	0.7019	0.7054	0.7088	0.7123	0.7157	0.7190	0.7224
0.6	0.7257	0.7291	0.7324	0.7357	0.7389	0.7422	0.7454	0.7486	0.7517	0.7549
0.7	0.7580	0.7611	0.7642	0.7673	0.7703	0.7734	0.7764	0.7794	0.7823	0.7582
0.8	0.7881	0.7910	0.7939	0.7967	0.7995	0.8023	0.8051	0.8078	0.8106	0.8133
0.9	0.8159	0.8186	0.8212	0.8238	0.8264	0.8289	0.8315	0.8340	0.8365	0.8389

续附表 1

x	0.00	0.01	0.02	0.03	0.04	0.05	0.06	0.07	0.08	0.09
1.0	0.8413	0.8438	0.8461	0.8485	0.8508	0.8531	0.8554	0.8577	0.8599	0.8621
1.1	0.8643	0.8665	0.8686	0.8708	0.8729	0.8749	0.8770	0.8790	0.8810	0.8830
1.2	0.8849	0.8869	0.8888	0.8907	0.8925	0.8944	0.8962	0.8980	0.8997	0.9015
1.3	0.9032	0.9049	0.9066	0.9082	0.9099	0.9115	0.9131	0.9147	0.9162	0.9177
1.4	0.9192	0.9207	0.9222	0.9236	0.9251	0.9265	0.9278	0.9292	0.9306	0.9319
1.5	0.9332	0.9345	0.9357	0.9370	0.9382	0.9394	0.9406	0.9418	0.9430	0.9441
1.6	0.9452	0.9463	0.9474	0.9484	0.9495	0.9505	0.9515	0.9525	0.9535	0.9545
1.7	0.9554	0.9564	0.9573	0.9582	0.9591	0.9599	0.9608	0.9616	0.9625	0.9633
1.8	0.9641	0.9648	0.9656	0.9664	0.9671	0.9678	0.9686	0.9693	0.9700	0.9706
1.9	0.9713	0.9719	0.9726	0.9732	0.9738	0.9744	0.9750	0.9756	0.9762	0.9767
2.0	0.9772	0.9778	0.9783	0.9788	0.9793	0.9798	0.9803	0.9808	0.9812	0.9817
2.1	0.9821	0.9826	0.9830	0.9834	0.9838	0.9842	0.9846	0.9850	0.9854	0.9857
2.2	0.9861	0.9864	0.9868	0.9871	0.9874	0.9878	0.9881	0.9884	0.9887	0.9890
2.3	0.9893	0.9896	0.9898	0.9901	0.9904	0.9906	0.9909	0.9911	0.9913	0.9916
2.4	0.9918	0.9920	0.9922	0.9925	0.9927	0.9929	0.9931	0.9932	0.9934	0.9936
2.5	0.9938	0.9940	0.9941	0.9943	0.9945	0.9946	0.9948	0.9949	0.9951	0.9952
2.6	0.9953	0.9955	0.9956	0.9957	0.9959	0.9960	0.9961	0.9962	0.9963	0.9964
2.7	0.9965	0.9966	0.9967	0.9968	0.9969	0.9970	0.9971	0.9972	0.9973	0.9974
2.8	0.9974	0.9975	0.9976	0.9977	0.9977	0.9978	0.9979	0.9979	0.9980	0.9981
2.9	0.9981	0.9982	0.9982	0.9983	0.9984	0.9984	0.9985	0.9985	0.9986	0.9986

x	0.0	0.1	0.2	0.3	0.4	0.5	0.6	0.7	0.8	0.9
3.0	0.9987	0.9990	0.9993	0.9995	0.9997	0.9998	0.9998	0.9999	0.9999	1.0000

附表 2　不合格品百分数的计数标准型一次抽样检验表

$p_1/\%$ \ $p_0/\%$	0.70	0.85	0.95	1.05	1.20	1.3	1.5	1.70	1.90	2.10	2.40	2.50	3.00	3.40	3.80	4.20	4.80
0.095	750,2	425,1	395,1	370,1	345,1	315,1	280,1	250,1	225,1	210,1	185,1	160,1	68,0	64,0	58,0	54,0	49,0
0.105	730,2	665,2	380,1	355,1	330,1	310,1	275,1	250,1	225,1	200,1	185,1	160,1	150,1	60,0	56,0	52,0	48,0
0.120	700,2	650,2	595,2	340,1	320,1	295,1	275,1	245,1	220,1	200,1	180,1	160,1	150,1	130,1	54,0	50,0	46,0
0.130	930,3	625,2	580,2	535,2	305,1	285,1	260,1	240,1	220,1	200,1	180,1	160,1	150,1	130,1	115,1	48,1	45,0
0.150	900,3	820,3	545,2	520,2	475,2	270,1	250,1	230,1	215,1	195,1	175,1	160,1	140,1	125,1	115,1	100,1	43,0
0.170	1105,4	795,3	740,3	495,2	470,2	430,2	240,1	220,1	205,1	190,1	170,1	155,1	140,1	125,1	115,1	100,1	92,1
0.190	1295,5	980,4	710,3	665,3	440,2	415,2	370,2	210,1	200,1	185,1	165,1	155,1	140,1	125,1	115,1	100,1	92,1
0.210	445,6	1135,5	875,4	635,3	595,3	395,2	365,2	330,2	190,1	175,1	160,1	145,1	135,1	120,1	110,1	100,1	90,1
0.240	620,7	1305,6	1015,5	785,4	570,3	525,3	350,2	325,2	300,2	170,1	150,1	140,1	130,1	120,1	110,1	98,1	88,1
0.260	750,8	1435,7	1165,6	910,5	705,4	510,3	465,3	310,2	290,2	265,2	150,1	135,1	125,1	115,1	105,1	96,1	86,1
0.300	1055,1	1545,8	1275,7	1025,6	810,5	625,4	450,3	410,3	275,2	260,2	240,2	135,1	120,1	110,1	100,1	92,1	86,1
0.340		1820,11	1385,8	1145,7	920,6	725,5	055,4	400,3	363,3	250,2	230,2	210,2	190,2	165,2	150,2	135,2	115,2
0.380			1630,10	1235,8	1025,7	820,6	640,5	490,4	355,3	330,3	220,2	205,2	180,2	165,2	145,2	125,2	115,2
0.420				1450,10	1100,8	910,7	725,6	565,5	440,4	315,3	295,3	195,2	175,2	150,2	140,2	125,2	110,2
0.480					1300,10	1165,10	810,7	545,5	505,5	390,4	281,3	260,3	230,3	205,3	150,2	135,2	76,1
0.530							875,8	715,7	495,5	454,5	350,4	255,3	225,3	200,3	145,2	125,2	115,2
0.600							1035,10	770,8	640,7	435,5	405,5	310,4	275,4	250,4	140,2	125,2	115,2
0.670								910,10	690,8	570,7	390,5	360,5	320,5	200,3	185,3	165,3	110,2
0.750									815,10	620,8	510,7	350,5	310,5	250,4	180,3	160,3	145,3
0.850										725,10	550,8	455,7	285,5	220,4	195,4	140,3
0.950											650,10	490,8	405,7	275,5	255,5	195,4	140,3
1.05												580,10	435,8	360,7	245,5	225,5	175,4

续附表 2

$p_1/\%$ \ $p_0/\%$	0.70	0.85	0.95	1.05	1.20	1.3	1.5	1.70	1.90	2.10	2.40	2.50	3.00	3.40	3.80	4.20	4.80
1.20																	165,4
1.30																220,5	195,5
1.50													715,13	390,8	280,6	250,6	220,6
1.70													515,10	465,10	350,8	310,8	275,8
1.90													635,13	565,13	410,10	360,10	325,10
2.10													825,18	745,18	505,13	445,13	400,13
2.40															660,18	585,18	520,18
2.50																	
2.60																	
3.00																	
3.40																	
3.80																	
4.20																	
4.80																	
5.30																	
6.00																	
6.70																	
7.50																	
8.50																	
9.50																	
10.50	0.71~	0.81~	0.91~	1.01~	1.13~	1.26~	1.41~	1.61~	1.81~	2.01~	2.25~	2.51~	2.81~	3.16~	3.56~	4.01~	4.51~
$p_0/\%$ \ $p_1/\%$	0.80	0.90	1.00	1.12	1.25	1.40	1.60	1.80	2.00	2.24	2.50	2.80	3.15	3.55	4.00	4.50	5.00

续附表 2

$p_1/\%$ \ $p_0/\%$	5.30	6.00	6.70	7.50	8.50	9.50	10.50	12.00	13.00	15.00	17.00	19.00	21.00	24.00	26.00	30.00	34.00
0.091~0.100	45.0	41.0	37.0	33.0	30.0	27.0	24.0	22.0	19.0	17.0	15.0	13.0	11.0	10.0	9.0	8.0	7.0
0.101~0.112	44.0	40.0	37.0	33.0	29.0	27.0	24.0	21.0	19.0	17.0	15.0	13.0	11.0	10.0	9.0	7.0	7.0
0.113~0.125	43.0	39.0	36.0	33.0	29.0	26.0	24	21.0	19.0	17.0	15.0	13.0	11.0	10.0	9.0	7.0	7.0
0.126~0.140	41.0	38.0	35.0	32.0	29.0	26.0	23.0	21.0	19.0	16.0	15.0	13.0	11.0	10.0	9.0	7.0	6.0
0.141~0.160	40.0	37.0	33.0	31.0	28.0	26.0	23.0	21.0	18.0	16.0	15.0	13.0	11.0	10.0	9.0	7.0	6.0
0.161~0.180	38.0	35.0	33.0	30.0	27.0	25.0	23.0	21.0	18.0	16.0	14.0	13.0	11.0	10.0	9.0	7.0	6.0
0.181~0.200	82.1	34.0	31.0	29.0	26.0	24.0	22.0	20.0	18.0	16.0	14.0	12.0	11.0	10.0	9.0	7.0	6.0
0.201~0.224	82.1	72.1	30.0	28.0	25.0	23.0	22.0	19.0	18.0	16.0	14.0	12.0	11.0	10.0	9.0	7.0	6.0
0.225~0.250	82.1	72.1	64.1	27.0	25.0	23.0	21.0	19.0	17.0	15.0	14.0	12.0	11.0	10.0	9.0	7.0	6.0
0.251~0.280	80.1	72.1	64.1	56.1	24.0	22.0	20.0	18.0	17.0	15.0	13.0	12.0	10.0	10.0	8.0	7.0	6.0
0.281~0.315	80.1	70.1	62.1	56.1	50.1	21.0	19.0	17.0	16.0	14.0	13.0	11.0	10.0	9.0	8.0	7.0	6.0
0.316~0.355	78.1	70.1	62.1	56.1	50.1	45.1	19.0	17.0	15.0	14.0	12.0	11.0	10.0	9.0	8.0	7.0	6.0
0.356~0.400	76.1	68.1	62.1	56.1	49.1	45.1	40.1	35.1	31.1	28.1	24.1	21.1	19.1	17.1	15.1	7.0	6.0
0.401~0.450	74.1	68.1	60.1	54.1	49.1	44.1	40.1	35.1	31.1	27.1	24.1	21.1	19.1	17.1	15.1	6.0	6.0
0.451~0.500	70.1	64.1	58.1	54.1	48.1	44.1	39.1	35.1	31.1	27.1	24.1	21.1	19.1	17.1	15.1	6.0	6.0
0.501~0.560	68.1	62.1	56.1	52.1	47.1	43.1	39.1	35.1	31.1	27.1	24.1	21.1	19.1	17.1	15.1	6.0	6.0
0.561~0.630	105.2	59.1	54.1	49.1	46.1	42.1	38.1	34.1	31.1	27.1	23.1	21.1	18.1	17.1	15.1	6.0	6.0
0.631~0.710	105.2	94.2	84.2	74.2	44.1	40.1	36.1	32.1	29.1	26.1	23.1						
0.711~0.800	100.2	90.2	82.2	72.2	64.2	58.2											
0.801~0.900	130.3	86.2	78.2	70.2	64.2												
0.901~1.00	125.3	115.3	105.3														
1.01~1.12	155.4	115.3															
1.13~1.25																	

续附表 2

$p_1/\%$ \ $p_0/\%$	5.30	6.00	6.70	7.50	8.50	9.50	10.50	12.00	13.00	15.00	17.00	19.00	21.00	24.00	26.00	30.00	34.00	$p_0/\%$ \ $p_1/\%$
1.26~1.40	150,4	135,4	100,3	66,2	62,2	58,2	52,2	30,1	28,1	25,1	23,1	21,1	18,1	16,1	15,1	13,1	5,0	
1.41~1.60	175,5	130,4	120,4	90,3	58,2	54,2	50,2	47,1	26,1	24,1	22,1	20,1	18,1	16,1	14,1	13,1	5,0	
1.61~1.80	195,6	155,5	115,4	110,4	78,3	52,2	49,2	45,2	41,2	23,1	21,1	20,1	18,1	16,1	14,1	13,1	11,1	
1.81~2.00	245,8	175,6	140,5	105,4	95,4	73,0	47,2	44,2	41,2	36,2	21,1	19,1	18,1	16,1	14,1	13,1	11,1	
2.01~2.24	290,10	220,8	155,6	125,5	95,4	86,4	62,3	42,2	39,2	36,2	32,2	18,1	17,1	16,1	14,1	13,1	11,1	
2.25~2.50	360,13	260,10	195,8	140,6	110,5	84,4	76,4	56,3	37,2	34,2	31,2	28,2	16,1	15,1	14,1	12,1	11,1	
2.51~2.80	470,18	320,13	230,1	175,8	125,6	100,5	74,4	54,3	50,3	33,2	30,2	28,2	25,2	15,1	13,1	12,1	11,1	
2.81~3.15		415,18	280,13	205,10	155,8	110,6	86,5	66,4	48,3	44,3	29,2	27,2	25,2	22,2	13,1	12,1	10,1	
3.16~3.55			350,17	250,13	180,10	140,8	100,6	78,5	60,4	42,3	39,3	26,2	24,2	21,2	20,2	11,1	10,1	
3.56~4.00				310,17	225,13	165,10	125,8	90,6	70,5	52,4	37,3	35,3	23,2	20,2	19,2	17,2	10,1	
4.01~4.50					275,17	200,13	145,10	110,8	78,6	62,5	46,4	33,3	31,3	20,2	18,2	17,2	15,2	
4.51~5.00						245,17	180,13	130,10	100,8	70,6	54,5	41,4	30,3	28,3	25,3	16,2	15,2	
5.01~5.60							220,17	160,13	115,10	86,8	62,6	48,5	37,4	27,3	23,3	22,3	14,2	
5.61~6.30								195,17	140,13	100,10	68,7	54,6	43,5	33,4	29,4	21,3	14,2	
6.31~7.10									175,17	120,12	82,9	60,7	48,6	38,5	34,5	26,4	18,3	
7.11~8.00										150,16	105,12	74,9	54,7	44,6	39,6	30,5	23,4	
8.01~9.00											130,16	90,12	66,9	48,7	43,7	34,6	27,5	
9.01~10.0												115,16	82,12	58,9	52,9	38,7	26,5	
10.1~11.2													105,16	74,12				
$p_0/\%$ \ $p_1/\%$	5.01~ 5.6	5.61~ 6.31~ 6.3	7.11 7.1	7.11~ 8.01 8.0	8.01~ 9.01 9.0	9.01~ 10.1 10.0	10.1~ 11.2 11.2	11.3 12.5	12.6 14.0	14.1 16.0	16.1 18.0	18.1 20.0	20.1 22.4	22.5 25.0	25.1 28.0	28.1 31.5	31.6~ 35.5	$p_1/\%$ \ $p_0/\%$

附表3 正常检查一次抽样方案

样本大小字码	样本大小	合格质量水平(AQL) 0.010 $A_c\ R_e$	0.015 $A_c\ R_e$	0.025 $A_c\ R_e$	0.040 $A_c\ R_e$	0.065 $A_c\ R_e$	0.10 $A_c\ R_e$	0.15 $A_c\ R_e$	0.25 $A_c\ R_e$	0.40 $A_c\ R_e$	0.65 $A_c\ R_e$	1.0 $A_c\ R_e$	1.5 $A_c\ R_e$	2.5 $A_c\ R_e$	4.0 $A_c\ R_e$	6.5 $A_c\ R_e$	10 $A_c\ R_e$	15 $A_c\ R_e$	25 $A_c\ R_e$	40 $A_c\ R_e$	65 $A_c\ R_e$	100 $A_c\ R_e$	150 $A_c\ R_e$	250 $A_c\ R_e$	400 $A_c\ R_e$	650 $A_c\ R_e$	1000 $A_c\ R_e$
A	2	↓													0 1	↓	↑	1 2	2 3	3 4	5 6	7 8	10 11	14 15	21 22	30 31	44 45
B	3													0 1	↓	↑	1 2	2 3	3 4	5 6	7 8	10 11	14 15	21 22	30 31	44 45	↑
C	5												0 1	↓	↑	1 2	2 3	3 4	5 6	7 8	10 11	14 15	21 22	30 31	44 45	↑	
D	8											0 1	↓	↑	1 2	2 3	3 4	5 6	7 8	10 11	14 15	21 22	30 31	44 45	↑		
E	13										0 1	↓	↑	1 2	2 3	3 4	5 6	7 8	10 11	14 15	21 22	30 31	44 45	↑			
F	20									0 1	↓	↑	1 2	2 3	3 4	5 6	7 8	10 11	14 15	21 22	30 31	44 45	↑				
G	32								0 1	↓	↑	1 2	2 3	3 4	5 6	7 8	10 11	14 15	21 22	30 31	44 45	↑					
H	50							0 1	↓	↑	1 2	2 3	3 4	5 6	7 8	10 11	14 15	21 22	30 31	44 45	↑						
J	80						0 1	↓	↑	1 2	2 3	3 4	5 6	7 8	10 11	14 15	21 22	↑									
K	125					0 1	↓	↑	1 2	2 3	3 4	5 6	7 8	10 11	14 15	21 22	↑										
L	200				0 1	↓	↑	1 2	2 3	3 4	5 6	7 8	10 11	14 15	21 22	↑											
M	315			0 1	↓	↑	1 2	2 3	3 4	5 6	7 8	10 11	14 15	21 22	↑												
N	500		0 1	↓	↑	1 2	2 3	3 4	5 6	7 8	10 11	14 15	21 22	↑													
P	800	0 1	↓	↑	1 2	2 3	3 4	5 6	7 8	10 11	14 15	21 22	↑														
Q	1 250	↓	↑	1 2	2 3	3 4	5 6	7 8	10 11	14 15	21 22	↑															
R	2 000	↑	1 2	2 3	3 4	5 6	7 8	10 11	14 15	21 22	↑																

注：↓——使用箭头下面的第一个抽样方案，当样本大小大于或等于批量时，进行全检，将该批量看作样本大小，抽样方案的判定组仍保持不变
↑——使用箭头上面的第一个抽样方案；A_c——合格判定数；R_e——不合格判定数

附表 4　加严检查一次抽样方案

样本大小字码	样本大小	合格质量水平 (AQL)																																
		0.010		0.015		0.025		0.040		0.065		0.10		0.15		0.25		0.40		0.65		1.0		1.5		2.5		4.0		6.5		10		15		25		40		65		100		150		250		400		650		1000	
		A_c	R_e	A_c	R_e	A_c	R_e	A_c	R_e	A_c	R_e	A_c	R_e	A_c	R_e	A_c	R_e	A_c	R_e	A_c	R_e	A_c	R_e	A_c	R_e	A_c	R_e	A_c	R_e	A_c	R_e	A_c	R_e	A_c	R_e	A_c	R_e	A_c	R_e	A_c	R_e	A_c	R_e	A_c	R_e	A_c	R_e	A_c	R_e	A_c	R_e	A_c	R_e
A	2																														↓																							
B	3																													0	1			1	2	2	3	3	4	5	6	8	9	12	13	18	19	27	28	41	42		
C	5																											0	1			1	2	2	3	3	4	5	6	8	9	12	13	18	19	27	28	41	42	↑	
D	8																									0	1			1	2	2	3	3	4	5	6	8	9	12	13	18	19	27	28	41	42	↑			
E	13																							0	1			1	2	2	3	3	4	5	6	8	9	12	13	18	19								
F	20																					0	1			1	2	2	3	3	4	5	6	8	9	12	13	18	19	↑									
G	32																			0	1			1	2	2	3	3	4	5	6	8	9	12	13	18	19	↑										
H	50																	0	1			1	2	2	3	3	4	5	6	8	9	12	13	18	19	↑											
J	80															0	1			1	2	2	3	3	4	5	6	8	9	12	13	18	19	↑												
K	125													0	1			1	2	2	3	3	4	5	6	8	9	12	13	18	19	↑														
L	200											0	1			1	2	2	3	3	4	5	6	8	9	12	13	18	19	↑																
M	315									0	1			1	2	2	3	3	4	5	6	8	9	12	13	18	19	↑																		
N	500							0	1			1	2	2	3	3	4	5	6	8	9	12	13	18	19	↑																				
P	800					0	1			1	2	2	3	3	4	5	6	8	9	12	13	18	19	↑																						
Q	1 250			0	1			1	2	2	3	3	4	5	6	8	9	12	13	18	19	↑																								
R	2 000	0	1			1	2	2	3	3	4	5	6	8	9	12	13	18	19	↑																										
S	3 150					1	2																																								

↓——使用箭头下面的第一个抽样方案，当样本大小大于或等于批量时，进行全检，将该批量看作样本大小，抽样方案的判定组仍保持不变
↑——使用箭头上面的第一个抽样方案；A_c——合格判定数；R_e——不合格判定数

附表 5　放宽检查一次抽样方案

样本大小字码	样本大小	合格质量水平(AQL)																									
		0.010	0.015	0.025	0.040	0.065	0.10	0.15	0.25	0.40	0.65	1.0	1.5	2.5	4.0	6.5	10	15	25	40	65	100	150	250	400	650	1000
		$A_c\ R_e$	$A_c\ R_e$	$A_c\ R_e$	$A_c\ R_e$	$A_c\ R_e$	$A_c\ R_e$	$A_c\ R_e$	$A_c\ R_e$	$A_c\ R_e$	$A_c\ R_e$	$A_c\ R_e$	$A_c\ R_e$	$A_c\ R_e$	$A_c\ R_e$	$A_c\ R_e$	$A_c\ R_e$	$A_c\ R_e$	$A_c\ R_e$	$A_c\ R_e$	$A_c\ R_e$	$A_c\ R_e$	$A_c\ R_e$	$A_c\ R_e$	$A_c\ R_e$	$A_c\ R_e$	$A_c\ R_e$
A	2																								3 4	5 6	7 8	10 11
B	2																							3 4	5 6	7 8	10 11	
C	3																						3 4	5 6	7 8	10 11		
D	5																				0 1	1 2	2 3	3 4	5 6	7 8	10 11	
E	8																			0 1		1 2	2 3	3 4	5 6	7 8	10 11	
F	13																	0 1		1 2		2 3	3 4	5 6	7 8	10 11		
G	20																0 1		1 2		2 3	3 4	5 6	7 8	10 11			
H	32															0 1		1 2		2 3	3 4	5 6	7 8	10 11	14 15	21 22		
J	50														0 1		1 2		2 3	3 4	5 6	7 8	10 11	14 15	21 22			
K	80													0 1		1 2		2 3	3 4	5 6	7 8	10 11	14 15	21 22				
L	125												0 1		1 2		2 3	3 4	5 6	7 8	10 11	14 15	21 22					
M	200											0 1		1 2		2 3	3 4	5 6	7 8	10 11	14 15	21 22						
N	315										0 1		1 2		2 3	3 4	5 6	7 8	10 11	14 15	21 22							
P	500								0 1		1 2	2 3		3 4		5 6	7 8	10 11	14 15	21 22								
Q	800							0 1																				
R	800	0 1																										

注：——使用箭头下面的第一个抽样方案。当样本大小大于或等于批量时，进行全检，将该批量看样本大小，抽样方案的判定组仍保持不变。
——使用箭头上面的第一个抽样方案。A_c——合格判定数；R_e——不合格判定数

附表 6　F 分布临界值表（α=0.05）

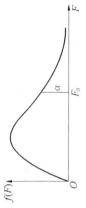

$$P(F > F_\alpha) = \alpha$$

f_2 \ f_1	1	2	3	4	5	6	7	8	12	24	∞
1	161.4	199.5	215.7	224.6	230.2	234.0	237.0	238.9	243.9	249.0	254.3
2	18.51	19.00	19.16	19.25	19.30	19.33	19.4	19.37	19.41	19.45	19.50
3	10.13	9.55	9.28	9.12	9.01	8.94	8.89	8.84	8.74	8.64	8.53
4	7.71	6.94	6.59	6.39	6.26	6.16	6.09	6.04	5.91	5.77	5.63
5	6.61	5.79	5.41	5.19	5.05	4.95	4.88	4.82	4.68	4.53	4.36
6	5.99	5.14	4.76	4.53	4.39	4.28	4.21	4.15	4.00	3.84	3.67
7	5.59	4.74	4.35	4.12	3.97	3.87	3.79	3.73	3.57	3.41	3.23
8	5.32	4.46	4.07	3.84	3.69	3.58	3.50	3.44	3.28	3.12	2.93
9	5.12	4.26	3.86	3.63	3.48	3.37	3.29	3.23	3.07	2.90	2.71
10	4.96	4.10	3.71	3.48	3.33	3.22	3.14	3.07	2.91	2.74	2.54

续附表 6

f_2	f_1										
	1	2	3	4	5	6	7	8	12	24	∞
11	4.84	3.98	3.59	3.36	3.20	3.09	3.01	2.95	2.79	2.61	2.40
12	4.75	3.88	3.49	3.26	3.11	3.00	2.91	2.85	2.69	2.50	2.30
13	4.67	3.80	3.41	3.18	3.02	2.92	2.83	2.77	2.60	2.42	2.21
14	4.60	3.74	3.34	3.11	2.96	2.85	2.76	2.70	2.53	2.35	2.13
15	4.54	3.68	3.29	3.06	2.90	2.79	2.71	2.64	2.48	2.29	2.07
16	4.49	3.63	3.24	3.01	2.85	2.74	2.66	2.59	2.42	2.24	2.01
17	4.45	3.59	3.20	2.96	2.81	2.70	2.61	2.55	2.38	2.19	1.96
18	4.41	3.55	3.16	2.93	2.77	2.66	2.58	2.51	2.34	2.15	1.92
19	4.38	3.52	3.13	2.90	2.74	2.63	2.54	2.48	2.31	2.11	1.88
20	4.35	3.49	3.10	2.87	2.71	2.60	2.51	2.45	2.28	2.08	1.84
21	4.32	3.47	3.07	2.84	2.68	2.57	2.49	2.42	2.25	2.05	1.81
22	4.30	3.44	3.05	2.82	2.66	2.55	2.46	2.40	2.23	2.03	1.78
23	4.28	3.42	3.03	2.80	2.64	2.53	2.44	2.38	2.20	2.00	1.76
24	4.26	3.40	3.01	2.78	2.62	2.51	2.42	2.36	2.18	1.98	1.73
25	4.24	3.38	2.99	2.76	2.60	2.49	2.40	2.34	2.16	1.96	1.71
26	4.22	3.37	2.98	2.74	2.59	2.47	2.39	2.32	2.15	1.95	1.69
27	4.21	3.35	2.96	2.73	2.57	2.46	2.37	2.30	2.13	1.93	1.67
28	4.20	3.34	2.95	2.71	2.56	2.44	2.36	2.29	2.12	1.91	1.65
29	4.18	3.33	2.93	2.70	2.54	2.43	2.35	2.28	2.10	1.90	1.64
30	4.17	3.32	2.92	2.69	2.53	2.42	2.33	2.27	2.09	1.89	1.62
40	4.08	3.23	2.84	2.61	2.45	2.34	2.25	2.18	2.00	1.79	1.51
60	4.00	3.15	2.76	2.52	2.37	2.25	2.17	2.10	1.92	1.70	1.39
100	3.94	3.09	2.70	2.46	2.31	2.19	2.10	2.03	1.85	1.63	1.28
∞	3.84	3.00	2.60	2.37	2.21	2.10	2.01	1.94	1.75	1.52	1.00

附表7 F分布临界值表（$\alpha=0.01$）

$$P(F > F_\alpha) = \alpha$$

f_2	f_1										
	1	2	3	4	5	6	7	8	12	24	∞
1	4052	4999	5403	5625	5764	5859	5928	5981	6106	6234	6366
2	98.49	99.01	99.17	99.25	99.30	99.33	99.4	99.36	99.42	99.46	99.50
3	34.12	30.81	29.46	28.71	28.24	27.91	27.7	27.49	27.05	26.60	26.12
4	21.20	18.00	16.69	15.98	15.52	15.21	15.0	14.80	14.37	13.93	13.46
5	16.26	13.27	12.06	11.39	10.97	10.67	10.5	10.29	9.89	9.47	9.02
6	13.74	10.92	9.78	9.15	8.75	8.47	8.26	8.10	7.72	7.31	6.88
7	12.25	9.55	8.45	7.85	7.46	7.19	6.99	6.84	6.47	6.07	5.65
8	11.26	8.65	7.59	7.01	6.63	6.37	6.18	6.03	5.67	5.28	4.86
9	10.56	8.02	6.99	6.42	6.06	5.80	5.61	5.47	5.11	4.73	4.31
10	10.04	7.56	6.55	5.99	5.64	5.39	5.20	5.06	4.71	4.33	3.91

续附表 7

f_2	1	2	3	4	5	6	7	8	12	24	∞
11	9.65	7.20	6.22	5.67	5.32	5.07	4.89	4.74	4.40	4.02	3.60
12	9.33	6.93	5.95	5.41	5.06	4.82	4.64	4.50	4.16	3.78	3.36
13	9.07	6.70	5.74	5.20	4.86	4.62	4.44	4.30	3.96	3.59	3.16
14	8.86	6.51	5.56	5.03	4.69	4.46	4.28	4.14	3.80	3.43	3.00
15	8.68	6.36	5.42	4.89	4.56	4.32	4.14	4.00	3.67	3.29	2.87
16	8.53	6.23	5.29	4.77	4.44	4.20	4.03	3.89	3.55	3.18	2.75
17	8.40	6.11	5.18	4.67	4.34	4.10	3.93	3.79	3.45	3.08	2.65
18	8.28	6.01	5.09	4.58	4.25	4.01	3.84	3.71	3.37	3.00	2.57
19	8.18	5.93	5.01	4.50	4.17	3.94	3.77	3.63	3.30	2.92	2.49
20	8.10	5.85	4.94	4.43	4.10	3.87	3.70	3.56	3.23	2.86	2.42
21	8.02	5.78	4.87	4.37	4.04	3.81	3.64	3.51	3.17	2.80	2.36
22	7.94	5.72	4.82	4.31	3.99	3.76	3.59	3.45	3.12	2.75	2.31
23	7.88	5.66	4.76	4.26	3.94	3.71	3.54	3.41	3.07	2.70	2.26
24	7.82	5.61	4.72	4.22	3.90	3.67	3.50	3.36	3.03	2.66	2.21
25	7.77	5.57	4.68	4.18	3.86	3.63	3.46	3.32	2.99	2.62	2.17
26	7.72	5.53	4.64	4.14	3.82	3.59	3.42	3.29	2.96	2.58	2.13
27	7.68	5.49	4.60	4.11	3.78	3.56	3.39	3.26	2.93	2.55	2.10
28	7.64	5.45	4.57	4.07	3.75	3.53	3.36	3.23	2.90	2.52	2.06
29	7.60	5.42	4.54	4.04	3.73	3.50	3.33	3.20	2.87	2.49	2.03
30	7.56	5.39	4.51	4.02	3.70	3.47	3.30	3.17	2.84	2.47	2.01
40	7.31	5.18	4.31	3.83	3.51	3.29	3.12	2.99	2.66	2.29	1.80
60	7.08	4.98	4.13	3.65	3.34	3.12	2.95	2.82	2.50	2.12	1.60
100	6.90	4.82	3.98	3.51	3.21	2.99	2.82	2.69	2.50	2.37	1.98
∞	6.63	4.61	3.78	3.32	3.02	2.80	2.64	2.51	2.18	1.79	1.00

参考文献

[1] 周纪芗,茆诗松. 质量管理统计方法[M]. 2版. 北京:中国统计出版社,2008.

[2] 于振凡,陈玉忠. 六西格玛管理中的抽样检验[M]. 北京:中国计量出版社,2006.

[3] 李卫红. 质量统计技术[M]. 北京:中国计量出版社,2006.

[4] 张根保,何桢,刘英. 质量管理与可靠性[M]. 北京:中国科学技术出版社,2005.

[5] 王甄芳. 统计过程控制的策划与实施[M]. 北京:中国经济出版社,2005.

[6] 陈国华,贝金兰. 质量管理[M]. 北京:北京大学出版社,2014.

[7] 黄宏升. 统计技术与方法在质量管理中的应用[M]. 北京:国防工业出版社,2006.

[8] 杨跃进. 六西格玛管理 DMAIC 方法操作实务[M]. 北京:国防工业出版社,2011.

[9] 马林,何桢. 六西格玛管理[M]. 2版. 北京:中国人民大学出版社,2007.

[10] 李保红,余根强. 现代质量管理[M]. 郑州:河南大学出版社,2013.

[11] 石盛林,黄宝凤. 质量管理理论、方法与实践[M]. 南京:东南大学出版社,2014.

[12] 光昕,李沁. 质量管理与可靠性工程[M]. 北京:电子工业出版社,2005.

[13] 施国洪. 质量控制与可靠性工程基础[M]. 北京:化学工业出版社,2005.

[14] 周友苏,杨飒. 质量管理统计技术[M]. 北京:北京大学出版社,2010.

[15] 熊伟. 质量功能展开 QFD 从理论到实践[M]. 北京:科学出版社,2009.

[16] 张增照. 以可靠性为中心的质量设计、分析和控制[M]. 北京:电子工业出版社,2012.

[17] 阮喜珍. 现代质量管理实务[M]. 武汉:武汉大学出版社,2012.

[18] 洪伟. 试验设计与统计分析[M]. 北京:中国农业出版社,2009.

[19] 于涛. 工序质量控制理论与应用[M]. 北京:经济管理出版社,2012.